DICHTER
treffen

Volker Weidermann

DICHTER treffen

Begegnungen mit Autoren

Kiepenheuer
& Witsch

Verlag Kiepenheuer & Witsch, FSC® N001512

1. Auflage 2016

© 2016, Verlag Kiepenheuer & Witsch, Köln
Alle Rechte vorbehalten. Kein Teil des Werkes darf
in irgendeiner Form (durch Fotografie, Mikrofilm
oder ein anderes Verfahren) ohne schriftliche Genehmigung
des Verlages reproduziert oder unter Verwendung
elektronischer Systeme verarbeitet, vervielfältigt
oder verbreitet werden.
Umschlaggestaltung: Rudolf Linn, Köln
Gesetzt aus der Albertina und der DIN Engschrift
Satz: Buch-Werkstatt GmbH, Bad Aibling
Druck und Bindung: CPI books GmbH, Leck
ISBN 978-3-462-04896-4

Inhalt

Vorwort	9
Ken Kesey – Schamane der guten Laune	15
Neal Stephenson – Die Zukunft ist aufgebraucht	20
Thomas Kapielski – Der Beharrungskünstler	26
Michel Houellebecq – Hunde, wollt ihr ewig trinken?	31
Ernst-Wilhelm Händler – Der Chef	36
Felicitas Hoppe – Vom Bügeln	42
Nicolaus Sombart – Irene am Nachmittag	46
Walter Kempowski – Straßenfeger	52
Terézia Mora – Aus einer anderen Welt	55
Umberto Eco – Allein unter Büchern	61
Peter Rühmkorf – Der Eckensteher	67
Klaus Barski – Ein Fürstentum für ein Buch	73
Péter Zilahy – Die Freiheit in diesem Augenblick	79
Eva Menasse – Frau Menasses Gespür für Schmäh	84
Daniel Kehlmann – Der Weltvermesser	90
Franz Xaver Kroetz – Es zählt immer nur der nächste Satz	95
Oskar Pastior – Der Dichter	101
Christoph Ransmayr – Über alle Berge	105

Peter Handke – Der kurze Abschied vom langen Kampf   111

Jonathan Franzen – Die Ruhe vor dem Untergang   119

Johannes Mario Simmel – In den Wind geschrieben   125

Thomas Karlauf – Die dunkle Seite der Macht   133

Michael Ondaatje – Das andere ist ein Geheimnis   138

Klaus Wagenbach – Kafkas Welt in einem Kästchen   145

Karen Duve – Frau am Steuer   150

Siegfried Lenz – So spricht die Liebe, wenn sie kommt   156

Stieg Larsson – Die Wut auf die Welt, wie sie ist   162

Gabriele Wohmann – Die Leute sollen mich beneiden   170

Herta Müller – Wörter, die leuchten   176

Fritz J. Raddatz – Was tun wir alle miteinander uns an?   182

Moritz von Uslar – Wir Leute aus Hardrockhausen   188

André Müller – Ich will selbst etwas sagen   193

Hans Keilson – Schön, gefragt zu werden   199

Jörg Schröder und Barbara Kalender – Im offenen Wahnsystem   205

Jan Peter Bremer – Von einem, der ausziehen sollte   210

Christa Wolf – Die Farbe der Erinnerung   216

Sten Nadolny – Das Segeln in Gedanken   222

Jakob Arjouni – Bist du dumm? Das ist mein Stil   228

Tom Wolfe – Im Reich des weißen Mannes   234

Katja Petrowskaja – Die Buchstabierte   240

Clemens Meyer – Die Welt ist bunt und rot und stimmt nicht mehr   246

Marcel Reich-Ranicki – Danke!	252
Eva-Maria Hagen – Diva in Strümpfen	261
Barbara Klemm – Die ganze Welt in Schwarz und Weiß	265
Paul Nizon – Das Ich-Dunkel ist mein Jagdgebiet	269
Michael Krüger – Küsse, Nasenküsse, Ringkämpfe	276
Wolf Wondratschek – Bestseller, Auflage: 1	283
Günter Grass – Der Zwerg, der Riese Deutschland	290
Planet Deutschland	300
Serhij Zhadan – Wir werden siegen	309
Feridun Zaimoglu – Und am Ende nur Gewalt	314
Karl Ove Knausgård – Sein Kampf	323
Orhan Pamuk – Mann mit Aussicht	332
Bücherliste	340
Bildnachweis	346

Vorwort

Ich weiß nicht mehr, war sein Faxgerät kaputt oder waren seine Augen so schlecht, dass er meinen Text nicht entziffern konnte, jedenfalls musste ich Johannes Mario Simmel den Text, den ich über meinen Besuch bei ihm geschrieben hatte, am Telefon vorlesen. Das war dann kein Vergnügen.
Klar, so etwas macht man natürlich normalerweise nicht. Journalistenregel. Porträts werden den Porträtierten vor Veröffentlichung selbstverständlich nicht vorgelegt. Einigen wankelmütigen Porträtierten gestattet man, ihre wörtlichen Zitate, die man im Text verwenden möchte, vor Veröffentlichung anzusehen und abzusegnen. Mehr aber auch nicht. Der Text ist mein Text, auf den hat der Dichter keinen Einfluss mehr. Er hat ja während meines Besuches Zeit, sich im besten Licht, also: originell und schlagfertig und bösartig und liebevoll und unberechenbar und größenwahnsinnig und genial, zu zeigen.
Bei Simmel war es anders. Simmel war alt, einsam, weltabgewandt, krank, misstrauisch, sein Ruhm lag schon viele, viele Jahre hinter ihm. Er wollte niemanden treffen, schon gar keinen Reporter und ganz und gar keinen, den er nicht mal kannte. Ich rief immer mal wieder an. Er klagte, seufzte, beschwerte sich über seine Einsamkeit und die Vergesslichkeit der Welt. Ich sagte: »Das können wir ändern.« Er sagte: »Nein, das lassen wir schön bleiben.« Ich wollte aber unbedingt wissen, wer das war, der Millionen Lesern in den Sechziger- und Siebzigerjahren ihre Alpträume und Träume erfunden hatte, der mithilfe seiner Romane die Welt verändern wollte, der mittels Kolportage und Massenerfolg den sicheren Weltuntergang irgendwie noch abwenden wollte. Und dabei reich

werden in Monte Carlo. Um dann irgendwann nicht mehr zu schreiben.

Eines Tages hat er zugesagt. »Gut«, hat er gesagt, »kommen Sie.« Unter einer Bedingung: »Ich will den Text vorher lesen, den Sie da über mich schreiben.« Also gut.

Und jetzt saß ich also am Telefon, Simmel hörte nicht sehr gut und ich schrie beinahe meinen Text in den Hörer. Er fragte immer wieder nach, ich wusste nicht, ob aus Fassungslosigkeit oder Ohrenschwäche, irgendwann sagte er: »Hören Sie auf! Um Himmels willen, hören Sie auf!« Ich fragte, was los sei, ich sei doch längst noch nicht fertig, die besten Stellen kämen doch erst noch. Er sagte nur, mit kleiner Stimme: »Sie haben mich als Leiche gezeichnet.«

Was für ein grauenvoller Moment. Was soll man da sagen? Stimmt doch gar nicht? Machen Sie keine Witze, Herr Simmel? Hören Sie vielleicht schlecht? Ich habe Sie doch famos lebendig beschrieben? Das Schlimmste war, dass ich wusste, dass er recht hatte. Beziehungsweise: Ich hatte es vorher nicht wirklich gewusst, aber jetzt, als er es sagte, war mir klar, dass es stimmte. Es war der überwältigende Eindruck meines Besuchs bei ihm gewesen, aber beim Schreiben hatte ich mir, so dachte ich, alle erdenkliche Mühe gegeben, diesen Eindruck zu verwischen. Die Todesnähe, das Grauen dieses einsamen Hauses mit den Engeln von Chagall an den Wänden, all das nur ganz vorsichtig anzudeuten. Ich wusste ja, dass er es lesen würde, vorher, nachher, das war ja egal.

Und jetzt also seine leise, erschütterte Stimme am Telefon. Es gab nicht mehr viel zu sagen. – Ob ich noch weiterlesen solle? – »Nein, bitte lassen Sie es«. – Okay. Wegwerfen, den Text? – Nein. Es sei grauenvoll. Aber ich könne das drucken, es sei ihm egal. Aufgelegt. Schluss.

Wir haben den Text dann im Feuilleton der »Frankfurter Allgemeinen Sonntagszeitung« veröffentlicht. Aufmacher, Riesenbild, Simmel am Tisch in seinem Reich. Am Montag darauf rief er an. Laute Stimme, glücklich, fast euphorisch. Das

Echo sei ganz unglaublich, ich könne mir das gar nicht vorstellen, gestern habe den ganzen Tag sein Telefon geklingelt, heute auch noch. Iris Berben habe ihm einen Riesenstrauß Rosen geschickt, sein Verleger habe ihn angerufen und gesagt, er werde die Zeitungsseite rahmen und über seinen Schreibtisch hängen und so weiter. Er, Simmel, danke mir sehr herzlich, und er wolle sich entschuldigen wegen seiner Missmutigkeit neulich am Telefon, ich müsse das verstehen, seine Einsamkeit, wenig Kontakt zur Außenwelt, und dann plötzlich sich so beschrieben zu sehen, irgendwie nackt vor der Welt. Es tue ihm leid. Na ja, ich war erleichtert natürlich, kam aber auch nicht umhin, die Anrufe bei ihm, die Rosen, den gerahmten Artikel als das zu sehen, was sie sicher auch waren: Beileidsbekundungen für einen Lebenden. Ausdruck schlechten Gewissens alter Freunde, denen beim Lesen des Textes vielleicht aufgefallen war, dass auch sie ihn beinahe vergessen hatten. Aber Simmel war froh. Ich war es auch.

Wenn ich Schriftsteller treffe, komme ich nicht als Kritiker. Ja, ich glaube schon, dass man das so aufspalten kann. Jedenfalls, den kritischen Prozess, das Lesen und Urteilen, das habe ich schon hinter mir, wenn ich einen Autor frage, ob ich ihn treffen könne. Ich komme dann nicht als Richter, Fehlersucher, auch nicht als Enthüller, sondern als Leser, der, bei aller Lesemanie, Menschen immer noch lieber mag als Bücher. Ich komme in der Regel ohne Aufnahmegerät, oft auch ohne Block und Stift, höre vor allem zu und schaue.

Richtige Interviews mache ich fast nie. Hier im Buch ist gerade mal eins dabei, das habe ich zusammen mit meinem Freund Nils Minkmar geführt, da haben wir mit Michel Houellebecq über Whiskey und seinen Corgie gesprochen. Am liebsten wäre es mir, wenn ich nur eine Frage stellen müsste. Eine perfekte Anfangsfrage, und dann ist der Schriftsteller dran. Die meisten reden gern. Schreiben ist ja eine einsame Sache, man kommt nicht viel an die Luft, nicht viel unter Leute. Irgendwann schickt man das Werk raus in die Welt, und dann muss man schon wieder abwarten, was die Welt dazu sagt.

»Ich will auch etwas sagen«, das hat André Müller gerufen, als ich ihn in München getroffen habe, da war er schon sehr krank. André Müller war eigentlich Journalist, Interviewkünstler. Aber er hat auch Erzählungen geschrieben, auch einen Riesenroman. Vor allem aber habe ich seine Interviews immer als selbstständige Erzählungen gelesen. Erzählungen von ihm, Müller, nicht von dem Interviewten. Er gehört also unbedingt hier hinein, in diese Sammlung der Texte über Treffen mit Dichtern.

Ebenso wie die Fotografin Barbara Klemm natürlich. Ihre Fotografien sind phänomenale Gedichte in Schwarz-Weiß. Außerdem hat sie selbst immer wieder Dichter getroffen und porträtiert. Einmal, das schreibe ich auch in dem Text über sie, war ich mit ihr zusammen bei Umberto Eco in Mailand. Da habe ich also mal mitbekommen, wie sie arbeitet. Ich habe sie beneidet. Sie sucht sich irgendeinen Platz, wo man sie praktisch nicht sieht, irgendwo im tiefen Hintergrund. Man hört sie auch nicht, sie schaut nur zu. Ich kann nicht mal genau sagen, ob man das Klicken ihrer winzigen Kamera hört, ich glaube nicht mal das.

Das wäre mir auch am angenehmsten, einfach nur der Inszenierung zuzuschauen. Aber ich muss als Besucher eben doch die Dinge in Gang bringen, das Gespräch, die erste Frage. Dann höre ich gerne zu, lasse auch oft Pausen. Schweigen ist ja ein gutes Mittel, um Menschen zum Reden zu bringen.

Am liebsten bin ich in der Welt der Dichter zu Gast. Vielleicht war mein erstes Dichtertreffen auch schon mein schönstes. das bei Ken Kesey. Ich kannte ihn und sein Werk eigentlich gar nicht. »Einer flog übers Kuckucksnest« hatte ich, wie die meisten, nur als Film gesehen. Aber ich war gerade in Eugene, Oregon, arbeitete dort für ein paar Monate bei der örtlichen Lokalzeitung, als mich ein Kollege fragte, ob ich denn nicht ihren örtlichen Hippie-Dichter treffen wolle. Der Kollege kannte Deutschland ziemlich gut, wusste, dass ich damals bei der »taz« arbeitete, und meinte, ein Besuch bei Ken Kesey sei ja wohl ein Muss für einen »taz«-Redakteur. Ich las einige seiner Bücher und meldete mich an. Und es war dann so großartig in seiner Scheune auf dem Land. Der Text steht hier im Buch gleich am Anfang, ich weiß nicht genau, ob ich da die ganze Großartigkeit seiner Welt eingefangen habe. Jedenfalls einen Dichterbesuch mit einer Flasche Whisky und einem Baseballspiel zu beginnen lockert das Gespräch danach auf alle Fälle enorm auf. Und Kesey war halt auch ein Mann, der Inszenierungen liebte. Er war froh, dass da einer aus Deutschland kam, sich für ihn interessierte, und dann fühlte er sich eben auch verantwortlich für die Show. Und er hat extra einen Freund gebeten, sich am anderen Ende eines Höhlensystems auf seinem Grundstück zu postieren, damit seinem Besucher, wenn wir da gleich, auf der Suche nach dem Erdgeist Whoozle, reinrufen würden, auch ein Erdgeist antwortet. Hat dann auch geklappt.

Viele Jahre später, da war Kesey schon längst tot, habe ich in New York, in einem Riesenapartment am Central Park, Tom Wolfe auf seinem cremegelben Sofa im strahlend weißen Anzug getroffen, der damals, vielleicht fünfzig Jahre zuvor, mit Kesey und den »Merry Pranksters« im Bus »Furthr«, den mir Kesey in Oregon stolz präsentiert hatte, auf Drogentour durch Amerika gefahren war und darüber den Reportageroman »The Electric Cool Aid Acid Test« geschrieben hatte. Wolfe prahlte damit, für sein neues Buch sieben Millionen Dollar Vorschuss erhalten zu haben. Kesey war bei meinem Besuch stolz darauf gewesen, überhaupt keine Romane mehr zu schreiben. Multimillionärs-Apartment und Hippie-Scheune. Irgendwann waren sie mal gemeinsam unterwegs gewesen.

Ich denke so oft, was für ein wahnsinniges Glück ich mit meinem Beruf habe. Ist ja immer noch so, wenn man irgendwo neue Leute kennenlernt und dann sagt, man sei »Literaturkritiker«, fragen natürlich alle: »Im Ernst? Fürs Lesen bezahlt werden? Das gibt es noch?« Und dann freue ich mich immer, dass es das wirklich noch gibt.

Die Besuche bei Schriftstellern sind für mich das Größte. Wie gesagt, ich will da gar nichts enthüllen. Ich will auch hinter keine Kulisse schauen, überhaupt nicht, im Gegenteil, ich will tolle Kulissen sehen. Wenn ich, wie zum Beispiel im Fall des norwegischen Schriftstellers Karl Ove Knausgård, der in seinen Büchern die intimsten Details seines Lebens enthüllt hat, bei meinem Besuch in seinem Garten plötzlich seine Kinder auf dem Trampolin hüpfen sehe, von denen ich alles, alles aus den Büchern weiß, wende ich mich lieber ab. Zu viel Offenheit beschämt mich.

Ich will keine Geheimnisse lüften, ich will sie bewahren. Ich will die Werke der Schriftsteller nicht entzaubern, sondern einmal beim Zaubern dabei sein, ich möchte einen Raum öffnen, in dem der Dichter sich entfalten kann und im besten Fall sich selbst sieht. Am besten sehen sie sich, wenn sie ihre Passionen zeigen. Jonathan Franzen seine Vögel, Sten Nadolny die Winde über dem Chiemsee, Feridun Zaimoglu das Istanbul seines Vaters, Siegfried Lenz die Kartoffeln des Prinzen von Dänemark. »Ich will Sie einladen, diese Kartoffeln mit Andacht zu essen«, hat er gesagt, als wir uns trafen und miteinander zu Mittag gegessen haben.

Es sind auch ein paar Texte darin, die von Menschen handeln, die ich nicht für ein Porträt getroffen habe, mein Nachruf auf Günter Grass zum Beispiel oder der auf Christa Wolf oder Jakob Arjouni. Ich habe auch sie alle mal getroffen, Grass und Wolf immer wieder aus der Ferne, auf Podien oder bei Lesungen, Arjouni zu einem frühen Gespräch. Aber irgendwie scheinen mir auch diese Texte in das Buch zu gehören. Wie auch die Texte über Leute, die in eher weiterem Sinne Dichter sind, wie Thomas Karlauf, Fritz J. Raddatz, Klaus Wagenbach. Und Marcel Reich-Ranicki natürlich. Für mich sind es Dichter. Ich habe sie getroffen. Jedem von ihnen bin ich sehr dankbar. Sie haben meine Welt verändert.

Schamane der guten Laune

Der Roman ist am Ende, aber die Reise geht weiter.
Auf Ken Keseys Hippiefarm

Ringsum sind Felder, gelbe Felder, einige Obstbäume und die Kaskadischen Berge in der Ferne. »Beim Känguru-Schild rechts rein«, meint Ken Kesey am Telefon. »Wir wohnen in einem Stall.«

Dieser »Stall« ist ein rotes, altes Landhaus in der Mitte von Nirgendwo. Das untere Stockwerk besteht aus einem einzigen Saal in dunklem Holz, mit riesig großen Fenstern. Man schaut das erste Football-Match der Saison. Die kleine Gruppe lässt sich nicht stören. Es sind Hippieveteranen der ersten Stunde da, Freunde Keseys aus Los Angeles und zwei Studenten aus Pennsylvania, die Kesey mal in einer Kneipe kennengelernt haben und jetzt das Wochenende hier verbringen. Es gibt irischen Whiskey aus der Flasche. Kesey erklärt, dass Schnaps »spirit« heiße, weil er den Iren früher als Reisemittel für Geister galt, als eine Art Rutschbahn, auf der alle möglichen Elfen und Gnome in die Köpfe der Menschen reisten. Ansonsten schauen wir das Spiel schweigend und trinkend an.

Ken Kesey ist eine lebende Legende: Der größte Hippie Amerikas, heißt es, Vater der Gegenkultur, Drogenguru und früher mal ein großer Autor. Als Fünfundzwanzigjähriger feierte er 1962 mit seinem Roman »Einer flog über das Kuckucksnest« ein sensationelles Debüt. Zwei Jahre später ließ er den kaum weniger erfolgreichen Roman »Manchmal ein großes Verlangen« folgen. Dann schrieb er lange nichts mehr. Hatte ein großes Leben stattdessen: Gründete die kalifornische Hippiekommune »Perry Lane«, machte Musik mit seinen Merry Pranksters und den Grateful Dead und nahm an den ersten staatlichen Testprogrammen für LSD teil, bei denen er so revolutionäre und neue Erfahrungen machte, wie sie ihm keine Literatur und keine Musik zuvor vermitteln konnten. Die USA hatten schon bald genug LSD getestet, da hatte Kesey aber inzwischen sein privates kleines Drogenprogramm laufen. Teile von »Kuckucksnest« sind bereits im LSD-Rausch geschrieben.

Und dann war da die Bustour. Diese legendäre Bustour von 1964, die Tom Wolfe, der mit auf Reisen war, in seinem Klassiker »Die Helden der Nation« beschrieben hat und die die Ju-

gend eines ganzen Landes und später auch weiter Teile der westlichen Welt in neue, unerforschte Gebiete aufbrechen ließ. Im Kopf und in der Wirklichkeit. Motto der Reise: »Move out to ... Edge City«. Name des mit bunten, psychedelischen Zeichnungen bedeckten Schulbusses, mit dem sie unterwegs waren: Furthr. Am Steuer: Neil Cassady, Reisename: Speedlimit. Unbestrittener Boss der Gruppe: Ken Kesey. Es war die Fahrt, mit der die Sixties auf den Weg gebracht wurden.

Als das Footballspiel vorbei ist, murmelt Kesey: »Jetzt mache ich den Bus mal klar.« Und er schlurft über den Hof zu einer großen alten Scheune, öffnet das Tor – und da steht er: Furthr, die Buslegende, die Sixties auf Rädern, groß, bunt, frisch bemalt. Wenn man Kesey fragt, was sein größtes Kunstwerk sei, sagt er: der Bus. Er wirke sofort, die Menschen seien gleich begeistert, wenn sie ihn sähen, vor allem Kinder freuten sich. Kesey fährt auch heute noch mit Freunden, die von damals geblieben sind, manchmal mit dem Bus auf Tour und macht Musik mit seinen Merry Pranksters. Neuerdings haben sie eine kleine Radiostation im Bus. Damit können sie ihr eigenes Radioprogramm live auf der Straße produzieren. Im Bus ist alles vorhanden: Mischpult, Boxen und Aufnahmegeräte. Sie halten dann ein Schild aus dem Fenster: »Tune in 105.7«, und die Leute auf der Straße können alles mithören. »Ist das nicht großartig?«, fragt Kesey. »Da können wir auch vorlesen und Proklamationen verlesen. Ohne aufwendigen Druck und Verträge. Direkt in die Welt.« Das konnten sie damals noch nicht, auf ihrer ersten Reise. Aber sie haben mitgeschnitten. Gerade sind einige Originalaufnahmen der Reise auf CD erschienen. Kesey spielt sie mir in seinem kleinen Tonstudio vor. Ich verstehe ehrlich gesagt nur wenig, aber er sitzt und hört so verzückt und selig zu, und manchmal kommen ihm die Tränen vor Lachen. Es war seine große Zeit.

Heute ist Ken Kesey ein alter Mann. Jahrzehntelanger Drogenkonsum und ein leichter Schlaganfall vor einigen Monaten haben ihre Spuren hinterlassen. Das weiße Haar wirkt ausgerupft, die Bewegungen sind langsam, aber seine Augen sind ungemein flink und lustig. An dem Nachmittag, den ich auf seiner Farm verbringe, ist er voller Aktionsdrang. Ständig fallen ihm Sachen ein, die er mir zeigen will, oder irgendwas, bei dem ich ihm helfen kann. Erst versuchen wir also, Furthr in Gang zu kriegen. Das klappt leider nicht. Dann fahren wir Traktor zusammen, und ich schöpfe mit einem Eimer Wasser aus einem großen Becken auf dem Anhänger und wässere seine Obstbäume am Rande der Felder. Auf dem Rückweg freut er sich schon: »Und jetzt sehen wir nach dem Whoozle.«

Es steht ein Schild auf einer Wiese mit der Aufschrift: »Beware! Whoozle!« An dieser Stelle beugt sich Kesey tief herunter und ruft in ein kleines Erdloch hinein: »Hey, Whoozle, melde dich! – Whoozle, hallo! – Hey, Whoozle, wir haben Besuch!« Und er legt sein Ohr ans Erdloch und lauscht. Dann ruft er mich: »Er ist da, er lacht, er hat gute Laune.« Und ich beuge mich also auch herunter, lausche, und tatsächlich: Es lacht im Erdreich ganz tief unter mir. Es lacht und gluckst und räuspert sich. Kesey äußert dann noch mehrfach den Wunsch, das Whoozle möge doch heraufkommen zu uns. Doch es kommt nicht, und bald schon kann man es schnarchen hören, ganz, ganz tief. – Schamanismus der guten Laune. Unerklärlich, heimlich, heilig. Ob er das Whoozle schon einmal gesehen habe? Nein, bislang noch nicht. Es sei sehr scheu.

Dann trinken wir wieder Whiskey und versuchen, Furthr zu starten, was nicht klappt, und schneiden Brombeerhecken, von denen Kesey weiß, dass sie erst vor hundert Jahren gezüchtet wurden. Er meint, hätte es die hier schon vor 500 Jahren gegeben, dann hätte man Amerika nicht besiedeln können. So gut wachsen die Brombeeren hier. Kesey macht jedes Jahr einen weithin berühmten Schnaps daraus. Ja, für solche Sachen ist Kesey jetzt eher bekannt: Schnapsbrenner, Farmer, Schamane. Ab und an ein Essay im »New Yorker« oder im »Rolling Stone«. Manchmal auch noch Geschichten: Nachdem er dreißig Jahre lang keinen Roman geschrieben hatte (»Ich habe der Kulturindustrie bewiesen, dass ich Romane schreiben kann. Danach habe ich ihr bewiesen, dass ich sie auch nicht schreiben kann«), veröffentlichte er vor einigen Jahren »Sailor Song«, einen Roman, an dem er sich jedoch zehn Jahre lang quälte. Ansonsten schrieb er einen Western, ein Theaterstück, veröffentlichte Texte zusammen mit Universitätsklassen, die er im Kreativen Schreiben unterrichtete, und schrieb vor allem Kinderbücher. Warum Kinderbücher? »Damit erreiche ich das doppelte Publikum«, meint Kesey. »Erst die Eltern, die das Buch vorlesend prüfen, ob das auch etwas für ihre Kinder ist, und dann die Kinder selbst.« Die sind ihm ohnehin die liebsten Leser. Und die Botschaft seiner Bücher sei ja auch immer dieselbe: »Totalitarismus in allen Erscheinungsformen und wie er überwunden werden kann.« Das kann man in Kinderbüchern genauso gut beschreiben. Eins davon nennt er heute sein gelungenstes Buch: die Geschichte vom kleinen Eichhörnchen Tricker, das den Bären Big Double überlistet. »Viel besser als ›Einer flog über das Kuckucksnest‹, viel besser«, sagt Kesey, und er strahlt.

Überhaupt: »Der Roman hat seine Zeit gehabt«, sagt Kesey. Es muss etwas ganz anderes kommen. Das interaktive Kunstwerk, das Kunstwerk der gemeinsamen Aktion, nicht der kontemplativen Rezeption. Der Schöpfungsprozess als Gemeinschaftsprojekt. Ob er so etwas wie den Internetroman, an dem jeder mitschreiben kann, meine? – Ja, das sei eine gute Idee. Er aber, Kesey, sei mehr so im Elfen- und Gnomen- als im Computerbusiness. Nicht virtuelle, sondern »rituelle Wirklichkeit«, das ist sein Programm. Was das bedeutet? Ein neuer Sinn für Heiligkeit, für Ursprünglichkeit, für Geheimnisse. Ein Gemisch aus Indianermedizin, Schamanenglaube, fernöstlichen Religionen, Antipsychologismus und ritueller Lebensfeier.

Kesey bringt all das neuerdings mit seinem Trupp auf die Bühne. Musiktheater, das sei die zukünftige Kunstform. Und er zeigt Videomitschnitte: Das meiste entsteht spontan auf der Bühne, vieles gemeinsam mit dem Publikum. Den festen Rahmen bilden lediglich die Musikstücke und eine Geschichte, die vom nahen Weltenende erzählt. Der Rest ist gemeinsame Aktion.

Ein Hauch von Schlingensief weht da über die amerikanischen Bühnen. Nur dass alles besser gelaunt wirkt. Kesey muss die Leute nicht gewaltsam auf die Bühne zerren und dort verprügeln, um gemeinsames Erleben zu inszenieren. Die Leute kommen ganz von selbst. Musikanten oder Gaukler, Leute, die was zu dichten haben oder die originelle Verkleidungen vorstellen wollen und sich in eine größere Handlung gern einfügen. Im Film zumindest klappt das ganz wunderbar. Und am Ende tanzt das Ensemble mit Publikum gemeinsam ausgelassen auf der Bühne. Nächstes Jahr will Kesey die ganze Show komplett mit Bus nach Europa bringen. Das ist noch so ein Projekt, von dem er stundenlang erzählen kann.

Spät am Abend gehen wir noch ein letztes Mal zu Furthr in die Scheune. Der Motor stottert und stottert und – läuft leider nicht. Kesey ist enttäuscht. Er hätte sein größtes Kunstwerk doch gern noch mal in Aktion gezeigt. Heute jedoch nicht. Aber morgen, morgen läuft er wieder und im nächsten Jahr sogar bis nach Europa. Denn: Der Roman ist wohl am Ende, aber die Reise geht weiter.

(1998)

Die Zukunft ist aufgebraucht

… sie war die beste Zeit: Neal Stephenson, Chronist
künftiger Ereignisse, revidiert sein Weltbild

Nichts. Überhaupt nichts wird mehr so sein, wie es war, vor jenem 11. September. Die Zukunft ist das große Andere, eine völlig neue Welt in völlig neuer Bedrohungslage. Fast schon rituell wird die neue Weltformel seit sechs Wochen wiederholt. Wo so viel von Zeitenwende die Rede ist und ungewisser Zukunft, fragt man sich, was jetzt ein Zukunftsseher denkt, ein Chronist des zukunftsfreudigsten Teils der amerikanischen Gesellschaft, Künder der Chancen und Gefahren der schönen neuen Technikwelt. Was denkt der Autor Neal Stephenson?

Er ist schlecht gelaunt. Er hasst Interviews. Er scheut die Öffentlichkeit. Man weiß nur wenig über ihn: Geboren an Halloween 1959 in Fort Meade, Maryland, als Sohn eines Professors für Maschinenbau und einer Biochemikerin, zog er bald nach Illinois, dann Iowa, begann im Alter von fünfzehn Jahren mit dem Schreiben von Computerprogrammen und Romanen, studierte Physik, ein wenig Deutsch, wechselte über zur Geografie, weil es dort die besseren Computer gab, schrieb einen erfolglosen Campus-Roman, versuchte sich, als er erfuhr, dass Tom Clancy mit seinen Technik-Thrillern 17 Millionen Dollar im Jahr verdiente, gemeinsam mit seinem Onkel an einem solchen, fast ohne Erfolg.

Und dann erschien 1992 »Snow Crash«, sein Zukunftsroman aus den Anfängen des 21. Jahrhunderts, ein grandioses Buch über einen Hacker im Kampf gegen Computerviren, ein Buch über die Zukunft der virtuellen Welten, so realistisch und technisch präzise beschrieben wie ein Zeitenreiseführer, ein Handbuch für die kommende Welt. Mit dem sogenannten Metaverse erfand Stephenson in »Snow Crash« ein weltumspannendes, kommunikatives, virtuelles Universum, lange bevor das World Wide Web entstanden war, und schuf virtuelle Persönlichkeiten, die heute als Atavare massenhaft Internet und Werbung bevölkern.

Seit dem Erscheinen von »Snow Crash« gilt Stephenson nicht nur als vorausschauender Chronist der Silicon-Valley-Welt, der Hacker, Geeks, Cyberpunks, Computernerds und Unternehmer, sondern auch als ein Experte kommender technischer Möglichkeiten. Geschichten wie diese kursieren heute massenhaft im Netz: Ein Internetunternehmer wirbt im Kreise von Investoren mit nur zwei Sätzen für sein Projekt: »Lesen Sie ›Snow Crash‹! Das ist unser Business-Plan.« Und die Investoren zahlen. Neal Stephenson gilt vielen als Prophet.

Jetzt sitzt er hier in diesem italienischen Restaurant im 28. Stock eines Hochhauses in Seattle im grünweißen, hochgeschlossenen Geschäftsmännerhemd, die leicht graumelierten Haare zum Zopf zusammengebunden, und sieht nachdenklich aus dem Fenster. Er ist konzentriert, ruhig, lässt sich mit Antworten auf Fragen gerne zwei, drei Minuten Zeit und sagt: »Ich glaube nicht, dass ich zu Recht für einen Propheten neuer Technologien gehalten werde. Ich habe so oft danebengelegen. Das Metaverse ist, so wie ich es mir dachte, nie entstanden. Die Auswüchse der Nanotechnologie, wie ich sie in ›Diamond Age‹ beschrieb, liegen noch in viel zu ferner Zukunft, als dass man darüber schon etwas sagen könnte. Und wenn ich Vorhersagen über Regierungsformen machte, wie

etwa das Zusammenschrumpfen des Regierungsapparats auf ein absolutes Minimum in ›Snow Crash‹, dann lag ich auch daneben. Nie war der Ruf nach einer starken Regierung lauter als in den Vereinigten Staaten seit dem 11. September.«

Der 11. September. »Alles ist anders«, sagt Stephenson. Ein Buch wie »Diamond Age« etwa, das drei Jahre nach »Snow Crash« mit fast ebenso großem Erfolg erschien und in dem die Gefahren der Nanotechnologie, der massenhaften Kleinstroboterentwicklung beschrieben werden, würde Stephenson heute so nicht mehr schreiben, sagt er. Er hat es geschrieben, um darauf hinzuweisen, dass jede neue Technik sofort nach ihrer Erfindung in eine Waffe verwandelt wird. Und dass man sich dieser Gefahren bewusst sein muss. Und welche Techniken man etwa gegen eine neue Macht der Kleinstroboter erfinden müsste. »Das Buch repräsentiert eine Geistesverfassung, die heute obsolet ist.« Denn alle Welt ist in Panik vor der unsichtbaren Welt neuer Techniken. Aber nicht der Nano-, sondern der Biotechnologie. Doch die Gefahren seien sehr gut vergleichbar. »Als ich ›Diamond Age‹ schrieb, tat ich das, um meine Beunruhigung darüber auszudrücken, dass sich niemand der extremen Gefährdungen durch die neuen Techniken bewusst zu sein schien. Jetzt hat sich alles verändert. Jede einzelne Person in den Vereinigten Staaten sorgt sich genau darum. Nein, ich würde das Buch heute wohl nicht mehr schreiben.«

Und »Cryptonomicon«? Sein neuer 1200-seitiger Roman über Kryptografie und die Geburt des Computers aus den Verschlüsselungs- und Dechiffrierungsschlachten des Zweiten Weltkriegs?

Es sind im Grunde zwei miteinander verwobene Romane, die in »Cryptonomicon« kunstvoll miteinander verknüpft sind. Einer aus den Entschlüsselungslabors des späteren Computererfinders Alan Turing in Bletchey Park und einer aus der Gegenwart, in welchem Internetpioniere aus dem Silicon Valley in einem philippinischen Sultanat einen sicheren Datenhafen errichten wollen, ein neues, zu 100 Prozent sicheres Internet, unabhängig von allen Regierungseinflüssen und Überwachungstechniken, mit freien Informationen und freier, unkontrollierter, unbegrenzter Kommunikation für alle. »Diese Welt der sogenannten Gegenwart erscheint mir heute sehr, sehr alt«, sagt Stephenson. Die Neunzigerjahre sind vorbei. Die Jahre, in denen eine Gruppe von Leuten in Kalifornien und anderswo in der Welt mit einigen guten Ideen eine Unmenge an Geld machen konnte, der jede noch so absurde Idee finanziert wurde. Alles wurde in kürzester Zeit Wirklichkeit. Alles war möglich. Und jetzt verlassen die Menschen in Scharen Silicon Valley, verlassen die Hightech-Industrie auf der Suche nach neuen Lebensläufen, neuen Karrieren. Diese Welt gibt es nicht mehr.

Und noch etwas ist vergangen, was im Roman noch gegenwärtig schien: Das, was Stephenson den »libertären Ethos des Silicon Valley« nennt, den Ethos der Cyberpunks, der Hacker und Geeks: die Suche nach der totalen Freiheit, der größtmöglichen Staatsferne, der größtmöglichen individuellen Verantwortung. Ein Ziel, das im Roman die »Krypta« repräsentiert, jener perfekt geschützte Datenhafen irgendwo in Asien, der Ort der vollkommenen Freiheit. »Niemand will das heute mehr«, sagt Stephenson. Regierung, Gemeinwesen, soziale Verbände, nichts ist so wichtig wie dies, seit sich die Individuen einer kollektiven, unsichtbaren Bedrohung ausgesetzt sehen, vor der sie sich allein nicht schützen können. Nie war die Lehre vom Ende des Staates und der Regierungen unpopulärer als in diesen Tagen. Und es wird lange so bleiben.

Obsolet scheint Stephenson heute auch eines der zentralen Argumente für jene Krypta der frei zugänglichen Weltdaten, die der jüdische Computerfreak Avi formuliert: Dass der Holocaust nicht möglich gewesen wäre, wenn kein extrem zentralistisch strukturierter Staat ein Informationsmonopol hätte errichten können. Stephenson, der mit diesem Ethos, diesen Vorstellungen »sympathisierte«, wie er sagt, erklärt jetzt:

»Heute wird deutlich: Leute wie Avi haben noch den vergangenen Krieg gekämpft. Die Menschen kämpfen immer die vergangenen Kriege und sind überrascht, wenn der neue Krieg auf ganz und gar neue Art und Weise geführt wird. Der Gegner ist heute nicht mehr ein massiver, zentralistisch geführter Staat mit einem Kriegsministerium und Panzern wie einst Nazideutschland oder die Sowjetunion. Der Gegner handelt heute im Verborgenen, sitzt in allen Ländern, nutzt die modernsten Kommunikationsmittel, schweigt lange Zeit, handelt nicht – und plötzlich stürzt das World Trade Center ein. Und die westliche Welt sitzt ratlos auf ihrer glänzend ausstaffierten Rüstungsmaschinerie. Die neuen Hitlers, die neuen Gegner der Juden und Christen auf der Welt, sind nicht mit der NATO und auch mit keiner Krypta zu besiegen. Seit dem 11. September wissen wir, dass das nicht stimmt.«

Neal Stephenson sieht aus dem Fenster aufs Meer und sagt: »Ein merkwürdiges Boot da draußen.« Und ich schaue auch hinaus: »Was ist denn an diesem Boot so merkwürdig?« – »Es ist dunkel, unbeleuchtet. Vielleicht fährt es Müll hinaus aufs Meer.« Dann schweigt er wieder. Neal Stephenson schreibt seit einer Weile schon nicht mehr über die Zukunft. »Cryptonomicon« war nur der Auftakt einer immer tieferen Reise hinab zu den Wurzeln der digitalen Welt. Sein nächster Roman, »Quicksilver«, beginnt im 17. Jahrhundert, bei den Anfängen der Kryptografie, der Verschlüsselungskunst, die nach Stephensons Ansicht den Ausgangspunkt bildet für die heutige Computerwelt. »Je mehr ich versuchte, über die Zukunft zu schreiben, desto mehr interessierte ich mich für die Vergangenheit«, sagt er. Sein neues Buch schreibt er nicht mehr mit dem Computer, sondern mit einem goldenen Füllfederhalter, der jetzt in seiner Hemdtasche steckt. Beim Schreiben auf dem Computer seien ihm zu viele Textabschnitte durch Systemabstürze oder vorzeitiges Löschen verloren gegangen, sagt er. Stephenson entfernt sich immer weiter aus der Computerwelt, der Internetwelt, die er einst mit geschaffen, mit erdacht hat. Wenn er seinen Neffen und Nichten über die Schulter schaut, wenn die an ihren Computern sitzen und mithilfe ihrer »Buddy-Lists« mit zehn Freunden gleichzeitig kommunizieren, dann sagt er nur: »Das ist nichts mehr für mich.«

Es ist spät geworden. Das merkwürdige Boot ist verschwunden. Neal Stephenson versucht, einen Dessertpfirsich aus Eis zu besiegen, der auf seinem Teller immer wieder von einem Tellerrand zum anderen springt. Er blickt aus dem Fenster und erzählt: »Vor ein paar Tagen traf ich einen befreundeten Science-Fiction-Autor, der in tiefer Depression zu mir sagte: ›Hey Neal. Wir sind jetzt alle raus aus dem Geschäft. Die Welt ist so verrückt, absurd und unglaublich. Was sollen wir da bitte noch über die Zukunft schreiben?‹«

»Ich glaube, er hat recht«, sagt Stephenson. »Die Zukunft. Ja. Vielleicht war es wirklich eine gute Idee, das Geschäft zu wechseln und über die Vergangenheit zu schreiben.«

(2001)

Der Beharrungskünstler

Sitzen, Trinken, Scheitern: Thomas Kapielski ist der Dichter der Konsumverweigerung

Er erzählt. Mein Gott, was erzählt er denn? Und so laut. Er wütet. Gegen Joschka Fischer. Gegen die Pharisäer im Bundestag. Gegen Weihnachten. Gegen den Krieg. Er rechtet mit der Kneipenluft. Alle sollen es hören. Thomas Kapielski sitzt daneben und hört so zu. Er sitzt wohl nur zufällig bei dem lautstarken Verkünder am Tisch. Von seiner Freundesrunde, die sich hier, in der Gaststätte Wilhelm Hoeck in der Wilmersdorfer Straße in Berlin-Charlottenburg jeden Montag und jeden Donnerstag trifft, ist noch keiner da.

»Kommt noch jemand?« – »Klar.« Wir wechseln schon mal an den Stammtisch der Runde. Anlass für den nun verlassenen Verkünder, seine Verkündungslautstärke noch leicht zu erhöhen. »Pharisäer! Käufer!« Ist ja gut. An der einen Wand neben dem Stammtisch hängt ein Kalender mit Schweinebratenmotiven, an der anderen signierte Fotografien von Heino und Nicole und Brigitte Mira und auch eine von Karl-Heinz Schroth, wie er so mit dem Rücken zur Kamera an der Bar sitzt und trinkt. Die Gaststätte Wilhelm Hoeck ist ein Traditionshaus. Gibt es seit 1894. Die Kapielski-Runde trifft sich seit zwanzig Jahren hier.

»Fehlt Ihnen noch ein Nikolausgeschenk?«, fragt die kleine alte Dame mit der Leopardenmütze und dem Leopardenmantel und dem Leopardenblick, als sie ihren Korb mit rosa Seidenblumen an unserem Tisch vorbeiträgt. »Nein, alles schon erledigt«, sagt Kapielski. »Nicht eine Seidenblume?« – »Nein, nicht eine. Danke, danke.« Kapielski kauft nichts. Heute nicht.

Heute kauft Kapielski nur Bier. Und das geht schnell. Holger, wie der Wirt hier heißt, schenkt Stammgastbiere und Nichtstammgastbiere aus. Erstere kommen sofort, wie von Zauberzapfhand gezapft, Letztere verlieren sich auch gerne mal auf dem Weg zwischen Zapfanlage und Nichtstammgast. Wir bestellen immer zusammen. Geliefert wird streng getrennt. Einen Kapielski lässt man nicht warten.

Hier nicht. Sonst schon. Aber das macht nichts, denn Thomas Kapielski wartet nicht ungern. Thomas Kapielski ist der Künstler des Wartens, des Sitzens und des Beharrens. Thomas Kapielski ist ein großer Beharrungskünstler. Seit Jahren schreibt er an einer Chronologie des Alltags, des Scheiterns und des Bleibens. Die Bücher heißen »Nach Einbruch der Nüchternheit«, »Einfaltspinsel = Ausfallspinsel«, »Gottesbeweise IX–XIII« und »I–VIII« und »Sozialmanierismus. Je dickens destojewskij!« – Gepflegtes Außenseitertum, ironische Selbstbetrachtung, melancholische Klagen über Armut und Misserfolg, gewichtige Biererkenntnisse, Lokalerlebnisse und große Geschichten des Scheiterns: »So kann es kommen, dass einem gottbegnadeten Geschöpf Leben und Menschenwelt nur in Gestalt der Niederlage bekannt werden«, erklärt der Ich-Erzähler, der sich in den Büchern stets Thomas Kapielski nennt, leicht selbstmitleidig. Und liebt das Scheitern aber doch und die Ruhe und die Gemächlichkeit und findet den Ausweg in der Kunst: »Wenn Sport der Bruder der Arbeit ist, dann ist Kunst die Cousine der Arbeitslosigkeit«, ist ein gern zitiertes Lebensmotto des Herrn Kapielski. Genie der Ruhe, Meister der gezielten Entspannung. Kunst geht so: »Die Faulheit ist, neben Bier und Fernsehen, mein zuverlässigster Ackermann. Und dann komme ich ganz hunnisch vorgeprescht: Zack! Bumm! – Hochleistung! Und wieder Mittagsschläfchen.«

Beliebtester Gegner des Schriftstellers Kapielski, der auch bildender Künstler, Fotograf und Kunstprofessor an der Universität in Braunschweig ist, ist: »der Betrieb«, der Kunstbetrieb. Kunst sei »eine gigantische Wertimagination« ohne »irgendwie messbare Leistungstüchtigkeit, Wertrationalität«. Die allein notwendigen Begabungen seien deshalb »Management, Selbstorganisation, Durchsetzungsakrobatik und Glück.« In der Kunst viel mehr noch als im Literaturbetrieb: »Bei der Bildbesprechung kann nicht viel schiefgehen. Eine verwegene hermeneutische Tüchtigkeit vergoldet jedwedes monochrome Rätsel. Bei Büchern klappt das nicht so. Bücher quatschen zu viel. Der Blödsinn ist schriftlich. Kunst aber stellt sich doof und profitiert so von der Gutwilligkeit des Spekulanten. Und so setzt gute Kunst sich durch, weil man gut nennt, was sich durchsetzt.«

Thomas Kapielski ist fünfzig Jahre alt, trägt grauen Anzug, graues Hemd, grauen Pullover, kurzes, graues Haar und eine große Brille und sitzt also hier am Tisch. Ein durchgesetzter Künstler jetzt auch er. Nach den vielen Jahren des Scheiterns und des Kaumbemerktwerdens. Jetzt nennt man ihn plötzlich gut. 1999 hat er den renommierten Sprengel-Preis für bildende Kunst bekommen, las beim Bachmann-Wettbewerb den wohl lustigsten und besten Text, der dort in den letzten Jahren gelesen wurde, in dem er sich aufs Großartigste über den Literaturbetrieb amüsierte, was ihm derselbe jedoch nicht mit einem Preis honorierte. Er erhielt den mit 25 000 Mark dotierten Ben-Witter-Preis, bei dem ihn »Zeit«-Herausgeber Theo Sommer eine Stunde lang als großen, großen Dichter feierte, nachdem er ihn zehn Jahre zuvor aufgrund einer misslungenen Formulierung gemeinsam mit vielen anderen Journalisten in Grund und Boden geleitartikelt hatte. Und jetzt also auch noch Kunstprofessor. Das Scheitern ist gescheitert. Wohin denn jetzt?

In »Sozialmanierismus« heißt es: »Und nun bin ich ›Professor‹! – Holla! Das fetzt! Ist aber auch irgendwie unheimlich. Am Telefon und so fühlt man sich wie ein Hochstapler, Heiratsschwindler, Rosstäuscher und Falschmünzer. Dabei hat man es schriftlich!«

Aber das Unglück kann bald wiederkehren. In zwei Jahren

läuft der Vetrag aus. Wer weiß, was kommt? Kapielski bleibt. »Du bleibst hier schön sitzen«, hat er schon 1989 entschieden, als alle Welt in Wendeeuphorie verfiel. »Stilles Beharren bei Zimmertemperatur bekommt dir am besten. Wo alles mobilgemacht wird, bewegt sich nur noch der, der gerädert anhält.« Es zieht ihn nur immer etwas weiter an die Ränder von Berlin. In der Mitte wird es zu voll. Von Neukölln zog er nach Lichtenrade, jetzt nach Dahlem. Berlins Mitte, wo sich jetzt auch die größten früheren Berlin-Verächter frohgemut zum Kauf und schönen Sein versammeln, ist für ihn die Pest. »Was brauche ich die Hackeschen Höfe? Habe ich doch den Hoeck'schen Hafen!«, ruft er aus und meint natürlich das schöne Gasthaus Hoeck.

Wir trinken noch eins. Von den angekündigten Gästen – Politikprofessoren, Theologen, Julien-Green-Übersetzer, Nichtkäufer und Lebenskünstler – ist nur einer gekommen. Nämlich Frank. Frank arbeitet als Lobbyist in der Glücksspielindustrie und will das Leben betriebswirtschaftlicher organisieren. Alles. Opernhäuser, Universitäten, Familienpolitik. »Ach. Alles. Was redest du denn?«, meint Kapielski, der mit der Zeit immer etwas kleiner geworden ist, an seinem Tisch. »Die Liebe wahrscheinlich auch noch. Kinder auch. Alles betriebswirtschaftlich. Kriegt bald keiner Kinder mehr. Na, ist vielleicht auch besser so. Ist auch besser so. Ist auch besser.«

Brummt Kapielski, trinkt und bestellt noch ein Eisbein. Ein großes, weil es ein kleines nicht mehr gibt, sieht kurz noch in der Küche nach, wie groß es so ist, lässt es in eine Tüte packen und verabschiedet sich schnell. Die Eisbeintüte in der Hand. Er macht noch einen kurzen Stopp an der Bar: »Holger, noch ein Reisebier.« – »Eins oder zwei?« Gute Frage. Und mit zwei Reisebieren in der Eisbeintüte macht sich Thomas Kapielski auf nach Dahlem.

(2001)

Hunde, wollt ihr ewig trinken?

Michel Houellebecq über Terrorismus, Tourismus, Glück und Geld, Bourdieu und betrunkene Hunde

In Ihrem Roman »Plattform« beschreiben Sie die Marktmechanismen der Tourismusindustrie und eine Liebesgeschichte während einer Pauschalreise nach Thailand. Wie haben Sie denn dafür recherchiert?
Ach, das war sehr einfach. Es gibt ja solche Handbücher für Studierende der Tourismuswissenschaft, in denen das sehr allgemeinverständlich erklärt wird. Auch die Umsatzzahlen der TUI-Gruppe sind ja nicht geheim. Und dann habe ich auch eine Pauschalreise nach Phuket gemacht, die übrigens sehr schön war.

Manchen gruselt es bei dieser Vorstellung. Ist das nicht sehr spießig?
Nein, ganz und gar nicht. Nicht wenn man mit Nouvelles Frontières fährt. Das sind sehr angenehme, gut organisierte Reisen, die sich übrigens auch arme Leute leisten können, wenn sie ein wenig sparen. Man hat da alles: Kulturerlebnis, ausgewählte Restaurants, und man trifft Menschen, mit denen man sonst nichts zu tun hätte. Ich war da sehr glücklich. Ja, man kann sein Glück in der Pauschalreise finden.

Finden Sie, wie Montaigne oder Chatwin, Ihr Glück nur auf Reisen?
Aber das gilt doch nicht nur für Schriftsteller, sondern für alle. Sehen Sie sich doch die Europäer an: Kaum haben sie etwas Geld, treibt es sie von hier fort. So wie Valérie in meinem Buch: ein paar Jahre in einem Beruf arbeiten, der einem Spaß macht, jede Menge Geld verdienen und danach: leben!

Aber es wollen doch auch jede Menge Menschen nach Europa einwandern?
Das ist kein Widerspruch, denn auch die wollen ja hier nur Geld verdienen. Wenn sie genug davon haben, sind sie wieder weg.

Und was suchen die Menschen in der Ferne?
(Errötet) … das ist jetzt vielleicht etwas peinlich … (Schweigt) … Wärme. Man fühlt sich doch besser, wenn es warm ist. Es war vielleicht gar keine so gute Idee von der Menschheit, aus Ostafrika auszuwandern, damals.

Sonst nichts? Nur Wärme?
Man findet im alltäglichen Leben eine gewisse Langsamkeit, die ich sehr angenehm finde, zum Beispiel in Thailand. Alles ist ruhiger, man hat mehr Zeit zum Reden. Man kann es auch durchaus als angenehm empfinden, dass man sich nicht dauernd waschen muss und dass es weniger Vorschriften gibt, im

Alltag. Außerdem will man dann im Alter nicht wie Müll behandelt werden. In Altenheimen, wo man nachts von bösen Krankenschwestern geschlagen wird.

Demnächst wird in Paris der Prozess der islamischen Vereinigung gegen Sie eröffnet. Hat Sie die harsche Reaktion auf die islamfeindlichen Stellen in »Plattform« überrascht?
Schon, denn bislang haben sich islamische Geistliche nur darum gekümmert, was Kritiker aus islamischen Familien gesagt haben, wie etwa bei Salman Rushdie. Vielleicht sollte ich das als ein gutes Zeichen sehen, als einen Fortschritt, dass die sich überhaupt so kümmern. Dass es wegen der Passagen über die Prostitution in Thailand Ärger geben würde, das wusste ich schon. Das mit dem Islam hat mich dann doch überrascht.

Gibt es während Ihrer Lesereise irgendwelche Sicherheitsmaßnahmen?
Nein.

Fürchten Sie sich nicht?
Vielleicht werde ich ja sterben.

So wie Valérie, die Heldin Ihres neuen Romans. Sie wird in Thailand von islamischen Fundamentalisten ermordet.
Die Terroristen haben aus ihrer Sicht ganz recht, Touristen anzugreifen, denn sie verkörpern alles, was jene verachtenswert finden: Lockerung der Sitten, Luxus für alle, kultureller Austausch, Emanzipation von Frauen.

Hat Sie der Terroranschlag vom 11. September überrascht?
Nein, nicht wirklich. Wir haben ja in Frankreich seit den Achtzigerjahren bittere Erfahrungen mit Terroranschlägen. Insofern war niemand wirklich überrascht. Man wusste ja, dass diese Leute dazu fähig sind. Mich hat dann nur beeindruckt, welche Dimension der Anschlag hatte, welche ästhetische Wucht. Das sehe ich ein bisschen wie Stockhausen.

Was sagen Sie zum Krieg in Afghanistan?
Ich bin mit den Amerikanern in Afghanistan sehr zufrieden und das, obwohl ich die Amerikaner weiß Gott nicht mag. Dieser Krieg ist mein Krieg. Ganz anders als der Golfkrieg zum Beispiel, wo es nur um Kuwait ging, das mir egal war. Beim Krieg in Afghanistan habe ich das Gefühl, dass es auch um mich geht. Ich habe mich nach dem 11. September selbst bedroht gefühlt.

Anfang dieser Woche ist der Weltsozialgipfel in Porto Alegre zu Ende gegangen. Verfolgen Sie so etwas?
Ja, aber ich finde das rührend und etwas naiv zu glauben, dass man die Globalisierung, die ja ein wirtschaftliches Phänomen ist, mit politischen Mitteln bekämpfen kann. Mir würde viel mehr einleuchten, wenn der Einzelne als Konsument angesprochen würde, das wäre effektiv. Wenn man, ich sage jetzt irgendwelche Namen, in Erfahrung brächte, dass etwa Danone zur Herstellung seiner Produkte Kinder beschäftige und Nestlé nicht, dann brauchte man nur noch Nestlé zu kaufen. Das würde die Konzerne dort treffen, wo es wirklich wehtut. Das wäre interessant, so etwas müsste man recherchieren.

Der kürzlich verstorbene Pierre Bourdieu hat ja immer ein öffentliches Engagement der Intellektuellen gefordert. Hatten Sie zu ihm einen Bezug?
Ich habe nur ein Buch von ihm gelesen, die »Méditations Pascaliennes«. Ein gutes Buch, nur leider viel zu lang. Das ist das Problem, in der Soziologie sind alle Bücher viel zu lang. Ich finde das ja interessant und wichtig. Aber man kann das alles auch auf drei Seiten schreiben. Deswegen muss ich sagen: Nein, Bourdieus Tod ist kein großer Verlust.

Gibt es andere Intellektuelle, denen Sie gerne begegnet wären?
Ich würde gerne Nein sagen, aber dann hätte ich ja die ganzen Intellektuellen gegen mich. Ich würde gerne mehr Philoso-

phen treffen, wie Alain Finkielkraut zum Beispiel, aber leider habe ich keine Zeit. Außerdem habe ich Komplexe. Ich traue mich nicht, Philosophen anzusprechen, da ich so wenig gelesen habe. Nichts von Heidegger, nichts von Husserl.

Verfolgen Sie die Tagespolitik, den französischen Präsidentschaftswahlkampf zum Beispiel?
Ja, ich verfolge das mit einer gewissen Spannung. Man war ja doch überrascht, was dieser Jospin in seiner Amtszeit so hingekriegt hat.

Im nächsten Monat kommen Sie für vier Wochen nach Berlin. Was interessiert Sie an Deutschland?
Für Deutschland interessiere ich mich ganz besonders, seit ich hier so großen Erfolg habe. Während meiner Zeit in Berlin möchte ich zusammen mit meiner Frau vor allem reisen. Ich hoffe, ich bekomme dort auch einen Presseattaché für meinen Corgi, der ihn um den Wannsee herumführt, wenn ich nachts ausgehe.

Ach, Sie haben auch einen Corgi? Queen Elizabeth II. hat ja mal einen Diener entlassen, der ihren Corgis regelmäßig Whisky in den Napf füllte.
Auch mein Corgi hat schon mal versehentlich Whisky abbekommen. Ich trinke ja sehr viel. Er musste sich übergeben. Whisky ist eben nichts für Corgis. Die Queen hat da ganz richtig gehandelt, diesen Mann zu entlassen. Tierquäler.

Interview: Nils Minkmar und
Volker Weidermann, (2002)

Der Chef

In der Welt des Unternehmers und Schriftstellers Ernst-Wilhelm Händler

»Regensburg ist eine Boomtown.« Ernst-Wilhelm Händler sitzt auf der Rückbank des Taxis und erklärt seine Heimatstadt. »Vor und nach dem Krieg war hier kaum Industrie, kaum Geld. Deshalb wurde auch nichts zerstört. Nicht im Krieg durch Bomben und nicht nach dem Krieg durch Horten. Wir haben hier fast italienische Verhältnisse. Und seitdem BMW hier ist, ist Regensburg Boomtown. Herrliche Stadt, herrliche Lage und nur eine Stunde zum Flughafen in München.« Zu einzelnen historischen Gebäuden könne er jetzt leider nicht allzu Präzises sagen.
»Wenn ich Gäste in der Firma habe, engagiere ich immer einen Führer.«
Ernst-Wilhelm Händler ist mittelständischer Unternehmer. Ihm gehört eine Fabrik der elektroverarbeitenden Industrie wenige Kilometer außerhalb von Regensburg. Er beschäftigt zweihundert Angestellte. Und Ernst-Wilhelm Händler ist Schriftsteller. Seit 1995 erschienen in regelmäßigen Abständen zunächst ein Erzählungsband und dann in relativ rascher Folge drei Romane, hoch ambitionierte, kunstvolle Geschichtskonstruktionen, die ihm begeisterte Besprechungen in den Feuilletons und pro Band zwischen zwei- und fünftausend Leser einbrachten.
Über Machtkämpfe in einem philosophischen Institut (»Kongreß«) hat Händler sich schon bald an sein eigentliches Thema herangeschrieben: die Wirtschaft. Und was er mit dem Roman »Fall« 1997 begann, hat mit dem großen Wirtschaftsroman »Wenn wir sterben« seinen bisherigen Höhepunkt gefunden.

Die Geschichte von vier fünfundvierzigjährigen Frauen, denen in den Übernahmekämpfen der freien Wirtschaft zunächst ihre Persönlichkeit, ihre persönlichen Beziehungen, ihr freies, nicht rein zielgerichtetes Denken und schließlich auch noch die Macht abhanden kommen und die zu ökonomisch gesteuerten, kalten, deformierten Monstern werden. Einsam, zu keiner persönlichen Bindung mehr fähig, das Ende erwartend, zerstört.

Ernst-Wilhelm Händler hat uns inzwischen in ein prachtvolles, altes Restaurant in der Regensburger Altstadt geführt. Ein kleiner Saal, Flügeltüren aus Wurzelholz, Steinsäulen am Rande, ein großer, gelber Blumenstrauß in der Mitte, nur drei Tische im Saal. Händler wird als regelmäßiger Gast mit zurückhaltender Herzlichkeit begrüßt. An dem einzigen noch besetzten Tisch hat er gleich einen Bekannten entdeckt, schreitet schnell hinüber, schüttelt Hände, redet kurz, kehrt zurück an den Tisch, führt mit kurzen Worten durch die Karte, verwirft das von mir gewählte leichte Menü als »nun doch etwas zu leicht«, erklärt, heute keinen Alkohol zu trinken, da morgen Sport auf dem Programm stehe.

Wir bestellen Mineralwasser und ein nicht gar so leichtes Menü, und Händler fragt: »Zerstört? Die Frauen sind zerstört am Ende? Ja, vielleicht. Es ist aber zugleich auch nur die halbe Wahrheit. Jedes System schafft sich die Menschen, die es braucht. Insofern sind sie nicht zerstört, sondern funktional.« Gut, funktional, aber unglücklich.

Die Männer sind von den Frauen abhängige Karikaturen der Schwäche, die Frauen zunächst glanzvolle Barbiepuppen, Abziehbilder der New Economy, zum Scheitern programmiert. Jeder Romanteilnehmer wird von Händler mit einer eigenen Sprechweise aus Geschichte und Gegenwart der deutschen Literatur ausgestattet. Sie reden wie Rainald Goetz, wie Peter Handke, Brigitte Kronauer oder Robert Musil. Erfolgssprachen, Traumsprachen, Sprachen des Wahns, in Liebe, Hoffnung, Eigensinn. Am Ende des Romans, nach der großen Niederlage auch der letzten Protagonistin, wird die Stimmung vollends düster und endzeitlich. Ein Ende dieser kalten Welt der feindlichen Übernahmen scheinbar erwartend, vielleicht sogar erhoffend.

Ernst-Wilhelm Händler ist ein freundlicher und sanfter, aber bestimmter Widersprecher. »Sie können das natürlich schreiben«, sagt er zum Beispiel gerne, »aber …« Also: »Aber die Endzeitstimmung ist eigentlich nur eine persönliche Stimmung der Frauen. Keine generelle. Mich interessiert die Seelenlage der Menschen.« Aber die Seelenlage ist ja desaströs, und die verzweifelte Stimmung am Ende scheint einen radikalen Wandel wünschenswert erscheinen zu lassen. Einen radikalen Wandel dieser Welt. »Aber was ist denn die Alternative? Der Kommunismus? Da habe ich ja nicht einmal die Auswahl. Hier kann ich immerhin zwischen drei, vier Alternativen wählen.«

Und Krisen gehen auch vorbei. Die momentane Krise allerdings ist schwer und scheint den Unternehmer Händler, auch wenn er es nur andeutet, getroffen zu haben. »Wir sind inmitten einer schweren Wirtschaftskrise, die dem Volk wegen des Wahlkampfs monatelang verheimlicht wurde.« Er sagt: »Es ist unverständlich, dass auch noch ein weiterer Pfennig in die Steinkohle gesteckt wird in diesem Land.« Und: »Das Glück von Regensburg ist es, dass es hier keine Altlasten gibt.« Seine Partei sei eigentlich die FDP, und das einzige Mal, dass er an diesem Abend aus der Fassung gerät, ist, als das Gespräch auf Jürgen Möllemann kommt. »Was macht der mit der Partei?«

Aber schnell ist er wieder ganz beherrscht. Schlank, groß, im dunkelgrünen Dreiteiler, kurze schwarze Haare, die Idee eines Grauschimmers an den Schläfen, sehr dunkle Augen. Jede Geste beherrscht, jedes Wort klar, ruhig, vorher genau bedacht.

Händler ist neunundvierzig Jahre alt. Die gefallenen Wirtschaftsheldinnen im Roman sind alle fünfundvierzig. Ein Alter, das im Buch als Zwischenzeit geschildert wird. »Es ist die letzte Zeit, in der sie sich noch umorientieren können, einen anderen Weg einschlagen. Danach ist es vorbei.« Vor gut zwölf Jahren hat Händler die Fabrik von seinem Vater übernommen. Bevor er nicht promoviert war, durfte er das Büro des Vaters nicht einmal betreten. Der hatte Angst, dass der forsche Sohn ihm hineinrede.

Händler arbeitete in der Schlosserei der Fabrik und an anderen Handwerksorten. Studiert hat er analytische Philosophie und Mathematik. Germanistik kam nicht infrage, obwohl er schon immer ein begeisterter Leser war. »Das galt als nichts Ernsthaftes bei uns zu Hause.« Seine Mutter war Chemikerin, der Vater Ingenieur. Als er die Firma Anfang der Neunzigerjahre endlich übernehmen durfte, hat er alles radikal umgestellt. »Mein Vater hat gewartet, bis Bestellungen kamen, und dann je nach Kundenwünschen produziert. Ich habe den Markt analysiert und unsere Produktpalette extrem erweitert.«

Fast zeitgleich mit seinem Aufstieg zum Firmenchef begegnete er in San Francisco Joachim Unseld, der mit seiner ganz persönlichen Vaternachfolge beim Suhrkamp Verlag soeben gescheitert war. Händler berichtete ihm von seinem literarischen Projekt, das schon damals auf zehn oder elf Romanbände angelegt war. Bis dahin nur in Gedanken oder einigen wenigen Entwürfen. Große Verlage hatten wegen der Großspurigkeit des noch unpublizierten Autors lächelnd abgewunken. »Die meinten, ich könne froh sein, mal ein Buch bei ihnen zu veröffentlichen. Alles Weitere würde sich zeigen.« Händler aber suchte einen Verleger, der die Begeisterung für sein Projekt teilte. Im jungen Unseld fand er ihn. Leider hatte der keinen Verlag mehr. Oder besser: noch keinen.

Doch als Unseld Mitte der Neunzigerjahre die Frankfurter Verlagsanstalt übernahm, stand der gemeinsamen Erfolgsgeschichte nichts mehr im Wege. Händler spricht auch heute noch in den höchsten Tönen von seinem Verleger, der gleichzeitig sein Lektor ist. Für das Lektorat von »Wenn wir sterben« sind die beiden für eine Woche an einen stillen Ort gefahren und haben Satz für Satz besprochen. »Das war wie Urlaub für mich.«

Genau wie die Buchmesse. »Ich fahre dahin wie in die Ferien. So viele Menschen, mit denen man über Bücher sprechen kann.« Wunderbar. Ansonsten folgt das Leben Händlers einem straffen Zeitplan.

Arbeitswelt und Schreibwelt sind streng getrennt. Tagsüber Fabrikdirektor in Regensburg, am Wochenende ist er bei der Familie in München. Abends liest der besessene und begeisterte Leser Händler ungezählte Bücher, von denen er immer wieder begeistert erzählt, und geschrieben wird am Wochenende abends und wenn er unterwegs ist auf Geschäftsreisen in der Welt.

Nein, das sei nicht zu viel. Nein, von keiner der zwei streng getrennten Lebenswelten wolle er sich trennen. Es sei ja überhaupt erst eine Erfindung der neuesten Zeit, die Schriftstellerei als Beruf zum Lebenserwerb zu begreifen. Auch eine Folge der absurd hohen Vorschusssummen, die in den letzten Jahren jungen Schriftstellern gezahlt wurden und die keiner ökonomischen Vernunft mehr folgten. Einen Markt erwartend, den es nie geben konnte.

Es musste ja zu der aktuellen Krise führen. Musste einerseits die Verlage ruinieren, die, stumpf einem einmaligen Erfolgsrezept folgend, etwa in der Judith-Hermann-Nachfolge eine Flut von Erzählungsbänden junger Frauen produzierten oder nach den Ratgebererfolgen ganze Ratgeberreihen oder Ratgeberverlage aus dem Boden stampften. Und musste auch die jungen Autoren ruinieren, die mit Geldern gelockt wurden, die ihre Bücher niemals einspielen konnten, und die alle dachten, so werde es ewig weitergehen. Doch so geht es nicht ewig weiter. Es hat schon aufgehört, weiterzugehen.

Händler wird das nicht passieren. Händler ist vorbereitet auf die kleinen und die großen Krisen. Klar, er hat seine Fabrik im Hintergrund. Wirkliche ökonomische Sorgen sind nicht zu erwarten. Aber das meint er nicht. Er meint etwas anderes: den Ruhm des Schriftstellers. Die Beachtung, die Achtung, die man erfährt. Das kann enden. Und sehr schnell. Um sich das vor Augen zu führen, fährt Ernst-Wilhelm Händler regelmäßig zur Jahresversammlung des deutschen Pen-Clubs. Nur wegen eines Moments. Des Moments, in dem die im letzten Jahr verstorbenen Mitglieder verlesen werden. Von denen man die meisten Namen gar nicht kennt oder schon lange, lange Zeit vergessen hat. Die einmal große Namen hatten. Von denen man dachte, sie seien schon lange tot, weil niemand mehr von ihnen sprach. »Wie schnell ist man vergessen.«

(2002)

Vom Bügeln

Tahiti im Herzen, Blusen im Sinn: die Weltreisen der Felicitas Hoppe

Vielleicht liegt das Geheimnis hier auf diesem Balkon. »Es ist ein ganz normaler Balkon«, sagt Felicitas Hoppe in ihrer winterhellen Berliner Altbauwohnung. »Den haben alle Häuser im Prenzlauer Berg, die in den Neunzigerjahren renoviert wurden. Daran wird man sie später einmal erkennen.« Es ist ein kleiner Balkon aus Stanzblech, in Leichtbauweise an die Fassade geklebt. Abstand zum nächsten Haus, zum Fenster gegenüber: vielleicht zwei Meter. Nachbarliche Zwangsintimität, tägliche Blicke ins Innerste des fremden Wohnreichs. »Die Menschen, die dort wohnen, kenne ich am wenigsten von allen hier in der Gegend.« Man wendet sich innerlich ab. Als Selbstschutz, als Fremdschutz. Das ist zu nah.

Vielleicht liegt also hier das Geheimnis. Denn ein Geheimnis gibt es. Oder zwei. Drei. Viele Geheimnisse in den Büchern von Felicitas Hoppe. Und vor allem in ihrem neuesten, dem Ritterroman »Paradiese, Übersee«. Es ist ein Fluchtroman, ein Reiseroman, ein Familienroman voller Rätsel, voller Wege ins Nichts, Wege ins Glück, ins Unglück, nach Indien und zurück. Aber es ist vor allem ein Ritterroman. »Ich wollte unbedingt einen Ritterroman schreiben«, sagt Felicitas Hoppe, die zuvor den Weltumrundungs- und Erkundungsroman »Pigafetta« und den vielfach preisgekrönten fabulierungsbegeisterten Geschichtenband »Picknick der Friseure« veröffentlicht hatte. Weil Ritter sie begeistern. Weil sie die Literatur des Mittelalters liebt. »Das ist Erholung. Frische Luft. Als wenn ich ein Fenster öffnete.« Klar und schön. Denn in den Mittelalterromanen gebe es keine Psychologie. »Es sind Romane ohne den ganzen Seelenmist, der uns wie Bleischuhe an den Füßen klebt.« Also

ein Ritterroman. Aber ein heutiger. Einer, der in der Gegenwart spielt. »Historische Romane sind ein Verbrechen«, sagt Frau Hoppe, zweiundvierzig, in Bügelbluse und mit knapper Kurzhaarfrisur. Herbeigelogen, möchtegernwahr. Ihrer nicht. Ihrer ist anständig erdichtet. Einfach ausgedacht.

Es ist die Geschichte eines – tja, wie soll man das jetzt sagen, ohne dass es gleich so eindeutig klingt und damit gar nichts mehr mit dem sieben- bis zwölfdeutigen Roman zu tun hat. Also, es ist die Geschichte einer Berbioletten-Jagd. Berbioletten sind die seltensten Tiere der Welt, und ihr Pelz ist somit der begehrteste. Ein Forschungsreisender will diesen Pelz ins Museum bringen. Ein zurückhaltender Reiseführer, den sie den »Kleinen Baedeker« nennen, will ihn für seine bügelfreudige Schwester gewinnen, um ihr daraus eine Schürze zu fertigen. Die schönste Schürze der Welt. Gegen ihr Unglück. Ihr Liebesunglück aus der Vergangenheit, das sie beharrlich fortzubügeln versucht. Vergeblich. Denn sie liebt einen Ritter, der seinen rechten Handschuh irgendwo auf der Landstraße zwischen Straßburg und Kalkutta liegen ließ und heute vermutlich in Indien lebt. Eine weitere Reisegruppe, bestehend aus einem Ritter (demselben? Einem verkleideten, uns bekannten zweiten? Einem bislang unbekannten dritten?) und einem aufzeichnungswütigen, fernreisesüchtigen sogenannten Pauschalisten, macht sich auf die Suche nach dem unglücklich Geliebten, um ihm einen Liebesbrief zu übergeben und ihn heimzuholen. Zur Schwester. Über Lissabons Hafen, Kalkuttas Bahnhof, die Ardennen im Traum, zurück nach Hause.

Dorthin, von wo sie alle aufgebrochen sind. Am Anfang der Geschichte. In der Mitte des Buches. In seinem Zentrum. Als sie alle aufbrachen aus der kleinen, engen, dunklen, unbeweglichen Familienwirklichkeit um die Weihnachtszeit in Echternach, in Luxemburg. Das aus der Nähe so geheimnislos und unscheinbar wirkte, aus einer Erinnerungsferne aber wie ein erstaunliches Kalkutta. »Früher dachte ich, man muss lange an einem Ort sein, um ihn wirklich zu kennen«, sagt Felicitas Hoppe. »Heute weiß ich, je kürzer man dort ist, desto mehr weiß man über eine Stadt, ein Land.« Desto mehr glaubt man zu wissen. Desto mehr kann man schreiben.

Vor zweieinhalb Jahren war sie mit dem sogenannten Literaturexpress 2000 unterwegs, einer merkwürdigen Schnapsidee der Berliner Literaturwerkstatt, die mehrere Wochen lang mehr als hundert Schriftsteller aus allen europäischen Ländern in einem Sonderzug von Lissabon nach Minsk und Sankt Petersburg und wieder zurück nach Berlin verschickte. Um andere Länder kennenzulernen, andere Dichter. Eine nervtötende Fahrt, mit Lesungsterminen fast jeden Abend in einer anderen, neuen Stadt. Dort hat sie das neue Reisen gelernt. Das schnelle Reisen. Augenblicksreisen. Sie hat die Route in ihrem neuen Roman erwähnt. Dabei war sie auch schon zuvor kein Reiseamateur und hat für ihren letzten Roman »Pigafetta« sogar die ganze Welt in einem Containerschiff umfahren. Aber dort war nur das Meer. Lange Monate immer das Meer. Neue Orte gab es kaum.

Für »Paradiese, Übersee« ist sie nach Indien gefahren. Denn die Romanreise geht nach Kalkutta und nach Bombay. Doch die beiden Städte kommen im Roman eigentlich nicht vor. Nur als Namen. Nur als Folien. Nur als fremde Ziele. Sie war inzwischen zweimal in Indien. Nach der ersten Reise hat sie eine Erzählung geschrieben: »Fakir und Flötist«. Als Hoppe die Geschichte bei ihrer zweiten Reise vorlas, warf man ihr »Exotismus« vor und ungenaues Schauen. Welche Empörung wird sie bei ihrer nächsten Reise erwarten, wenn die Leute einen Bombay-Roman erwarten und im Buch dann Echternach, die Ardennen, Luxemburg bekommen. Ärgerlich. Aber das ist Hoppe-Dichtkunst. Das Fremde im Nahen, das Naheliegende im Fernen finden.

Nichts ist sicher in Hoppes neuem Roman. Es ist ein Buch der Unsicherheit, des Glaubens und des Zurücknehmens. Was eben noch als Tatsache beschrieben wurde, ist in der nächsten Zeile schon nicht mehr wahr. Der Hund zum Beispiel. Munter, der Reisehund, der alles sieht und alles weiß, an dem das ganze Reisegeheimnis hängt, wahrscheinlich hat es ihn nie wirklich gegeben: »Munters Bellen ist verstummt, und übrig bleibt nichts als die vollkommene Stille und der spurlose Schnee zwischen dem einen Nichts und dem nächsten, zwischen Hund und Herr.« Und auch der Ritter, die Reise, das neue Leben verschwinden immer wieder ohne Spur.

Am Ende von »Paradiese, Übersee« heißt es: »Denn das ist das Geheimnis, schnell muss man sein, gehen, bevor man gekommen ist, schneller verschwunden als aufgetaucht, wie ein Wind, wie der Sturm, der Träumern und Schläfern das Dach über dem Kopf wegreißt, und zwar im Handumdrehen.«

Das Geheimnis ist also das Davonlaufen, das schnelle Verschwinden, das Übersehen der Nähe und der neue Blick. Das Geheimnis ist das Sitzen auf dem Balkon und das Schauen in eine andere Welt dabei. Fern von hier. Nach Indien. In die Ardennen. Um die Welt. Kurz. Und schnell. Und immer neu.

(2003)

Irene am Nachmittag

Geist ist geil: Nicolaus Sombart weiß alles
über den Berliner Wissenschafts- und Erotikbetrieb.
Und schreibt alles auf

»Wie heißt er denn jetzt, dieser Schauspieler?« Nicolaus Sombart sitzt in einem roten Samtsessel seines Salons, die Beine übereinandergeschlagen, sucht ungeduldig diesen Namen und dirigiert mit seiner linken Hand die schwere Luft des Raumes. Alter Pfeifenduft. Sehr süß. Wahrscheinlich Vanille. »Dieser Schauspieler, dessen Erinnerungen jetzt überall beworben werden.« – »Ah, Sie meinen den Fußballer Effenberg?« – »Ja, Effenberg, genau. Das Buch ist doch wahrscheinlich kaum besser geschrieben als meines. Und es wird sich so viel besser verkaufen.« Und Sombart schweigt. Die linke Hand dirigiert nicht mehr. Liegt leicht verkrampft auf der abgeschabten roten Lehne des alten Sessels.

Der Schriftsteller Nicolaus Sombart hat ein Enthüllungsbuch geschrieben. Eine Abrechnung mit der Welt der Wissenschaft, eine Glücksbeschreibung, einen Erotikroman des Alters, ein Buch der Utopie aus der Welt des Geistes, ein Tagebuch aus dem Berlin der Jahre 1982/83. Es war ein Jahr, in dem alles möglich schien, das Jahr, in dem Nicolaus Sombart im Alter von neunundfünfzig Jahren als Fellow des Wissenschaftskollegs von Straßburg nach Berlin kam und plötzlich daran glaubte, dass hier eine Republik des Geistes entstehen könnte, ein Land der All-Harmonie, befördert und vorangebracht durch eine große romantische Revolution und das reichlich vorhandene Geld des Berliner Senats.

Sein Tagebuch aus diesem Jahr zwischen dem Sommer 1982 und 1983 erscheint beim Berliner Elfenbein-Verlag.

Sombart wollte es eigentlich »Ein Jahr im Paradies« nennen. Es erscheint unter dem Titel »Journal intime«, und man darf Verlag und Autor glauben, dass an diesen Aufzeichnungen aus der damaligen Zeit praktisch nichts für die Veröffentlichung verändert, geschönt, korrigiert oder weggelassen wurde. Hier erfährt jede Größe des Wissenschafts- und Geistesbetriebs im damaligen West-Berlin, was Sombart wirklich von ihr hält. Und der außenstehende Leser staunt. Er wird informiert über Meinungen, Verwerfungen, Hohn und Spott, entdeckt die Wissenschaftswelt als Glamourreich aus Missgunst,

Liebe, Neid und Hass. Als Welt der grenzenlosen Selbstüberschätzung, der Selbstbegeisterung, des Egoismus. Eine Welt als Kampf um Geld und Geltung. Die Wissenschaftswelt, wie sie die »Bunte« sehen und erkennen würde.

Der Leser erfährt detailliert jede der außerordentlich zahlreichen sexuellen Glückserfahrungen, die Herr Sombart in jenem Jahr sammeln durfte. Sehr detailliert. So detailliert, dass eine Rezensentin beim Lesen der Fahnen in heller Aufregung den Verlag anrief und dringend darum bat, um Gottes willen ihren Namen aus dem Buch zu entfernen. Sie sei heute glücklich verheiratet, und so wolle sie keineswegs lesen, wie ihr damals von Herrn Sombart »die Muschi ausgeputzt« wurde und dass er sie als »kleine Schmusekatze« und »liebes, hilfloses Ding« bezeichnete. Jetzt heißt sie nur noch D…

Doch die Frage, wer jene »D…« wohl sein könnte, ist schon die einzige Entschlüsselungsfrage, die dieses intime Tagebuch offenlässt. Ansonsten werden Namen genannt. Tamara eins, Tamara zwei, »Irene am Nachmittag, Miranda in der Nacht«, oft sind es Huren, die er wahlweise in der Zeitung »B. Z.« oder einem Liebeslokal in der »Hagenstraße 5« findet; manchmal sind es junge Zuhörerinnen seiner Vorträge, die darüber staunen, »wie ich meine Gesprächsteilnehmer von theologischen auf rechtsphilosophische, dann auf historische Themen und schließlich zum Nervus rerum – die Sexualität – brachte«. Sie staunen nur kurz, dann liegen sie meist schon bei Herrn Sombart im Bett. Oder auf dem »Tierfell«, das offenbar nur für diese Zwecke angeschafft wurde. Frauen, die sich ihm entziehen, gelten schnell als »langweiliger Backfisch«, einer Babsi teilt er mit, dass er Treffen mit ihr ohne Sex »einfach nicht interessant« finde. »Ich bin ein Erotiker und kein Sublimierer.« Für nur etwas ältere Damen hat er wenig schmeichelhafte Worte übrig: Nike Wagner, die einst »die Liebe seines Lebens« war, findet er beim Wiedersehen »alt und verhärmt«, an Marianne Frisch, der geschiedenen Frau von Max Frisch, schätzt er zwar, wie er schreibt, »ihre einfühlsame Intelligenz«, misstraut ihr aber doch im Grunde, und an der Frau des Leiters des Wissenschaftskollegs Peter Wapnewski stört ihn, dass sie, wenn er sie traf, immer so hochgeschlossene Kleider trug. Sie wird gewusst haben, warum.

Zuweilen verschwimmt die Grenze zwischen Wissenschaftswelt und Liebeswelt: »Während ich ihren Körper streichle, ruft Bazon Brock an. Mein Vortrag sei genial.« Vom Lob anderer für Sombart selbst ist viel die Rede. Von Kritik wenig. Er selbst spricht über Mit-Fellows eher weniger günstig: Christian Meier, inzwischen Präsident der Akademie für Sprache und Dichtung, gilt ihm als »Bürschlein«, dem er »kleinbürgerliches Muckertum« vorwirft und den er, weil Meier seine Kandidatur für das Kolleg hintertreiben wollte, »vor einem Jahr am liebsten umgebracht« hätte. Er empört sich, dass in Gestalt des Erfolgs-Science-Fiction-Autors Stanislaw Lem auch Millionäre ins Kolleg geladen werden, und klagt über den Polen, man müsse schon sehr berühmt sein, um so schlecht zu sprechen wie er.

Sombart schimpft und klagt: Ulrich Raulffs Vortrag sei »sehr viel schwächer« als der des Vorredners Dietmar Kamper, Christian Graf von Krockow, »unser Reichsmoderator«, liefere nichts als »lamentable Vulgarisation aus dritter Hand«, mache »einen sehr schlechten Eindruck« und habe ansonsten »sowieso keine eigene Meinung«, Peter Wapnewski rede immer wieder »zu salbaderisch in Ton und Wortlaut«, über Wolf Jobst Siedler spottet er, der sei der einzige Verleger, der seine Bücher alle selber schreibt, der Schriftsteller Tilman Spengler wird als »athletisch, bullig, eine Mischung aus Manager, Reporter, Fußballstar, dabei Sinologe« beschrieben, Ossie Wiener als »wüster Bohemien und Chaot«. Am schlimmsten trifft es den Philosophen Odo Marquardt, den Star des Fellow-Jahrgangs 1982/83. Nachdem eine Zeitung ein großes Porträt veröffentlicht hatte, notiert Sombart gehässig: »Sicher nicht dumm, aber schrecklich kleinkariert – darum sein Erfolg. Er könnte Kolumnen in der ›Bunten‹ schreiben.« Das vernichtende Fazit: »Die Philosophie ist auf den Odo gekommen.« Zu Marquardts Abschied sagt er diesem, es sei ihm ein Vergnügen gewesen, einen großen deutschen Philosophen kennengelernt zu haben. Im Tagebuch fügt er hinzu: »Der reinste Hohn natürlich.«

Es ist ein herrliches Hauen und Stechen zwischen den Wissenschaftlern, ein Meinungsagen und Meinungverschweigen, ein Intrigieren und Mauscheln und Kämpfen mit offenem und geschlossenem Visier. Man sitzt abends einfach so beisammen, spricht gelehrt und leise, und plötzlich heißt es: »Henning Ritter greift Günter Grass in unglaublicher Schärfe an, halb politisch, halb literarisch.« Doch der scheint das damals schon gewohnt gewesen zu sein, bleibt ganz gelassen und zieht seinerseits über den Snobismus Hans Magnus Enzensbergers her. Andere mischen sich ein, mischen sich wieder aus, reden, streiten und bekämpfen sich. Das West-Berlin Anfang der Achtzigerjahre erscheint in Sombarts »Journal« als paradiesische Diskurs-Hauptstadt, als Weltkampfplatz des Denkens auf allerbestem Wege. Und Sombart ist ihr kleiner König, der sich selber feiert und alles, alles aufschreibt.

Und jetzt sitzt er hier, in seinem grünen Salon, in seiner Wohnung in Berlin-Wilmersdorf, zwanzig Jahre nachdem er als Fellow nach Berlin zurückgekommen ist. Haben sich all die großen Hoffnungen erfüllt, von damals? Die Hoffnung von der späten Geburt des Schriftstellers Nicolaus Sombart, die Hoffnung von Berlin, der Aufbruchsstadt? Berlin? »Nein«, sagt er, »das ist nach der Wende alles kaputtgegangen. Kein Geld mehr da, kein Geist.« Immerhin: Die späte Karriere des Schriftstellers Nicolaus Sombart, die, nachdem er zu den Gründungsmitgliedern der Gruppe 47 gehört hatte, plötzlich abbrach, als er dreißig Jahre lang für den Europarat in Straßburg für Kulturpolitik zuständig war, diese Karriere hat danach aber doch wieder richtig begonnen. Mit dem famosen Erinnerungsbuch »Jugend in Berlin, 1933–1943«, in dem er die Welt des Vaters, des berühmten Nationalökonomen Werner Sombart, die paradiesische Welt seiner Bibliothek und den Salon seiner rumänischen Mutter beschreibt. Dann die weiteren geistreich-anekdotischen Erinnerungsbücher über die Studienjahre in Heidelberg, Paris, seine große Auseinandersetzung mit Carl Schmitt, der Versuch der Rehabilitierung Wilhelms II., alles geschrieben in den zwanzig Jahren seit der Rückkehr nach Berlin. »Ja, und alles längst verramscht«, sagt Sombart und beginnt wieder die Luft zu dirigieren.

Nicolaus Sombart ist ein Mann, der den Aufbruch und das Leben liebt. Seine Bücher sind allesamt Paradies-Beschreibungen, gelebte Utopien, Freudenbücher. Im »Journal« gibt es eine Stelle, an der er sich aus Anlass seines Erinnerungsbuchs mit seiner Schwester über die gemeinsame Kindheit unterhält. Er erinnert sich an einen Garten Eden. Sie an die Hölle. Sombart sieht die Welt zumeist als Glücksplaneten, sich selbst als dessen Herrscher. Dass der Glücksplanet ihn nicht anerkennt, das macht ihm nun, im Alter, doch mehr und mehr zu schaffen. Schon im Tagebuch heißt es immer wieder bei wichtigen Veranstaltungen: »Warum wurde ich nicht eingeladen?« Er fühlt sich missachtet. Vertreter einer vergangenen Welt. Im Gespräch sagt er: »Ich sehe mich in einer Linie mit Robert Musil und Thomas Mann.« Und weiter: »Dass Günter Grass den Nobelpreis für Deutschland bekommen hat und nicht ich, das sagt doch schon alles über die Welt, wie sie heute ist.« Die Welt ist schlecht geworden. Alle Aufbrüche haben getrogen. Und Nicolaus Sombart hat dieser Welt ein Abrechnungsbuch geschenkt, gegen das die Erinnerungen Stefan Effenbergs ein laues Lüftchen sind. Besser schreiben kann Sombart auch.

(2003)

Straßenfeger

Bundespräsident Rau besucht Walter Kempowski

Es ist ganz still in dem kleinen niedersächsischen Ort Nartum. Kein Mensch auf der Straße. Die leuchtend grünen Felder wiegen sich im Wind. Vor einem roten Backsteinhaus weht die Deutschlandfahne. Es ist Samstagnachmittag. Der Bundespräsident ist gekommen, die höchste Ehre in der Geschichte dieser Stadt. Nichts scheint auf seinen Besuch hinzudeuten. Doch ganz am äußersten Ende Nartums, wo schon wieder die Felder beginnen und die kleine gepflasterte Straße endet, steht in einer Hofeinfahrt die Präsidentenlimousine mit Blaulicht auf dem Dach. Der Chauffeur döst hinterm Steuer. Der Präsident ist schon im Haus. Der Präsident besucht Walter Kempowski.

Etwas später – Johannes Rau ist schon eine ganze Weile da, er hat sich ausführlich Kempowskis Archiv zeigen lassen – steht der Schriftsteller im Innenhof seines Hauses. Er hält eine kurze Ansprache, erklärt, wie dieses Haus entstand, dass er die Pläne dazu vor fünfzig Jahren in der Zelle in Bautzen machte und dass alles genau so gekommen sei, wie er es damals erdacht hatte. Dass man von jedem Winkel des Hauses hinaussehen kann, die Helligkeit, die Spiegel überall, der Schriftstellerturm, der Büchergang. Nur der Rosengarten, den er seiner Frau versprochen hatte, der sei einfach nichts geworden. Die Rosen wüchsen nicht an der geplanten Stelle. Es ist eine glückliche Bilanz, die Walter Kempowski an diesem Abend ziehen kann. Und als er am Ende seiner Rede zur Begrüßung Johannes Raus, sichtlich bewegt, von Lebenslinien spricht, die hier in diesem Haus und in diesem Moment zu einem schönen Glück zusammenliefen, rettet er sich schnell, aus Angst vor dem großen Moment und allzu großen Worten, in Ironie: »Na, das war ja jetzt

fast wie bei Hermann Hesse«, sagt er und lacht. Er steht dann noch eine Weile im Innenhof, schmal und klein, mit grauem langem Haar, und wundert sich: »Kinder, habe ich mich so verändert? Oder die ganze Welt? Ich weiß es wirklich nicht.«

Seit einigen Jahren, seit dem Erscheinen von »Echolot«, deutet sich an, dass der einst von Kritik und Kollegen verschmähte, als bloßer Sammler belächelte, als Plagiator beschimpfte Schriftsteller zu größter öffentlicher Anerkennung findet. Zu seinem fünfundsiebzigsten Geburtstag vor wenigen Wochen gab es große Feierlichkeiten, Symposien und Glückwünsche aus aller Welt. Der unermüdliche Arbeiter Kempowski ist Ehrendoktor, Ehrenbürger, von Lesern und Kritikern geliebt. »Kinder, ich sag immer, man muss nur alt genug werden«, sagt er und bittet die Gäste zu Tisch: seine Mitarbeiter, den Freund Joachim Gauck, den Bürgermeister und drei Journalisten. Jetzt ist der Präsident an der Reihe und entschuldigt sich kokett, dass er sich selber eingeladen habe. Das sei ungehörig. Immerhin habe er dafür aber das Essen mitgebracht. Er würdigt das Werk Kempowskis professionell und warmherzig zugleich. Hebt den ostwestdeutschen Leidens- und Lebensweg hervor und verweist darauf, dass er mit diesem Besuch nicht nur den Schriftsteller ehren, sondern dem Mann einfach danken wolle, für sein Werk und die Archivier- und Sammeltätigkeit, die er für uns alle geleistet habe. Und er verschenkt ein Bild von sich, das Kempowski, halb stolz, halb spöttisch, gleich an das große Fenster am anderen Ende der Tafel stellen lässt.

Das Essen wird sehr unterhaltsam. Alle trinken Wein. Der Präsident trinkt Bier. Er sitzt zwischen Kempowski und seiner Frau und erzählt von erstaunlichen Trinkwetten, die sein Amtsnachfolger Köhler erfolgreich bestehe. Kempowski sagt: »Ach, wie meine Frau, die muss auch immer wetten. Und sie gewinnt auch immer.« Frau Kempowski lehnt sich, am Präsidenten vorbei, zu ihrem Mann: »Ich habe noch nie gewettet in meinem Leben.« Kempowski: »Weiß ich doch. Ich wollte doch nur das Gespräch in Gang bringen.« – »Ach, ich mache dir immer deine Pointen kaputt«, sagt Hildegard Kempowski etwas geknickt. Doch der Präsident tröstet sie und wirft seine Witzmaschine an. Eine Anekdote jagt die nächste. Er berichtet von der spanischen Hochzeit vor zwei Wochen, von Staatsbesuchen. Kempowski will wissen, ob er auch in China gewesen sei. Rau sagt: »O ja.« Und wer jetzt erwartete, es käme vielleicht ein Gespräch über Kommunismus und Menschenrechte, täuscht sich sehr. »Wie kamen Sie mit dem Essen zurecht?«, will Kempowski wissen. Der Präsident windet sich mit Schrecken. Ja, das sei in der Tat schwierig gewesen. Und er könne hier am Tisch mit den köstlichen norddeutschen Spezialitäten darüber unmöglich sprechen.

Er wechselt zu Kommunistenwitzen, SPD-Witzen, Ostfriesenwitzen. Ein Journalist, der ihn schon länger kennt, darf sich seinen Lieblingswitz wünschen, »den mit dem Japaner Jakomo, der alle Gedichte so gut aufsagen kann«. Und Kempowski sagt am Ende beglückt: »Sie sind wirklich gut, Herr Präsident« und fragt, ob er ihn zu seiner goldenen Hochzeit einladen dürfe. Ja, aber erst mal müsse Kempowski zu Raus silberner Hochzeit kommen.«»Aber ich kann doch gar keine Witze erzählen«, sagt Kempowski. »Macht nichts«, sagt der Präsident. Das könne er ja selber. So geht der Abend schnell vorbei. Der Protokollchef teilt mit, nun müssten sie los. Der Hubschrauber warte schon. Rau sagt:»»Kennen Sie den mit den Ostfriesen im Hubschrauber, denen es so zieht im Flug und die dann den großen Ventilator abstellen?« Lachend verabschiedet man sich. Auf dem Fußballfeld des Örtchens steht der Helikopter. Jetzt sind auch die Menschen da. Das ganze Dorf wartet. Die Kinder rufen: »Johannes, Johannes!« und fragen ihre Eltern: »Welcher ist es denn?« Kempowski ist nicht mehr mitgekommen.

(2004)

Aus einer anderen Welt

Wie man sich eine neue Sprache erfindet und als Flüchtling der Scham entkommt. Über Terézia Mora

Und plötzlich spricht das Buch mit dir. Einfach so. Aus heiterem Himmel. Das ist ja nicht unbedingt angenehm. So eine allzu persönliche Sache zwischen Buch und Leser. Plötzlich. Aber was will man machen. Also: Abel Nema, schweigender Sprachenkünstler, Flüchtling aus Osteuropa, Deserteur und Held von Terézia Moras erstem Roman »Alle Tage«, einem wahren Wunderbuch, also dieser Abel Nema ist gerade einer mörderischen Musikgruppe entkommen. Er war mit ihnen auf Tournee. Sie haben am Rande ihres letzten Konzertes jemanden ermordet, aus Laune oder Notwendigkeit. Abel Nema steigt in der Nacht danach im schwarzen Nirgendwo eines Kohlfelds aus ihrem Auto und verschwindet.

Er verschwindet weiter und weiter, »jetzt kann ich überall hin«, denkt er und begegnet der kläräugigen Mercedes, die ihn heiraten wird, und ihrem einäugigen Sohn Omar, in den er sich verlieben wird, und öffnet zum ersten Mal eine Maisdose. Ja, das ist so ein Roman, in dem ein Mensch zum ersten Mal eine Maisdose öffnet. Obwohl er in einer nicht allzu fernen Vergangenheit spielt. Aber in einer fremden Welt. In unserer. Der westlichen. Mit den Augen Abel Nemas gesehen. Einem Helden der Abwesenheit, der Fremdheit und der Scham. »Abel öffnet die erste Maisdose seines Lebens. Butterweiches Metall. Etwas unerklärlich Angenehmes.« Es folgen Erinnerungen an sein im Tourneewagen vergessenes Gepäck, seinen beinahe abgelaufenen Reisepass einer untergegangenen Föderation, und er gibt die Dose geöffnet zurück: »Als er dem Jungen die Dose übergab, fiel sein Blick auf die Zahlenreihe, die auf dem Deckel gedruckt war: 05. 08. 2004. Für einen Moment war ihm, als könnte das das heutige Datum sein.« – Ähm, funktioniert

das jetzt bei Ihnen auch? Steht da jetzt 08. 08. 2004 oder wann immer Sie diesen Artikel lesen? Wenn nicht, wäre das natürlich ärgerlich. Aber es ist noch nicht gesagt, dass es in Moras Erstaunlichkeitsbuch, wenn Sie es lesen, auch nicht funktioniert. Ich bin mir sogar ziemlich sicher, dass es klappen wird. Dass dort, so war es bei mir, an dieser Maisdosenentdeckungsstelle in der Mitte des Buches genau das Datum aufleuchtet, an dem Sie das Buch lesen. Und dann den Satz: »Für einen Moment war ihm, als könnte das das heutige Datum sein.« Fragen Sie mich nicht, wie sie das macht.

Man könnte sie selber fragen. Sie sitzt hier auf einem der zahllosen Café-Stühle am Wasserturm in Prenzlauer Berg im Schatten und wehrt Wespe auf Wespe ab. Der Zuckerstreuer auf dem Tisch ist mit einem Wespenstopper verstopft. Sie bestellt Milchkaffee und wedelt in der Luft. Die Kellnerin bringt eine Blunaflasche mit Zuckerwasser. Als Wespengrab. Terézia Mora erzählt, was sie gemacht hat, zwischen damals und heute. Damals, 1999, als sie den Bachmannpreis gewann und ihr erster, begeistert besprochener Erzählungsband »Seltsame Materie« erschien. Oder damals, 1997. Im Herbst. Der Park in der Villa im Majakowskiring in Pankow lag voller gelber Blätter, und die Zuhörer des Nachwuchs-Literatur-Wettbewerbs »open mike« lagen ohne Erwartung in ihren Sesseln und tranken Tee. Als Terézia Mora zum ersten Mal öffentlich las.

Sie hieß damals noch Terézia Kriedemann, und als sie die kleine Bühne betrat und begann, war alles anders. Da war dieser Ton. Das hörte man gleich. Die dunkle Stimme. Der dunkle Text. Der große, große Ernst. Das war schön und fremd und neu und poetisch. »Großvater ist tot«, begann sie, und die Jungs in den Sesseln setzten sich aufrecht, Lektoren und Agenten drängten sich nach ihrer Lesung ins Gespräch mit ihr, aber ein Lektor des Rowohlt-Verlags wich wie ein Eiskunstlauftrainer nach der Kür nicht von ihrer Seite und flüsterte, als sie schließlich den Preis gewann: »Hab ich's dir nicht gesagt«, und gab ihr, obwohl es damals nur diese eine Erzählung gab, einen Vertrag.

Er hatte das richtige Gespür. Oder: Das hatten eigentlich alle. Er war nur der Schnellste. Die Geschichten, die Mora dann schrieb und die in »Seltsame Materie« versammelt sind, sind dunkle Kindheitsgeschichten aus einer archaisch anmutenden Welt in einem ungarischen Dorf an der westlichen Grenze des Landes. Geschichten aus Moras Kindheit. Aus einer poetischen Erinnerung. An diese kleine große Kinderwelt in Ungarn. Die schauerliche, armselige, desolate Erwachsenenwelt. Terézia Mora wurde 1971 im ungarischen Sopron geboren, ihre Familie gehörte zur deutschen Minderheit. Ein Außenseiterleben. »Wer spricht, wie man in meiner Familie spricht, ist ein Faschist«, heißt es in einer der Erzählungen. Und: »Sprechen fremd und beten nicht. Man dreht sich um zu uns und ist ganz still.« 1990 verlässt Mora Ungarn, um in Berlin Hungarologie und Theaterwissenschaft zu studieren. Sie arbeitet als Produktionsassistentin beim Fernsehen und besucht die Drehbuchklasse der Filmakademie. Später wird sie ihr Geld vor allem mit Übersetzungen verdienen. Ihre größte Anerkennung bekam sie dafür, als sie Péter Esterházys Hauptwerk »Harmonia Cælestis« ins Deutsche übertrug. Auch ein Theaterstück von ihr wurde bei der Ruhrtriennale uraufgeführt. Das fiel bei der Kritik jedoch durch. Als sie beim »open mike« ihre erste Erzählung liest, verdient sie ihr Geld eigentlich mit Drehbüchern, die sie fürs Fernsehen schreibt. Nur Krimis. »Für Komödien bin ich viel zu tragisch veranlagt.«

Ja. Tragisch. Und ernst. Und irgendwie fern. Auch wenn man sich in einem Straßencafé so gegenübersitzt. Aus einer anderen Welt. Liest keine Zeitungen. Keine Feuilletons. Nie. Und nichts könnte unwahrscheinlicher sein, als dass Terézia Mora jetzt von einem Cluburlaub in der Dominikanischen Republik erzählt. All-inclusive. Mit Caipi am Mittag. Tut sie aber. Aber dann fügt sich doch recht schnell alles halbwegs wieder zusammen, wenn sie von der jungen weißen Frau erzählt, die der dunkelhäutige, faschistische dominikanische Machthaber, der sich die eigene Haut mit Kalk färbte, heiraten wollte und die sich ihm verweigerte, und daraufhin sie und ihre Schwestern ermordet wurden und von den vier Widerstandskämpferinnen, die sich »die Schmetterlinge« nennen, und dem Tod eines Seesterns und deutschen Cluburlaubern, denen – »unglaublich« – ein Zweihundert-Seiten-Buch viel zu dick ist.

Terézia Mora ist eine altmodische Dichterin. Eine Geschichtenentdeckerin. Erzählerin. Altbekanntes erscheint bei ihr fremd. Fremdes nah. Aber immer rätselhaft und erstaunlich. Ihr Roman spielt im Westen. In einer westlichen Metropole. Aber er handelt vom Osten. Von der anderen Welt. Von der Flucht und der Unmöglichkeit des Ankommens. Von der Scham des Flüchtlings. Von der Scham des Andersseins. Der Suche nach einem Selbst-Bewusstsein. Es ist die Geschichte von Abel Nema. Dem Mann auf der Flucht: »Die Sache sei simpel, sagte Abel. Der Staat, in dem er geboren worden sei und den er vor fast zehn Jahren verlassen habe, sei in der Zwischenzeit in drei bis fünf Staaten gespalten worden. Und keiner dieser drei bis fünf sei der Meinung, jemandem wie ihm eine Staatsbürgerschaft schuldig zu sein. Dasselbe gelte für seine Mutter, die nun zur Minderheit gehöre und ebenfalls keinen Pass bekomme. Er könne hier nicht weg, sie könne von dort nicht weg. Man telefoniere. Einen Vater gäbe es auch, dieser besäße sogar die Bürgerschaft eines sechsten, also unabhängigen Nachbarstaates, allerdings sei er vor nicht ganz zwanzig Jahren verschwunden und seitdem unauffindbar. Ach so, und da er selbst einer Einberufung nicht Folge geleistet habe, gelte er bis auf Weiteres als Deserteur.«

Das ist die Geschichte von Abel Nema, und als er sie Mercedes erzählt, beschließt sie sofort, ihn zu heiraten. »Jemand wie Mercedes kann unmöglich jemandem widerstehen, der so in der Bredouille steckt«, heißt es und: »Das Zwielichtige, das Lächerliche und das Tragische. So ist es.« Ja so ist es, und so ist das ganze Buch. Und voller schönster Seltsamkeiten. Am Anfang finden wir Abel Nema, wie er auf einem verwahrlosten Spielplatz kopfüber von einem Klettergerüst herunterbaumelt. Eine verwirrende Situation. Ein verwirrendes Leben. Das Seite für Seite entwirrt wird. In langen Schritten zurück durch sein Leben nach und vor der Flucht. Als er plötzlich die Erinnerung verlor. Sein ganzes Leben im Kopf verlor. Und sein Gehirn, fast leer, stattdessen Platz schuf für Sprachen. Neue Sprachen, unzählige neue Weltbenennungsmöglichkeiten: »So organisierte sich das Labyrinth in Abel Nemas bis dahin in allen Schulfächern gleichermaßen begabten und desinteressierten Verstand so lange um, was bis dahin eine Rolle gespielt hatte, das Gewusel von Erinnerung und Projektion, Vergangenheit und Zukunft, das die Gänge verstopfte und in den Zimmern lärmte, irgendwo verstaut war, in geheimen Wandschränken, und er, nun leer, bereit war zur Aufnahme einer einzigen Art von Wissen: von Sprache.«

Es ist ein Roman über Sprachverlust und Spracherfindung. Moras eigene Sprache ist einmalig. Sie wägt jedes Wort und setzt es manchmal an wunderlichen Stellen ein. Sie liebt den Doppelpunkt. Unterbricht damit ihre Sätze immer wieder, stoppt den Fluss, um mit einer kleinen Satzlösung zu enden. Eine Liebesbeschreibung: »Und dann ganz überwältigt zu sein: von dieser Schönheit. Wie seine Haut strahlt, die Stirn, die Wangen, die Augenlider, die Lippen, spröde als er gekommen war, jetzt prall und feucht. Eines der schönsten Gesichter, das ich je gesehen habe.«

Es wird gemordet und geliebt, wird viel geschwiegen und gehasst. Abel Nema sieht und schweigt und spricht nur für die Wissenschaft. Die über ihn staunt. Als Wunder beklatscht. Ihm ist es gleich. Was ihn vorantreibt, ist die Liebe zu seinem besten Schulfreund. Dem er zur Abiturfeier seine Liebe gestand und der verschwunden ist. Ist die Liebe überhaupt. Die Angst vor der Armee. Vor dem Krieg. Eine Sehnsucht. Ein Vergessen-Wollen. Eine Suche.

Es ist ein kleines Welt-Buch ganz für sich.

Eine Szene, eine besonders grausame Gewaltszene in der Mitte des Buches hat sich Terézia Mora bis zum Schluss aufgehoben. Sie traute sich nicht. Sie wusste, was sie ihm antun musste, dem Geliebten Abel Nemas. Schließlich schrieb sie es ganz zum Schluss. Am Abend ging sie auf ein Grillfest. Berichtete dem Grillenden von ihrer Qual. Der meinte nur: »So was wollen die Leute nicht lesen« und wendete das Fleisch.

Kann sein. Oder: nein. Das kann nicht sein. Die Leute wollen das lesen. Die Leute müssen das lesen. Ein Buch, das spricht. Fremd und neu. Über Mais und über das Leben.

Und mit dem Datum? Wie macht sie das? Wie geht das? Wer redet da mit mir? Ich habe sie nicht gefragt. Aber versuchen Sie es selber. Es funktioniert. Ganz sicher.

(2004)

Allein unter Büchern

»Was Sie auf der Straße sehen, spielt für den Kulturmenschen keine Rolle«: ein Besuch in der Welt des Umberto Eco

Was für ein Glanz auf den Straßen Mailands in diesem blau leuchtenden, späten Sommer. Was für schöne Menschen. Was für ein Stolz. Die Frauen schweben federleichten Schritts mit großen, weißen Taschen aus den Modegeschäften der Via Dante, tragen große, schwarze Brillen und sind durch nichts zu erschüttern. Sie wissen: Wir werden immer schön sein. Wunderschön. Ein Leben lang.

Und hier wohnt der alte Mann, der gerade ein Buch unter dem Titel »Die Geschichte der Schönheit« veröffentlicht hat. Der Mann der tausend Bücher, einer der letzten Universalgelehrten der Welt, berühmter Bestsellerautor, dessen erstes

Buch, »Der Name der Rose«, weltweit über fünfundzwanzig Millionen Mal verkauft wurde. Professor der Semiotik in Bologna. Kämpfer gegen den Wahnsinn der politischen Welt in zahlreichen Kolumnen. Hier wohnt Umberto Eco.

Auf dem goldenen Namensschild an der Tür steht der Name seiner deutschen Frau Renate, mit der er seit vierzig Jahren verheiratet ist. Das Haus wirkt wie eine Festung. Es geht durch eine Glastür, dann eine schwere Holztür, dann kommt man auf einen marmornen Gang, an dessen Enden rechts und links jeweils Empfangstische stehen, mit großen Sträußen darauf, aber ohne Pförtner. Seine Frau begrüßt mich an der Wohnungstür herzlich auf Deutsch, er kommt von hinten gleich dazu und fragt, statt zu grüßen: »What language?« Nachdem wir uns geeinigt haben, beim Englischen zu bleiben, möchte er wissen, ob dies ein Radio-Interview werde. Dann müsse er nämlich das Telefon ausstellen. Er kenne das schon. – Das Telefon kann anbleiben. Umberto Eco lässt sich zufrieden in einen tiefen, weißen, leinenüberzogenen Sessel fallen und erwartet die Fragen.

Er wirkt müde. Und irgendwie verloren in diesem großen, weißen Empfangs- und Wohnzimmer. Hinter ihm, in einer gläsernen Vitrine, hat Umberto Eco Comicbücher seiner Jugend ausgestellt. Schräg neben ihm steht ein weißer Adonis mit einer welken weißen Blume auf der Schulter. Auf dem Glastisch vor uns liegen bunte Bildbände. Obenauf liegt einer über »Arabische Einrichtungen« in deutscher Sprache. Dieser unfassbare Fleiß in fast allen denkbaren Wissensgebieten, die kaum von einer Person allein bewältigt werden können; allein im Herbst 2004 erscheint neben der umfangreichen »Geschichte der Schönheit« ein großer Roman. »Wie viele Umberto Ecos leben hier?«, frage ich. Er stockt, weicht aus, versteht nicht recht, sagt: »Nun, wir haben doch alle eine gespaltene Persönlichkeit. Aber Umberto Ecos gibt es hier nur einen. Mich. Ich bin ganz sicher.«

Dann reden wir über diesen Satz. Den letzten Satz aus seiner »Geschichte der Schönheit«. Nach über vierhundert großformatigen Seiten mit Bildern von den Schönheitsidealen der Griechen bis heute steht da der Satz über die Gegenwart. Wenn ein Forscher der Zukunft das Schönheitsideal unserer Zeit erforschen würde, wird er »vor der Orgie der Toleranz, vor dem totalen Synkretismus, vor dem absoluten und unaufhaltsamen Polytheismus der Schönheit kapitulieren müssen«. – »Orgie der Toleranz?« Was er denn zu den Frauen auf der Straße vor seinem Haus sage? Die alle die gleiche Figur haben, die gleichen Brillen tragen, die gleiche Frisur, die gleichen, kleinen Kleider? Wie kann man in einem Zeitalter der massenhaften Schönheitsoperationen, der Bulimie-Epidemien und der totalen Gleichheit ernsthaft von einer Orgie der Toleranz schreiben? »Ja, wenn Sie mir mit der Straße kommen. Ich schreibe über Kultur. Über kulturelle Bilder. Über das kulturelle Gedächtnis der Zukunft. Und da trifft meine Aussage zu. Alles ist möglich. Es gibt eine Unzahl von Schönheitsidealen nebeneinander. Ein Forscher der Zukunft wird unser Ideal nicht erkennen können. Was Sie auf der Straße sehen, spielt für den Kulturmenschen keine Rolle.«

Jetzt möchte er Kaffee trinken. Er steht auf. Geht Richtung Flur und ruft laut, und seine Stimme hallt, und man ahnt, wie groß diese Wohnung sein muss. »Cafétino«, ruft er der herbeieilenden, dunkelhäutigen Haushälterin zu. Sie trägt eine weiße Schürze und eine weiße Haube. Eilig serviert sie den Kaffee. Eco hebt dankend die schwere Hand.

Ein Mann, der nur in Büchern lebt. Nur im kulturellen Gedächtnis der Welt. In der Geschichtserinnerung. Das ist der Held von Umberto Ecos Roman »Die geheimnisvolle Flamme der Königin Loana«. Im Alter von sechzig Jahren fällt er ins Koma, und als er wieder erwacht, hat er die persönliche Hälfte seiner Erinnerungen verloren. Er weiß alles über Alexander den Großen, aber über seinen Enkel Alexander den Kleinen weiß er nichts. Der arme Mann, ein Antiquar, der im selben Jahr wie Eco geboren wurde und viele Züge von ihm trägt, macht sich daran, anhand der Lektüren seines Lebens seine persönlichen Erinnerungen zu rekonstruieren. Der das Glück und das Leben in den Büchern sucht und seine eigene Frau nicht mehr erkennt.

Eco gibt gerne zu, dass der Held ihm in gewissem Sinne ähnlich ist. Aber auf die Frage, ob dies sein persönlichstes Buch sei, antwortet er mit der Pointe, die er – so klingt es – schon sehr, sehr oft gesetzt hat: »Ich identifiziere mich am meisten mit den Adverbien in meinen Büchern. Weniger mit Personen.« Also gut.

Er erzählt, wie er die Idee zu dem Buch hatte. Er saß mit einem befreundeten Antiquar an einer Bar und trank Martini. Der Antiquar redete. Eco hörte nicht zu. »Es sind die fruchtbarsten Momente in meinem Leben. Wenn ich mit Menschen rede und nicht zuhöre. Sondern nur an mich selbst denke«, sagt er. Eco dachte also an sich, hörte nichts, und plötzlich sagte der Buchhändler das Wort: »Gedächtnis.« Oder: »Erinnerung.« Irgendetwas in der Richtung. Eco weiß es nicht mehr genau. Aber in dieser Sekunde war ihm klar: »Ich schreibe einen Roman mit einem Antiquar als Helden, der sein Gedächtnis verliert.«

Und Umberto Eco verlor sich in seine Kindheit. In die Bücher seiner Kindheit in den Dreißigerjahren, die Comics, die faschistischen Heldensagen, die dummen Lieder und die Heldenlieder. »Es ist ein Wunder, dass wir mit dieser Erziehung nicht zu kompletten Idioten wurden.« Die Dreißigerjahre wurden zu seiner Obsession. Zwei Jahre lang lebte er nur in diesem Buch. Das Schönheitsbuch lief so nebenher.

Er bedauert, dass es so schnell zu Ende ging. Er liebt die Einsamkeit während des Forschens und Schreibens. »Deshalb mag ich Bücher so gerne, die acht Jahre dauern, wie das ›Foucaultsche Pendel‹. In diesen Jahren habe ich mein privates Leben, und niemand weiß, in welcher Welt ich lebe.« Nicht seine Frau. Nicht sein Sohn. Nicht sein Verleger. »Splendid isolation«, sagt Eco, und er raucht seine Philipp Morris Light, die er zwischen die Fingerspitzen geklemmt hat, und lässt die Asche auf den weißen Sessel fallen.

Bücher sind Umberto Ecos Leben. 30 000 sollen es hier allein in dieser Stadtwohnung sein. Weitere 10 000 stehen draußen in seinem Haus auf dem Land. 5000 in seiner Wohnung in Bologna. Täglich kommen zehn neue mit der Post nach Hause. dreihundert im Monat. Ohne dass er sie bestellt. Die Bücher kommen einfach. Es sind zu viele. Er hat ein Abkommen mit den Buchhandlungen von Feltrinelli. Er trägt neue Bücher hin, dafür darf er sich aussuchen, was er möchte. Aber er möchte gar nichts mehr. Für einen Studenten organisiert er eine regelmäßige Bücherverschenkungsaktion: »Take a book and run.« Es sind trotzdem noch zu viele. Ob er nicht manchmal ein schlechtes Gewissen bekomme zwischen all den ungelesenen Büchern. »Nein«, sagt er. Und dann: »Doch. Sie haben recht. Ich habe ein schlechtes Gewissen. Es ist so vieles noch zu lesen.«

Dabei hat er fast alles schon gelesen. Und er weiß es auch. Fragt man Umberto Eco nach seinen Wissenslücken, denkt er kurz, dann sagt er: »Mathematik.« Gut, er habe erst vorige Woche in der Zeitschrift »Espresso« eine Rezension über ein neues Buch über Primzahlen veröffentlicht, und seine Besprechung wurde von Mathematikprofessoren gelobt. Aber, nein, Mathematik sei nicht seine Stärke. Und Musik. Gut, er könne zahlreiche Instrumente spielen, aber Musik, doch, doch, da habe er Lücken. Und als ich ihn frage, was er als Autor des Verschwörungstheorie-Klassikers »Foucaultsches Pendel« zu dem fulminanten Erfolg von Dan Browns Verschwörungsthriller und Weltbestseller »Sakrileg« sage, meint er nur: »Ich habe es nicht gelesen. Aber ich kenne jede der dort beschriebenen Theorien. Geben Sie mir 50 Euro, und ich schreibe Ihnen dieses Buch. Und zwar besser als Dan Brown.«

Dann ist das Gespräch vorbei. Wir gehen kurz die dunklen Büchergänge entlang. Die Wohnung wirkt kalt, trotz all der alten Bände. Früher war hier ein Hotel. Ein Freund hat es ihm gesagt. Er hätte hier manche Nacht verbracht. Eco wunderte sich, denn der Freund hat sein ganzes Leben in Mailand verbracht. Warum übernachtete er wohl manchmal im Hotel? Erst spät habe er verstanden, um was für ein Hotel es sich gehandelt hatte. Ein Liebeshotel. Heute sind hier nur noch Bücher. Wir gehen auf den Balkon. Blicken auf die dunklen Mauern des Castello Sforzesco. Ich sage, dass dort alles für eine prächtige Modenschau vorbereitet werde. Eco sagt: »Kann sein. Aber es gibt auch wunderbare Ausstellungen dort.« Und er zeigt mir die Comics seiner Kindheit hinter Glas. Den Adonis, der nur 50 Euro gekostet hat, und begleitet mich zur Tür.

Draußen scheint noch immer die Sonne. Draußen ist Mailand. Das Leuchten. Der Glanz. Und die Schönheit. Die letzten Tage des Sommers. Die Straße.

(2004)

Der Eckensteher

Das wird sein Herbst: Peter Rühmkorf wird fünfundsiebzig und veröffentlicht seine Tagebücher aus der Zeit, als er anfing, die Welt mitzuschreiben

Die Literaturkritiker um einen herum klagen schon wieder, welch ein bescheidener Bücherherbst das 2004 wieder sei, wie wenig wirklich Gutes sich zu lesen finde. Und wie traurig das sei. Kann ja sein, kann ja sein, wahrscheinlich stimmt es nicht. Einen Mann jedenfalls müssen sie bei ihrer Lektüre bislang übersehen haben. Obwohl das in diesem Jahr nicht leicht ist.

Denn das wird sein Herbst. Er wird fünfundsiebzig Jahre alt und feiert das mit einer großen Jause. Die Stadt Hamburg feiert ihn mit einer Lebensausstellung, es erscheinen eine Bild-Biografie, eine zweibändige Werkbibliografie, eine Neuauflage seiner expressionistischen Gedichte und der zweite Band seines fantastischen Tagebuchs »Tabu«. Das wird der Herbst des Peter Rühmkorf. Er hat es sich verdient.

»Herein, herein«, sagt seine Frau. »Sie werden schon sehnsüchtig erwartet.« Ein kleines Haus am Hamburger Elbstrand. Ein Traum. Ein schmiedeeiserner Zaun davor, eine Veranda unter verzierten Holzgiebeln. Der Besucher muss zunächst am Haus vorbei, über den Hinterhof und eine winzig schmale Treppe hinauf. Im ersten Stock die Küche und »die gute Stube«, wie Frau Rühmkorf sagt. Alte Sessel mit blauem Samt bezogen, alte Bilder an den Wänden. »Mein Mann ist selten hier. Es ist ihm zu ordentlich«, sagt Eva Rühmkorf, die früher Bildungsministerin in Schleswig-Holstein war und in den Tagebüchern ihres Mannes immer nur E. heißt. Ein Stockwerk höher dann ist Peter Rühmkorfs Reich. Die Treppe steht hier voll mit Büchern, Rühmkorf-Porträts und Rühmkorf-Plakate hängen an den Wänden, am Ende der Treppe steht eine Waschmaschine umzingelt von immer neuen Bücherstapeln, dann die Tür zu seinem Zimmer, die sich öffnet.

Wie schwer war es, Peter Rühmkorf zu treffen. Immer wieder hatte ich auf kleinen Postkarten um ein Treffen gebeten. Immer wieder bekam ich lange, lange Briefe zurück, warum es zeitlich gerade knapp sei, das Tagebuch ihn auffresse, die Arbeit, das Leben, die Schwäche. Es ginge nicht. Das Ganze oft umrankt mit einem Absagegedicht oder einer Zeichnung von einem dünnen Dichter mit Zigarette und großem Hut. Und beim Lesen dachte ich immer, dass die Zeit, in der ein so liebevoller Brief geschrieben wird, locker für zwei Interviews reichen würde. Nein, meinte er. So ein Gespräch, das brauche eben richtig Zeit.

Das Zimmer ist klein. Die Decke flach. Alles voll mit Büchern. Rechts hinten steht sein Bett, mit einer Tagesdecke überzogen. Am Fußende der Fernseher. Auf der einen Seite Telefon, auf der anderen der Nachttisch mit Büchern und jeder Menge Medikamenten. Zigarettenschachteln liegen herum. Der Schreibtisch in der Mitte des Zimmers ist übersät mit einer Vielzahl von grünen Stiften und kleinen Scheren. Eine weiße, alte Olympia-Schreibmaschine steht schreibbereit da. Zwei blassbunte Dahlien welken am Rand des Tisches vor sich hin. Eine SPD-Tasse wirbt für neue Inhalte. Es sind aber auch nur Stifte drin. Vom nahen Hafen hallt ein stetes, leises Hämmern herüber. Durch die Fenster sieht man Kräne, große Schiffe, die Elbe, den Himmel und den Strand.

Wir sitzen an seinem Schreibtisch. Er dahinter. Ich davor. Hinter ihm die Bücherwand. Hinter mir der Fluss. »Nun. Worüber sprechen wir?«, fragt er, und sein viertelgoldner Schneidezahn blitzt. Und erzählt dann wie von selbst.

Wenn er schreibt, sagt er, dann klappt er sich eine kleine orangefarbene Liege auf, die neben der Balkontür wartet, und setzt sich und schaut aufs Wasser und »kritzelt« auf das Papier im Schoß. So hat er es auch mit dem Tagebuch gemacht. Vor fünf Jahren war bereits »Tabu I« erschienen, die Aufzeichnungen aus den Wendejahren 1989–1991, die von Kritikern und Lesern begeistert aufgenommen worden waren. Jetzt erscheint der zweite Band: die Tagebücher von 1971 und '72, als Peter Rühmkorf anfing die Welt mitzuschreiben. Als er begann das Leben aufzuzeichnen, ungeschönt, so wie es ist. »Die ersten Notizen sind ja Rapidnotizen«, sagt er. Im »Rapidduktus« geschrieben. »Bloß, wenn ich es ein paar Tage später durch die Maschine gejagt habe, dann hat die Sache natürlich eine striktere Dramaturgie gekriegt.«

Die Jahre, die man jetzt nachlesen kann, waren die Jahre der vielleicht schwersten Krise im Leben des Dichters Peter Rühmkorf. Er hatte keinen Erfolg. Und vor allem: er hatte kein Geld. Seinen Job als Lektor bei Rowohlt hatte er schon seit ein paar Jahren aufgegeben, er schrieb für die Politpostille »konkret« ohne Honorar, sein Lebenserinnerungsbuch »Die Jahre, die ihr kennt« war gerade erst abgeschlossen. Er haderte mit sich, dass er keinen Roman schreiben konnte, versuchte mit aller Macht,

die Theaterbühnen zu erobern, weil ihm schien, dass sich dort am einfachsten und schnellsten Geld verdienen ließe, schrieb drei Dramen gleichzeitig, die alle bei Kritik und Publikum durchfielen. Es war fürchterlich. »Es war wirklich eine ganz, ganz arme Bettelsituation. Ich war einfach arm und war schon froh, wenn ich in ›merian‹ oder ›Essen und Trinken‹ über meine Lieblingsspeisen schreiben konnte«, sagt er jetzt. Und: »Meine Künste, für die ich glaubte auf der Welt zu sein, Gedichte schreiben zum Beispiel, das hatte sich ganz verflüchtigt.«

Und in dieser schweren Zeit begann er also Tagebuch zu schreiben. Auch dies mit allergrößten Selbstzweifeln. »Das taugt doch alles nichts.« Und im Juni 1972 klagte er: »Über ein Jahr schon Tagebuch u. immer noch keine literarisch oder philosophisch ernst zu nehmende Wendung.« Ärgerlich. Die Selbstanklagepunkte lauten erstens: Das ist nicht kunstvoll genug. Zweitens: Mein Leben ist nicht interessant. »Ich mit meinem kleinen, spitzweghaften Umkreis«, sagt er jetzt. Das kann doch gar niemanden interessieren. »Überall waren hochinteressante Leben, die mir alle interessanter erschienen, als mein eigenes.«

Und so schreibt er all die anderen Leben mit. Was entlaufene »Knackis«, die er über Eva kennenlernt, so erzählen, Taxifahrer, die Putzfrau, der Bundespräsident, bei dem er zu einem Empfang geladen war und sich, so in Pulli und zerbeulter Hose, zum ersten Mal im Leben schlecht angezogen fühlte. Alle Menschen erscheinen gleich groß. Alles ist gleichermaßen interessant. Und muss mitgeschrieben werden. Auch die sich radikalisierende Politszene kommt immer wieder vor. Meinhof, immer wieder Meinhof. »Ich habe ihr geschrieben, sie soll aufhören mit dem Quatsch, mit dem selbstmörderischen Quatsch.« Und hat nie eine Antwort erhalten. Rühmkorf beobachtet die sich radikalisierende Linke als Theaterzuschauer. »Es war eine komische Zeit damals«, sagt er heute. »Und ich fühle mich selbst sehr als Eckensteher, weil ich eine ganz andere Art von linker Politik vertrat.« So anders und so gemäßigt, dass es bei seinen öffentlichen Auftritten öfter zu Randalen kam. Nichts hasst der Ruhesucher mehr. Und vor einem Auftritt in Berlin, bei dem er auch die Protestierer fürchtet, träumt der Friedensmensch sich in eine Gewaltfantasie hinein: »Dann Pistole entsichern u. durchladen. Mitgeführte Marillengeistflasche entkorken, sich gemütlich einen eingießen ...«, schrieb er 1971.

Und: »Tabu: Ich! will! Nicht dazugehören!« hieß es in »Tabu I«. Und so steht Rühmkorf immer knapp daneben. Zweifelt an sich. Und blickt voller Neid und Ärger auf die Erfolge der Kollegen. Vor allem auf der Bühne. StraußHandkeBernhard. Er kann es nicht fassen. »Und ich?«, fragt der Tagebuchschreiber immer wieder und fordert von sich selbst: »Ein Tagebuch so herzgewinnend offen führen, dass die Leute die Wahrheit am Ende für eine liebenswürdige Erscheinung halten. Das Gegenteil von Tagebüchern als literarischer Öffentlichkeit. Maxe Frisch.« Zack! Sehr gut. Immer wieder bekommen die Kollegen einen mit. Ob der »reichlich mobile Charakter« Martin Walser oder der Zeitgeistvorauseiler Enzensberger. Rühmkorf tritt sie alle. Aber am schwersten doch immer sich selbst: »Eigentlich haben alle richtig was zu erzählen oder bewegen sich zumindest auf dramatische Verwicklungen zu, nur mein eigenes Leben ziemlich bedeutungslos außen vor.« Schreibt er. Der Eckensteher. Er tut sich leid: »Wenn ich nicht so 'n fideler Kerl wäre, könnte man mich fast schon 'ne tragische Erscheinung nennen.«

Aber Rühmkorf schreibt weiter. Das Tagebuch führt er bis heute. Es ist in seiner Leichtigkeit, der schonungslosen Selbstanalyse und Alleswichtignehmerei die beste Mitschrift unserer Zeit. Sein Leben lang hat Peter Rühmkorf damit gehadert, dass er den großen Zeitroman, den er sich vorgenommen hatte, nie geschrieben hat. Arno Schmidt hatte ihn in einem Brief von 1957 dringend dazu aufgefordert: »Gerade Sie müssten es tun!«, und seitdem fordert er es von sich selbst: Ich muss diesen Roman schreiben. Ich muss doch diesen Roman schreiben. Bis heute. Ohne zu wissen, dass er ihn natürlich längst geschrieben hat. Dass er ihn schreibt. Hier auf der orangenen Liege an der Elbe. Jeden Tag.

Und so sitzen wir an seinem Schreibtisch. »Brauchen wir vielleicht 'nen Sekt oder so was?«, fragt er zwischendurch. Dann trinken wir Sekt aus einer blauen Flasche. Schiffe fahren am Fenster vorbei. Auf einer Boje schwankt eine lebensgroße Menschenfigur in den Wellen. Rühmkorf nimmt sich immer wieder eine Zigarette, kappt jeweils mit einer der kleinen Scheren und großer Präzision einen Teil des Filters. Er hustet immer wieder und sagt jedes Mal: »Ich darf das eigentlich nicht« und wird mit der Zeit ein wenig grau. Das Rauchen, das Reden, das Trinken ist ihm nicht gut bekommen. »Lassen Sie uns an die Luft gehen.«

Er packt einen großen Leinenbeutel mit Medikamenten zusammen, und wir gehen spazieren. An der Elbe entlang zum Alten Schweden, einem riesigen Felsbrocken am Ufer, bei dessen Bergung aus dem Fluss Rühmkorf vor vielen Jahren dabei gewesen ist. Jetzt schimpft er auf vorbeibrausende Fahrradfahrer – »Die dürfen hier gar nicht fahren«, sagt er grimmig. Es gießt in Strömen. Seine Frau hat uns Schirme mitgegeben, aber Rühmkorf sucht trotzdem Schutz auf einer überdachten Bank und sieht sehr verloren aus. Ein Radfahrer steigt ab und drängt sich neben ihn. Später fahren wir Taxi. Rühmkorf hat eine Art persönlichen Taxifahrer, den er immer anruft, wenn er längere Strecken fährt. Der hat extra für seinen Dichter eine Bukowski-CD eingelegt. Mit Lesungen von Texten über erfolglose, trinkfreudige Dichter. Die beiden lachen und lachen. Später, viel später im Steakhaus, in der Nähe seines kleinen privaten Archivs, in dem alle Briefe, alle noch unveröffentlichten Tagebücher, alle Lebensmitschriften des Peter Rühmkorf lagern, sitzen wir uns gegenüber. Trinken Bier und Rotwein. Am Nebentisch sitzt ein Paar, das miteinander über Handy telefoniert. Ein Liebesgespräch per Telefon. Rühmkorf ärgert sich: »Dass ich nichts zu schreiben dabeihabe. Dass ich das nicht mitschreiben kann.«

Es wird eine Lücke sein, im Tagebuch 2004. Eine kleine Lücke in seinem großen Jahr. Jetzt müssen erst mal alle dieses Buch lesen. Mit dem alles begann. »Tabu II«. Ohne Lücken. Seine Zeit.

(2004)

Ein Fürstentum für ein Buch

Der Millionär Klaus Barski feiert sich und seinen neuen Roman in Monaco mit Prinzessinnen und Baronessen

Sagen Sie nicht Ja. Sie dürfen auf gar keinen Fall Ja sagen. Sonst sind Sie drin. In der Barski-Maschine. Im Erzählrausch. Im Schaumschläger-Universum. In Barskis Geschichte. Da kommen Sie nicht mehr raus. Am Anfang ist nur ein einfacher Anruf. »Geben Sie mir vier Minuten«, wird er sagen. Atemlos mit alter Stimme. Und wenn Sie dann antworten: »Also gut, vier Minuten, aber keine Sekunde länger«, dann ist es eben passiert. Barski erzählt. Und er hört nicht mehr auf.

Von der Kindheit als armer Schlucker in Bremen erzählt er, vom alten Nazivater, von der Flucht als Söldner nach Kongo, von den Millionen, die er danach mit Immobilienspekulationen in Frankfurt machte, seinen großen Tagen auf Ibiza, dem Drogenhafen in Florida, den er kaufte und so richtig aufräumte, wie er dann fast deutscher Konsul geworden wäre in Florida, sein Absturz mit dem riesigen Hotel ohne Gäste, seine Rolls-Royce-Limousinen und -Cabrios mit Nummernschildern wie »German 1«, die Rückkehr dann nach Deutschland, die fantastische Villa in Königstein im Taunus mit großem Park und kleinem Bach, die Wohnung in Cannes, das Leben als sehr, sehr reicher Mann.

An Unterbrechen ist nicht zu denken. Man müsste einfach auflegen, mitten im Redefluss. Das tut man natürlich nicht. Und so sind die vier Minuten lange vorbei, als er endlich zu der Sache mit den Büchern kommt. Dass er schreibe, dass er das alles aufschreibe in bislang vier Romanen, dass er mit der deutschen Gegenwartsliteratur mal aufräumen möchte. Dass er das Leben aufschreibe, und gar nicht schlecht, und jetzt gerade, so ein Zufall, erscheine sein neuer Roman, und der sei sein bester, und er heiße »Lebenslänglich Côte d'Azur« und erzählt vom Millionärsleben an der Côte d'Azur. Und das müsse ich jetzt also unbedingt lesen.

Okay.

Als ich ihn auf der Frankfurter Buchmesse treffe, trinkt er Wein aus einem goldenen Becher und liest vor fünf, sechs Damen aus seinem neuen Buch. Nach der Lesung drückt er mir eine Tüte mit all seinen Büchern in die Hand und Fotos, die ihn mit seinem Rolls-Royce (»mein Rolly«, sagt Barski) zeigen und

mit seinem »Lieblings-Verbrecher« Burkhard Driest. Auch hier redet Barski unaufhörlich, wieder von Kongo, vom Geld und seinen Büchern. Und davon, dass er die offizielle Präsentation seines neuen Buches in Monaco feiern möchte. Prinz Albert komme wahrscheinlich auch. Und alle reichen Größen der Côte. Das werde Wahnsinn.

Ein paar Tage später ruft er wieder an: »Monaco klappt! Das wird ganz, ganz groß. Alle kommen. Prinzen, Prinzessinnen, Millionäre und Barone. Und lauter bunte Vögel.« Die Lesung sei im prachtvollen Teppichladen seines Freundes »Mogi«, des Hoflieferanten des Fürstenhauses. Mit Champagner und allem. »Sie müssen kommen«, sagt er. »Ich zahle alles. Flug. Übernachtung im Hotel Negresco in Nizza. Alles.« Ich erkläre ihm ruhig, dass das ausgeschlossen sei und ich mich selbstverständlich nicht einladen lassen könne von einem Autor, der sein Buch vorstellen möchte. »Natürlich können Sie! Was glauben Sie, was Sie sonst verpassen!«

Eine Woche später sitzt Klaus Barski auf einer Bank im Flughafen von Nizza und begrüßt mich herzlich. Zunächst geht es im schwarzen Miet-Mercedes (der »Rolly« ist leider im Taunus geblieben) zum herrschaftlichen Hotel Negresco, das in seinem neuen Roman eine zentrale Rolle spielt, und weil es auch auf dem Titelbild abgebildet ist, hat der literaturfreundliche Direktor dem unbekannten Autor einen Rabatt von 80 Prozent auf die angemieteten Zimmer gegeben, erzählt Barski stolz.

Die Zimmer sind prachtvoll rüschig mit traumhaftem Blick über die Côte d'Azur, das Meer und einen kleinen grünen Park. Die Badewanne ist aus Glitzergold, die Toilettenschüssel auch. Ohne Schriftstellerrabatt kostet hier eine Nacht 510 Euro.

Bis zur Buchvorstellung ist noch Zeit. Klaus Barski lässt sich von einem gleichfalls angereisten Mitarbeiter eines privaten hessischen Fernsehsenders im ganzen Hotel filmen. Auf dem Hotelbett, auf dem Balkon, im Entree, später auch am Strand, dann in Monaco vor dem Hôtel de Paris, dem teuersten Hotel an der Côte. Er lässt sich im schwarzen Mercedes vorfahren, steigt aus und wieder ein und wieder aus. Klaus Barski hat alle gewünschten Einstellungen schon genau im Kopf. Der Mann mit der Kamera folgt ihm gerne. Klaus Barski posiert, lächelt, legt sich, stellt sich in jede Position.

Klaus Barski ist einundsechzig Jahre alt, sieht etwas älter aus und müde. Er trägt grauen Anzug, schwarzes Hemd und ein Seidentüchlein um den Hals. Seine Frau, mit der er seit vierzig Jahren verheiratet ist, trägt auch ein Seidentüchlein. Sie ist Amerikanerin und sagt fast nichts. Und wenn, dann nur sehr leise. Barski hatte zur Begrüßung am Flughafen zu mir gesagt: »Viel Zeit habe ich nicht mehr. Ich brauche für ein Buch fast drei Jahre. Mehr als drei oder vier werden es nicht mehr werden. Der Erfolg muss jetzt kommen.«

Seine Bücher sind Aufsteigergeschichten. Und Aufschneidergeschichten. Aus dem Leben. Aus Barskis Leben. Es geht immer um Geld. Und was man sich davon kaufen kann. Sein erster Roman »Der Frankfurter Spekulant« beginnt so: »Wenn ich mit meinem Rolls-Royce beim Colonial Paradise Club vorfahre, denken nicht nur die staunenden Touristen: ›Da kommt der King!‹ Mit einem gutmütigen Grinsen grüße ich die uniformierten Wachmänner, die die Spreu vom Weizen trennen, die In-Leute von den Armleuchtern.«

Die Sehnsucht, zu jenen In-Leuten zu gehören, steckt in jedem Barski-Buch. Und in jeder Barski-Geste. In den unendlich sprudelnden Barski-Worten des Arbeitersohnes. »Ich gehöre dazu, und ich trage, wie alle anderen am linken Handgelenk, meine diamantbesetzte Rolex«, schreibt er an anderer Stelle.

Klaus Barski wird langsam etwas nervös. Er weiß nicht, wer an diesem Abend, an diesem großen Barski-Abend, kommen wird. Das Wetter ist schlecht. Barski schimpft schon die ganze Zeit darüber, da er eigentlich schön weltmännisch, leger im Cabrio die Küste entlangfahren wollte. Doch es regnet unaufhörlich, und es heißt, in Monaco gingen die Leute bei Regen nicht auf die Straße, denn die Bürgersteige seien dann glatt wie Rutschbahnen.

Im Schaufenster von Centre de Tapis Moghadam leuchtet ein goldenes Schild, das den Teppichhändler tatsächlich als offiziellen Teppichlieferanten des Fürstenhauses ausweist. Prachtvolle Teppiche stapeln sich überall, das teuerste Stück hier kostet eine Million Euro. Moghadam kommt aus Hanau und kennt Barski schon seit vierzig Jahren. Er jobbte damals bei der Lufthansa und lernte den Piloten von Bundeskanzler Adenauer kennen. Dem gab er schon früh auf Adenauers Staatsbesuche eine Kollektion seiner Teppiche mit, der verkaufte sie vor Ort, die beiden machten halbe-halbe, und so legte »Mogi«, wie Barski ihn nennt, den Grundstein seines heute angeblich erstaunlichen Vermögens. Mogi hat auch die Gäste für heute Abend eingeladen. Wen? Das bleibt sein Geheimnis. Barski geht nervös auf und ab. Drapiert den Lesetisch in der Mitte des Teppichraumes. Mogi öffnet die erste Flasche Champagner. Es gibt Chips und Nüsschen aus silbernen Schalen.

Langsam kommen die ersten Gäste. Eine blonde, mittfünfzigjährige Dame in Rosa mit rheinischem Akzent setzt sich etwas unsicher auf den Teppichstapel. Sie ist gestern von Moghadams Frau auf der Straße eingeladen worden und weiß gar nicht, wer der Herr ist, der da lesen soll, und worum es so geht. Sie wirkt etwas unsicher. Vor allem, als eine außerordentlich stattliche, schlanke, geliftete Dame im schwarzen Kleid mit Goldschmuck sich neben sie setzt und das Gespräch beginnt mit einem lockeren: »Was hat Sie nach Monaco getrieben? Auch die Steuer?« Und die rosa Dame antwortet: »Ich kann es einfach nicht ertragen, dass in Deutschland nur über Geld geredet wird. Alle wollen wissen, woher man sein Geld hat. Schauderhaft.« Beide sind geschieden, das wissen sie auch gleich voneinander. Die Dame in Schwarz habe allerdings Aussicht auf einen neuen Ehemann, erklärt sie. Mit Wohnsitz in New York und London. Das sei ihr sehr angenehm.

Sie trinken Champagner, plaudern über Geld und deutsche Clubs und Festlichkeiten, und irgendwann beginnt Klaus Barski zu lesen. Er liest engagiert und schnell und laut und aus dem Leben. Aus diesem Leben. Vom Leben am Strand und ohne Geld zuerst, dem Traum vom Negresco und dem Willen zum Aufstieg. Er liest von welkenden, reichen, geschiedenen Damen, die ihn verführen wollen, den jungen, mittellosen Besucher am Strand von Nizza. Er deutet dabei gefährlich direkt auf die Damen auf den Teppichstapeln, die sich aber zu amüsieren scheinen.

Irgendwann öffnet sich die Tür des Teppichgeschäftes, und der Prinz und die Prinzessin Polignac kommen herein, direkte Verwandte des Fürstenhauses, und sie bringen die Baronesse Brandstetter mit. Sie küssen sich mit dem Teppichhändler und seiner Frau mitten im Raum, direkt vor dem Pult des lesenden Barski. Kurz darauf ist Pause, und Mogi sagt zur Baronesse, die etwas derangiert wirkt, aber ein protzendes Perlengehänge um den Hals trägt: »Du siehst fantastisch aus« und starrt dabei auf jenes Gehänge, das er sorgsam in der Hand prüft. Die Baronesse entgegnet ärgerlich: »Wenn ich deinen Schlips anstarren würde und sagte: Du siehst heute wieder fantastisch aus, Mogi, das wäre doch auch eine Frechheit, oder?«

Mogi wird kleinlaut. Das Vermögen der Baronesse wird hier auf 500 Millionen Euro geschätzt. Sie hat vor Kurzem einen autobiografischen Roman veröffentlicht, in dem sie ihren Aufstieg durch schlaues Heiraten von Hitlers Chauffeurstochter zur Multimillionärin beschreibt, weiß Mogis Sohn zu berichten. »Ein tolles Buch!« Ein Herr aus der Schweiz stellt sich mir als Geschäftsvermittler vor. Er sei der reichste Mann von Luzern gewesen, was ein Leichtes war, erzählt er. Jetzt suche er neue Herausforderungen in Monaco. Er verachte die Gesellschaft hier, sagt er. Und die Gesellschaft verachte ihn. Monaco sei das einzige westeuropäische Land, in dem Pressezensur herrsche, raunt er mir zu. Aber für seine Branche seien die weltweit verbreiteten Fürstenmärchen ideale, unbezahlte PR.

Barski steht zwischen all diesen Menschen etwas verlassen herum. Seine Frau hat Party-Spieße mit Weißbrot und Garnelen vorbereitet, die die Gäste größtenteils verschmähen. Er liest nach der Pause noch etwas weiter, verschenkt danach alle Bücher, die er mitgebracht hat, signiert und trinkt aus seinem goldenen Becher. Die rosa Dame ist schon nach der Pause gegangen. Ihr waren viele Wörter im Buch zu anzüglich. Der Schweizer hat in der vorgelesenen Passage »sechzehn Fehler« gefunden.

Die Gäste gehen. Es regnet noch immer. Die Wege sind glatt. Das Teppichgeschäft leuchtet hell. Wir fahren zurück nach Nizza. Ins Negresco. In die Nacht.

(2004)

Die Freiheit in diesem Augenblick

Der Ungar Péter Zilahy hat eine Anleitung für
Revolutionen geschrieben – in der Ukraine wurde
es 2004 zum Buch des Jahres

Vielleicht ist es der größte Satz, den man einem Schriftsteller sagen kann. Der Satz, den der ukrainische Essayist und Schriftsteller Juri Andruchowitsch dem ungarischen Schriftsteller Péter Zilahy geschrieben hat, im Angesicht der revolutionären Ereignisse in der Ukraine: »They are living your book now«, hat er ihm geschrieben: »Sie leben gerade dein Buch.« Und dieser Schriftsteller, dem dies geschrieben wird, sieht abends in den Nachrichten eine Regierung stürzen, sieht die Wahrheit siegen, das Volk tanzen, feiern und die Macht übernehmen. They are living your book. Was für ein Satz. Was für ein Buch. Péter Zilahys Revolutions-Alphabet »Die letzte Fenstergiraffe«, das im Herbst 2004 auch auf Deutsch erschienen ist, wurde in der Ukraine zum Buch des Jahres gewählt. Schon bei der Vorstellung des Bandes in Kiew, hatte Andruchowitsch das Publikum in einer überfüllten Buchhandlung aufgefordert, es sei an der Zeit, dieses Buch zu benutzen. Und sie benutzten es. Sie benutzen es. Jetzt.

Was ist das für ein Buch? Und was ist das für ein Titel? Er bezieht sich auf ein ungarisches Kinderlexikon, das jedes Kind im Lande kannte. Mit dem jedes Kind in Ungarn die Welt kennenlernte. »Ablak – Zsiráf« heißt es. A wie Ablak, Fenster – Z wie Zsiráf, Giraffe. Die ganze Welt zwischen diesen beiden Wörtern. Fenstergiraffe. »Die Fenstergiraffe ist meine Kindheit, sie ist der Umkleideraum, der Sportunterricht, das ständige Wachsen, eine Zeit vor einer besseren Zeit, die weiche Diktatur, meine Hausaufgaben, meine Unschuld, meine Generation«, heißt es in Zilahys Buch. Er hat das Kinderlexikon als Folie benutzt, um die Welt neu zu ordnen. Um die Welt zu erfassen, mitzuschreiben, neu zusammenzufügen, während sie ein- und umstürzt und sich ihrer alten Kinderordnung entledigt. Ein Revolutions-Alphabet.

Die meisten Erlebnisse hat Zilahy in Belgrad gesammelt. Im Winter 1996/97, als die Regierung Milosevic Ergebnisse von Landtagswahlen massiv gefälscht hatte und Hunderttausende auf die Straßen gingen. Um Gerechtigkeit zu fordern. Um die Macht einzufordern, die Macht, die ihnen zusteht. Zilahy war dabei, damals, demonstrierte, beobachtete und schrieb mit: »Die Nachrichten live zu erleben ist ein alter Traum von mir«, heißt es im Buch gleich zu Beginn. Aber das Buch schweift in den Kinderbegriffen noch viel weiter zurück. Schreibt eine Familiengeschichte, die 1914 beginnt, eine Unglücksgeschichte, Revolutionsgeschichten von 1956 und 1968. Alles in kurzen Episoden. Vor allem aber: Belgrad und der große Winter 96/97. Als eine Stadt plötzlich Weltbedeutung erlangt. Die Welt live berichtet: »Binnen weniger Tage ist Belgrad zu einer modernen Stadt geworden. Kameras zeichnen die Demonstrationen von

allen Seiten auf. Wohin du auch gehst, alles wird aufgenommen, die Menschen wissen, sie kommen irgendwo ins Fernsehen, in deutsche, italienische oder englische Kanäle.« Und jetzt in Zilahys Buch.

Es sind Geschichten von plötzlicher Liebe, unerwarteter Freundschaft, vom Staunen über die plötzliche Macht, von Verbrüderungen mit der Miliz, Ausharren in größter Kälte, dem Rausch einer unfassbaren Gemeinsamkeit. Oder es geht um einfache Tricks: Wie präpariere ich ein Ei möglichst wirkungsvoll? Wie ziehe ich die Regierungstruppen auf unsere

Seite? Wie trotze ich der Kälte? Manches wirkt tatsächlich wie live, heute, aus Kiew. Wie die Regierung ihre Anhänger vom Land in Bussen in die Hauptstadt fahren lässt und wie diese, die in ihrem Leben noch nie in Kiew/Belgrad waren, dann verloren durch die große Stadt streifen, staunen, einkaufen gehen, sich verlaufen oder sich versehentlich der falschen Demonstration anschließen. Wie bei »Asterix als Legionär« im Bruderkampf von Cäsars Truppen gegen Scipio und die verwirrten Legionäre in Schildkrötenformation unter ihren Schilden fragen: »Wie, ist das hier nicht die Schildkröte von Scipio?« – »Aber nein.« – »Aber ja.«

Péter Zilahy hat natürlich ein bisschen übertrieben, als er diesen Satz an seinen deutschen Verleger sandte und der ihn an die Feuilleton-Redaktionen weiterschickte. Andruchowitsch jedenfalls erklärt auf Nachfrage eher zurückhaltend: »Niemand weiß, wie literarische Texte wirklich auf die Massen wirken. Was ich meinte, als ich Péter den Satz geschickt habe, war nur, dass die Kiewer Straßenrevolution auch sehr karnevalistisch ist und in vielen Sujets der Belgrader sehr ähnlich.« Und der populärste Schriftsteller der Ukraine, der in Russland geborene und in Kiew aufgewachsene Andrej Kurkow, in dessen Romanen der sympathische Pinguin Mischa die Hauptrolle spielt, antwortet auf die Frage, welchen Einfluss Bücher auf die Revolution gehabt haben könnten: »Bücher wohl weniger. Die Schriftsteller dafür umso mehr.« Schriftsteller seien die Ersten gewesen, die öffentlich ihre Unterstützung für Juschtschenko erklärt und auf Unregelmäßigkeiten bei den Wahlen hingewiesen hätten. Schriftsteller des Landes täten zurzeit vierundzwanzig Stunden am Tag Dienst in der zentralen Buchhandlung des Landes. Servierten den Kunden Tee und Sandwiches und erklärten ihnen ihre Sicht der aktuellen Entwicklungen und wie sie sich die Zukunft vorstellten. Und Kurkow schwärmt von der orangenen Diskothekenrevolution, bei der die Parolen des Tages über Nacht zu Liedtexten umgedichtet werden.

So steht es auch in der »Fenstergiraffe«. So ungefähr. Und Kurkow hat das Buch gar nicht gelesen.

Aber der deutsche Schriftsteller Ingo Schulze hat es gelesen. Er sagt: »Selten hat ein Buch so gut zu den Verhältnissen gepasst wie dieses. Als ich von diesem Buch-des-Jahres-Preis hörte, das war im April, sagte das auch sehr viel über die Ukraine. Ich denke, dass so ein Buch die Leute ganz unmittelbar ermutigt hat, bis dahin, dass sie vielleicht manche Praktik, manchen Trick aus dem Buch gelernt haben.« Und natürlich sei es die Entschlossenheit von Hunderttausenden, die durch Fröhlichkeit, Fantasie und Karneval, vor allem durch die Gewaltlosigkeit ihr Gesicht erhalten habe. Schulze: »Mich erinnert das sehr an Leipzig 89.«

So liest jeder seine eigene Geschichte in diesem Buch. Etwas Besseres kann man über Literatur kaum sagen. Besonders in Osteuropa ist »Die letzte Fenstergiraffe« erfolgreich. Nicht nur in der Ukraine, auch in Kroatien wurde es zum Buch des Jahres gewählt. Mittlerweile ist es in fünfzehn Sprachen übersetzt; die deutsche Übersetzung ist von Terézia Mora, die man gar nicht genug dafür loben kann, dass sie die hervorragende Übersetzung dieses großen Revolutionsbuchs im selben Jahr vorlegt wie ihren erstaunlichen Roman »Alle Tage«.

Ich habe Péter Zilahy im Sommer 2004 kennengelernt. Er saß im Garten seines deutschen Verlegers an einem brandenburgischen See und aß große Mengen Kuchen. Später sind wir zusammen über den See gerudert, und er hat eigentlich mehr von New York erzählt als von Ungarn oder der Ukraine. Er war nach Deutschland gekommen, um sein Buch vorzustellen. Und da er es auf Deutsch vorstellen wollte, war er ein paar Wochen früher gekommen, um Deutsch zu lernen in dieser Zeit, und wohnte jetzt im Holzhaus seines Verlegers. Bei der Buchvorstellung im Literarischen Colloquium am Wannsee war sein Deutsch schon ganz erstaunlich.

Zilahy, vierunddreißig, arbeitet in Ungarn auch als Verleger, gibt dort eine Reihe internationaler Debüts heraus, er ist

Lyriker, und Fotograf ist er auch. Am Tag nach der Buchvorstellung eröffnete er eine Ausstellung mit seinen Fotografien in Berlin. Dann war er schon wieder weg.

Er ist eigentlich ständig unterwegs. Als ich ihn jetzt anrufe, erreiche ich ihn auf irgendeiner südlichen Insel. Kiew sei weit weg, sagt er. Aber die Euphorie, die aus seinem Buch spricht, liegt doch auch jetzt in seiner Stimme. »Nichts«, sagt er, »kann man aus den Fernsehbildern schließen.« Die Wirklichkeit sei vollkommen anders. »Diese Illusion von Freiheit.« – »Illusion?«, frage ich. Und er lacht: »Wir wissen doch alle, was danach kommt. Natürlich ist es mit der Freiheit nach einigen Wochen für immer vorbei. Danach ist Verwaltung. Alltag. Die Freiheit ist nur jetzt.« Und er sagt: »Wer das noch nicht erlebt hat, muss jetzt hinfliegen. Der muss jetzt nach Kiew fliegen. Das ist eure Chance. Das gibt es nur einmal im Leben eines Staates. Das kommt nur einmal. Fliegt hin. Als Lernende. Als Menschen. Ihr müsst das durchleben! Dieses Zwischenreich der Macht.«

Das habe er in seinem Buch beschreiben wollen. Das hat er geschrieben. Das Alphabet der Revolution. Sie leben sein Buch in Kiew jetzt. Ob sie es wissen oder nicht.

(2004)

Frau Menasses Gespür für Schmäh

Plötzlich Schriftstellerin: Eva Menasse
und das Glück der schnellen Geburt

Das ist doch mal ein Anfang: »Mein Vater war eine Sturzgeburt.« So beginnt der erste Roman von Eva Menasse. Was für ein erster Satz. Da ist schon alles drin: die Rasanz, das Sich-hinein-Stürzen ins Leben, eine gewisse Leichtfertigkeit jenes Vaters, der offensichtlich nicht vorhat, aus dem Vorgang der eigenen Geburt eine große Sache zu machen. Und der zu sagen scheint: Hier bin ich. Wo ist das Leben? Wo kann ich mich melden? Kann bitte die Geschichte meines Lebens jetzt und gleich beginnen?

Und sie beginnt, wie schon lange keine Geschichte einer deutschen Autorin mehr begonnen hat. Sofort sind wir mittendrin in einem Kaffeehaus in Wien, Ende der Zwanzigerjahre des letzten Jahrhunderts. Die Gebärende ist keineswegs gewillt, ihre Partie Bridge wegen dieser lästigen Geburtssache zu beenden. Irgendwann muss es dann aber sein. Doch dann geht alles sehr schnell, die Hebamme kommt zu spät, der Mann, eben erst von seiner Geliebten gekommen, steht hilflos dabei, der Pelzmantel ist verdorben, sie hasst das Kind. Es ist ein Jammer. Und sie und ihr Mann reden und streiten und streiten, während der kleine, neue, blutige Mensch seinen Kopf aus dem Pelzmantel steckt, mit dem sich die Mutter schamvoll einhüllt. Denn das ist das über alle Streitigkeiten und Lebensunglücke hinaus verbindende Element der ganzen großen Familie, die die gut vierhundert Seiten des Romans bevölkert: quatschen, streiten, Anekdoten sammeln und Anekdoten weitergeben. Immer dieselben und immer wieder neue Geschichten aus einem scheinbar unendlichen Familiensagenschatz. »MM« nennt sich dies verbindende, zusammenschweißende Plaudergeheimnis im Kreise der Familie: »Manisches Mythologisieren«. Und dabei ist es von zweitrangiger Bedeutung, wie wahr die Geschichten sind. Hauptsache, sie sind gut erzählt. Gute Regel, auch für einen Roman.

Es ist die Geschichte einer halbjüdischen Familie im Wien des letzten Jahrhunderts. Und in diesem »halb« steckt der Kern der ganzen Geschichte. Der Kern der Erzählung. Der Großvater der Ich-Erzählerin ist Jude, die Großmutter sudetendeutsche Katholikin. Die drei Kinder sind ... Tja. Spätestens ab 1938 ist das in Wien eine Frage des Überlebens. Auf jeden Fall werden die Kinder zur Sicherheit nach England verschickt. Die Eltern bleiben. Die Gesetze sagen, Juden in Mischehen seien geschützt. Doch die Gesetze können sich auch wieder ändern. Und je länger der Krieg dauert, desto unwichtiger werden Gesetze. Immer wieder hören die beiden von Deportationen auch von Mischehen-Juden. Am Anfang verlässt sie noch bei Fliegerangriffen die Wohnung, um sich in Bunkern in Sicherheit zu bringen. Er darf natürlich nicht und bleibt allein zurück. Irgendwann geht sie auch nicht mehr in die Bunker. Und im Roman steht nur der Satz: »Zu diesem Zeitpunkt waren meine Großeltern schon lange ganz allein auf der Welt.« Was für ein trauriger, kleiner, großer Satz.

Das ist die Kunst der Erzählerin Eva Menasse. Das Schweigen im rechten Moment. Plötzlich ist eben einfach Schluss mit Anekdotenreigen. Der Tod der Mutter des Großvaters wird fast schon unterkühlt registriert. »Sie hat in Theresienstadt dann keine große Mühe mehr gemacht, denn sie überlebte die anstrengende Zugfahrt nur um einundzwanzig Tage.« Zuvor, die Abfahrt des Zuges, ist eigentlich die dramatischste Szene,

die man sich vorstellen kann. Ihr Sohn, der Großvater der Ich-Erzählerin, hat von ihrem Abtransport erfahren. Er eilt zum Bahnhof. Der Zug ist noch da. Aber wir erfahren nicht, ob er seine Mutter noch ein letztes Mal sieht. Nichts davon. Stattdessen eine Stimme, die ruft: »Kannst gleich mitfahren, Saujud!«, und jemand stößt ihn hinein, in den Todeswaggon. Mit größter Mühe kommt er wieder heraus und bleibt auf dem Bahnsteig liegen. Der nächste Absatz beginnt dann damit, dass sich die Großeltern zu Kriegsende wieder stritten wie früher. Das ist natürlich eine gute Nachricht. Für »meine Großeltern«, wie sie im Roman immer heißen.

»Mein Großvater«, »meine Großmutter«, »mein Vater«, »mein Bruder«. So heißen die namenlosen Protagonisten des Romans. Das wirft die Frage auf: Wer spricht? Ein rätselhaftes Ich, gleichfalls namenlos, ohne Eigenschaften, ohne Meinung, ein Alles-Beobachter, um den sich niemand zu kümmern scheint. Ein Rätsel. Eine Leerstelle. Wer?

Eva Menasse hat sich für unser Treffen den österreichischsten Ort Berlins ausgesucht. Das Café Einstein in der Kurfürstenstraße. »Weil es da immer einen Parkplatz gibt«, sagt sie. Sentimentalität, sachlich begründet. Eva Menasse wurde 1970 in Wien geboren, sie begann als Journalistin für das österreichische Nachrichtenmagazin »Profil«, wechselte dann zu den Berliner Seiten der »F.A.Z.«, für die sie später als Kulturkorrespondentin aus Wien berichtete. Als sie sich von dieser Aufgabe vor mehr als zwei Jahren beurlauben ließ, um an dem Roman zu schreiben, kam sie wieder nach Berlin. In Österreich herrscht schon seit Wochen große Aufregung um das Buch. Die Menasses sind hier eine berühmte Familie. Der Vater war zu Zeiten größten österreichischen Fußballruhms ein gefeierter Nationalspieler, der Bruder Robert ist ein berühmter Schriftsteller. Und jetzt schreibt also die »Tochter« und »kleine Schwester« einen Familienroman über einen »Vater«, der umjubelter österreichischer Nationalspieler war, und über einen feinsinnigen, intellektuellen, berühmten Bruder. Helle Aufregung, »Profil«

brachte auf sechs Seiten ein großes Familienalbum der Menasses, die Auslieferung des Buches wurde vorgezogen.

Erzählt das Buch die Familiengeschichte der Menasses? Diese Frage stellt sich beim Lesen automatisch, auch wenn hier die Familie weniger bekannt ist. Gerade weil das Ich so eine merkwürdige Leerstelle ist. Viele äußere Daten und Fakten stimmen jedenfalls überein. Der jüdische Großvater und die katholische Großmutter, die die Nazizeit in Wien überlebten; der Vater, der lange Jahre bei Pflegeeltern in England wohnte und dabei die deutsche Sprache verlernte; der Onkel, der, sieben Jahre älter als sein kleiner Bruder, unbedingt in die britische Armee wollte, um Österreich von den Nazis zu befreien, abgelehnt wurde und schließlich in Burma kämpfen musste, noch lange Zeit, nachdem der Krieg in Europa beendet war. Ja, das sind die Menasses, und das sind die Menasses natürlich nicht. Denn, auch wenn in der Familie der Autorin ebenso wie in der Romanfamilie der manische Anekdotenwettstreit zu jedem Familienzusammentreffen unbedingt dazugehörte – die entscheidenden Dinge wurden nie besprochen. Dass ihr Vater in England aufwuchs, erfuhr Eva Menasse erst, als sie zwanzig war. Und wenn sie die Großeltern fragte, wie das war, damals, zur Nazizeit, wie sie überlebten, reagierten diese mit Schweigen. Nicht mal ein »Darüber möchte ich nicht reden« oder ein »Dazu sag' ich nichts«. Sie taten einfach, als hätten sie die Frage nicht gehört. Diese Fragen gab es nicht. Und so gab es auch keine Antworten.

Eva Menasse hat recherchiert, Gesetzeslage, Erlebnisberichte, hat Verwandte interviewt, Geschichten gesammelt, Zeitungen, Gerichtsberichte, und einen Roman geschrieben, der die eigene Familiengeschichte zum Ausgangspunkt hat und eine neue Geschichte ist. Eine andere Geschichte. Die Dreißigerjahre, die Nazizeit, die Erlebnisse des Vaters in England, des Onkels in Burma, das Sterben der Tante in Kanada, das Überleben der Großeltern in Wien, all das ist nur der Anfang der Geschichte, die sich dann weiter, immer weiter schlängelt, ins Nachkriegsösterreich, das sich flugs zum Opferland erklärt, das von den Deutschen brutal besetzt und zum Mitmachen gezwungen worden sei, ein Land, in dem die wenigen zurückkehrenden Juden von ihren Hausmeistern mit einem lockeren »Ach, Sie sind wieder da, ich dacht', die hätten Sie vergast« begrüßt wurden. Bis in die Gegenwart hinein zieht sich dieses Gesellschaftspanorama in Anekdoten. Und manchmal wünscht man sich als Leser einen Thomas Bernhard herbei, der einmal sagte, wann immer er eine Geschichte am Horizont erblicke, schieße er sie ab. Eva Menasse schießt gar nichts ab. Sie wirft Anekdote auf Anekdote in die Luft und lässt sie selig flattern. Das ist manchmal etwas zu viel. Und man fragt sich, was sie umkreisen, die Geschichten.

Irgendwann fällt dieser Satz: »Eines Tages erschien mein Bruder mit sensationsheischendem Gesichtsausdruck und verkündete, dass wir gar keine Juden seien.« Ein Satz, der alle Sicherheiten raubt. Der Vater erwidert nur: »Was soll das heißen?« Und dann: »Warum bin ich dann emigriert?« Die ganze Lebensgeschichte, all die Opfer, die man brachte, sollen umsonst gewesen sein? Es ist ja lächerlich einfach seit undenklichen Zeiten: Nur wenn die Mutter Jüdin ist, sind auch die Kinder automatisch Juden. Der Vater zählt in diesem Falle nicht. Diese späte Erkenntnis wirft das Familienleben um, den Lebensgeschichten ist der Boden entzogen, und zunächst wird das Anekdotenmäntelchen noch fester um den Körper gezurrt. Erzählen, um sich zu vergewissern. Dass die Wahrheit die war, die man kenne, dass alles logisch, lustig und erstaunlich, aber doch notwendig aufeinanderfolgte, dass nichts umsonst gewesen sei.

Eva Menasse sitzt im mintgrünen Pullover bei Toast und Apfelschorle in einem Wiener Kaffeehaus in Berlin und erzählt in diesem wundersamen, leicht gesungenen, geschwungenen Wiener Dialekt, im Gespräch hört man es kaum, wenn sie aus dem Roman vorliest, wird es stärker. Der ist in dieser Melodie geschrieben. Wenn sie sich selbst im Radio hört, erschrickt sie, sagt sie, vor dem eigenen Dialekt. Sie dachte, sie habe sich schon ganz naturalisiert, hier in Berlin. Das hat sie nicht.

Lange Jahre sei diese Familiengeschichte in ihrem Kopf gewesen, sagt sie. Sie habe es zunächst als kleines Dossier schreiben wollen. Ein paar Seiten, nur für die Familie als Leser. Doch die wahren Geschichten waren eben nicht zu erfahren. Und so musste es eben darüber hinausgehen und Roman werden. Vor zehn Jahren entstanden die ersten Szenen.

Welche Rolle spielt das Judentum noch für sie? Ja, sie habe einmal darüber nachgedacht, zu konvertieren, aber nicht wirklich. Sie wischt es schnell weg, das Wort. Sie kenne aber viele in ihrer Generation, für die das wieder eine größere Bedeutung erhalte. Und die Geschichten von damals, die könne man erst jetzt richtig erzählen. Die erste Generation schwieg und baute auf, die zweite Generation kämpfte gegen die schweigenden Väter – erst die Enkel könnten die Geschichten wirklich schreiben. Die Enkel können von all dem erzählen.

Eva Menasse hat das getan. Genau zur richtigen Zeit.

(2005)

Der Weltvermesser

Schreiben mit Angst und Wut und Mut: die erstaunliche Erfolgsgeschichte des Schriftstellers Daniel Kehlmann

Was für eine schöne Wut! Gegen das Funktionärsdasein der deutschen Gegenwartsautoren hatte er gewütet, gegen die Nettigkeit des ganzen Betriebs, der einen permanent in Jurys sitzen sehen wolle und in Stadtbibliotheken und der dafür verantwortlich sei, dass die deutsche Gegenwartsliteratur sich auf einen Ton vorsichtigen Mittelmaßes eingependelt habe und keine Risiken mehr eingehe. Vortragssaalkompatibel, das war das Wort, das traf. Er wollte damals, in dem Text, der in der »F.A.S.« erschien, eigentlich nur die Tagebücher Helmut Kraussers loben. Aber diese Anklage, die musste erst noch raus.

Und als er wenig später einen Text über Voltaire schrieb, begann er ihn mit den Worten des Philosophen: »Ich war müde des müßigen und turbulenten Lebens in Paris, der vielen Stutzer, der schlechten Bücher, die mit Erlaubnis und Billigung des Königs gedruckt wurden, der Ränke der Literaten, der Niederträchtigkeiten und Erpressungen jener Elenden, die der Literatur Schande bereiten.« So zitierte Kehlmann – und fügte selber an: »Überdrüssig also des Literaturbetriebs.«

Wer ist dieser Mann? Wer ist Daniel Kehlmann, der im Alter von zweiundzwanzig Jahren seinen ersten Roman veröffentlichte, ein Jahr später sein Studium der Germanistik und Philosophie abschloss und einen Erzählungsband erscheinen ließ? Der danach zu Suhrkamp wechselte, drei weitere Romane folgen ließ, von denen der letzte, »Ich und Kaminski«, die furiose Geschichte eines skrupellosen Kulturjournalisten und Biografen, der einen greisen Avantgarde-Künstler mit seinem Lebensbeschreibungsehrgeiz verfolgt, zum größten internationalen Bucherfolg eines jungen deutschen Autors seit langer Zeit geworden ist und in zwölf Sprachen übersetzt wurde. Und der jetzt, in seinem neuesten Buch, sich aus der Gegenwart verabschiedet und das Leben des größten deutschen Mathematikers, Carl Friedrich Gauß, und des größten deutschen Forschungsreisenden, Alexander von Humboldt, als parallele Lebensgeschichten, als parallele Welterforschungsgeschichten neu erzählt. Ein Roman über die deutsche Klassik auf Reisen, über den unbedingten Glauben an die Vernunft, über Obsessionen und Visionen, über die »Vermessung der Welt«, im Geist und in der Wirklichkeit. In neun Sprachen wird der Roman schon jetzt, noch vor dem Erscheinen, übersetzt.

Daniel Kehlmann ist dreißig Jahre alt. Er wurde in München geboren und lebt seit seinem sechsten Lebensjahr in Wien.

Jetzt aber ist er gerade in Madrid. Seine spanische Freundin lebt und arbeitet hier. Er ist oft und lange hier. Wenn ich ihn besuchen komme, hatte er vorher geschrieben, dann sage er es aber lieber gleich, er spreche fast kein Spanisch, es sei ihm sehr unangenehm, und wenn ich darüber in meinem Bericht spöttische Bemerkungen machen wolle, bitte sehr, er habe es verdient. Doch als wir dann in der Cerveceria auf der Plaza Santa Ana im Herzen von Madrid sitzen, bestellt er die Tapas des Tages sehr souverän. Das, was er könne, habe er in Mexiko gelernt, sagt er, nicht bei seiner Freundin, die spreche viel zu gut Deutsch. Er war zwei Monate in Mexiko, zu Gast bei der österreichischen Botschaft, und es hieß, die meisten Überfälle in der Stadt passierten im Taxi. Aus Angst vor Überfällen habe er während der Fahrten immer wild auf die Fahrer eingeredet, um die Überlebenschancen im Falle eines Überfalls zu erhöhen.

In Mexiko kam ihm auch die Idee zu einem Humboldt-Roman. Überall erinnerten Gedenksteine und Straßennamen an den deutschen Weltreisenden. Kehlmann las und forschte, das war lange bevor Hans Magnus Enzensberger mit seiner zentnerschweren Humboldt-Edition den Mann in Deutschland wieder zu einem Massenstar gemacht hatte. Seine Reisen begeisterten ihn und vor allem, dass dieser Mann, der die deutsche Klassik, die Form, die Haltung, die staatsmännische Weltgewissheit der deutschen Klassik wie kaum ein Zweiter repräsentierte, sich in die Welt begab. In den Schmutz, zu den Menschenfressern, in die Sümpfe des Amazonas ging, auf menschenunbekannte Höhen stieg, sich in aktive Vulkane abseilen ließ, die Läuse der Ureinwohner zählte, gegen die Sklaverei kämpfte und kein Geheimnis am Wegesrand unerforscht lassen konnte. Ein besessener Wahrheitssucher und Weltvermesser und noch im tiefsten Schlamm und bei größter Hitze in seiner preußischen Uniform. Und der all das aufgeschrieben hat, aber in einer solch stolzen, nicht sehr lesbaren Trockenheit, die von der Wahrheit der Reise, von dem Elend und der Komik des stets um Haltung bemühten preußischen Barons in

den Kratern der Vulkane natürlich nichts weiß und nichts zugeben kann.

Das war der Anfang. Und dann kam ein anderer Charakter dazu. Der Mathematiker Gauß. Kehlmann wollte schon lange über ihn schreiben. Mathematik, die Grenzen der Mathematik und der Zahlenwelt, das hatte schon in seinen frühen Romanen oft eine Rolle gespielt. Und Gauß, das melancholische Genie mit Selbstmordgedanken und dem Willen zur Weltberechnung völlig ohne Reiseehrgeiz, stattdessen nur mit Sternbeobachtung, Formelwissen, Gedankenreisen beschäftigt, das war der zweite Mann, dessen Leben er parallel zu Humboldts erzählen wollte.

Und das gelingt Kehlmann auf fast traumwandlerisch sichere Art und Weise. Der eine in Göttingen, der andere in der Welt. Und Kehlmann wirbelt die Geschichte umher, erfindet manches frei hinzu, stößt sich von Fakten ab, erläutert hier mal eben kurz und grob die »Disquisitiones Arithmeticae« von

Gauß, lässt Goethe auftreten und verschwinden, Georg Forster, den greisen, senilen Kant, beginnt Geschichten, wirft sie fort.

Daniel Kehlmann ist ein echter Erzähler. Der Geschichten liebt und der erzählen kann. Dessen Vorbilder Nabokov und Updike heißen und der die großen südamerikanischen Romanciers verehrt. Mit großem Feuer spricht er von den Autoren, die er liebt, auch von den deutschen Klassikern, dem modernen Erzähler Grass, den unmodernen, langweiligen Böll und Walser, von W. G. Sebald und all den anderen Königen der deutschen Nachkriegsliteratur, die jenseits der Gruppe 47 schrieben und spät, zu spät oft, zu anerkannten Größen wurden. Oder die man vergaß. Vom großen österreichischen Erzähler Leo Perutz schwärmt er und sagt, dass er Joseph Roth nur wenig wahrgenommen habe, »weil das der Bereich meines Vaters war«, des Filmemachers Michael Kehlmann, der in den Sechzigerjahren verschiedene Roth-Romane verfilmt hatte.

Kehlmann spricht sehr angenehm mit leichtem österreichischem Singsang. Und wenn man ihn sieht, auf den meisten Fotos und auch hier, wirkt er wie jemand, der nicht ganz zu Hause ist in seinem Körper, immer etwas unsicher, hölzern, sich selbst beobachtend. Erst im Gespräch über Bücher gewinnt er seine wahre Größe, seine Sicherheit.

Beim Reden über sein eigenes Buch fehlt sie ihm noch. Er tastet sich an eine Sicherheit heran. In einem Essay, der parallel zum Roman erscheint, hat er wortreich den Wert des historischen Romans beschworen, sich gegen dessen Verächter im Vorfeld abgesichert. Er hat das Manuskript des Romans an den Gauß-Experten und Mathematikprofessor Taschner, »der war im letzten Jahr Naturwissenschaftler des Jahres«, geschickt und auf sein Urteil so zitternd gewartet wie noch nie auf ein Prüfungsergebnis. Doch Taschner fand alles tadellos. An den Humboldt-Experten Enzensberger schickte er es. Auch der war sehr einverstanden. Und die größte Angst, sagt Kehlmann, habe er jetzt vor seiner bevorstehenden Lesung in Göttingen. Oh, nein, hat er der Lesungsorganisatorin vom Verlag gesagt: »Göttingen – muss das sein?« Ja, warum denn nicht? Weil dort die Gauß-Gesellschaft sitze, und die Herren verstünden keinen Spaß.

Das sind die Ängste des Daniel Kehlmann. Und ein wenig merkt man die Vorsicht dem Roman auch an. Die Wut, die Boshaftigkeit, der Furor von »Ich und Kaminski« fehlen im neuen Buch. Die Nettigkeit des Betriebs scheint ihn selbst ein wenig gefesselt zu haben. Kehlmann ist ein toller Erzähler, der alle Gefahren des Schreibens kennt. Vielleicht ein bisschen zu gut.

(2005)

Es zählt immer nur der nächste Satz

Erzählband, Trennung, Umzug:
Franz Xaver Kroetz, der Schriftsteller, Dramatiker,
Schauspieler, fängt ein neues Lebenskapitel an

»Das wilde Ufer, sagte er und nahm einen Schluck aus dem Rotweinglas, das ist es doch. Es ist doch das wilde Ufer, das man erreichen muss. Dann ist man ein Künstler, dann kann man schreiben!« So fängt das neue Kroetz-Buch an. Man, war der vergessen. Franz Xaver Kroetz, der Kommunist, der Volksdichter, Wutdichter, der meistgespielte deutsche Dramatiker der Siebzigerjahre, der so einen Hass immer hatte auf die Verhältnisse, so eine Liebe zu den Menschen und der dann Baby Schimmerlos wurde, der Klatschreporter der Münchner Bussigesellschaft in Helmut Dietls »Kir Royal« und von allen geliebt. Das ist jetzt zwanzig Jahre her, damals war sein Ruhm auf dem Höhepunkt. Die Schickeria schloss ihn in die Arme, er heiratete Marie Theres Relin, die Tochter von Maria Schell, schrieb Kolumnen für die »Bild«-Zeitung und die »Bunte«, und es schien eine Weile so, als sei er selbst Baby Schimmerlos geworden. Doch die Erfolge auf den Bühnen wurden seltener, immer mal wieder gab es ein erstaunt zur Kenntnis genommenes Comeback, kleine Triumphe, aber es wurde still und immer stiller. In den letzten fünf Jahren wurde überhaupt kein neues Stück von Kroetz von einer deutschen Bühne mehr angenommen, obwohl er schreibt und schreibt.

Und jetzt also dieses Buch mit fünfzehn Geschichten voller Wucht und Wut und Bier und Blut und Liebe. Mit so einer Kraft und Energie, so einer Schnelligkeit und einem Witz, so einer Selbstentblößung, so einem großen Mut. Das schlägt ein in die deutsche Winternebellandschaft wie ein Leuchtfeuer aus einer anderen Zeit. Da ist so ein Leben darin, so eine Wahrheit. Es handelt davon, wie ein Dichter alt wird und sich trotzdem die Kunst bewahrt. Wie einer reich wird und sich trotzdem die Wut bewahrt. Wie einer alt wird und trotzdem noch liebt. Wie

einer Familie hat und trotzdem rücksichtslos bleibt. Es geht um reiche Menschen und ihre Sorgen, um Religion, einsame Denker, die die Weltprobleme mit einfachen Gerechtigkeitsformeln lösen. Es geht um Angst, es geht um den Tod.

Kroetz sitzt im Restaurant »Roma«, das Iris Berben gehört, in München, in der Maximilianstraße, der Hauptstraße des deutschen Protzes, immer noch. Sitzt mit dem Rücken zur Tür an einem kleinen Tisch, das Haar ganz kurz geschnitten, keine Spur von Schimmerlos-Locken. Ich sage dem Kellner, der den Mantel entgegennimmt und fragend schaut, ich sei mit Herrn Kroetz verabredet. Er zuckt die Schultern, als habe er den Namen nie gehört, läuft dann aber doch dienstfertig neben mir her. Franz Xaver Kroetz scheint überrascht, dass ich komme, obwohl wir fest verabredet waren. Er sagt, ach, er sei sich einfach nicht sicher gewesen, deshalb habe er erst mal nur diesen kleinen Tisch genommen. Wir wechseln an einen größeren, wo man auch essen kann, denn in der Mail, in der er sich mit einem Treffen einverstanden erklärt hatte, hatte er geschrieben, ich solle ihn dann aber zum Abendessen einladen.

Er treffe sich eigentlich nicht mehr mit Journalisten, sagt er, als wir uns gegenübersitzen, die machten einen nur klein. »Und kleinmachen kann ich mich selber. Jeden Tag mach ich mich klein, immer noch ein Stückchen kleiner.« Dafür brauche er die Journalisten nicht. Doch als ich ihm jetzt erzähle, wie gut mir seine Geschichten gefallen hätten, was für ein Glück das gewesen sei, die zu lesen, da schlägt er die Hände zusammen, schaut nach oben und scheint sich aus tiefstem Herzen zu freuen. Und er erzählt, wie die entstanden sind, vor langer Zeit, 1993, als er mit seiner Frau und ihren kleinen Kindern durch Thailand gefahren sei, mit Bus und Rucksack, immer unterwegs. Jeden Tag ein anderes Hotel. Und die Reiseschreibmaschine dabei und die kleinen Kinder, damals ein und vier Jahre alt, und er hatte sich vorgenommen, jeden Tag eine Story zu schreiben auf der Maschine. Und dass das auch wirklich klappte, und wie frei er damals gewesen sei, wie er sich befreien konnte von dem alten Kroetz, wie er sagt, sich freischreiben. Und wie frei er immer auf Reisen sei, und dass er das als Einziges niemals aufgeben wird, das Reisen mit dem Rucksack durch die Welt.

Er kam zurück, las die Geschichten, fand sie gut, schickte sie an Verlage. Bei Suhrkamp war er kurz vorher rausgeflogen. Unseld wollte seine Bücher nicht mehr machen, und Kroetz sagte damals in einem Interview: »Scheiße, der Alte liest wieder.« Doch auch jeder andere Verlag, an den er die Geschichten schickte, lehnte dankend ab. DuMont, Aufbau, Piper. »Meine Frau hat sie sogar heimlich, hinter meinem Rücken, an Diogenes geschickt«, das sei ja wohl das Schlimmste, was einem Dichter passieren könne, dass die Frau heimlich deine Manuskripte anbietet, aber auch Diogenes wollte nicht. (»Es waren natürlich noch mehr Absagen«, sagt Kroetz, »aber wie viele, das sage ich Ihnen jetzt nicht. Vier, das wirkt irgendwie noch okay.«)

Und so lagen die Geschichten also jahrelang herum. Es muss da inzwischen eine ganze Menge liegen, bei Kroetzens zu Hause. In München und auf dem Bauernhof im Chiemgau und auf Teneriffa. Das ist ja immer der Dreiklang des Stolzes und des Neides gewesen, wenn man von Kroetz sprach. Ein Stadtwohnsitz, ein Landwohnsitz und für den Winter: Teneriffa. Was für ein idealer Lebensdreiklang, den er sich da zusammengekauft hat. Aber da liege nun also ein, wie er sagt, »tonnenschweres Tagebuchwerk, 3000 nicht veröffentlichte Gedichte, fünfzig Kurzgeschichten und ein halber Roman«. Die letzten fünf Theaterstücke, die er geschrieben hat, wurden allesamt von keiner Bühne angenommen. »Die brauchen ja nicht einmal absagen, beim Theater. Du schreibst einfach ein Stück und hörst nie mehr etwas davon. Gar nichts.«

Und jetzt kommt auch noch die Scheidung dazu. Ich musste schon am Telefon versprechen, dass wir darüber nicht reden, weil sie noch läuft, die Scheidung, und alles noch offen ist. Aber die beiden waren natürlich auch ein öffentliches Paar, das gern zusammen in Talkshows auftrat und im »Stern« auch schon mal sein Liebesgeheimnis offenbarte. Das ist jetzt vorbei. Schon vor einiger Zeit hat Marie Theres Kroetz-Relin die Internetseite »Hausfrauenrevolution.com« gestartet, auch ein Buch dazu herausgebracht, und nun gehen sie also getrennte Wege. Doch das neue Buch ist ihr gewidmet, und die Geschichte, die den Dichter als größtes Ich-Monster beschreibt, hat er sogar ausdrücklich für seine Frau geschrieben. Sie heißt »Leerer Tag«, und es ist ein Tag im Leben eines Dichters, der nur an sich denkt, an den einen Satz, den er schreiben muss, der besessen ist von seiner Kunst und seine Familie, seine Frau terrorisiert mit seiner Kunst. Der Dichter hat schlecht geschlafen, nichts geschrieben, viel gesoffen in der Nacht. Und seine Frau fürchtet das Schlimmste. Seine schlechte Laune und dass er heute vielleicht nichts schreibt. Sie bringt die Kinder aus dem Haus, kauft ein, in weit entfernten Feinkostläden für den Mann, kauft Bier für den Mann, immer ein elf Monate altes Baby auf dem Arm, denn der Dichter erlaubt ihr kein Au-pair-Mädchen, er erträgt keine Fremden im Haus. Er flucht, verlangt mehr Bier, sie hat Zitronen vergessen, muss noch mal raus, das Essen schmeckt ihm nicht, sie holt die Kinder wieder ab, er sieht sie angewidert an wie Fliegen, die Familie zittert, er will Sex auf seine Weise. Er ist ein Dichter-Terrorist. Der Mensch im Zentrum, erfüllt von nichts als seiner Kunst. Von nichts als nur sich selbst. Und immer wieder rufen Menschen an, die der Dichter-Gattin sagen, wie froh sie sein könne, mit diesem wunderbaren Dichter verheiratet zu sein. Und er fragt, wenn er sich für eine Minute aus seinem Rausch herauspellt: »Hat keiner angerufen und gesagt, dass ich den Nobelpreis bekommen hab'?«

Nein, rief keiner an mit dieser Nachricht.

Kroetz sitzt da, mit etwas lichtem Haar und schmaler, schwarzer Brille, und erzählt, natürlich ist das nicht er, der Dichter in all den Geschichten. Natürlich nicht. Und natürlich ja. Und er sagt diesen großen Satz: »Ohne Wahrheit gibt es keine Kunst. Aber die Wahrheit allein ist auch keine Kunst.« Zack. Das ist die Kroetz-Formel. Eine große Kunst-Formel überhaupt. Vielleicht banal. Aber – nein, eigentlich nicht. Denn das ist doch die Kunst, wahr schreiben, wahrhaftig schreiben, notwendig und unverlogen und doch das Leben nicht einfach abzuschreiben, das ist doch das Geheimnis. Das ist doch das Einzige, was sich zu lesen lohnt.

Ja, und es geht natürlich nicht nur um einen rasenden Dichter, in all den Geschichten, es geht um einen kleinen Jesus, der von einem Halskettenkreuz eines deutschen Touristen in Indien herabsteigt, um einem benachbarten Taschenbuddha einmal richtig in die Fresse zu hauen, es geht um einen politischen Reporter, der einem ehemals linken Dramatiker im Gespräch unbedingt ehrenwerte Motive unterschieben will, während der immer nur erklärt, er habe halt einen Jaguar gewollt, und die KPD-Mitgliedschaft, das war damals ein reiner Marketingtrick, um schneller an den Jaguar zu kommen; es geht um Weltrettung, Arbeitslosigkeit, die Schickeria und den Tod. Ein Dichter stirbt, er schreibt: »Dann wurde es still, denn alle Geräusche, die noch in mir waren, gingen rückwärts aus dem Körper. Das ist interessant, dachte ich, das musst du dir merken! Aber ich glaube, da war ich schon hinüber.«

Wir reden vom Alter und wie viel steiler der Weg wird, zu einem Stück, zu einer Geschichte, wie viel Mühe es jetzt kostet, das Schreiben. Kroetz erzählt, dass es langsam Zeit sei, einen Blick auf seinen Rentenbescheid zu werfen, nur so zur Sicherheit, denn die Kinder wollen ja studieren. Und dass einem als Künstler eigentlich alles egal sein müsse. »Und wenn mein Sohn draußen mit dem Kopf unterm Arm rumläuft. Das darf dich nicht interessieren. Immer nur dein nächster Satz. Sonst kannst du nicht schreiben.«

Und es muss doch weitergehen. Vieles spricht dafür, dass für Franz Xaver Kroetz, der im Februar sechzig wird, noch einmal eine sehr gute Zeit anbricht. Gerade führt er Regie bei dem Stück »Servus Kabul«, das in einem Monat am Münchener Residenztheater Premiere hat, im Sommer inszeniert er die Uraufführung seines Stückes »Drücker – Fünf TV-Massaker«, ebenfalls am Resi. Helmut Dietl hat angekündigt, dass er eine Fortsetzung von »Kir Royal« plane, in Berlin. Natürlich mit Kroetz. Der will ohnehin nach Kreuzberg ziehen, wenigstens für einen Sommer. Da wird, so denkt es sich der Dichter aus der ersten Geschichte, das vermisste wilde Ufer sein: »Wir ziehen, sagte er und strahlte, nach Berlin, wir fangen dort ganz neu an, ohne Jaguar, ohne Prothese, ohne Macintosh, ohne diese Scheißvilla, irgendwo in Kreuzberg, in einem alten Haus. In Berlin haben sie doch jede Menge verkommene Häuser. Er jubilierte: Wir ziehen in 'en Plattenbau! Ohne Autos, ohne PC, ohne Zähne, ohne Angst!«

(2006)

Der Dichter

In den Lagern der Erinnerung: bei Oskar Pastior in Berlin

Hinein, hinein in die Welt dieses Wortentdeckers, dieses eifrigen Aufdeckers immer neuer Sprachmöglichkeiten, dieses Reisenden im Buchstabenall, dieses Experimentaldichters, Avantgardisten, Traditionsdichters, Traditionsbewahrers, Formenkünstlers, Vorausdichters, der aus einem einzigen Wort immer neue, immer erstaunlichere Klänge und Bedeutungen herauszupoetisieren vermag, hinein in die Welt des Dichters Oskar Pastior. Ein altes Bürgerhaus im Herzen West-Berlins, zwei große Spiegel im Treppenhaus sehen sich an, ein Verleger eilt die Stufen hinab und ruft: »Ah, die Ablösung« und eilt weiter. Zweiter Stock, Pastior öffnet, die Hand schnellt zu einer kraftvollen Begrüßung hervor, sein graues Haar wächst in den Himmel, in der Mitte des Nasenrückens ist eine Lesebrille festgewachsen, über die wache, schnelle Augen in die Welt hinübersehen. Pastior wohnt hier zur Untermiete bei einer Galeristin, seit über zwanzig Jahren schon, in einem Zimmer, in das wir sogleich abbiegen. Bücher, Bücher und jede Menge Leitz-Ordner an den Wänden, seitlich ein flokatibedecktes Bett, in der Mitte ein Schreibtisch mit zwei Schreibmaschinen, dahinter ein leinener Vorhang, der einen Erker abtrennt und mühsam die Sonne aus dem Zimmer drängt. Wir setzen uns an einen Resopaltisch, der Besucher darf auf einer Art Thron aus dunklem Holz Platz nehmen, und Pastior sagt: »Ich hoffe, er wackelt nicht zu sehr.« Später wird er erklären, dass auf diesem Stuhl sonst immer die Schriftstellerin Herta Müller sitzt, die wie er aus Rumänien stammt, einmal die Woche sitzt sie hier, so von drei Uhr bis um zehn, und sie schreiben gemeinsam an einem Roman über die Zeit seiner Deportation, als er, im Januar 1945, »auf der Liste« stand und aus Siebenbürgen in die Sowjetunion deportiert wurde, um fünf Jahre lang in einem Lager im Donbass, in der heutigen Ukraine, in einer Kokserei zu schuften. Das schreiben sie auf, das heißt, sie schreibt, er erzählt, fünf dicke Kladden sind schon voll, er holt sie gleich mal her, mit Zeichnungen der Lagerpläne, immer wieder neu, mit blauem Kugelschreiber, ganze Seiten durchgestrichen, lange arbeiten sie schon daran und sind noch lange nicht fertig. Herta Müllers Mutter war in genau so einem Lager, nicht weit von Pastior, sie hat ihr nie davon erzählt. Jetzt erzählt ihr Pastior.

Er ist ohnehin gerade tief in seine dichterischen Anfänge verstrickt aus der Zeit, damals, als er 1949 in seine siebenbürgische Heimat zurückkehrte, sofort für drei Jahre zur Armee eingezogen wurde und dort das Abitur nachmachte, später als Reporter einer deutschsprachigen Radiosendung arbeitete und zu dichten begann. Das Sprachspielerische, das »Pastiorsche« all der späteren Dichterjahre, stand damals noch nicht im Vordergrund, viele Aufbaugedichte im Sinne des neuen Sozialismus waren dabei, Kompromisse immer wieder, um gedruckt zu werden. Die Wiederbegegnung mit die-

sen Anfängen ist ihm nicht angenehm, von der Werkausgabe hat er zunächst die Bände zwei und drei publizieren lassen, der erste fiel ihm schwer. »Es ist so viel Schund dabei«, sagt er jetzt, aber er wollte auch nicht als Werkbereiniger dastehen, der seine Anfänge verleugnet, also hat er vieles aufgenommen in den ersten Band: »Die Schmelzer am Kommandopunkt bewegen / Hebel und Signale der Nützlichkeit, / füllen Sterne gebärende Schmelzpfannen mit / glühenden Früchten.« Ist das der Pastior, den wir kennen? Nein. Und ja. In kleinen Wörtern findet er sich schon.

Jetzt erzählt er von den rumänischen Jahren als Angehöriger der deutschen Minderheit, vom ersten kleinen Ruhm, ersten Preisen, der Angst vor der Vereinnahmung, den immer größeren Kompromissen. »Mit dem Hammer wird eine Identität in dich hineingehämmert, die nichts mit dir zu tun hat.« Irgendwann geht es nicht mehr. Irgendwann ging es nicht mehr, und er nutzte eine Reise nach Wien, um nicht mehr zurückzukehren. 1968, er war damals vierzig Jahre alt und ließ alles zurück. Von niemandem konnte er sich verabschieden, um die Zurückbleibenden nicht zu belasten. Nicht einmal von seiner Frau.

Er ging dann schnell nach West-Berlin, das Provisorische der Stadt wäre ihm gemäß, dachte er sich, und so war es auch. Er hat sich nie als Exildichter gesehen, »historisch betrachtet ist heimweh eine historische sache im folgenden weigert sich der weigerer entschieden den exilstern zu tragen«, hat er geschrieben. Und die Sprache, die deutsche Sprache, in der er zu Hause ist wie kaum ein anderer, die hatte er ja immer mit dabei. Neben all den anderen, das Rumänische, das Ungarische, schlechtes Lagerrussisch, etwas Französisch, Mittelhochdeutsch, Englisch. Seine große Sprachfamilie, die sich in vielen seiner Gedichte findet. Wenn er jetzt einige Bände hervorholt, die alle in verschwindend kleinen Auflagen erschienen sind, und sie mit seiner unvergleichlichen, weichen, singenden, fließend-betonenden Stimme vorträgt, ist man in einer anderen Welt. Und wenn er jetzt das scheinbar für immer Unverständliche erläutert, hier auf einen rumänischen Wortstamm verweist, dort aufs Althochdeutsche, kommt man dieser Sprachenwelt näher und immer näher. Stolz und konzentriert erläutert er immer neue, immer kompliziertere Gedichtsysteme, immer neue Wörter, die er in ihre Kerne zerlegt und zu immer neuen Bedeutungen immer wieder neu zusammensetzt, um alle Möglichkeiten zu erfassen und jeden Tag die Lücke etwas enger zu machen zwischen der Sprache und der Wirklichkeit. Das ist ein Ziel des Dichters Oskar Pastior. »Das ist ein kleines Stück Glück«, sagt er.

Dann ist der Besuch vorbei. Eine schöne Katze mit grau leuchtendem Fell schnurrt plötzlich heran. »Na, Max«, sagt Pastior und dass er immer das Gefühl des Ungenügens habe nach solchen Gesprächen, immer das Gefühl, nicht alles gesagt zu haben. Dann schnellt die Hand wieder hervor, und wir verabschieden uns.

Sollte sich die Akademie für Sprache und Dichtung für Oskar Pastior als Träger des bedeutendsten deutschen Literaturpreises des Jahres 2006 entscheiden, hätte sie sich sehr, sehr gut entschieden.

(2006)

Über alle Berge

Als erster Mensch die Füße in den Schnee setzen: der Entdeckungsdichter Christoph Ransmayr

Im Wiener Volksgarten biegen Studenten auf dem Rasen die Beine in die Luft, ein Hund spielt Fußball, und eine Greisin fragt, ob auf der Bank noch Platz für sie sei. »Sehen Sie die Vorhänge?«, fragt sie und deutet auf die Fenster der Hofburg, in der, das sagt sie, heute auch ganz normale Bürger wohnten. »Die stammen noch aus der Kaiserzeit.« Doch alle Fenster sind vorhanglos. Ein bangloser Einwand: »Ja, im Sommer nehmen sie die immer ab.«

Dann geht sie davon, »den Ransmayr, den kenn ich, den kenn ich«, hatte sie auf meine Frage noch gesagt, weil sie sie alle kenne, die Wiener Dichter. Ja.

Ein Wiener Dichter? Ransmayr wurde 1954 in Wels in Oberösterreich geboren, lebt jetzt lange schon in einem abgeschiedenen Haus an der Küste Irlands und ist die meiste Zeit des Jahres auf Reisen, wandernd unterwegs in der Welt. Brasilien, Tibet, Bayerischer Wald, irische Berge. Heute ist er in Wien. Heute ist er im Café »Griensteidl«, auf der anderen Seite der Hofburg. Und jetzt kommt er auch schon, pünktlich auf die Sekunde und groß, viel größer, als ich gedacht hatte, schmal, mit wehendem Haar und Jeans und Polohemd. Hier, im alten »Griensteidl«, hatte einst, am Vorabend des Abrisses des Hauses, beim großen Untergangsfest des Lokals 1897, der Dichter Felix Salten den jungen Karl Kraus geohrfeigt, weil er die Dichtergruppe Jung-Wien, die sich immer hier getroffen hatte, kurz zuvor in seinem Aufsatz über die »Demolirte Literatur« verspottet hatte.

Erst seit 1990 gibt es wieder ein »Griensteidl« an dieser Stelle. Heute ist es hier friedlich. Christoph Ransmayr hatte vor einiger Zeit in einem veröffentlichten Selbstgespräch bekannt, wie er sich »vor Amokphantasien und anderen rabiaten Anwandlungen«, die er für hämische Kritiker seiner Werke hege, bewahre. Seine Großmutter hatte ihm einst einen sogenannten »Zwergenkalender« hinterlassen, ein blaues Buch, das in der Kapuzinergruft verkauft wird und in dem »Könige, Kanzler, Feldherren und Krieger« auf Würstchengröße geschrumpft worden seien. Und in diesen Würstchenkalender schreibe er die Namen seiner Peiniger einfach hinein und schrumpfe sie somit zu Zwergen- und Spottgröße ein. Es hilft aber nicht immer. Seitenweise führt er das gedruckte Selbstgespräch gegen einige besonders bösartige Kritiker, und auch von Journalisten, die sich nach Vollendung eines Buches mit ihm über dieses Buch unterhalten wollen, hält er, wie man dort lesen kann, nicht eben viel.

Jetzt lacht er, wenn man ihn darauf anspricht. Nein, nein, er rede sehr gerne über sein Buch. Sein Buch, »Der fliegende Berg«, es ist sein erster Roman seit elf Jahren. Ransmayr schreibt langsam, sehr langsam. Sein großer Erfolgsroman, »Die letzte Welt«, der ihn weltbekannt machte und der inzwischen in mehr als dreißig Sprachen übersetzt wurde, ist 1988 erschienen. Die Geschichte der Verbannung Ovids, weit, weit hinaus vor die Tore Roms, in die Eisenstadt, in die letzte Einsamkeit hinein. Und dann, 1995, das Schreckensbuch »Morbus Kitahara«, das ein entindustrialisiertes Agrardeutschland nach Inkraftsetzen des Morgenthau-Planes ausmalte. Ransmayr ist der Dichter der letzten Einsamkeiten. War es von Beginn an, als er 1984 »Die Schrecken des Eises und der Finsternis« veröffentlichte. Jene fantastische, halbdokumentarische Nachdichtung einer österreichisch-ungarischen Nordpolexpedition aus dem Jahr 1872, die ein hoffnungsvoller Held der Gegenwart nachzuvollziehen versucht. Reinhold Messner hatte ihm damals geschrieben, er sei froh, einen so großen und erfahrenen Nordlandwanderer einmal kennenzulernen, vielleicht könne man ja einmal gemeinsam durchs Eis gehen. Doch Ransmayr musste bekennen: Er war nie dort. Seine Schreibgrundlage waren nur alte Tagebücher und Fantasie.

Es wurde dann aber trotzdem eine Freundschaft daraus. Oft sind sie gemeinsam gewandert. Und Ransmayr erzählt, wie beide zusammen vor einigen Jahren weite Teile der Tour mit einer organisierten Eisbrecherfahrt dann doch noch unternommen haben. Ransmayr las für die Passagiere des Schiffes aus dem Buch. Dafür durften die beiden dann das Schiff auch für ausgedehnte Ausflüge auf das Eis verlassen, was den anderen Passagieren wegen akuter Eisbärengefahr streng untersagt war. Und er erzählt von dem Glück, im gänzlich Unberührten, Unbegrenzten zu gehen, und vom Dilemma, all dies für sich erleben zu wollen und doch zu wissen, dass man selbst auf seinem Eisbrecher nur der erste Bote menschlicher Aneignung dieser letzten, unberührten Orte und somit schließlich ihrer Zerstörung ist.

Auch im neuen Roman geht es um nie betretene Orte. Um einen letzten weißen Fleck in einer komplett kartografierten Welt. Die Bergwelt Osttibets, die Ransmayr mehrmals mit Messner durchwandert hat. Es ist ein Traumbuch aus dem ewigen Schnee, aus den Bergen, aus einer Höhe, die niemand vorhersah. Ein Buch wie eine Schneelandschaft, in der man sich verlieren kann. Und immer wieder von vorne beginnen. Es geht auf Berge hinauf, die fliegen können, geht die unwahrscheinlichsten Berge hinauf, man kann sie nicht sehen, nur ganz, ganz selten, in ewig sternenklarer Nacht, sie wurden vergessen, nie vermessen. Und jetzt steigen zwei irische Brüder hinauf. Immer höher hinauf. Der eine wird sterben auf dieser unwahrscheinlichsten Expedition. Der andere kehrt zurück. Aber er weiß nicht mehr und wird nie wissen, ob er auf dem Gipfel gewesen ist. Es geht um Supernovä, um verglühende Sonnen, den Blick in die Sterne, die Berechnung des Unberechenbaren und ewiges Heimweh. Es geht um Untergangsverzauberung und den Willen zum Zurück, es ist ein Schneetraum wie in Thomas Manns »Zauberberg«, da ist ein Held, der sein Leben beendet sah in Delirien im ewigen Eis und zum Willen findet, »dem Tod keine Herrschaft einzuräumen über seine Gedanken«.

Es ist ein Roman, aber er ist in Versform gesetzt, in Flattersatz:

»Ich starb
6840 Meter über dem Meeresspiegel
am vierten Mai im Jahr des Pferdes.«

So fängt es an. Und wenn diese Form am Anfang albern und mächtig maniriert erscheint, so weiß man schon nach drei, vier Seiten, warum Ransmayr diese antikisierende Form gewählt hat, warum es geradezu die notwendige Form dieses Buches ist. Sie gibt den Rhythmus vor, den klaren, singenden Rhythmus, in dem das ganze Buch gedacht, gedichtet, geschrieben wurde. Ransmayr sagt, das sei doch die einfachste, die ursprünglichste Form, im Grunde die Form eines Einkaufszettels, praktisch, sachlich und knapp. Es ist die Form seines mündlichen Vortrags. Er trägt seine Bücher so lange einem vertrauten Kleinstpublikum vor, bis er weiß, die Geschichte hat die richtige Form, der Satz hat die richtige Form. Unendlich oft wird so ein Satz dann am Computer umgearbeitet. Die verworfenen Versionen verschwinden alle für immer.

Von einem »hohen Ton« in seinen Büchern haben Kritiker oft gesprochen. »Ach, ich weiß gar nicht, was das ist, ein hoher Ton.« Natürlich weiß er es. Denn er kennt ja auch all die anderen Töne, die sich in diesem neuen Buch so erfreulich oft finden, viel öfter als in den frühen Büchern. Das derbe Schimpfen auf die Natur, den vorangehenden Bruder, der den unwillig Hinterherstapfenden in dieses weiße Unglück zerrte, den Spott des Nomadenvolkes, das die beiden Iren an den Fuß jenes geheimnisvollen Berges führte und den Aufstieg der beiden ins Unsichtbare und ewig Unerreichbare mit Hohn und freundlichem Gelächter begleitete.

Hohn, Spott und Wut und Liebe. Es ist vor allem auch ein Liebesbuch, das Ransmayr hier, so ungeschützt und klar wie nie zuvor, geschrieben hat. Die Liebe des Ich-Erzählers zu Nyema, der starken Frau aus den Bergen. Natürlich stirbt der Ich-Erzähler nicht. Er wurde ins Leben zurückerzählt: »Nyema … Es war Nyema, die gesagt hat, / dass mein Bruder mich im Windschatten / meiner letzten Zuflucht wohl aus dem Tod / ins Leben zurückerzählte, / indem er mit seiner Litanei von Namen / eine gemeinsame Erinnerung beschwor, / so unauslöschlich, / dass sie die Vergangenheit in Gegenwart verwandeln / und mich selbst aus einer Ferne zurückrufen konnte, / in der ich schon verschwunden war.«

Der Apokalyptiker, der immer schon die letzten Menschen in diesen Einsamkeitswelten liebevoll und lebensanhänglich geschildert hatte, lässt seinen Helden jetzt ein Glück finden, eine Art Glück. Das ist die Grundkonstante in Ransmayrs Werk: Dass der Normalzustand der Welt, des Universums die Ödnis und die Menschenleere sei. Doch »eine lohnenswerte Frage könnte doch immerhin sein, wie man mit diesem Bewusstsein leben und gleichzeitig so etwas wie Freude, auch Begeisterung empfinden kann«.

Ransmayr hat diese Frage mit seinem neuen Buch beantwortet. Jetzt, in der Herbstsonne vor dem Café »Griensteidl«, deutet er es nur an. Spricht von Abschieden und Trennungen in den letzten Jahren, die ihm das Schreiben großer Texte lange Zeit unmöglich machten. Und dass er in diesem Jahr geheiratet habe, ein silberner Ring leuchtet, wie zum Beweis, an seiner Hand. Und dass er jetzt ganz nach Wien ziehe, dass die irische Einsamkeit ein Ende habe. »Die Reisen aber, die Wanderungen, die gehen natürlich weiter, von hier, von diesem neuen Zentrum aus.«

Dann könnte er doch hier gleich in die Hofburg ziehen, die jetzt im späten Sonnenlicht rot leuchtet. Die Greisin sagt, das sei möglich. Ransmayr lacht. Wer wolle da wohl wohnen, in diesem Steinkoloss? Obwohl, sagt er und schaut nach oben, so einer dieser Türme, schön ausgebaut mit Dachterrasse, das könne ihm schon gefallen.

(2006)

Der kurze Abschied vom langen Kampf

Den Heine-Preis hat er abgelehnt, ein Treffen nicht:
Besuch bei Peter Handke in Madrid

Es ist Sommer in Madrid, wohl fünfunddreißig Grad, die Menschen suchen den Schatten. Der Dichter Peter Handke durchquert die Halle des prächtigen Hotels »Palace« im Zentrum der Stadt. Es ist Dienstag, die Welt schien sich in den Tagen zuvor besonders bösartige Tricks ausgedacht zu haben, um den Dichter Peter Handke zu demütigen. Die Comédie Française hatte sein Stück »Die Reise ins sonore Land« auf den Spielplan gesetzt, um es kurz darauf aus politischen Gründen wieder davon zu entfernen. Eine Jury der Stadt Düsseldorf sprach ihm den mit 50 000 Euro dotierten Heine-Preis zu, der versammelte Stadtrat kündigte kurz darauf an, dies zu verhindern. Alle Meinungssoldaten hatten daraufhin wieder ihre Plätze auf den Barrikaden eingenommen, um der Welt erneut mitzuteilen, dass Peter Handke a) ein Gegen-Aufklärer, Serben-Verherrlicher, Kriegsverbrechen-Relativierer und Verrückter sei oder b) der einzige Widersteher gegen die Medien-Einheitswelt, das Einheitsdenken, ein wahrer Dichter.

Und während die Meinungen so durch die Zeitungen wogten, war Peter Handke zum Wandern in den Bergen. Er hatte für das Geld, das ihm der Siegfried-Unseld-Preis eingebracht hatte, einige Übersetzer seiner Werke in die Sierra de Gredos bei Madrid zum Wandern, Reden, Trinken und Feiern eingeladen. Noch bevor er aufgebrochen war, hatte er in einem Brief dem Düsseldorfer Oberbürgermeister mitgeteilt, dass er nach all dem unwürdigen Gezerre den Heine-Preis selbstverständlich nicht mehr annehmen werde. Der Stadtrat könne sich die entscheidende Sitzung sparen, und der Bürgermeister möge

»stattdessen die Stadträte an die frische Luft entlassen, zum Beispiel zu einem Picknick an den Rhein«.

Jetzt ist er vom Wandern zurück, sein Gesicht ist rotbraun gefärbt, er wirkt entspannt und guter Dinge. In der Sakkotasche trägt er eine zerrupfte graue Vogelfeder.

Wir setzen uns zunächst unter die bunte Glaskuppel im Foyer, Peter Handke bestellt einen Weißwein, wir reden über Fußball, über seine Erzählung »Die Angst des Tormanns beim Elfmeter«, vielleicht das am häufigsten falsch verstandene Handke-Buch, das prahlhänsige Sportjournalisten immer wie-

der als Beweis für die Ahnungslosigkeit der Schriftsteller in Fußballdingen heranziehen, weil doch ein Torwart der Einzige sei, der bei einem Elfmeter niemals Angst habe, weil er ja nichts zu verlieren habe, und in der Erzählung jedoch bleibt der Tormann am Ende einfach stehen. Cool, fängt den in die Mitte geschossenen Ball einfach ab. Entschlossen. Ohne Angst. Der Titel ist eine Täuschung. Menschen, die nur die Namen der Bücher kennen, wissen davon nichts. Darüber kann Peter Handke herzlich lachen.

Wir gehen durch die heiße Stadt. Peter Handke sorgt sich um seinen Besucher, man möge nicht auf der Straße laufen, man möge nicht in der Sonne gehen, fast mütterlich. Er hat etwas Schwebendes im Gang, etwas Leichtes, und er streift mit den Handrücken an den Häuserfronten entlang. Er will mir eine alte Stierkämpferbar zeigen, am Plaza Mayor. Wir trinken Weißwein, an den Wänden hängen Fotos von verunglückten Stierkämpfern, in der Arena und im Krankenhaus. Archaische Schmerzensszenen. Handke sagt: »Sehen Sie nicht so genau hin.« Ein dicker Tourist in kariertem Hemd, mit großer Kamera auf dem Bauch fragt: »Entschuldigung, aber sind Sie zufällig Peter Handke?« Der Dichter sagt höflich Ja und, während er sich spöttisch lachend abwendet: »Zufällig bin ich Peter Handke.«

Wer ist Peter Handke? Wer ist dieser Mann, der, vom Beginn seines Schreibens vor vierzig Jahren an, sich gegen alle stellte? Der auf der einen Seite in seinen inzwischen über sechzig Werken eine immer größere Einsamkeit sucht und beschreibt, eine immer radikalere, subjektive Weltsicht verfolgt, der das Alleinsein feiert, die Isolation liebt und zugleich immer bereit zu sein scheint, sich mit der ganze Welt anzulegen.

Vor vierzig Jahren war es, im April 1966, als der dreiundzwanzigjährige Dichter, der gerade mal ein Buch veröffentlicht hatte, nach Princeton zu einer Tagung der Gruppe 47 eingeladen wurde. Sie haben ihn »das Mädchen« genannt, und wer heute Bilder von damals sieht, weiß warum – käsiges, weiches Gesicht, große schwarze Brille, Pilzfrisur, irgendwie klein und zart.

Und dieses »Mädchen« stand auf, vor dem versammelten Establishment des deutschen Geistes, allen namhaften Kritikern und Schriftstellern der Zeit und warf allen Anwesenden und der Gegenwartsliteratur überhaupt »Beschreibungsimpotenz« vor und wütete und schimpfte und war auch vom Gruppen-Vater Hans Werner Richter nicht zu stoppen. Die Beschimpften versuchten, sich zunächst mit Spott den blassen Jungen vom Leib zu halten, Günter Grass schrieb ihm auf einer Party am Abend mit Filzstift »Ich bin der Größte« auf die Hutkrempe und bat in einem Zeitungsartikel »um bessere Feinde«. Doch sie blieben die gleichen. Er blieb der gleiche. Peter Handke. Der Feind.

Fünfzehn Jahre dauert jetzt sein bislang letzter Kampf. Sein Kampf um Jugoslawien. Am Anfang ging es nur um das nach Unabhängigkeit strebende Slowenien, das schon für den kleinen Jungen Peter, der in Kärnten, nahe der Grenze zu Jugoslawien aufgewachsen war, ein Sehnsuchtsland gewesen war. Aber immer als Teil eines Ganzen. Immer als Teil Jugoslawiens. Handke sah das Land zerbrechen und wollte es mit immer größerer Kraft verhindern. Mit der Zeit wurde das untergegangene Jugoslawien für den Schriftsteller Peter Handke so etwas wie die K.-u.-k.-Monarchie für den späten Joseph Roth. Ein Traum. Eine Idee. Die Idee eines völkerverbindenden, friedlichen Landes, eines letzten Bollwerks gegen den Faschismus und die Zumutungen der Moderne.

Handke hat uns inzwischen in ein kleines, hölzernes Restaurant unweit des großen Platzes geführt. Wir sprechen fast nur über Jugoslawien, Serbien, den Krieg und seine Beobachtungen, seine Meinungen, die ihn in den letzten fünfzehn Jahren zu einer Unperson gemacht haben. Auf kurze Fragen antwortet er lange und ausführlich und nachdenklich, manchmal zweifelnd, vor sich hin denkend, oft hochmütig, manchmal angriffslustig, um sich dann aber immer gleich wieder zurückzunehmen: »Fühlen Sie sich jetzt bitte nicht gekränkt.«

In den letzten Wochen hatte Handke in mehreren Artikeln in französischen Zeitungen die Hoffnung geäußert, es könne eine Öffnung in der seit vielen Jahren in festen Fronten einbetonierten Serbien-Diskussion »Peter Handke gegen die Welt« stattfinden. Er erläuterte noch einmal ausführlich, dass er niemals das Massaker von Srebrenica geleugnet habe, dass es sich dabei im Gegenteil um »das schlimmste Verbrechen gegen die Menschlichkeit in Europa nach dem Zweiten Weltkrieg« handele, dass er aber eben auch an den Genozid erinnern wolle, den die muslimischen Streitkräfte Srebrenicas an der orthodoxen Weihnacht 1992/93 im serbischen Dorf Kravica verübt haben. Und vieles mehr erläuterte er, und man hatte nach langer Zeit den Eindruck, der Kämpfer Handke ist des Kampfes müde geworden, er will erklären, will neue Missverständnisse vermeiden. Will, dass die Schläge aufhören.

»Ich war bewegt«, sagt er jetzt. »Bewegt von der Erklärung der Autoren, die ›Le Monde‹ nach der Absetzung meines Stückes veröffentlicht hatte. Ich hatte den Eindruck, dass eine Öffnung stattgefunden hat. Jetzt hören wir auf, aufeinander einzuschlagen. Jetzt hören wir einander zu. Jetzt ist ein Gespräch möglich.« – Und dann kamen die Diskussion um seinen Heine-Preis, die angedrohte Aberkennung, die Holocaust-Relativierungsvorwürfe und all die dumme Routine. »Es war eine kurze Zeit der Morgenröte«, sagt er jetzt. »Vielleicht ist sie schon wieder vorbei.«

Warum wollte er den Preis überhaupt annehmen, nachdem er doch kurz zuvor erklärt hatte, »nie mehr« einen Literaturpreis annehmen zu wollen? »Ich wollte den Preis gern benutzen, um auf Unterschiede hinzuweisen, zwischen journalistischer Sprache.« – »Das können Sie doch auch ohne Preis.« – »Hm. Zu viel Arbeit.« Über journalistische Sprache redet er gern und entschlossen. Was ist journalistische Sprache? »Vorgefertigte Sätze«, »man weiß immer schon vorher, was drinsteht«, »Journalistenschulen sind sehr, sehr abträglich für das Beschreiben von komplexer Wirklichkeit«, sagt er. Und: »Bei einem Artikel sehe ich beim ersten Satz: Wo ist die Tendenz. Ich möchte aber keine Tendenz. Das interessiert mich nicht (›Dös interessiert mi ned‹, klingt es in seinem weichen Österreichisch). Ich möchte Öffnung statt Tendenz. Wenn ich Tendenz merke, bin ich draußen.« – »Das ist doch ein Zerrbild des Journalismus, das Sie da zeichnen. Es geht doch zunächst einmal um Tatsachen.« – »Ja, für Sie ist das ein Zerrbild. Aber es ist so! Das ist ein Rezept, eine Mache.« – »Hat nicht gerade Ihr ›poetisches Schreiben‹ in Jugoslawien zu vielen Missverständnissen geführt? Die Erdbeeren auf den Hügeln um die belagerte Stadt Sarajevo? Dieses Romantisieren oder Verharmlosen des Schreckens? Ist das nicht Ihr Fehler, dass man es so lesen kann, dass viele es so gelesen haben?« – »Nein, das ist Bösartigkeit, verbunden mit Blödheit«, sagt Handke und fährt fort: »Nicht einzustimmen in eine bestimmte Grammatik wird als physischer Angriff gedeutet.« – »Aber es ist doch nicht alles Grammatik!« – »Für mich schon. Ich komm immer auf die Sprache zurück.«

Und er lächelt leicht und sagt: »Ich habe keine Chance gegen euch, gegen den Journalismus – und ihr habt keine gegen mich. Aber – wie Doderer sagt: ›Der Schriftsteller hat immer das letzte Wort.‹« Er wechselt über zu Goethe und dessen Berichten vom Frankreichfeldzug, der Kanonade von Valmy, »der ist doch viel schlimmer als ich«, sagt Handke, »schreibt immer nur über das Frühstück im Hotel und ob er schlecht geschlafen hat, ob er ein Loch im Strumpf hat und so«.

Er redet, ich frage, mal wirkt er entspannt, mal aufgeregt, wenn man ihn fragt, ob er irgendetwas bereue, was er in all den Jahren zu Jugoslawien geschrieben habe, ob er einmal einen Fehler gemacht habe, richtet er sich auf und sagt: »Ich bin stolz auf jeden Satz, den ich zu Jugoslawien geschrieben habe.« Wenn man auf die »Tendenz« in seinen Büchern zu sprechen kommt, von denen eines den Untertitel trägt »Gerechtigkeit für Serbien«, sagt er nur: »Was soll ich machen? Ich bin nun einmal mit den Serben!« Er sagt das mehrmals an diesem Mittag in Madrid. »Ich bin mit den Serben. Es ist das ärmste Volk von Europa«, sagt er und dass er jetzt gerade wieder im Kosovo auf einer Reise gewesen und erschüttert zurückgekommen sei vom Elend der letzten Serben dort, denen nicht einmal mehr Friedhöfe geblieben seien, um zu trauern. »Ein schlimmeres Elend als in den serbischen Enklaven im Kosovo habe ich nie erlebt.« – »Werden Sie darüber schreiben?« – »Ja, ich möchte, ich möchte, ich muss! Ach, das klingt so angeberisch – ich sollte. Es drängt mich, aber ich trau mich nicht recht.« Da lächelt er, als er das sagt, glaubt es selbst wohl nicht. Macht eine Pause. Und erklärt den Schriftsteller Peter Handke, den Alleinsteher gegen alle, den von Princeton damals, den Publikumsbeschimpfer, den in Jugoslawien, die letzten fünfzehn Jahre: »Ich liebe das, was mir zugestoßen ist«, sagt er. »Andere Schriftsteller müssen das auch wollen, denke ich immer. Sonst fehlt ihnen was. Ich habe eine Liebe zum Geschick.

Auch wenn es Unrecht wäre, was mir zugestoßen ist. Ein Schriftsteller muss so sein. Ich wusste nicht, dass es so wird. Ich habe es nie beabsichtigt. Ich bin kein Rebell. Aber so ist es gekommen. Ein Schriftsteller, dem nicht so was passiert, der hat seinen Beruf verfehlt.« Und schließlich, entschlossen: »Ich sollte, möchte – ich werde was zum Kosovo machen.«

Jugoslawien lässt ihn nicht los. Er musste auch zu Milosevic. Viele, fast alle haben Handke vorgeworfen, dass er Milosevic als unschuldig im Sinne der Anklage bezeichnet hatte, vor jedem Gerichtsurteil. Er sagt: das Medienurteil war ja auch vorher schon gefallen. Jetzt sagt er: »Ich habe zu Slobodan Milosevic keine Meinung. Schuldig oder unschuldig – ich weiß es nicht.« Trotzdem wird im Gespräch immer wieder deutlich, dass er ihn für unschuldig hält. Dass es keine von ihm unterschriebenen Befehle gebe, keine nachweisbaren Anweisungen für Massaker, Übergriffe, einen Angriffskrieg, sagt er. – »Milosevic war ein Diktator.« – »Nein«, sagt Handke. Der »Figaro« habe kürzlich erst bestätigt, das Land unter Slobodan Milosevic sei eine »Semi-Autokratie« gewesen, mit freien Zeitungen und staatlich kontrolliertem Fernsehen. Und er schildert die Szene, als man Milosevic vor Gericht vorwarf, er sei doch verantwortlich für das, was in Bosnien von Serben angerichtet wurde. »Da hat er nur gelächelt«, sagt Handke. »Und da hab' ich gedacht: ja!« Für Handke steckte in diesem Lächeln die Wahrheit über den Balkan und die Unschuld Milosevics, der mit diesem Lächeln dem Richter demonstriert habe, dass er vom Balkan und von eigenmächtig agierenden Paramilitärs überhaupt keine Ahnung habe. »Niemand kennt den Balkan«, sagt Handke.

Warum ist er zur Beerdigung gefahren? »Ich war wissbegierig«, sagt er. »Und ich bin halt ein episches Gemüt. Ich gebe zu, ich bin mit einem ungeheuer mulmigen Gefühl hingefahren. Aber im Nachhinein war's mir recht. Es waren eben nicht nur Fanatiker da und Nostalgiker. Es waren trauernde Menschen. Die Bäume waren voll mit jungen Leuten. Und als einige politische Parolen rufen wollten, zischten die Trauernden: ›Seid still!‹« Und natürlich war er auch da, weil Slobodan Milosevic der Repräsentant des alten Jugoslawien war. Mit ihm ist Handkes Land beerdigt worden. Sein Kampf auch? »Ich habe geträumt, es ist jetzt zu Ende. Indem ich zum Begräbnis gehe, habe ich es beerdigt.«

Peter Handke hat die bestellte Hauptspeise nicht einmal angerührt. Jetzt muss er zum Flughafen. Draußen ist es immer noch heiß. Handke wirkt kein bisschen erschöpft. Er schwebt wieder fast auf der Suche nach einem Taxi. Auch mit dreiundsechzig Jahren hat er immer noch etwas von einem Mädchen. Die Haare, der Gang.

Jetzt sagt er: »Es könnte sein, dass ich in manchen Momenten vielleicht doch zu schnell reagiert habe, wenn es um Jugoslawien ging. Manchmal hätte ich warten müssen – auf die Verwandlung ins Epische.« Alle Taxis sind besetzt. Er wechselt von Straßenseite zu Straßenseite, die Zeit wird langsam knapp. Bis endlich doch noch eins anhält und den eilig winkenden Peter Handke verschluckt. Kurz vor dem Abschied, im Restaurant sagt er noch: »Ach, die Kosovo-Geschichte – vielleicht schreib ich die gar nicht.«

(2006)

Die Ruhe vor dem Untergang

Wer Jonathan Franzen treffen will,
muss früh aufstehen: eine Vogelexpedition
mit dem amerikanischen Schriftsteller

Sonntag früh, kurz nach sechs in Berlin, Prenzlauer Berg. Ein unauffälliger Mann mit Brille, grauem Pullover und großer schwarzer Tasche verlässt ein goldglänzendes Jugendstilhaus und schaut sich um. Es ist der Schriftsteller Jonathan Franzen, siebenundvierzig, der vor sechs Jahren die Welt mit seinem Familien- und Epochenroman »Die Korrekturen« in Erstaunen versetzte. Er ist nach Berlin gekommen, um Ruhe zu haben für ein paar Wochen, um zu schreiben. Gerade ist sein autobiografisches Bekenntnisbuch »Die Unruhezone« auf Deutsch erschienen. Im Untertitel heißt es: »Eine Geschichte von mir« – und das ist es auf radikale Weise. Es beschreibt das Aufwachsen eines durchschnittlichen Jugendlichen in einer mittelamerikanischen Stadt, der sein Leben durchaus nicht als durchschnittlich zu begreifen vermag, sondern als ein Leben voller Grauen und kleiner, alltäglicher lebensbedrohlicher Schrecken, und der sich, wie wohl die meisten Jugendlichen, als Außenseiter fühlt. Jonathan Franzen schreibt sich nie selbstmitleidig durch sein Leben, sondern immer radikal selbstentblößend, selbstironisch lachend. Aus seinem Lebensunglück riss ihn zunächst die manische Lektüre von Snoopy und Charlie Brown und später, viel später die deutsche Literatur, Goethes »Faust«, Rilkes »Malte Laurids Brigge« und Kafkas »Prozess« – ein großes Glück und eine neue Welterkenntnis: »Zum ersten Mal in meinem Leben begann ich in den Menschen in meiner Familie wirkliche Menschen zu sehen, nicht bloß Verwandte, denn ich hatte deutsche Literatur gelesen und wurde selbst ein Mensch.«

Die deutsche Literatur hat ihn gerettet und Franzen mit sich und den Menschen versöhnt, doch die Welt, die Politik, der Gang der Geschichte und seines eigenen Lebens reißen ihn am Endes des Buches wieder aus dem mühsam erworbenen Gleichgewicht. Was reißt ihn heraus? Franzen nennt es sein »Vogelproblem«. Irgendwann ist Jonathan Franzen klargeworden, dass die Welt am Abgrund stehe. Gut, das war ihm auch früher schon klar, in den Achtzigerjahren, zu Zeiten der atomaren Bedrohung, er liebte die apokalyptischen Visionen vom Atomtod damals beinahe, weil man dagegen ohnehin nichts ausrichten konnte. Und auch in den neuesten apokalyptischen Visionen der Umweltfreaks hatte er es sich eigentlich bequem gemacht. Franzen habe keine Kinder und werde auch keine bekommen, schreibt er, es gibt also nicht wirklich Gründe, sich um die nächsten Generationen Sorgen zu machen, außerdem lebt er im zehnten Stock eines Hauses in einer Gegend von New York, die auch im schlimmsten Fall von keiner Flutwelle erfasst werden wird. Alles in Ordnung also, alles mit einem gepflegten Westküsten-Zynismus auf Abstand zu halten – bis er eines Abends einen Vortrag Al Gores hörte. Er war fest entschlossen gewesen, sich über die rhetorischen Mängel des Vortrags zu amüsieren, doch – er wurde überzeugt. Gore hatte »zwingende Beweise für bevorstehende klimatisch bedingte Kataklysmen, die zu unvorstellbaren Umwälzungen und Leiden auf dem ganzen Erdball führen würden, wahrscheinlich noch zu meinen Lebzeiten«. Bedrückt wie zu Teenagerzeiten verließ er den Saal. Es war passiert: »Das war das Szenario, das abzuwenden ich mir viele Jahre lang die größte Mühe gegeben hatte: nicht dass die Welt irgendwann einmal auseinanderbrach, sondern dass ich mich lästigerweise verpflichtet fühlte, mich in der Gegenwart um sie zu kümmern. Das war mein Vogelproblem.«

Kurz bevor er Al Gores Vortrag hörte, hatte er damit begonnen, Vögel zu beobachten. Ein Freund hatte ihn mit hinausgenommen, eines Morgens in den Central Park, sie hatten eine Fuchsdrossel beobachtet und Stockenten und Rotschwanzbus-

sarde, und am Ende hatte Franzen das Gefühl, »als hätte ich mein ganzes Leben etwas Wichtiges verpasst«. Bald schon entwickelt diese Beobachtungsfreude alle Kennzeichen einer Sucht, ständig ist er unterwegs, im Central Park, in Texas, wo immer er hinreist, informiert er sich lange vorher über die besten Beobachtungsorte, er sammelt und sammelt Beobachtungen und immer neue Arten. »Erst als die Natur zum Ort geworden war, an dem es Vögel gab, kapierte ich endlich, was das Theater sollte.«

Auch hier in Berlin war er natürlich schon unterwegs. Immer wieder, am frühen Morgen im Grunewald und im Tierpark. Meine Anfrage nach einem Interview hatte er mit Hinweis auf Arbeit abgelehnt, aber als ich ihn fragte, ob ich ihn auf eine seiner Vogelexpeditionen begleiten dürfe, bekam ich sofort eine Mail zurück, mit einer Liste von fünfundzwanzig Vögeln, die er wahnsinnig gerne sehen würde und die wir vielleicht zusammen suchen könnten. Er wünscht sich »Baumfalke, Wendehals, Schafstelze, Neuntöter, Wachtel, Wiedehopf, all warblers (except Zilpzalp and Mönchsgrasmücke)« und viele mehr. Ich informiere mich, wo um Berlin herum die besten Chancen bestehen, einige der bestellten Vögel zu sehen, und hole ihn ab, letzten Sonntag um sechs, an diesem goldenen Haus in Prenzlauer Berg. Die Sonne scheint, die Luft ist klar und kalt. Wir fahren hinaus aus der Stadt, an die Grenze zu Brandenburg, ins Tegeler Fließ. Kennt Franzen natürlich längst. Er hat lange und immer wieder in Deutschland gelebt und studiert, in München und in Berlin. Er spricht fließend Deutsch, kennt alle Vogelnamen, auch die exotischsten. Und den Weg hier hinauf kennt er so gut, dass er sogar die Länge der Rotphasen an den Ampeln vorherzusagen vermag. »Ja, hier steht man immer ewig«, sagt er, während er aus einer Edeka-Tüte ein Frühstückssandwich hervorholt.

Nach einer guten Viertelstunde sind wir da. Es ist vollkommen still, die Konturen der Welt treten scharf in der Morgensonne hervor, die Wiesen sind weiß vom Reif. Gleich auf dem ersten Baum sitzt, wie bestellt, ein kleiner Vogel und beginnt zu singen. Auf mich wirkt er spatzenartig unauffällig, aber da beginnt Franzens Vogelfreude aus ihm zu sprechen – eine Goldammer, sagt er, und durch das Fernglas könne ich das Gold auf der Brust auch sehen. Da erst bemerkt er mein kleines Fernglässchen, das ich aus der Tasche hole – er hatte mich darum gebeten, mein »bestes Fernglas« mitzubringen. Jetzt betrachtet er erst das Glas und dann mich durch seine Brille mit unendlich mitleidigem Blick. »Was heißt schon ›mein bestes‹«, sage ich, »es ist mein einziges, und auch das ist nur geliehen, und außerdem ist es gar nicht so schlecht.« Er streicht über sein grünes Riesengerät, schaut einmal durch mein Gläschen hindurch, prüft die Einstellungen und sagt aus purer Höflichkeit: »Stimmt, es ist wirklich ganz gut.« Immerhin kann ich die goldene Brust sehr wohl auch durch mein Gläschen sehen. War sie auf seiner Liste, die Goldammer? Leider nicht, die Goldammer ist sehr häufig, die Grauammer war auf seiner Liste, die Grauammer fehlt ihm noch. Franzen sammelt Beobachtungen. Fünfhundertfünfzig Vogelarten hat er in Amerika schon gesehen. Gut hundertfünfzig hier in Deutschland. Er lacht und sagt, ja, er wisse schon, das sei eher eine angelsächsische Tradition, diese Sammelleidenschaft, dieses Nerdhafte. Die Deutschen hätten ja eher ein allgemein-romantisches Verhältnis zur »Natur«. Was er mache, sei absolut unromantisch und konkret.

Unter uns liegt der Köppchensee dunkel in einer tiefen Kuhle. Die frühe Sonne reicht noch nicht hinein. Erst scheint es still dort unten, aber dann überqueren doch immer wieder kleine Enten den See, ein Schwan wartet am Ufer, wir gehen einmal um den See herum und nähern uns dem Ufer. Etwa auf der Mitte des Sees baut ein Paar Rothalstaucher ein Nest. Eifrig bringt das Männchen Büschel auf Büschel heran, das Weibchen dirigiert. Als er einmal, schreibt Franzen in seinem Buch, seiner Freundin, nachdem sie beide einsehen mussten, dass sie zusammen kein Kind bekommen würden, ein Ultimatum nach dem anderen stellte, nur um die endgültige Trennung hinauszuzögern, habe er im Central Park eine männliche und eine weibliche Stockente gesehen, die gemeinsam im Kraut stöberten, und sei in Tränen ausgebrochen.

»Die Unruhezone« ist ein ganz und gar ungewöhnliches, persönliches Bekenntnisbuch, mit allem Mut zum Pathos, der ganzen Schamlosigkeit des Künstlers, immer politisch, immer poetisch, immer engagiert und wahr. Sie sind übrigens noch immer ein Paar, Franzen und seine Freundin, die er immer nur »die Kalifornierin« nennt, und ja, das mit dem Vogelbeobachten hat – neben seiner Erschütterung über das drohende Ende der Welt und der Sorge um ihre empfindlichsten Bewohner, die Vögel – auch mit ihr und mit der Liebe und einem gemeinsamen Leben ohne Kinder zu tun: »Dann kam Silvester«, schreibt Jonathan Franzen in seinem Buch, »und ich sah mich der Frage gegenüber, was ich während der nächsten dreißig kinderlosen Jahre mit mir anfangen sollte; am nächsten Morgen stand ich in aller Frühe auf und ging die Pfeifente suchen, die, so hieß es, im südlichen Santa Cruz County gesichtet worden war.«

Und wir stehen jetzt also hier am Köppchensee, im Norden von Berlin, und sehen dem Rothalstaucherpärchen beim Nestbau zu. Es ist ruhig, ganz hinten am Horizont sieht man den Fernsehturm. Franzen leiht mir immer wieder sein Riesenglas, wir gehen einen kleinen Pfad entlang, Vogel auf Vogel kommt vorbei, keiner davon stand auf seiner Liste, ausdrücklich hatte er sich die Mönchsgrasmücke verbeten, und wie zum Hohn kommt sie immer wieder vorbeigeflogen und singt ihr schönes Lied.

Doch plötzlich, wir schreiten konzentriert voran, lauschend, in die Luft schauend, ist der Dichter wie verwandelt, reißt mir sein Fernglas aus der Hand und an seine Augen, schaut in die Luft, einen Baum hinauf, wedelt mich mit der Hand so seitlich weg und schaut und schaut. Ich schaue auch mit meinem Gläschen, sehe nichts, wage nicht zu fragen. Erst endlos lange später erfahre ich, dass er soeben einen Kleinspecht gesehen habe. Sein erster Kleinspecht – und ich bin dabei gewesen –, herrlich. Wir schreiten weiter, in nicht mehr ganz so legales Gebiet, beobachten eine Rohrweihe bei der Jagd und treffen schließlich auf eine Kleingruppe, die den Blick geschlossen in einen Baumwipfel richtet. Was sie da so ansähen, fragen wir freundlich, worauf uns geballte Brandenburger Herzlichkeit entgegenschlägt – warum wir hier redeten, wer wir seien, sie jedenfalls seien eine Kolkrabenexpedition und hätten soeben einen gigantischen Habichtshorst entdeckt, und wir sollten mal sehen, dass wir hier abhauen, aber schnell.

Betreten schleichen wir uns aus dem Brandenburger Kolkrabenwald. Franzen kennt den Weg genau – »oh nein, das werden Sie sicher schreiben, dass wir in dies halblegale Gebiet eindrangen und auch noch erwischt wurden dabei«, sagt er. Aber er lacht. Wir haben schließlich einen Kleinspecht gesehen. Später kommt sogar noch sein erster Fitis dazu. »Dichtes Unterholz oder eine Felsenküste weckten in mir eine Art Schwärmerei, den Glauben, dass die Welt voller Möglichkeiten war«, hat Franzen in seinem Buch geschrieben. An diesem Sonntagmorgen hat der Brandenburger Wald seinen Glauben noch bestärkt.

(2007)

In den Wind geschrieben

Können 75 Millionen Bücher die Welt verändern?
Bei Johannes Mario Simmel in der Schweiz

Hier lebt der Mann, der der alten Bundesrepublik ihre Albträume schrieb. In Zug, in der Schweiz. Vom Bahnhof aus geht es einen Berg hinauf, fast bis ans Ende der Stadt. Ein weißes, verschachteltes Haus, umstellt von hohen Bäumen, mit Blick auf den See. Hier lebt Johannes Mario Simmel, der Mann, der die politischen Ängste des Kalten Krieges in seinen Büchern in dramatischen Farben ausmalte und mit diesen Büchern der Angst die Regale der Bürger Westdeutschlands und eines guten Teils der westlichen Welt füllte. Der linke politische Kämpfer, der negative Utopist und große Unterhaltungsschriftsteller, der zu seinen Hochzeiten mehr als eine Million Bücher pro Jahr verkaufte, insgesamt 75 Millionen Stück, und der sich in den letzten Jahren fast ganz aus der Welt zurückgezogen hat. Hierhin, oberhalb des Zuger Sees, in seine eigene Welt.

Ein kleines Kameraauge ist auf den Besucher gerichtet, der an der Gartentür geklingelt hat. »Gehen Sie bis zur grünen Tür«, sagt Simmels Stimme durch die Lautsprecheranlage, »da warte ich auf Sie.« Und da wartet er also, vor der grünen Tür, Johannes Mario Simmel steht da, leicht gebeugt mit seiner großen Simmel-Brille, etwas zittrig, mit weißer, beinahe durchsichtiger Haut, im weißen Hemd mit grünem Krokodil auf der Brust. Wir gehen hinein, in den dunklen Flur, ein Aufzug wartet schon, wir fahren in den ersten Stock.

Es ist kühl im Haus, draußen war es warm, fast schwül, die Jalousien sind in den meisten Räumen heruntergelassen, es ist still und dämmrig. Nur hinten im Wohnzimmer ist es hell. Durch hohe Fenster sieht man auf den See, der grau dort unten im Tal liegt, die Wände sind voll mit Bildern, die meisten von Chagall, eine bunte, schwebende Welt voller Engel. Simmel lebt allein, hier, in diesem großen Haus, einmal am Tag kommt seine Haushälterin vorbei. Er ist dreiundachtzig Jahre alt. Nachdem er sich vor zwei Jahren bei einem Sturz am Gartentor Hüfte und Schulter gebrochen hatte, hat er sich fast ganz zurückgezogen. In den Telefonaten, in denen ich mich um einen Termin bei ihm bemüht hatte, hatte er meist etwas traurig geklungen und bat um Verständnis, dass er Ruhe brauche: »Rufen Sie in einem Jahr doch wieder an.«

Er konnte auch nicht mehr schreiben, auf seiner altmodischen mechanischen Schreibmaschine, der »Gabriele«, von der er, wie es heißt, ein Modell pro Buch verschlissen hat. Im Keller hat er noch zwanzig Stück davon. Er hat sie aufgekauft, als er hörte, dass die Produktion eingestellt wird. Simmel hat seine Romane immer mit großem Krafteinsatz getippt, ja fast gehämmert. Computer hat er nie angerührt. Immer nur die »Gabriele« – das rächt sich jetzt im Alter, mit der kaputten Schulter lässt sie sich nur unter allergrößten Schmerzen bedienen. Als wir später in seinem Arbeitszimmer die aktuelle »Gabriele« stehen sehen, sagt er: »Ach, ich weiß gar nicht, ob da überhaupt noch ein Farbband drin ist.« Dabei hatte er sich jetzt, für sein womöglich letztes Buch, etwas so Schönes vorgenommen, etwas Erleichterndes, eine Art Ferien von dem Unglück seiner letzten Bücher. Simmel wollte es sich nach all den Kämpfen, all den drohenden Weltuntergängen seiner früheren Werke in diesem Buch erlauben, endlich einmal nur über die Liebe zu schreiben. Keine Politik, kein Weltuntergang. Nur die Liebe – und dann kam der Sturz, und das Projekt brach ab.

Wir sitzen am Esstisch in seinem Wohnzimmer, Simmel spricht konzentriert und leise. Er redet traurig über dieses Buch: »Wenn ich sage, nach so vielen Jahren könnte ich mir doch mal so was leisten, dann passiert mir etwas so Grauenhaftes. Es war schrecklich, die Zeit, in der ich nicht arbeiten konnte, und langsam sage ich mir, es eilt, ich bin ziemlich alt. Und ich würde es so gerne noch schreiben.«

Eine große Liebesgeschichte soll es werden – »ein paar habe ich ja selbst erlebt«. Der Höhepunkt wird, »wie bei allen großen Liebesgeschichten«, der Tod sein. Nur in seinem Fall, sagt Simmel, in seinem Fall wird der Tod nicht durch einen Mann verkörpert, es ist eine Frau, die ihn holt. Der Sterbende begreift es erst spät, »aber so muss es enden, so wird es enden, wenn ich es fertig machen kann, irgendwann«.

Und er spricht von seiner Frau, von Lulu, die vor mehr als zwanzig Jahren starb. »Sie ist gestorben, aber sie ist nicht tot, weil kein Mensch tot ist, an den noch jemand denkt. Also lebt Lulu in mir«, sagt er.

Über dem Kamin hängt ihr Porträt in Öl, eine junge, hübsche, moderne und entschlossene Frau mit dunklem Kurzhaarschnitt. »Sie folgt Ihnen mit den Augen, wenn Sie durchs Zimmer gehen«, sagt Simmel. Lulu war seine große Liebe. Einmal hat er sie verlassen, um mit seiner Jugendfreundin, die ihn einst verschmäht hatte und die ihn dann, als reichen Mann, doch gerne nahm, zusammen zu sein. »Ich war in Monte Carlo damals und habe mich verirrt. Ich habe die wunderbare Lulu verlassen, weil ich gedacht habe, ich muss was nachholen. Und das ging natürlich glänzend schief und hat mich auch sehr viel Geld gekostet. Aber am Anfang war das so eine Sache – wir sind ein Jahr fast nicht aus dem Bett herausgekommen. Aber als ich nach einem Jahr mal das Bedürfnis hatte aufzustehen, musste ich sehen: Sie liest nicht, sie geht in keine Konzerte, sie hat nicht mal meine Bücher gelesen.« Und er verließ sie.

Was dann passierte, klingt fast wie in einem echten Simmel-Roman: »Damals, in Monte Carlo, rief abends jemand an und sagte: ›Hier ist Marlene Dietrich.‹ Und ich sagte, nicht sehr geistreich: ›Und hier ist Mao Tse-tung‹ und hängte auf. Dann rief sie wieder an und sagte: ›Hier ist wirklich Marlene, und ich habe ein Buch von Ihnen gelesen, auf Französisch, und dann habe ich einen Freund gefragt, der hat mir gesagt, der Simmel hat noch andere Bücher geschrieben‹, sagte sie und dass sie sich gerne mit mir unterhalten würde.« So begann eine jahrelange Freundschaft. Immer gegen Mitternacht rief sie an, und bis zu drei Stunden haben sie dann miteinander gesprochen. Simmel schwärmt: »Und ich muss sagen, ich habe nie von irgendjemandem etwas Schöneres über Film, über Kunst gehört und über Politik, sie war grandios in ihren Ansichten.« Und Briefe haben sie sich auch geschrieben, sie hat ihm auch selbst geschriebene Gedichte geschickt, »schweinische Gedichte, aber ungeheuer geistreich« seien sie gewesen. Später, nach ihrem Tod, habe er immer wieder gedacht: »Himmel, wenn hier einer einbricht, dann sind sie weg«, und jetzt ruhen die Gedichte von Marlene Dietrich an Johannes Mario Simmel in einem Tresor in Simmels Archiv an der Universität von Boston.

Marlene hat sich zurückgezogen dann, später, als Simmel zu Lulu zurückgekehrt war. Wie glücklich er war, dass sie ihn wieder aufgenommen hat, sagt er immer wieder. Sie war an Krebs erkrankt, damals, er hat sie gepflegt, den beiden blieben nur noch zweieinhalb Jahre, dann ist Lulu gestorben. Von niemandem erzählt Simmel so schön wie von ihr. Wie sie sich kennenlernten, nach dem Krieg, wie sie zusammen mit Billy Wilder, ihrem ersten Freund, durch Berlin gezogen sind. Ach, und wie er von »Billy« schwärmt und wie dieser ihn getröstet hat über seine ersten erfolglosen Filme: »Hör auf zu jammern, was ist schon ein Film«, hat er zu Simmel gesagt.

Und als er Simmel und Lulu in einen Club der Amerikaner in Berlin mitnehmen wollte und es am Eingang hieß: »Keine Krauts!«, da sagte Wilder nur: »›Wartet einen Moment‹ und ist in die Küche gegangen, da waren lauter Schwarze, und die haben uns einen Tisch bereitet mit Damast und dem besten Geschirr, und wir haben da unten so gut gegessen wie nie im Club.«

Wie schön ist in dieser Erinnerung das Simmel-Detail der »Damast«-Tischdecke. Die Geschichte wäre ohne diesen Damast ja auch schon schön und ein kleines bisschen glaubwürdiger vielleicht auch. Aber das ist eben Simmel. Wie auch manchmal in seinen Romanen: eine kleine Damast-Tischdecke hebt die Geschichte in eine andere Welt.

Er ist in seinen Büchern immer eher in den Apokalypsen zu Hause gewesen, im politischen Kampf, in der radikalen Aufklärung. Atomtod, Gentechnik, Computerwahn, Umweltzerstörung und immer wieder die Nazis, das ist das Unheilspanorama der Bücher von Johannes Mario Simmel, die im letzten Jahrhundert Weltbestseller waren und jetzt in den meisten Buchhandlungen nicht mehr vorrätig sind. Obwohl die Ängste vielfach noch die gleichen sind. Und obwohl, wenn man heute etwa seinen ebenso visionären wie spannenden Roman »Mit den Clowns kamen die Tränen« über die Gefahren der Gentechnologie oder andere Werke wieder liest, haben diese Bücher fast nichts von ihrem Glanz verloren. Und schon gar nicht Simmels Meisterwerk »Es muss nicht immer Kaviar sein«, die legendäre Geschichte des deutschen Überall-Agenten Thomas Lieven, der als Glücksmensch der ewig guten Tat durch die Infernowelt des Zweiten Weltkriegs reist.

Ob er nicht verzweifelt sei, manchmal, wenn er sehe, dass all die Vorhersagen seiner Bücher, all die Warnungen, die er millionenfach in die deutschen Haushalte und die Haushalte der ganzen Welt getragen hat, dass all diese Warnungen so fruchtlos waren? Da ist Simmel den Tränen nahe, wenn er sagt: »Manchmal habe ich das Gefühl, ich habe in Wasser geschrieben und in den Wind gesprochen.« Und versinkt für kurze Zeit in Traurigkeit. Er wird ganz klein in seinem Stuhl. Und zitiert den Philosophen Ulrich Horstmann, der einmal schrieb: »Wir Menschen sind so entsetzliche Irrläufer der Evolution, dass wir tief in uns das Gefühl haben, wir gehören weg.« Und Simmel fährt fort: »Ziemlich arg, was ich jetzt sage, aber wenn Sie wollen, schreiben Sie mit«, und er spricht von den Jahrtausenden der Kriege, vom »Hauen, Stechen und Morden«, was alles zur Menschheitsgeschichte dazugehört, schon immer und er sagt: »Wir gehören weg.« Und dass die Menschen nun mit den ABC-Waffen die Möglichkeit haben, sich selbst restlos und ohne Ausnahme von dieser Erde zu entfernen, sei im Grunde ein Glück: »Es würde die Erde erlösen.«

Das ist das Simmel-Wunder, war es wohl immer und ist es bis heute geblieben. Dieses verzweifelte Gefühl, unabwendbar auf die Apokalypse zuzusteuern und dies mit verzweifelter Entschlossenheit sogar zu begrüßen und gleichzeitig stets das gute Leben zu loben und den Kampf gegen die Gespenster der Gegenwart, den Kampf gegen das Unglück und den Untergang nicht aufzugeben. Dieses heroische »Dennoch«. In den Büchern und in der Wirklichkeit.

Legendär seine Briefe und Schecks an Diktatoren, um gefolterte und inhaftierte Kollegen freizubekommen, sein Kampf gegen die Umweltzerstörung und vor allem und immer wieder: gegen die Nazis. »Ich will nicht in einem Land leben, in dem die Scheiß-Nazis durchs Brandenburger Tor marschieren«, sagt er.

Und er erzählt von seiner Kindheit, von seinem jüdischen Vater, der am Tag der Besetzung Österreichs 1938 durch Hitler gerade noch das Land verlassen konnte, nach England ging, als Reporter bei der BBC arbeitete und den er nie mehr wiedergesehen hat. Er ist eines natürlichen Todes gestorben, vier Monate vor Kriegsende, ohne dass die Familie etwas davon wusste, und Simmel und seine Mutter hörten noch im Sommer 1945 seine Stimme im Radio, als ein Französisch sprechender russischer Kulturoffizier zu Simmels Mutter kam und sagte: »Ihr Mann ist tot, seit Monaten schon«, und sie antwortete: »Das kann nicht sein, ich habe ihn vor zwei Tagen gehört«, und er sagte nur: »Pauvre Madame«, und sie erfuhren, dass es eine alte Aufnahme war, die sie gehört hatten, auf Wachsplatte gepresst, die Stimme des toten Vaters.

In fast jedem Simmel-Buch kommen hassenswerte Nazis vor. Bis kurz vor seinem Zusammenbruch ist Simmel auch, zumeist mit Iris Berben, nach München und Berlin geflogen, um zu lesen und zu protestieren gegen das braune Unglück. Nazis und die Gefahr, dass all das wieder geschehen könnte in Deutschland oder anderswo in der Welt, das ist noch immer seine große Angst. Wenn er jetzt noch einmal zurückkehrt in die Welt, dann wolle er mit Iris zusammen den Kampf noch einmal aufnehmen, sagt er. Und lesen und predigen, zusammen mit seiner Freundin.

Von Iris spricht er wie von seinem ganzen Stolz. Es ist eine große Lebensfreundschaft. Sie ist es, die ihn immer wieder aufrichtet, wenn er am Boden liegt, einsam und verzweifelt, die immer wieder sagt, dass man nicht aufgeben dürfe, und wenn er wieder einmal sagt, dass er nur in den Sand geschrieben habe, ganz ohne eine Spur zu hinterlassen, »dann sagt sie: ›Nein! das ist nicht wahr, man darf nie aufhören!‹, und sie hört nie auf, und wenn ich richtig laufen kann, dann fangen wir wieder an«.

Wir stehen auf, gehen in sein Arbeitszimmer, wo die verwaiste »Gabriele« steht, tiefe Sessel, eine riesige Sammlung kleiner Elefanten. Der Schreibtisch steht mit dem Rücken zum See. »Ich habe sonst immer auf das Wasser geschaut, anstatt zu schreiben.«

Es hat angefangen zu regnen, ein Gewitter zieht auf, bei jedem Donner zuckt Simmel zusammen, und er sagt: »Unheimlich wird das erst in der Nacht, das gibt ein wahnsinniges Gekrache, und man weiß nicht, ob das Haus nicht wegweht. Wir stehen hier schließlich auf einem Berg.«

Und er zeigt mir die Bilder, die Chagalls, die Lithografie seines letzten Bildes hängt unauffällig in der Mitte. Es heißt »Dem anderen Licht entgegen«. Ein Selbstbildnis, das er im Alter von achtundneunzig Jahren gemalt hat. »Als er fertig war, ist er gestorben, er hat es nicht mal mehr signieren können«, sagt Simmel. Auf dem Bild sieht man den Maler vor seiner Leinwand. Er hat sein Bild beendet, und von oben kommt ein Engel, um ihn zu holen. »Lulu und ich, wir glauben, das ist Bella, seine Lebensliebe, die ihn holt, nach seinem letzten Bild.«

Der Tod ist eine Frau, die Liebe seines Lebens, ein Engel, der ihn holt.

(2007)

Die dunkle Seite der Macht

Thomas Karlauf hat eine Biografie über Stefan George geschrieben, in der er die Dinge beim Namen nennt

Wie sieht wohl ein Mann aus, der nach sieben Jahren diesem Kreis entkam? Wie sieht jemand aus, der sieben Jahre im Bann von Stefan George lebte?

Thomas Karlauf ist ein freundlicher Mann mit randloser Brille, Wildlederpuschen und gestreiftem Hemd. Eigentlich ist er Literaturagent, vermittelt Geschichtswerke und Biografien an Verlage, denkt sich Projekte aus, führt Autoren und Verlage zusammen. Vor acht Jahren fragte ihn ein Verleger, ob er nicht jemanden wisse, der endlich einmal eine George-Biografie schreiben könne. Es gebe nämlich immer noch keine. Karlauf suchte und suchte mit halbem Herzen. In Wahrheit wusste er wohl damals schon, wen er eigentlich suchte, wer diese große Aufgabe übernehmen musste.

Auf einer der nächsten Buchmessen erzählte er dem Verleger Karl Blessing von seiner Suche und von seinem Wunsch. Der sagte nach einer Viertelstunde: »Das Buch müssen Sie schreiben. Und Sie müssen es für mich schreiben.« Und nach einer kleinen Pause fügte er hinzu: »Wie viel brauchen Sie?«

Karlauf nannte eine Summe. Es wird keine kleine gewesen sein, denn Karlauf wusste, worauf er sich einlassen würde. Er wusste, wie viel eigenes Leben es einem raubt, ein solches Leben zu beschreiben. Und Blessing schlug ein, und Karlauf schrieb. Sieben Jahre lang. Es ist ein unglaubliches Buch geworden. Ein Buch, in dem alles beschrieben ist, was Deutschlands Wahn und Unglück von der Jahrhundertwende bis zu Georges Tod im Jahr 1933 gewesen ist. Und auch, was vielleicht zu Deutschlands Rettung hätte werden können. Gespiegelt im Leben eines Dichters, der es wie kein Zweiter verstand, Menschen an sich zu binden, junge Männer an sich zu binden, Männer, die zu ihm aufschauten, ihn verehrten bis zur Selbstverleugnung; der einen eigenen kleinen, geheimen Staat im Staate gründete, gebaut auf den Eros, den Glauben an die eigene Erwähltheit und die Dichtung. Ein Mann, der durch Schrecken herrschte und durch Liebe. Ein Mann, dem man nicht mehr entkam, wenn man ihm einmal verfallen war. Ein unglaubliches Leben.

Karlaufs großes Verdienst ist es, das alles mit ruhiger Hand aufgeschrieben zu haben. Mit Liebe zum Gegenstand, ohne die es nicht geht; und mit einer großen Distanz, einer Ironie, die das auf Dauer unerträgliche Pathos Georges und vor allem das seiner Jünger bricht. Wie der George-Jünger und George-Geliebte Friedrich Gundolf an den Jünger und George-Geliebten Ernst Morwitz schrieb: »Lieber Ernst! Pathos allein genügt nicht, man muss auch Ironie (romantische) haben.«

Karlauf ist ein Ironiker. Jetzt sitzt er auf der Terrasse seiner Wohnung am Berliner Halensee, schön von großen Bäumen umstellt, durch die man in der Ferne den See leuchten sehen kann. Er hat die wichtigsten Bücher aus seiner George-Werkstatt herangeschafft. Auch Briefe, Zeitungsausschnitte, den berühmten Text von Walter Benjamin, den dieser am 12. Juli 1933 unter dem Pseudonym K. A. Stempflinger in der »Frankfurter Zeitung« veröffentlichte und der mit den Sätzen beginnt: »Stefan George schweigt seit Jahren. Indessen haben wir ein neues Ohr für seine Stimme gewonnen. Wir erkennen sie als eine prophetische.«

Den Text hat Karlauf in einem antiquarisch erstandenen Buch gefunden. Ein Teil seiner eigenen Aufzeichnungen liegt vor ihm. Mitschriften, Exzerpte, scheinbar heillos durcheinander, auf Zetteln jeder Größe, zusammengeheftet; hier hat er die Leidenschaft Georges für tragbare Taschentelefone notiert, hier die von ihm verzehrten Weißweinmengen, dort steht nur knapp: »Druckschrift ab 1894«. Passagen aus Georges erstem

Gedichtband, der »Fibel«, hat er unter Stichworten exzerpiert: »Ideal«, »Enttäuschung«, »neg. Sexualität«.

Thomas Karlauf raucht, während der Besucher sich in die George-Berge hineinwühlt. Sieben Jahre lang hat er nicht geraucht. »Zu Beginn der Arbeit an dem Buch habe ich mit Rauchen aufgehört. Sonst hätte ich die Jahre nicht überlebt«, sagt er. Seine Frau, die beim Fernsehen arbeitet, hat mit ihm zusammen aufgehört. Jetzt rauchen sie wieder. Karlauf mit Freude.

Und da liegen auch die Aufzeichnungen von Percy Gothein über den Kreis. Ein großer rot gebundener Band, von dem es auf der ganzen Welt überhaupt nur drei Exemplare gibt. Es ist eine seiner Hauptquellen gewesen. Gothein – das war Georges jüngster Geliebter. Er war vierzehn Jahre alt, als der Dichter mit ihm »intim wurde«, wie es in der Biografie heißt.

Und hier beginnt der Skandal, den es um dieses Buch gibt. Denn Karlauf schreibt nicht drumherum. Schreibt nicht, wie in all den Heiligenlegendenbüchern, die es über den Dichter Stefan George gibt, von »griechischer Liebe«, »Knabenverehrung«, »Maximin-Kult« und »übergeschlechtlicher Liebe«, sondern von dem, was es war: »Päderastie«. Das darf in einer Biografie über Stefan George nicht fehlen, und Karlauf schildert es, so klar, wie es geschildert werden muss. Bis hin zu den Auswüchsen, die es mit der Zeit in der Gruppe annahm; und da stockt einem mehr als einmal der Atem, wenn man von den Knabenrekrutierungsmethoden seiner Jünger liest: »Inzwischen hatte Morwitz bereits selber nach geeigneten Knaben Ausschau gehalten. Ende 1907 waren ihm die Grafen Uxkull, Bernhard und Woldemar, auf der Straße aufgefallen; Bernhard war acht, Woldemar, der von Morwitz ›Spatz‹ gerufen wurde, neun Jahre alt. George fand das reichlich jung. Er scherzte manchmal, dass Ernst seine Zöglinge schon in so frühem Alter wähle, wo doch gar nicht auszumachen sei, ob sich der Einsatz am Ende lohne.«

George scherzte – manchmal ist einem die Kühlheit des Biografen fast etwas zu kühl. Aber den Autor konnte kaum noch etwas überraschen bei der Arbeit an dem Buch, denn er hat in jüngstem Mannesalter zehn Jahre lang dort gearbeitet, wo das geistige Erbe Georges verwaltet wird, im Zentrum der George-Welt, bei der Stiftung Castrum Peregrini in Amsterdam. Karlauf hat dort das Archiv und die Bibliothek mit aufgebaut und ist ihr nach langer Zeit aber entkommen, dieser Welt. Er wurde Lektor beim Siedler-Verlag, schrieb als Ghostwriter die Autobiografien von Franz Josef Strauß und Bruno Kreisky, wurde Literaturagent und hatte mit Stefan George nichts, aber auch gar nichts mehr zu tun. Das befähigt ihn jetzt zu der einmaligen Perspektive des absoluten Experten und distanzierten Nicht-Jüngers zugleich. Denn auch heute noch, im dritten Glied, ist die Gefolgschaft zu George eine Art Glaubensfrage. Viele aus den alten Kreisen, die für Karlauf hilfreiche Mitleser seiner Biografie waren, haben sich ausdrücklich verbeten, in diesem Buch genannt zu werden. Für George-Jünger ist dieses Buch ein Skandal.

Für die anderen ist es Schrecken und Faszination. Zunächst aber: Schrecken. Was für ein Monster, denkt man mindestens auf jeder fünften Seite. Ein Mann, der durch den Schrecken herrschte, der sich noch die hündischsten Verehrungsrituale gern gefallen ließ, der langjährigen Weggefährten das Heiraten verbot, weil er allein das Leben seiner Jünger beherrschen wollte, jahrzehntelange Freunde aus seinem Leben wischte wie Fussel von der Jacke: »Da ist eine kranke Stelle im Gehirn«, sagte er zu seinem ältesten Freund und früheren Geliebten Gundolf, als dieser sich nicht von seiner Geliebten trennen wollte. Und Gundolf in einem Gewaltakt einmaligen Ungehorsams schrieb: »Da ich dich nicht überzeugen konnte, so will ich lieber mit ihr in die Hölle als ohne sie in den Himmel … Von dir falle ich nicht ab; auch wenn du mich verwirfst. Dein Gundolf«.

Und wie George ihn verwarf. Er grüßte ihn nicht mal mehr, als sie sich nach Jahren auf der Treppe zum Heidelberger Schlossberg trafen. Und George spottete später: Es sei geradezu lachhaft gewesen, wie er da so schüchtern sein Hütchen rückte. Kein Verzeihen, kein Vergeben. Erschütternd die Geschichte, wie das eifersüchtige und absolutistische Gebaren des Dichters den jungen Johann Anton in den Selbstmord trieb.

Auf die Frage, wie es gewesen sei, das Leben sieben Jahre lang mit diesem Mann zu teilen, diesem Schreckensherrscher über sein kleines Reich, das er geheimes Deutschland nannte. Da zögert Karlauf kurz und sagt: »Er ist mir sympathischer geworden.« Das kann nun allerdings nur einer sagen, der vorher schon alle Abgründe dieses Lebens ahnte: Denn sympathisch, also das scheint doch so ziemlich das letzte Wort zu sein, das dem Leser dieses Lebens einfällt.

Stefan George war eine einmalige Gestalt, der ein einmaliges Dichterreich schuf, in dem er liebte, so wie er lieben wollte, in dem er herrschte, unumschränkt, verbrecherisch, böse, zärtlich, weise, gewaltsam, absolut. Die Geschichte von George und seinem Kreis ist auch die Geschichte Deutschlands vor dem Dritten Reich. Ist die Geschichte von Führersehnsucht, Unterwürfigkeit, aber auch vom Mut für die eine große Tat. Viele Jünger marschierten mit dem neuen Deutschland Hitlers in der ersten Reihe. George selbst ließ noch am Tage der Bücherverbrennung der Nazis mitteilen: »die ahnherrschaft der neuen nationalen bewegung leugne ich durchaus nicht und schiebe auch meine geistige mithilfe nicht beiseite. Was ich dafür tun konnte habe ich getan, die jugend die sich heut um mich schart ist mir gleicher meinung.«

Ja, das folgte aus dem Leben dieses Mannes und aus seiner Lehre. Die Juden seines Kreises, die nun das Land verlassen mussten, ahnten es mit Schrecken. Und die Tat, sie folgte auch daraus, Stauffenbergs Tat und sein Tod mit dem Ruf vom »geheimen Deutschland« auf den Lippen.

Was für ein Leben. Was für ein Buch.

(2007)

Das andere ist ein Geheimnis

»Der englische Patient« machte ihn berühmt,
er selbst bleibt ein Rätsel, auch in seinem Buch »Divisadero«.
Ein Besuch bei Michael Ondaatje

Er wirkt wie in einer Luftblase, von der Außenwelt geschützt durch eine unsichtbare Hülle, die ihn umschließt. Den Blick nach unten gerichtet, betritt er die plüschige Hotellobby in Toronto, die er für das Treffen vorgeschlagen hatte. Erst im letzten Moment vor der Begrüßung hebt er den Kopf, die Augen wussten schon, wohin sie zu schauen haben würden. Michael Ondaatjes Augen sind hell, blau und leuchten. Es liegt eine sagenhafte Offenheit im Blick dieses grauhaarigen Mannes, der vor vierundsechzig Jahren auf der Insel Sri Lanka, die damals noch Ceylon hieß, geboren wurde. Eine untergehende Kolonialwelt, der Glanz vergangener Tage im Verschwinden begriffen, der Vater hatte den einst riesigen Teeplantagenbesitz der Familie vertrunken, verspielt, versetzt.

Als Ondaatje zwei Jahre alt ist, trennen sich seine Eltern, er lebt bei seiner Mutter, die aber bald nach England aufbricht, um ein neues Leben zu beginnen. Michael bleibt zurück, betreut von einer Nanny, sieht den Vater selten, die Mutter nie, bis sie ihn nach London nachholt. Da ist er acht Jahre alt. Er hasst die englische Schule, die Uniformen, die Enge und Strenge des Systems. Mit achtzehn Jahren der dritte Wohnort: Er folgt seinem Bruder nach Kanada, nach Toronto. Hier ist er bis heute geblieben, von hier aus immer unterwegs in der Welt, in Europa, Sri Lanka, Kanadas Wäldern. Aber Toronto ist eine Art Heimat für den Heimatlosen, dessen Abstammung in Lexika mit dem schönen Dreiklang holländisch-tamilisch-singhalesisch angegeben wird.

Jetzt läuft er etwas unsicher in der großen Lobby umher, fragt den Concierge, ob es hier im Hotel ein ruhiges Café gebe, dieser zeigt sogleich in eine Richtung, doch Ondaatje scheint nicht ganz einverstanden, nein, er wisse einen besseren Ort, wir gehen hinaus auf die Straße, meine Small-Talk-Versuche schlagen auf schroffe Weise fehl.

Ondaatje scheint kaum mit halbem Ohr zu folgen, wir haben das gesuchte Café erreicht, er bestellt Espresso in einer extra großen Tasse, dazu heißes Wasser und heiße Milch, es dauert eine ganze Weile, bestimmt drei falsche Lieferungen lang, bis die Kellnerin das Bestellte in korrekter Kombination an den Tisch bringt. Ondaatje hatte auf jeden Fehler nachsichtig, aber unnachgiebig hingewiesen.

Im Gespräch gibt es nur wenige Momente, in denen er einen Blick in seine Augen gewährt. Seinem Biografen Ed Jewinski hat er vor fünfzehn Jahren einmal geschrieben, als der ihn um Auskünfte über sein Leben bat, er fühle sich verletzlich und sein Leben schon längst »überenthüllt«, und er sei »auf so bedrohliche Weise selbst-bewusst«, dass er an einem biografischen Werk über sich auf keinen Fall beteiligt sein könne und wolle. Er will kein Medienschriftsteller sein; sein Bild draußen in der Welt, es interessiert ihn nicht, selbst sein Geburtsdatum und Geburtsort waren lange Jahre in allen Nachschlagewerken falsch angegeben.

»Alles ist biographisch, sagt Lucien Freud. Was wir machen, warum es gemacht wird, wie wir einen Hund zeichnen, wer uns anzieht, warum wir nicht vergessen können. Alles ist Collage, sogar die Genetik. Andere sind verborgen in uns gegenwärtig, sogar jene, die wir kaum gekannt haben. Wir enthalten sie für den Rest unseres Lebens bei jeder Grenze, die wir überschreiten.« So heißt es in Ondaatjes neuem Roman »Divisadero«. Ein sonderbares, eigenwilliges, bilderreiches, widerständiges, ein wunderschönes Buch, eine Liebesgeschichte, nein, viele Liebesgeschichten in einer, die Geschichte einer Selbstfindung, der Erschaffung einer eigenen Geschichte, ei-

ner Lebensgeschichte, die Geschichte einer tiefen Verletzung. Es sind Versehrte, die in diesem Buch aufeinandertreffen und voneinander loskommen, in eine andere Welt hinein. Lebensverletzte, wie in jedem Buch Michael Ondaatjes. Versehrte, die nach Heilung suchen, in der Kunst, im Erzählen. Menschen, durch deren Leben ein Riss gegangen ist, durch einen Zufall, eine Liebe, einen Heimatverlust, einen Flugzeugabsturz, einen Krieg, einen unbedachten Moment. Mit der Geschichte von »Billy the Kid« (1970), einer beinahe frei erdachten Gedichtbiografie des Massenmörders und Fantasten, fing es vor siebenunddreißig Jahren an; es folgte die Geschichte vom Erfinder des Jazz, Buddy Bolden, der eines Tages den Verstand verlor und die letzten fünfundzwanzig Jahre seines Lebens in der Psychiatrie verbrachte und von dessen Schaffen kein einziges Tondokument existiert (»Buddy Boldens Blues«, 1976), dann der Millionär aus Toronto, der eines Tages spurlos verschwindet und von der ganzen Stadt gesucht wird (»In der Haut eines Löwen«, 1987), seine eigene, Ondaatjes Familien- und Herkunftsgeschichte als Mythos eines Untergangs (»Es liegt in der Familie«, 1982) und schließlich »Der englische Patient« (1992), der Roman über den Mann, der am Ende des Zweiten Weltkriegs als brennende Fackel vom Himmel in die Wüste fällt, ohne Gesicht, ohne Geschichte, und der dann, in einem abgeschiedenen Landhaus mit Kip und Caravaggio und Hana zusammentrifft, Versehrte auch sie, die sich dann, in einem Viereck der Fremde, gegenseitig ihr Leben entdecken, ihre Geschichten finden und erfinden und miteinander verhaken.

»›Überall auf der Welt muss es Leute wie uns geben‹, hatte Anna daraufhin gesagt, ›Leute, die verletzt wurden, als sie sich verliebten, obwohl es die natürlichste Sache der Welt sein sollte.‹« So heißt es in »Divisadero«. Und so fängt es an: Claire und Anna und Coop wachsen gemeinsam auf einer Farm im kalifornischen Nirgendwo, fünfzig Kilometer von San Francisco entfernt, in den Siebzigerjahren auf. Es ist eine magische, scheinbar zeitlose Welt in größter Abgeschiedenheit. Ondaatje sagt, so habe es angefangen, das Buch, der erste Gedanke daran. Er habe diese Farm entdeckt, diesen verlorenen Landstrich, und wusste, dass hier sein neues Buch beginnen würde. Er sammelte Karten, Bücher und Geschichten über die Gegend, bis er eine große Karte der Landschaft und ihrer Menschen im Kopf hatte. »An jedem winzigen Punkt der Karte hatte sich etwas ereignet. An diesem Flussufer hatten zwei Brüder einander erschlagen, als sie darüber stritten, welchen Weg sie einschlagen sollten. Auf jener Lichtung war vor hundert Jahren eine Frau gegen ein Grundstück getauscht worden. Es war, als lauerte hinter jeder Wegbiegung ein Balzac-Roman.« So steht es im Buch. Und irgendwann hat Ondaatje dann auch – in sich, in der Landschaft – Coop und Claire und Anna gefunden und ihren Vater, den einsamen, schweigsamen Farmer, der eigentlich nur der Vater von Anna ist, deren Mutter bei der Geburt starb, Claire wurde in der gleichen Woche, im selben Krankenhaus geboren, und auch ihre Mutter starb, einen Vater gab es nicht, und so nahm Annas Vater auch sie auf, als Waisenschwester der eigenen, halbverwaisten Tochter. Wenig später kam noch Coop hinzu, dessen ganze Familie ermordet wurde und der dem Massaker mit Glück versteckt entkam. Da war er vier. Später verlieben sich Anna und Coop, oder auch: Ihre alte, scheinbar ewige Vertrautheit geht in eine neue, andere, körperliche über. Als der Vater sie beide entdeckt, schlägt er Coop halb tot. Anna kämpft verzweifelt gegen ihren Vater und rammt ihm eine Glasscherbe tief ins Fleisch. Diese Szene ist kaum eine Seite lang, sie ist unvergesslich. Ondaatje beherrscht die Kunst, in wenigen Zeilen Bilder von mythischer Kraft und Farbigkeit zu schaffen. Die Familie, diese sonderbare, herkunftslose Familie, zerfällt. Es geschieht in einer Explosion, nach der das Leben jedes Beteiligten ein anderes ist, für immer bestimmt von diesem einen Augenblick. Anna flieht, Coop flieht, Claire bleibt zunächst, doch auch ihr Leben ist von nun an von diesem Moment beherrscht, in dem ihr gemeinsames Leben zerbrach. Coop wird ein Spieler, ein Falschspieler, ewig auf der Flucht; Anna sehen wir viel später wieder, wie sie in einem französischen Landhaus die Lebensspuren eines vergessenen Schriftstellers sucht und neu zusammensetzt. Die Geschichte dieses Autors ist die zweite Hälfte des Buches. Zunächst wundert man sich, warum Ondaatje den ganzen ersten Teil des Buches, all die begonnenen Fäden, scheinbar achtlos fallen lässt. Doch nach einer Weile merkt man, dass der zweite Teil ein Spiegelbild des ersten ist. Gespiegelt in einem anderen Leben, durch die Augen Annas, die aus dem Leben dieses geheimnisvollen Schriftstellers ihr eigenes Leben und das ihrer Familie herausliest. Oder hineinliest. Einmal hatte sie seine Stimme gehört, als er aus seinen Werken las, und da hatte sie eine Verwundung herausgehört, der sie sich verwandt fühlte. So beginnt ihre Rekonstruktion. Eines anderen Lebens. Ihres eigenen. »Mein Gebiet ist der Bereich, wo Leben und Kunst sich im Verborgenen begegnen«, erklärt Anna. Und weiter: »So habe ich erfahren, dass wir die Kunst benutzen können, um uns in ihr zu verbergen.«

Alles in diesem Buch ist ein Geheimnis. Es ist fast unheimlich, wie dieses Buch dem Mann hier im Café entspricht. Es leuchtet, das Buch, in unendlich vielen, unvergesslichen Bildern; ein Pferd geht durch in einer Sonnenfinsternis, ein Hund schlägt mit einer Pfote eine Scheibe ein, und das zersplitternde Glas verletzt das Auge des jungen Schriftstellers, Unglück und Glück, vollkommenes manchmal: »Diese Reise nach Süden und zurück nach Norden brach ihm vor Glück immer wieder das Herz. Damals spürte er deutlicher als je zuvor oder danach, dass es keine Trennung zwischen ihm und dem gab, was außerhalb seiner selbst war.«

Das Buch zeigt alles, das Wesen der Kunst, thematisiert immer wieder sich selbst, die Technik des Schreibens, doch immer im Verborgenen. Kaum hält man eine Wahrheit in der

Hand, ist sie schon wieder fort. »Kunst heißt Sich-Verbergen, in den Schatten treten.« Ja, auf der einen Seite. Auf der anderen ist die Kunst ein Mittel, es auszuhalten, das Leben, den Schmerz. »Wir haben die Kunst, damit wir nicht an der Wahrheit zugrunde gehen«, dieses Nietzsche-Wort ist Teil des Mottos des Romans.

Ondaatjes Biograf hat geschrieben, seine Bücher seien alle Briefe an den Vater, den er so früh für immer verlor. Das kann natürlich sein, es kann auch ganz anderes sein, es ist nicht wichtig, jedenfalls nicht für den Leser seiner Bücher. Ondaatje erzählt von der Technik des Schreibens, ich frage, ob das nicht sonderbar sei, das Schreiben als eine Verbergungskunst zu betrachten, und gleichzeitig, wie er es lange Zeit tat, das Schreiben als Handwerk an der Universität zu lehren. »Aber nein, das ist kein Widerspruch. Das eine ist eine Technik, das andere ein Geheimnis. Das lässt sich sehr klar trennen.«

Und wie er an dem Buch, wie an allen anderen Büchern gearbeitet hat, wie er selbst immer wieder überrascht wird beim Schreiben, wie auch all das Sprunghafte als lineare Geschichte entsteht, in dreieinhalb Jahren Schreibarbeit. Der dann noch anderthalb Jahre behutsamstes Bearbeiten folgen. Zusammen mit dem Lektor werden da Wort für Wort die zu persönlichen Passagen aus dem Buch wieder entfernt. »Diese Linie zu finden ist unendlich schwer. Die Linie zwischen dem Sich-Offenbaren und dem Sich-Bewahren – das ist der größte Teil der Arbeit, diese Linie zu finden und ihr zu folgen.«

Dann gibt es da noch diese Passage im Buch, in der er den Sänger Rafael beschreibt, die Figur, die dem Schriftsteller Ondaatje vielleicht am ähnlichsten und am nächsten ist: »Es war der Spätsommer seines Lebens, das Jahr, in dem er Anna begegnete, und er hätte nicht sagen können, ob es ihm jemals möglich sein würde, zu der eingrenzenden Arbeit der Kunst zurückzukehren, über das zu verfügen, was er benötigte, um auch nur das schlichteste Lied zu schaffen. Bis auf Weiteres war es ihm genug, sich in die Dunkelheit aufzulösen.«

Das ist die einzige persönliche Frage, die ich mich durch die Schutzhülle hindurch zu fragen traue, ob der Künstler Ondaatje dieses Gefühl kenne, es vielleicht vor dem Schreiben an »Divisadero« und währenddessen besonders stark empfunden habe. Da lacht er überraschend auf, schaut und sagt: »Das kann gut sein. Das kann sehr gut sein, dass Rafael mir hier besonders nahe ist.«

Er gibt mir noch ein Exemplar der von ihm und seiner Frau herausgegebenen Literaturzeitschrift »Brick«. Das Motto jeder Nummer stammt von Rilke: »Kunstwerke sind von einer unendlichen Einsamkeit und mit nichts so wenig erreichbar als mit Kritik. Nur Liebe kann sie erfassen und halten und kann gerecht sein gegen sie.«

Ich bitte ihn noch, mir sein Buch zu signieren. Er schreibt rasant. Die Unterschrift ist nur ein Strich, von einem Nichts ins andere, und nur am Ende ist ein kleiner Haken, wie ein Lächeln. Dann ist er auch schon weg.

(2007)

Kafkas Welt in einem Kästchen

Er besitzt die größte Sammlung von Porträts und Reliquien des Schriftstellers: Ein Besuch bei Klaus Wagenbach

Im Sommer 1950 hat sich Klaus Wagenbach verliebt. Er war damals Lehrling in der Herstellungsabteilung des S.-Fischer-Verlags, und sein Lehrer Fritz Hirschmann gab ihm ein braunes, schäbig gedrucktes Buch in die Hand. Er sollte den Umfang schätzen, man wollte es neu herausbringen. »Bub, schätz das mal!«, hat Hirschmann zu Wagenbach gesagt. Und der junge Klaus Wagenbach begann zunächst die Buchstaben und dann die Zeilen zu zählen und las mechanisch die erste: »Jemand musste Josef K. verleumdet haben«, und es dauerte nicht lange, da war es um Klaus Wagenbach geschehen. Eine Liebe begann, die wie jede große Liebe wuchs und wuchs und weiterwächst, bis heute.

Da sitzt Klaus Wagenbach, achtundsiebzig Jahre alt, legendärer Verleger, der 1965 mit dem Geld, das er aus dem Verkauf einer Wiese seines Vaters erlöste, seinen eigenen Verlag gründete und diesen vor einigen Jahren an seine wesentlich jüngere Frau übergab. Er geht immer noch jeden Tag in den Verlag. Aber nur noch als Lektor und Berater. Tief versunken sitzt er jetzt auf dem Sofa in seiner Charlottenburger Wohnung, mit einem Kästchen auf dem Schoß. Es sind jede Menge Pergamenttütchen in dem Kästchen. Und in jedem Tütchen steckt ein Foto. Er hat die umfangreichste Sammlung von Kafka-Porträts auf der ganzen Welt und nicht nur das, auch Familienbilder, zeitgenössische Aufnahmen von Kafkas Wohn- und Aufenthaltsorten, den Kliniken und Erholungsheimen, Fotos der von Kafka inspizierten Fabriken, der Urlaubsorte. Ein Heft seiner Berichte aus der Zeit bei der Arbeiter-Unfall-Versicherungs-Anstalt. Den Wetzstein seines Großvaters, der Metzger war. Alles, alles hat Klaus Wagenbach zeit seines Lebens gesammelt. Kafkas Welt, in einem Kästchen. Und regelmäßig präsentiert er seinen Stolz in einem Buch. 1983 ist die längst legendäre Bildmonografie von Klaus Wagenbach zum ersten Mal erschienen. In der überarbeiteten Neuausgabe sind sechshundertsechsundneunzig Abbildungen enthalten. Ein Lebens-Foto-Album, wie es das für kaum einen zweiten Schriftsteller gibt.

»Mich aber interessierten gerade die Lebensumstände (wie immer, wenn man sich in jemanden verliebt) dieses seltsamen Heiligen«, hat Klaus Wagenbach einmal geschrieben. Etwas verschämt, in die Klammer hinein, hat er den Kern seiner Wahrheit geschrieben. Und es kam damals noch etwas hinzu, als seine Liebe begann und sein Sammeln. Bei den deutschen Germanisten herrschte, mehr noch als heute, das Dogma der

»Werkimmanenz«. Nur das Werk zählte, und sonst nichts. Die Germanisten, die 1933 in Scharen in die NSDAP eingetreten waren und bereitwillig die Bücher »undeutscher« Autoren verbrannt und aus ihren Bibliotheken verbannt hatten, pflegten mit gutem Grund die Lehre vom reinen Text ohne störende biografische und politische Zusatzinformationen. »Je brauner, desto werkimmanenter«, sagt Klaus Wagenbach auf seinem Sofa.

Grund genug für Wagenbach, das Gegenteil zu wollen. Als ihm sein Lehrer kurz darauf ein Kafka-Porträt schenkte, das Foto, das bald schon das berühmteste Abbild des Prager Schriftstellers werden sollte, da war der Grundstock der Sammlung gelegt, der Urgrund der Sammelleidenschaft von Klaus Wagenbach geweckt. Der S.-Fischer-Verlag hatte das Porträt damals mächtig bearbeitet, eine Art Heiligenschein drumherum gespritzt. Das Geheimnis Kafka ließ sich so gut als Legendenfigur mit leuchtendem Seherblick vermarkten.

Das Originalporträt, das Wagenbach jetzt kurz aus einem Pergamenttütchen zieht, ist ganz klein und zeigt das Gegenteil eines strahlenden Sehers. Es wurde im Oktober 1923 im Kaufhaus Wertheim in Berlin aufgenommen und ist das Bild, das wir alle kennen, das wahnsinnig traurige Porträt eines schwerkranken Mannes mit eingefallenen Wangen, acht Monate vor seinem Tod. In dem Band ist es seitengroß aufgezogen, die Knicke des Originals treten stark hervor. Authentizität, Wahrheit, das Leben, das Leiden, wie es war. Darum geht es hier, darum geht es dem Sammler.

Immer wieder ist er schon früh nach Prag gereist, um Lebensspuren Kafkas zu finden. Wie schwer war das Forschen damals, als Kafka eine Unperson in der sozialistischen Tschechoslowakei gewesen ist. »Ich habe gesagt, dass ich über Kisch forsche«, sagt Wagenbach jetzt, »das war ideal, denn Kisch war Kommunist, und da sein Name auch mit ›K‹ beginnt, konnte ich in den Archiven in aller Ruhe recherchieren.« Und er erzählt die Geschichte, wie er, nachdem er das sogenannte Familiantenbuch der Kafkas gefunden hatte, in das Dorf Wossek, in dem Kafkas Großvater als Fleischhauer gearbeitet hatte, gefahren ist. Die Dorfbevölkerung versammelte sich um den jungen Forscher aus dem Westen, und erst nach einiger Zeit des Unverständnisses meldete sich schließlich ein kleiner Herr, der zu jenem Zeitpunkt das Haus von Kafkas Großvater bewohnte. »Und im Triumphzug begleitete mich das ganze Dorf bis zum Kafka-Haus.« Später hat er noch das Grab des Großvaters auf dem jüdischen Friedhof entdeckt, der als letzter Jude dort begraben wurde. Und er fand auch: das Schloss. Lange waren die Forscher sich uneinig gewesen, welches Schloss das Vorbild zum Roman gewesen sein könnte. Doch als Wagenbach nun das Schloss dort oben über dem Dorf Wossek sah, war klar: Das ist das Schloss, das ist der ewig unerreichte, unerreichbare Ort. Die Beschreibung aus dem Roman stimmte fast bis ins letzte Detail überein. Eine alte Frau sagte zu ihm: »Wissen Sie, das

Schloss, es hatte eine übermäßige Administration.« Das erzählt Klaus Wagenbach noch heute lachend, als hätte er es eben zum ersten Mal gehört.

Bei seinem zweiten Besuch in Wossek hat er auch eine seiner erstaunlichsten Reliquien bekommen. Wagenbach war damals mit Kafkas Nichte Vera Saudková ins Dorf gereist, um die ältesten Dorfbewohner zu befragen. Einer der Interviewten brachte zum Gespräch zwei Geschenke mit: einen Wetzstein und ein Messer. Beide aus dem Besitz von Kafkas Großvater, der Fleischhauer war. Das Messer bekam die Nichte, Wagenbach den Wetzstein, den er jetzt bedächtig hin und her wiegt in seiner Hand. Er sieht ein bisschen aus wie ein urzeitliches Handy. Auf der Stirnseite ist in hebräischen Schriftzeichen das Wort »koscher« eingraviert. Der Stein fungierte auch als Stempel, mit dem der örtliche Rabbiner das geschlachtete Fleisch kennzeichnen konnte.

Wenn man nun aber als Nichtsammler wohl etwas ungläubig auf das wunderliche Utensil blickt, beeilt sich Wagenbach gleich, alle Zweifel zu zerstreuen. Erstens sei das tatsächlich ein Wetzstein, der ausschließlich von Fleischhauern benutzt wurde. »Zweitens war Jakob Kafka damals der einzige Fleischhauer weit und breit.« Das muss als Beweis genügen.

Und er zeigt das Foto einer Sicherheitshobelwelle, verstaut in einem schmucken Schutzbehälter, mit dem der Unfallverhütungsagent Kafka damals durchs Land gereist sei. Und Ohropax »gegen den Lärm der Welt« und Fotos, Fotos, Fotos. Die wunderschönen Knabenbilder mit dem Bürstenschnitt und das eine mit einer Niete, mit der es am Schülerausweis befestigt war. Alle werden kurz hervorgeholt; Sekunden später schon verschwinden sie wieder in den transparenten Tütchen.

Einen Schockmoment gab es auch im Leben des Kafka-Sammlers Wagenbach. Einen ganzen Schuhkarton mit wohl achtzig Kafka-Bildern hatte er vor vielen Jahren gefunden. Der Besitzer des Kartons erlaubte ihm, so viele er wollte mitzunehmen. Wagenbach nahm acht. Von den anderen Bildern wurde nie mehr etwas gesehen, gehört oder gefunden. Auf irgendeinem Prager Dachboden müssen sie eigentlich noch sein. Was für ein Traum, diesen Karton eines Tages noch zu finden. Und einen neuen, einen endgültigen, einen letzten Bildband zu machen.

(2008)

Frau am Steuer

Bei Karen Duve, die einen herrlichen Roman geschrieben hat: über Taxis, Tiere und Triebtäter

»Brunsbüttel – da fährt ja nun schon lang kein Zug mehr hin«, lacht mich der Schaffner aus, als ich ihm mein gewünschtes Fahrziel nenne. Und dabei ist das noch gar nicht das Endziel der Reise. Von Brunsbüttel aus, das man schließlich mit dem Bus erreicht, geht es erst mal noch über den Nord-Ostsee-Kanal und dann eine Weile über die Felder bis zur winzigen Häusersammlung Blangenmoor und weiter zum örtlichen Bahnhof. Der letzte Zug hat hier 1950 gehalten. Auf den Säulen der Einfahrt sitzen weiße Bulldoggen aus Stein mit goldenen Kronen auf dem Kopf. Hier wohnen Bully, die Bulldogge, und Karen Duve, die Schriftstellerin. Außerdem ein Pferd und zwei Maultiere, zahlreiche Hühner in einem prächtigen roten Nebenbau, jede Menge Molche im Schwimmteich hinter dem Stall und eine zurückhaltende Katze.

Tiere spielen im Werk der Schriftstellerin Karen Duve eine gewisse Rolle. Mal als Retter aus scheinbar endloser Lebenslethargie, mal als Untergangsbotschafter, wie in ihrem ersten Roman, dem »Regenroman«, der 1999 erschien und den Ruhm der Karen Duve begründete. Damals waren es Schnecken und Frösche, unendlich viele Frösche, die den Niedergang des

Schriftstellers Leon in einem morschen Haus im ostdeutschen Moor laut quakend begleiteten. In späteren Büchern wurden Froschlazarette gebaut und Drachen getötet. In ihrem neuen Roman »Taxi« führt ein Schimpanse die entscheidende Wendung herbei.

Menschen sind in Karen Duves Romanen in aller Regel unglaublich unsympathische, ich-besessene, machtbesessene, kleingeistige, armselige Wesen. Wer als Neuankömmling auf der Erde die Welt der Menschen aus den Büchern Karen Duves kennenlernen würde, wäre schneller wieder weg, als er gekommen ist. Es ist ein Horrorkabinett des Alltags, das Karen Duve in ihren Büchern versammelt. Vor allem die eine Hälfte des Menschentums steht im Fokus ihrer Verachtung: Männer. Ein Mann übersteht die Karen-Duve-Lektüre nicht unbeschadet. Die Einsicht, zu einer insgesamt verachtenswerten, aufgeblasenen, lächerlichen, gockelhaften Personengruppe zu gehören, ist danach kaum noch von der Hand zu weisen – da ist guter Rat teuer.

In einer solchen Stimmungslage sollte man besser nicht auf Bully treffen. Denn Bully springt einen bei der ersten Begegnung mit einer solchen Kraft und Furchtlosigkeit an, dass man möglichst stabil auf den Beinen stehen sollte. »Er ist sehr begeisterungsfähig«, erklärt seine Besitzerin dem Gast zur Begrüßung. Und »er langweilt sich sonst sehr und ist froh, dass endlich mal was passiert«. Also gut. Möge nicht allzu viel passieren an diesem Nachmittag, denkt man sich und versucht, sich zitternd anzufreunden mit dem hechelnden, gut gelaunten Kraftprotz.

Dass er sich hier draußen manchmal langweilt, der Bully, das glaubt man allerdings aufs Wort. Er liegt wirklich beachtlich abgeschieden, der alte Bahnhof hier oben im Norden. »Blangenmoor« – man kommt nicht umhin, an jenes verwunschene Haus aus dem »Regenroman« zu denken, das im Moor und ewigen Regen versank. Aber damals, als das Buch entstand, lebte Karen Duve noch gar nicht hier draußen, der

Bahnhof aus roten Klinkersteinen wirkt außerdem sehr stabil, und die Sonne scheint heute aufs Prächtigste. Ein Frühlingsidyll, allerdings von Zivilisationskraken umgeben. Windräder sind überall auf den Feldern verteilt, die Autobahn führt auf riesigen Betonpfeilern übers Land, und auch das Atomkraftwerk Brunsbüttel ist nicht weit. Die Landbewohner bekämen regelmäßig Broschüren zugeschickt, wie sie sich im Falle eines Unglücks im Atomkraftwerk zu verhalten haben, erzählt Karen Duve. Dazu bekommt man einen Gutschein für Jodtabletten, den man in den örtlichen Apotheken vorlegen kann. »Habe ich natürlich sofort eingelöst«, sagt sie lachend.

Überhaupt ist sie wahnsinnig gut gelaunt an diesem Nachmittag und wirkt so bodenständig und unabgründig, wie man nur wirken kann. Wir sitzen an einem Holztisch in der Sonne, sie hat Krabben und Brötchen gebracht. Es ist sehr unwahrscheinlich, dass man hier, auf dem ländlichsten Land, einen Großstadtroman über das Taxifahren im Hamburg der Acht-

zigerjahre schreiben kann. Hat sie aber. Und was für einen! Karen Duve knüpft mit diesem Buch endlich wieder an die Boshaftigkeit, die Rasanz, die Wahrhaftigkeit und den Witz ihres ersten Buches an. Das Zwischenbuch, »Dies ist kein Liebeslied« über Bulimie und Verbrechen, war ihr etwas zu therapeutisch und leidend geraten, das Märchen »Die entführte Prinzessin« war – zu märchenhaft für viele ihrer Leser.

Aber jetzt also endlich wieder: große Duve-Kunst. Lachen und Verzweiflung. Das wahre Leben als Horror und großer Spaß. Alex Herwig, die Ich-Erzählerin, fährt Taxi. Am Anfang hält sie das noch für eine gute Idee: »Es gab vieles, was mir am Taxifahren gefiel: die ganze Nacht aufbleiben, unverantwortlich schnell und unangeschnallt Auto fahren und dabei wilde, merkwürdige Musik in den Spätprogrammen der Radiosender hören, die Busspur benutzen, wenn alle anderen Autos im Stau standen, jede Nacht in Bordelle eindringen ...« und so weiter. Doch die Freude wird nicht lange währen, denn im Taxi ist man häufig nicht allein. Ein Schock für Alex: »Ich hatte mir keine Vorstellung vom Ausmaß der Schlechtigkeit meiner Mitmenschen im Umgang mit Dienstleistenden gemacht«, heißt es schon früh. Und es folgen unzählige Kammerspiele des Grauens. Zwei oder mehr Menschen in einem kleinen rollenden beigefarbenen Käfig auf den Straßen Hamburgs unterwegs. Mit einem kleinen, einführenden Pinselstrich erledigt Duve jeden neuen Gast, um dann das ganze schöne Unglück zu entfalten: »Der Mann, den ich vor einem Bordell in der Nähe des Fernsehturms aufsammelte, war auf eine asoziale Art dünn«, fängt es an, und am Ende des Zusammentreffens wird Alex niemanden so sehr verachten wie sich selbst. Ein anderer Fahrgast erscheint ihr so: »Er war um die vierzig Jahre alt und hatte ein gieriges Gesicht. Das Leben schuldete ihm etwas.« – Er wird es sich nehmen. Heute noch.

Gegen Ende des Buches trifft sie auf einen sonderbar sonnigen Taxifahrer, der sie mit einer eigenwilligen Weltsicht verblüfft: »Also meine Fahrgäste sind meistens nett«, sagt der

Mann. Weiter könnte er von ihrer Wahrheit nicht entfernt sein: »Ich sah ihn verblüfft an. Ich war immer davon ausgegangen, dass alle Taxifahrer ihre Kunden für den Abschaum der Menschheit hielten. Fahrgäste waren Gesindel. Reiche Fahrgäste waren vergoldetes Gesindel. Nette Menschen fuhren nicht Taxi.«

Das sind so die Gesetzesformeln, in die Karen Duve ihren Abscheu gießt. Wenn man das Buch gelesen hat, erübrigt sich die Frage, ob die Autorin wohl selbst mal Taxi gefahren sei. Dieses Buch muss auf einer geradezu übermenschlichen Rechercheleistung beruhen. Oder einfach: auf vielen, vielen Jahren als Taxifahrerin. »Die ersten drei Jahre waren okay, die letzten zehn hätte es nicht mehr unbedingt gebraucht«, sagt Karen Duve jetzt am Tisch so leicht dahin, während Bully die Stühle bekämpft und scheinbar völlig schmerzfrei gegen Holzpfähle knallt. Dreizehn Jahre! Davon zehn Jahre als Qual und mit der wachsenden Gewissheit, dass da auch nichts anderes mehr kommt im Leben. »Ich hatte es verratzt. Einmal falsch abgebogen, einmal den falschen Beruf gewählt, einmal den falschen Mann geküsst und dein ganzes Leben war verkorkst«, heißt es im Roman.

Karen Duve hat beinahe immer schon geschrieben. Und viele Jahre Manuskripte an Verlage geschickt, an Wettbewerben teilgenommen. Ihr erster Roman damals war ein zweibändiger Taxiroman, »hemmungslos autobiografisch« nennt sie ihn heute. Und will von ihm eigentlich nichts mehr wissen, hat einige Passagen aus diesem frühen Manuskript jetzt aber als Erinnerungsstütze wieder verwendet. Sie hatte jetzt zu Beginn der Arbeit am neuen Roman sogar überlegt, wieder einen Taxischein zu machen, um das alte Taxiwissen aufzufrischen, »aber das ist inzwischen so unendlich kompliziert geworden, und irgendwie hab ich mir gedacht: keine Prüfungen mehr für mich in diesem Leben«.

Und so ist es ein Buch aus der Erinnerung geworden. Über die Achtzigerjahre in Hamburg. Aber unglaublich präzise und präsent, wenn sie zum Beispiel über den »Höllen-Penny« schreibt, in dem die ärmsten der Armen stehlen, kotzen und betrügen. Und bei aller Männerverachtung in diesem Buch gilt das größte Erstaunen doch jener Personengruppe, die sich von diesen geltungssüchtigen Hanswursten ein Leben lang gängeln lässt, den Frauen: »Diese Wesen würden es nie schaffen. Sich dreißigtausend Jahre lang unterdrücken zu lassen, ohne eine einzige anständige, blutige Revolution auf die Beine zu stellen, das sagt ja eigentlich schon alles.«

Ob sie nicht mitunter wahnsinnig schlechte Laune bekommen habe beim Schreiben? »Nein«, sagt sie, »warum?« Und wie das geht, einen Großstadtroman schreiben in der tiefsten Landeinsamkeit? »Schreiben ist Isohaft«, hatte sie in einem früheren Gespräch einmal gesagt. Und: »Ich will die Möglichkeit haben, ein isoliertes Leben führen zu können. Feste Mauern, ein Wassergraben, NATO-Stacheldraht drumherum.« Dafür sieht es hier verblüffend freundlich aus. Nur eben diese gekrönten Stein-Bullys als freundliche Drohung überall.

Später sehen wir uns noch ihren Schwimmteich am Ende des Grundstücks an. Sie hatte vor einiger Zeit den Fehler gemacht, da eine Pflanze namens »Kanadische Wasserpest« einzupflanzen. Die hat jetzt, bei dem Namen wenig überraschend, die Herrschaft über den Teich übernommen und wuchert immer wieder in Windeseile alles zu. Dafür leben jetzt jede Menge Molche dort. Doch Karpfen sollen jetzt die Wasserpest besiegen? »Ja und die Molche?« Sollen nicht ihre Sorge sein, sagt sie. »Ich will wieder schwimmen.«

Doch das Leben hier draußen soll jetzt auch bald ein Ende haben. Den Bahnhof will sie verkaufen, um mit ihren Tieren ins Umland von Berlin zu ziehen. Ein bisschen fehlen die Großstadtdinge auf Dauer eben schon. Und Ausreiten kann man dort auch viel besser.

Am Ende des Buchs, als Taxifahren als Lebensform für die Ewigkeit zementiert zu sein schien, erscheint überraschend ein Schimpanse als Fahrgast an Alex' Seite. »Der Schimpanse sah zu mir herüber, und in dem kurzen Moment, als sich unsere Blicke trafen, begriff ich, dass es dem großen Affen ganz ähnlich ging wie mir: Kein Spaß, kein Ausweg, und nicht die geringste Hoffnung, dass sich daran etwas ändern könnte.« Und etwas Weiches legt sich auf ihre Hand, die auf dem Schaltknüppel liegt. Das Weiche ist eine Schimpansenhand. Der Affe sieht ihr in die Augen und nickt ganz leicht, und Alex denkt: »Herrje, wenn das ein Tier war – was war dann bitte ich?«

Und es beginnt eine Schussfahrt in die Freiheit. Die Freiheit von der Taxifron. Rasant, gefährlich, sonderbar, wie das ganze schöne Buch.

(2008)

So spricht die Liebe, wenn sie kommt

Ein Gespräch zur Mittagsstunde über das Schreiben, das Leben, den Tod und natürlich über sein Buch »Schweigeminute«.
Eine Reise zu dem Schriftsteller Siegfried Lenz nach Dänemark

Leicht gebeugt und vorsichtigen Schrittes kommt Siegfried Lenz die kleine Treppe vom Uferweg der Flensburger Förde herauf. Der Garten des Restaurants im dänischen Sønderhav, nahe der deutschen Grenze, das er für unser Treffen vorgeschlagen hat, ist noch ganz wild und unbepflanzt. Kleine Richtschnüre wurden vom Gärtner quer über den Boden gespannt, um ihn später schnurgerade einzuebnen. Wir gehen langsam auf die Terrasse. Lenz ist herübergekommen, von der dänischen Insel, auf der er jetzt die meiste Zeit des Jahres lebt. Zwei Stunden dauert die Fahrt mit Auto und Fähre für ihn hierher. Er wollte dem Interviewer eine noch längere Anreise ersparen.

Die Sonne scheint ein wenig, aber Wolken ziehen auf. Siegfried Lenz holt seine Pfeife aus der Tasche, stopft sie mit Tabak aus einer großen goldfarbenen Dose und zündet sie an. Auch wenn man ihn nur aus seinen Büchern kennt, aus der »Deutschstunde«, aus »Heimatmuseum«, »Feuerschiff« und »Fundbüro« und so unendlich vielen anderen, hat man trotzdem jetzt, so vor ihm sitzend, das Gefühl, dass man ihn lange schon persönlich kennt. Er spricht mit dieser unglaublich sanften, weichen, norddeutschen Stimme, die den Leser durch alle seine Bücher trägt. Die aus all seinen Romanen und Erzählungen zu den Lesern spricht. Er raucht und lacht und erzählt, und es scheint unmöglich, ein böses Wort in seiner Gegenwart auch nur zu denken.

Wir sprechen über sein neues Buch, die Novelle »Schweigeminute«. Es ist die Geschichte einer Liebe, einer Liebe, die vergangen ist, im Moment, in dem die Erzählung beginnt. Oder nein, sie ist nicht vergangen, sie wird dauern, die Liebe, lange, lange Zeit, vielleicht für immer. Aber Stella ist tot. Die Geschichte beginnt mit der Trauerfeier ihr zu Ehren in der Aula der Schule, in der sie Englischlehrerin war. Christian, ihr Schüler, erinnert sich an sie. Mal scheinbar fern beschreibt er sie in der dritten Person, doch fällt er immer wieder in das vertraute »Du«. Du, Stella. Es ist ein so leichtes, zartes, trauriges und wunderschönes Liebesbuch, wie es schon lange keines mehr gab.

Ob es ihm leichtgefallen sei, das Buch zu schreiben? Siegfried Lenz sagt lange nichts. »Nein«, sagt er dann. »Nein, ganz und gar nicht. Ich hatte zwanzig, dreißig Seiten geschrieben, da starb meine Frau. Meine geliebte Frau.« Sechundfünfzig Jahre waren sie verheiratet. Am 5. Februar 2006 ist sie gestorben. »Der Text blieb lange liegen. Der Versuch, zurückzukehren an die Arbeit, misslang, misslang immer wieder. Ich musste glauben, dass meine Einbildungskraft mir untreu geworden war, plötzlich«, sagt er und blickt nach oben. Und auch er selbst wurde schwer krank, hatte zwei lebensgefährliche Operationen zu überstehen. Und er nennt das Buch »mein Schmerzensbuch«, wie Thomas Mann seinen »Doktor Faustus« genannt hat, während dessen Entstehung er lebensgefährlich erkrankt war.

»Doch dann«, sagt Lenz, »erfuhr ich so wesentliche Hilfe für meine Imagination – und es ging weiter.« Es ging weiter mit einem neuen Schwung, und wie er diese Leichtigkeit in all der Traurigkeit den Jahren abgetrotzt hat, erscheint beinahe unglaublich. Was genau das Geheimnis der Inspiration gewesen sein mag? In der Novelle heißt es gegen Ende: »Vielleicht muss ja im Schweigen ruhen und bewahrt werden, was uns glücklich macht.«

Es beginnt leicht zu regnen, wir gehen hinein. Das Restaurant hat eigentlich mittags geschlossen. Es wird heute nur für uns, für Siegfried Lenz, geöffnet. Die Künste des Kochs und Besitzers Christian Bind wurden schon mit einem Michelin-Stern ausgezeichnet. Sein eigenes Restaurant hier oben hat er erst vor einem Monat eröffnet. Am ersten Abend las Lenz die Erzählung »Jütländische Kaffeetafeln«, sein berühmtes Loblied auf die dänische Backmagie, und das Haus war voll. Sie lieben ihn hier oben, die Dänen, ihren deutschen Schriftsteller. »Der deutsche Däne« hat ihn gerade eine örtliche Zeitung genannt. Und Lenz liebt die Dänen und ihr Land. »Es ist ein schönes Land, nicht?«, hat er schwärmerisch gleich zur Begrüßung gefragt.

Vom Fenster aus blickt man auf die Förde, kleine Segelschiffe liegen auf dem Wasser. Am Vormittag habe man einen riesigen Windjammer aus Peru beobachten können, sagt Lenz, etwas enttäuscht über die Winzigkeit der aktuellen Segeldemonstration. »Ein Ausbildungsschiff für peruanische Kadetten! Fantastisch!« Siegfried Lenz ist ein Schwärmer mit einem liebevollen Blick auf die Menschen, auf die Welt. Millionenauflagen haben seine Bücher erreicht. Die Menschen spüren diese Liebe beim Lesen und lieben ihn zurück.

In dem neuen Buch ist die Liebe so gegenwärtig wie lange

nicht in einem Buch von Siegfried Lenz. Stella und Christian werden ein Liebespaar, die Lehrerin und ihr Schüler, ein verbotenes, ein heimliches Liebespaar. »Deine Haut lächelt, Christian«, sagt Stella. Sie liegen am Strand, zu zweit, »ich streifte ihren Badeanzug ab, und sie ließ es geschehen, sie half mir dabei, und wir liebten uns dort in der Mulde bei den Kiefern.« Und weiter heißt es: »Wie erzählbereit sie war, als müssten wir nun etwas sagen, was noch nicht gesagt worden war.« »Erzählbereit« – was für ein schönes Wort! »Lachbereit« ist ein anderes, mit dem Stella in der Novelle umschrieben wird.

Und so wird auch tatsächlich viel gelacht in diesem Schmerzensbuch der Erinnerung und der Gegenwärtigkeit. Es herrscht eine eigenartige und schöne Mischung aus Melancholie und guter Laune, aus Zuversicht und Schmerz. Auch im Gespräch wechselt die Stimmung hin und her. Einmal, erzählt Lenz, als er in der Hamburger Klinik zum ersten Mal seinem behandelnden Arzt begegnete, sei dieser, ganz in Weiß natürlich, auf ihn zugestürmt und habe gerufen: »Herr Lenz, was für eine Ehre und Freude für mich, Sie behandeln zu dürfen.« – »Ich dachte mir, so ähnlich wird der Tod sprechen, wenn er zu mir kommt«, sagt Lenz. Doch der Arzt erläutert seinen Überschwang, er habe seinen Abituraufsatz über die »Deutschstunde« geschrieben, deshalb freue er sich so. Lenz lacht darüber jetzt aus ganzem Herzen. Er hat die Behandlung gut überstanden.

Es wird viel gelacht an diesem Freitagmittag an der Förde. Es gibt köstlichen Fisch, von dem der hervorragend dänisch sprechende Lenz den deutschen Namen nicht kennt. Irgendetwas mit »Wal« am Ende auf Dänisch, was mich etwas beunruhigt. Aber Lenz zerstreut alle Unruhe und lenkt meine Aufmerksamkeit auf anderes: »Ich will Sie einladen, diese Kartoffeln mit Andacht zu essen. Vermutlich wurden sie von Joachim, dem Bruder des dänischen Kronprinzen, gezogen. Er hat Kartoffelfelder hier in der Gegend. Das müssen Sie wenigstens zur Kenntnis nehmen.« Der Sozialdemokrat Lenz scheint hier oben beinahe monarchistische Züge zu entwickeln. Die Kartoffeln sind köstlich. Lenz strahlt.

Aber zu keinem Moment lacht er so herzlich wie in dem, als ich ihn frage, ob ihm im Alter das Schreiben leichterfalle. »Nein!«, schmettert er über den Tisch. Und gleich noch einmal »Nein!«, als wäre diese Frage der beste Witz der Welt. Nein, das Schreiben falle nicht leicht, im Alter nicht und früher auch nicht wirklich. Mit einem großen Krug Kaffee setze er sich jeden Vormittag an den Tisch, schreibe mit Kugelschreiber in einer Schrift, die seine Frau früher »künstlerisch organisierten persischen Küchendreck« nannte. Und die nun seine gute dänische Freundin Ulla entziffern müsse. »Mit ihrem Wikingerfinger hämmert sie auf die Tasten, dass die Scheiben klirren«, lacht er. Und imitiert beinahe militärisch das Gewaltklappern: »Schweigenovelle nächster Buchstabe! Peng!«

Dann setzen wir uns wieder auf die Terrasse. Auch in Dänemark ist das Rauchverbot streng. Selbst bei Siegfried Lenz wird da keine Ausnahme gemacht. Es regnet. Lenz raucht. Er hat einen Schirm aufgespannt. Mir leiht er seine Jacke, die ich mir über den Kopf ziehe, während er raucht und vom Fischen erzählt. Seit er zehn Jahre alt war, hat Lenz immer gefischt. Am Anfang, als er sich zusammen mit seiner Frau vor fünfzig Jahren in Dänemark ein Häuschen kaufte, haben sie autark gelebt. Gemüse aus dem Garten, Fisch aus dem Meer. Mehr als genug. Was zu viel war, hat er getauscht. Christians Vater in der Novelle ist ein Steinfischer. »Steine bleiben an ihrem Platz, auf Steine ist Verlass«, heißt es über seinen Beruf. Die Steine werden zum Bau von Molen und Wellenbrechern verwendet. Lenz schildert das so präzise, dass man sie nachbauen könnte: »Das steht Ihnen natürlich frei«, sagt er. Und erklärt: »Ich habe dreißig Sommer in der Nachbarschaft eines Hafens gelebt.« – »Dreißig Sommer lang«, so zählt Siegfried Lenz die Zeit.

Der Steinfischer ist ein Symbol der Dauer, der Gewissheit und der Standfestigkeit in dieser Novelle der Erinnerung und der Liebe. Am Ende, als Stellas Asche ins Meer verstreut worden ist, verspricht ihr Christian, dass er in den Ferien »auf der Liege aus Seegras schlafen wird«, und im Schlaf werden sie aneinander heranrücken, und »alles, was Erinnerung aufgehoben hat, wird dann wiederkehren. Was Vergangenheit ist, ist dennoch geschehen und wird fortdauern, und begleitet von Schmerz und einer zugehörigen Angst werde ich versuchen, das zu finden, was unwiederbringlich ist«.

Der Regen hat aufgehört. Es ist Zeit, sich zu verabschieden. »Die Fähre braucht immer länger, wenn ein Schriftsteller an Bord ist«, sagt Lenz. »Schriftsteller wollen immer den Kurs selbst abstecken. Das hält natürlich auf«, lacht er, umarmt mich und geht langsam zu seinem Wagen.

(2008)

Die Wut auf die Welt, wie sie ist

Sein Leben lang hat der Schwede Stieg Larsson geschrieben, aber erst nach seinem Tod erschien die »Millennium«-Trilogie: Weltauflage mehrere Millionen. Wer erbt das Vermögen: die Geliebte, die Familie, die sozialistische Partei? Und gibt es wirklich einen vierten Roman? Eine Reise in ein Land ohne Nacht

Die Wolken hängen tief über dem Flugplatz von Umeå. Joakim Larsson und seine rothaarige Tochter Therese stehen vor dem winzigen Flughafengebäude und rauchen.

Hier oben, etwa 700 Kilometer nördlich von Stockholm, wurde vor vierundfünfzig Jahren Joakims Bruder Stieg Larsson geboren. Vor vier Jahren ist er plötzlich an einem Herzinfarkt gestorben. Er hatte als Journalist in Stockholm gearbeitet, hatte dort die linke Zeitschrift »Expo« gegründet und war zu einem der weltweit führenden Experten in Sachen Rechtsextremismus geworden. Sein Name tauchte immer wieder auf Todeslisten schwedischer Nazis auf. Trotzdem wäre Stieg Larsson außerhalb Schwedens heute sicher weitgehend vergessen, wenn er neben seinen politischen dann nicht noch diese anderen Bücher geschrieben hätte: Kriminalromane. Die »Millennium«-Trilogie, die nach seinem Tod einen beispielhaften Triumphzug durch ganz Europa angetreten hat. Zwei Millionen seiner Bücher wurden bislang allein in Schweden verkauft, was bei neun Millionen Schweden eine fast schon hundertprozentige Haushaltsabdeckung bedeutet. In Frankreich liest man in diesem Sommer angeblich überhaupt nichts anderes mehr, und auch in Deutschland wurden schon 650 000 Larssons verkauft. Gerade als man dachte, von Schweden-Krimis hat die Welt für eine ganze Weile genug, kamen diese sonderbaren, spannenden Romane über Regierungsverschwörungen, Wirtschaftsterroristen, Vergewaltiger und Geheimdienstverbrecher in die Welt, denen man sich auch als Krimiskeptiker kaum entziehen konnte. Was einerseits an dem unbedingt verehrungswürdigen Ermittlerduo liegt, dem recherchewütigen skrupulösen Journalisten Mikael Blomqvist, Herausgeber und Mitbegründer des linken Wirtschaftsmagazins »Millenium«, einem Alter Ego des Autors, dem Larsson eine unwiderstehliche Anziehungskraft auf Frauen mitgegeben hat, und der kleinwüchsigen anorektischen Computerhackerin und Boxerin Lisbeth Salander. Die Gegner der beiden sind übermächtig: die schwedische Geheimpolizei, Wirtschaftsmagnaten, Massenmörder. Und nur im ersten Band ermitteln sie wirklich als Team, eine ungewöhnliche Liebe und Lisbeths maximale Probleme lassen sie getrennte Forschungswege gehen. Doch beide vereint eine akribische Recherchewut, unbedingte Kampfbereitschaft, Empörung gegen Männergewalt und den Zustand der Welt. »Männer, die Frauen hassen« heißt der erste Band sehr schön im Schwedischen. Die deutschen Bibel-Titel »Verblendung«, »Verdammnis«, »Vergebung« sind eher irreführend. Im Sommer 2002 hatte Larsson mit dem Schreiben begonnen, 2004 schloss er mit einem schwedischen Verlagshaus einen Vertrag über drei fertige Bücher ab, wenige Wochen später war er tot. Und seit seinem Tod tobt ein bizarrer Familienstreit um Stieg Larssons Vermächtnis. Um Geld, um die Rechte an seinen Texten, um Filmrechte, einen geheimnisvollen vierten Roman und um die Erinnerung an Stieg Larsson.

Sein Bruder Joakim ist in den Jahren nach Stiegs Tod zu einem der meistgehassten Männer des Landes geworden. Jetzt steht er also da, vor dem Flugplatz, mit seiner Tochter und raucht. Nach kurzer Begrüßung fahren wir in seinem Mazda-Kombi hinein in die Stadt, Stadt der Birken wird sie genannt, 3000 Birken wachsen hier, 75 000 Menschen leben hier. Normalerweise. Im Moment scheint die gesamte Bevölkerung die Stadt verlassen zu haben. Die Straßen sind leer. Es ist vier Uhr nachmittags. Joakim Larsson schlägt vor, essen zu gehen, und führt uns in ein fensterloses Kellerrestaurant. Nach einer Weile kommt noch sein und Stiegs Vater Erland mit seiner Frau hinzu. Sie sind die Protagonisten des Lebensromans, der nach Stiegs plötzlichem Tod begann und bis heute nicht zu Ende ist.

Fünfundzwanzig Jahre lang hatte Stieg Larsson mit seiner Freundin Eva Gabrielsson in Stockholm zusammengelebt. Sie war seine Lebenspartnerin, aber sie waren nicht verhei-

ratet, und so steht ihr keine Öre aus dem Erbe zu, kein Recht an Stiegs Texten, gar nichts. Die Familie, Bruder und Vater, die Stieg zwei-, dreimal im Jahr kurz hier oben in Umeå besuchte, erbte alles. Und das ist, nachdem auch die Filmrechte verkauft sind, ein zweistelliger Millionen-Euro-Betrag. Der Kampf zwischen Eva in Stockholm und den Larssons in Umeå wurde weitgehend in der schwedischen Öffentlichkeit ausgetragen. Mit allen Sympathien auf der Seite Eva Gabrielssons. »Eva hatte einfach die bessere Geschichte«, sagt Erland Larsson, ein schlanker Mittsiebziger mit kurzem grauem Haar, der in dem braun gestrichenen Kellerrestaurant direkt neben mir sitzt. Er hat früher als Illustrator gearbeitet, für eine Tageszeitung in Umeå, Stieg, als er noch hier lebte, für die andere Zeitung, auch als Illustrator. Oft haben sie am selben Tag zum selben Thema zeichnen müssen. Am nächsten Morgen haben sie verglichen. Stieg war immer ein politischer Rebell, der Vater gemäßigter Sozialdemokrat. Auf jeder Demonstration Umeås war der Sohn dabei, der Vater nur am 1. Mai.

Es ist eine etwas beklemmende Atmosphäre am Tisch. Die Familie wirkt unbedingt verteidigungsbereit. Meist redet der Vater. Bei heiklen Fragen herrscht eine Weile Schweigen, Erland Larsson sieht den Sohn an und fragt kurz: »Sollen wir darüber sprechen?« – »Okay.« Zum Beispiel über das Testament. Vor wenigen Wochen hat Eva Gabrielsson der Öffentlichkeit erstmals Ausschnitte aus einem Testament Stieg Larssons präsentiert, von dem seine Familie zuvor nichts wusste. Es war in einem Fernsehbeitrag zu sehen, in dem beide Seiten zu Wort kamen. In dem gezeigten Ausschnitt aus dem Testament, das er vor einer Afrikareise in den Siebzigerjahren aufgesetzt hat, erklärt Stieg Larsson, nach seinem Tod all sein Geld der Sektion der Sozialistischen Partei in Umeå zu vermachen. Damals wäre es beim Nachlass des notorisch geldknappen Larsson bestenfalls um ein paar Tausend Öre gegangen. Jetzt plötzlich wären das etwa 20 Millionen Euro. In einer ersten Stellungnahme erklärte der Sektionsvorsitzende, das sei ja schön, und sie würden das Geld gern im Kampf gegen Rechtsextremismus verwenden. Doch ist inzwischen klar, dass das Testament nicht rechtskräftig ist, da es ohne Zeugen aufgesetzt wurde, dass es nur um sein damaliges Barguthaben gehen würde. Außerdem hat die Partei inzwischen erklärt, dass sie ohnehin fände, das ganze Geld stehe seiner Lebenspartnerin zu. Schließlich habe Stieg sein ganzes Leben lang auch für Frauenrechte gekämpft, und es sei ein Witz, dass in diesem Land, nur weil eine Unterschrift unter einem Papier fehle, eine Lebenspartnerin rechtlos zurückbleibe.

Die Familie würde das Testament jetzt natürlich gerne einmal ganz sehen. Doch Eva weigert sich, es der Familie zu zeigen. Es ist Teil des Familienkampfes, der sogar vor dem Grab des Verstorbenen nicht haltmachte: »Das erste Jahr wussten wir nicht einmal, wo Stieg beerdigt wurde«, erklärt der Bruder. Eva hatte es geheim gehalten. Angeblich um das Grab vor rechtsextremen Sprayern und Grabschändern zu schützen. Inzwischen haben sie es gefunden. Aber eine Verständigung mit Eva Gabrielsson wird es wohl nicht mehr geben. »Sie hat Stiegs Leben gekidnappt«, sagt Joakims Tochter Therese. Kurz zuvor hatte ihr Vater seinen Arm um ihre Schulter gelegt und halb scherzhaft gefragt: »Darf ich vorstellen? Lisbeth Salander.« Und er erklärt, dass seine Tochter das Vorbild für die sensationelle Kampfermittlerin aus den Romanen seines Bruders sei. Ihr Verhältnis sei sehr eng gewesen, Hunderte Mails hätten sie hin- und hergeschickt, wie Lisbeth sei sie außen weich und innen super-tough, wie Lisbeth habe sie an Anorexie gelitten, Stieg habe sie immer wieder nach den Details der Krankheit, nach ihrem Gewicht und ihrer Größe gefragt und ihr mitgeteilt, er schreibe über ein Mädchen wie sie.

Therese ist heute dreiundzwanzig Jahre alt, hat lange Haare und eine dunkle Kastenbrille, wirkt eher unanorektisch und auch sonst ganz anders, als der Leser sich Lisbeth Salander vorstellt. Aber bitte. Später wird ihr Vater sie sogar bitten, ihre linke Schulter zu entblößen: Wo bei Lisbeth Salander ein Drachentattoo ist, hat Therese eine rote Rose. Es ist doch sehr sonderbar, wie der Vater seine Tochter fast gewaltsam in die Romane seines Bruders hineindrängt.

Im dritten Band der »Millennium«-Bücher gibt es diese eine beunruhigende Szene, in der der Chefredakteur einer Zeitung mittags an seinem Arbeitsplatz einen Herzinfarkt hat und stirbt. Exakt der Tod, den der Zeitungsherausgeber Larsson kurze Zeit darauf selbst in seiner Redaktion ereilt. »Dass Leute an ihrem Arbeitsplatz sterben, ist ungewöhnlich bis selten. Die Leute sollten doch bitte so viel Rücksicht zeigen, sich zum Sterben zurückzuziehen«, kommentierte Larsson den Vorfall im Roman.

Nach einer guten Stunde verlassen wir das Kellerrestaurant und fahren durch die immer noch leere Stadt, Birkenalleen entlang, an Stiegs Schule vorbei, der Kaserne, in der er diente, an dem hellgrünen Mietshaus vorbei, in dem die Familie zuerst wohnte. Joakim Larsson deutet auf ein Fenster nebenan: »Hier haben ihm meine Eltern ein Zimmer gemietet, als er vierzehn war. Den Lärm der Schreibmaschine, auf der er die ganze Nacht Geschichten schrieb, hat irgendwann keiner mehr ausgehalten.« Frühe Genie-Geschichten aus einer längst vergangenen Zeit. Das nordschwedische Städtchen wird für den Gast zu einem Ort, an dem Stieg Larsson in jedem Winkel steckt. In Stockholm gibt es schon offizielle Stadtführungen an die Orte der Romane und an Larssons Lebensplätze. Wir fahren weiter in die Wohnung des Vaters. Alles in Beige, ein Porzellanleopard neben dem Spiegel. Er holt Familienbilder hervor. Stieg an der Schreibmaschine, Stieg mit Bruder, Stieg am Frühstückstisch.

Dann die Manuskripte. Der Vater trinkt Whisky und erzählt, wie er am Tag nach Stiegs Tod, als das Verhältnis zu Eva noch intakt schien, in deren Wohnung einen kurzen Blick in ein Manuskript geworfen habe, das er noch nicht kannte: Der vierte Roman. Stieg Larsson hatte die »Millenium«-Reihe auf zehn Folgen angelegt. Drei sind erschienen. Und dieser andere? »Ich habe nur kurz hineingeschaut«, sagt er. »Ich habe mir nichts merken können.« Joakim ergänzt, Stieg habe ihm zehn Tage vor seinem Tod erklärt, der vierte Roman würde der größte. »›Mankell kann einpacken!‹, hat er gesagt.« Und jetzt ist dieser vierte Roman also verschwunden? »Nein, Eva hat ihn und gibt ihn nicht heraus.« Inzwischen hätten sie aber einen Vertrag mit ihr abgeschlossen, dass keiner von ihnen Stiegs vierten Roman veröffentliche. Der sei vom Autor nicht autorisiert und nicht fertig.

Es wird nicht dunkel in diesen Tagen und Nächten in Umeå, nicht mal eine zarte Dämmerung kommt auf. An den Ufern des Flusses, der Ume älv, liegen zwei Tanzboote. Auf dem einen schwingen sich schon am frühen Abend Rentner zu lautem Swing über die Bretter. Auf dem anderen spielt eine Cover-Rockband »Suspicious Minds«. Es beginnt zu regnen, die Tänzer gehen unter Deck. Ein paar Jugendliche sitzen auf einem Steg, werden allmählich nass und warten.

Eva Gabrielsson sitzt an einem weißen Tisch in der Kaffeeküche ihres Büros in Stockholm. Sie ist Stadtplanerin, seit einer Weile arbeitet sie an einem Buch über die Architektur der schwedischen Hauptstadt. Ihre Augen sind gerötet, sie wirkt fahrig, traurig, unsicher. Ihr gehe es nicht um das Geld, sagt sie. Es gehe ihr um die Rechte an den Texten, auch an den alten, politischen Texten. Sie wirft der Familie in Umeå vor, die Romane manipuliert zu haben, echte Namen von lebenden Menschen, von »all day heros«, denen Stieg bewusst ein literarisches Denkmal setzen wollte, hätten sie herausgekürzt. Gestrichen wurden alle, die sich nach Stiegs Tod auf Evas Seite stellten.

Und das Grab, wie konnte sie das seiner Familie verheimlichen? »Ach, sie hätten eben einfach zur Beerdigung kommen müssen«, sagt sie und lächelt traurig.

Mit der Familie in Umeå kommuniziert sie nur noch über

Anwälte. »Stieg wollte, dass ich mich um sein Leben kümmere«, sagt sie, und in dem Testament habe er geschrieben, dass seine persönlichen Dinge und Texte ihr gehören. Warum sie das Testament noch nie ganz gezeigt habe? »Es ist ja ohnehin nicht rechtsgültig.«

Fünfundzwanzig Jahre hat sie mit dem Mann zusammengelebt, der vor vier Jahren morgens die Wohnung verließ und nicht wiederkam. Fast die ganzen fünfundzwanzig Jahre hat sie niemandem sagen dürfen, mit wem sie diese Wohnung teilte. Nur die zwei besten Freunde wussten es. Anderen sagte sie immer nur: »Ich wohne mit einem Journalisten zusammen.« Stieg Larsson lebte gefährlich. Immer wieder stand sein Name auf Nazi-Todeslisten. Zwei Journalisten, die auf denselben Listen standen, wurden Ende der Neunzigerjahre getötet. Ein Gewerkschafter wenig später. »Die Angst war immer da«, sagt sie.

Und es wird immer klarer, wie verzweifelt eine Frau sein muss, die sich zu Lebzeiten kaum einmal zu ihrer Liebe bekennen durfte, wenn ihr nun auch nach dem Tod des Partners das Recht vorenthalten wird, an seinem Fortleben mitzuwirken.

Sie erzählt, wie er überhaupt begonnen hat, Romane zu schreiben. Es war im Sommer 2002. Sie machten Ferien in einem Haus im Norden. Sie begann ihr Stockholm-Buch und er – wusste nicht recht. Da erinnerte sie ihn an eine kurze Geschichte, die er 1997 einmal geschrieben hatte: Ein alter Mann bekommt an jedem Geburtstag eine Blume per Post. Seit über vierzig Jahren. Früher hat er sie von seiner Nichte bekommen, dann ist diese Nichte verschwunden. Doch die Blumen kommen Jahr für Jahr weiter. Es ist das letzte Rätsel, dessen Lösung der Greis noch erfahren möchte. Von wem kommen die Blumen? Und was geschah mit seiner Nichte? Es ist der Anfang des ersten Romans. Seine Freundin ermunterte ihn weiterzuschreiben. Und Stieg Larsson schrieb und schrieb.

»Er hat sich all seine Wut herausgeschrieben«, sagt sie. »Die Wut auf die Welt, wie sie ist. Rassismus, Diskriminierung von

Frauen, Passivität der Polizei, Mutlosigkeit, der Niedergang des Journalismus zum unrecherchierten Werbeschreibertum. All das.« Schreibend sprang er zwischen den verschiedenen Romanen hin und her, gab ihr immer wieder Abschnitte zu lesen, fragte sie um Rat. Sie war immer dabei. Und jetzt?

Der letzte Roman ist ihr einziges Pfand. Stieg Larssons vierter Roman. Sie hat ihn in seinem Laptop und gibt ihn nicht her. Niemand hat ihn bislang gelesen außer ihr. Es heißt, er sei nur zu zwei Dritteln fertig. Ob sie ihn fertig schreiben wolle? »Vielleicht, vielleicht nicht.« Gibt es den Vertrag mit der Familie, ihn nicht zu veröffentlichen? »Es gibt keinen Vertrag.« Worum geht es? Wie geht es weiter mit Lisbeth Salander und Mikael Blomqvist? Sie schweigt. Später, in einer Mail, schreibt sie auf die erneute Frage: »Muskox« – Moschusochse. – Bitte?

Es bleibt ihr Geheimnis. Der Teil von Stieg Larssons Welt und Schreiben, den sie mit niemandem teilen muss. »Aber Millionen Leser wollen wissen, wie es weitergeht!« – »Ich weiß«, sagt sie und zuckt die Achseln. »Und seine Familie in Umeå?« – »Die haben genug Geld gemacht. Oh, das haben sie.«

(2008)

Die Leute sollen mich beneiden

Wie konnte es eigentlich passieren, dass die Schriftstellerin Gabriele Wohmann so radikal aus der Mode gekommen ist? Ein Besuch in Darmstadt

Das rote Haus der Wohmanns liegt, von großem Grün umgeben, am Rande des Parks Rosenhöhe in Darmstadt. Viel schöner kann man hier nicht wohnen. Es ist elf Uhr, Gabriele und Reiner Wohmann begrüßen mich im Flur. Sie ganz in Schwarz, mit schwarzem, leicht gezaustem Haar, er ganz in Creme und Weiß, mit weißem Haar. Seit fünfundfünfzig Jahren sind die beiden miteinander verheiratet.

Es ist halbdunkel im Haus, die Rollläden sind halb heruntergelassen. »Das ist ja das Schlimmste an Darmstadt«, sagt sie später. »Es ist ein richtiges Sonnenloch.« Ständig sei das Wetter schön, es sei ganz fürchterlich, und ihr Mann ergänzt: »Am liebsten mag sie Regen und Nebel.« Gleich nach der Begrüßung hatte sie gefragt: »Wie machen wir's? Ein konzentriertes Interview, nur wir beide, unten in meinem Arbeitszimmer, oder Plaudern zu dritt oben im Wohnzimmer?« Kurz danach sitzen wir im Wohnzimmer, Reiner Wohmann und ich trinken Sherry, sie trinkt nichts und raucht immer wieder eine Gitane. »Eine pro Stunde«, sagt sie; und dass auch Breschnew immer genau eine pro Stunde geraucht habe, nur habe der dafür einen extra für ihn angefertigten Apparat gehabt, der im genau festgelegten Zeitintervall eine auswarf und nie mehr. Auch in ihren Erzählungen werden meist Gitanes geraucht, oft auch mehr als eine pro Stunde, die Menschen dort haben Zeit und achten meist nicht auf solche Dinge.

Gabriele Wohmann hat in ihrem Leben einen unendlichen Figurenkosmos der bürgerlichen Welt entworfen. Paare, die sich finden, sich verlieren, rauchen, schweigen, Kleinigkeiten tun und darüber in große Liebeskriege geraten oder in lächerlich kleine Konflikte, Menschen in lebenslangen Paargefängnissen, die plötzlich angesichts einer schmutzigen Küchenfuge zu weinen beginnen, scheinbar ohne Grund, oder es kommt plötzlich eine schöne Pizzalieferantin ins Haus und mit ihr die Möglichkeit eines ganz anderen Lebens. Gabriele Wohmann schreibt und schreibt. »Grafomanin hat man mich genannt. Auch nicht schön.« Ein Schriftsteller, spätestens seit Thomas Mann wissen wir das, hat jemand zu sein, dem das Schreiben besonders schwerfällt. Gabriele Wohmann fällt es nicht schwer. Es fällt ihr auch nicht leicht, es fällt ihr eben ein. Die Geschichten, die Menschen fallen ihr zu. Viele Hundert Geschichten hat sie geschrieben, Erzählungen, einige Romane auch, aber die gingen oft auf Wünsche der Verlage zurück. Eigentlich liebt sie die kurze Strecke. Eine Konstellation schnell an ein Ende gedacht, und schon kann eine ganz neue beginnen.

Ihr neuer Erzählungsband »Schwarz und ohne alles« erscheint beim – wenn dort alles gut geht – Aufbau-Verlag. Ihr letztes Buch ist 2006 erschienen. Das ist nicht ihr Rhythmus. Früher hat sie zwei, drei Bücher pro Jahr veröffentlicht. Jetzt muss sie sich anpassen an den Takt, den Aufbau vorgibt. Ihr letzter Verlag, Piper, wollte gar keine Erzählungen mehr bringen. Sie solle ihre Autobiografie schreiben, hat ihr der Verleger gesagt, an anderen Texten sei man nicht mehr interessiert. Aber Gabriele Wohmann will keine Autobiografie schreiben. »Ich hatte kein spektakuläres Leben«, sagt sie, und dass sie gar keine genauen Aufzeichnungen habe von all den Jahren, und außerdem interessiere sie das eben nicht. Sie sei eine Erzählerin und fertig.

Aber der Erfolg schmilzt von Jahr zu Jahr weiter zusammen. Das muss auch sie erkennen. »Ich habe eben keine Gemeinde, so wie Christa Wolf«, sagt sie. Aber es ist schwer. Auf Lesereise kann sie auch nicht mehr gehen. »Ich habe Arthrose, Osteoporose und noch alle möglichen anderen -osen«, sagt sie leise lachend. Die Gelenke und Knochen wirken fast etwas verknotet. Sie kann kaum noch längere Strecken gehen, nicht mehr reisen. Und sie will auch nicht angestaunt werden von den Leuten im Publikum, angestaunt und bemitleidet. Das war bis zuletzt ihre größte Einnahmequelle, die Lesungen. Auch die ist jetzt also versiegt. Und die Einnahmen aus den Buchverkäufen sind minimal. »Wir warten schon darauf, dass das Finanzamt sagt, ihr Schreiben sei ja nur eine Liebhaberei und kein Beruf«, sagt ihr Mann. Viele Jahre vor seiner Pensionierung hat Reiner Wohmann seinen Lehrerberuf aufgegeben, um mit seiner Frau auf Reisen – »die schönen Goethe-Reisen« – gehen zu können und den Haushalt zu organisieren, die Steuern, all das lästige

Drumherum, damit seine Frau in Ruhe schreiben kann. Er ist auch ihr erster Lektor. Aber auch er ist mit dem Lesen etwas im Rückstand. Später, unten in ihrem Arbeitszimmer, wird er auf einen Stapel Manuskripte in bunten Kladden deuten und sagen: »Die habe ich alle noch nicht bearbeitet.«

Reiner Wohmann redet mehr als seine Frau. Er erzählt vom Gärtner in dem gelben Haus, der früher, als das Rosarium der Rosenhöhe noch verwildert war, auf Rehe schoss und mit seinem Wagen so rasant über die Wege fegte, dass der Politikwissenschaftler Dolf Sternberger, der nebenan wohnte, sich laut rufend über den wirbelnden Straßenstaub beklagte. Und von seinem Vater erzählt er, der in einem Brief von Goebbels persönlich aus dem Staatsdienst entlassen wurde. Und seine Frau ruft staunend, das habe er ja noch nie erzählt und sonst erzähle er immer vom Krieg und dabei könne sie immer so gut einschlafen. Und dann sind wir wieder bei ihr und dem Vergessen-Sein.

»Viele Leute denken ja, ich sei schon tot«, sagt sie jetzt. »Wer war das jetzt gerade wieder?«, fragt sie zu ihrem Mann auf dem Sofa hinüber. »Diese Berliner Schriftstellerin – jaaa, Katja Lange-Müller« –, genau, dachte auch, ich sei längst gestorben« und muss dann immer wieder selbst über ihre Lage lachen. Es wird überhaupt viel gelacht an diesem Vormittag in dem dämmrigen Darmstädter Wohnzimmer. Obwohl es eben doch und vor allem darum geht, wie es passiert ist, dass die einstige Erfolgsschriftstellerin Gabriele Wohmann so radikal aus der Mode gekommen ist. »Ich habe als Frau das falsche Leben geführt«, sagt sie einmal. »Ein Leben lang verheiratet mit dem gleichen Mann, das finden die Leute nicht interessant.« Und außerdem: »Ich sehe eben einfach nicht gut aus«, sie muss schon wieder lachen. Meist lacht sie zu ihrem Mann hinüber, den Kopf leicht schief auf die Schulter gelegt. Und wird dann aber doch schnell wieder nachdenklich und leise, wenn sie erzählt, dass sie von den Zeitungsredaktionen des Landes, denen sie ihre Gedichte und Erzählungen zur Veröffentlichung schicke und von denen sie meist ganz einfach gar nichts höre, zur Bittstellerin degradiert werde. »Das ist eine demütigende Lage im Alter. Ja, es ist demütigend.«

Nach einer Weile macht sie sich dann doch langsam etwas Sorgen um den Text, der hier auf dieses Treffen folgen wird: »Das soll ja kein Jammerporträt werden. Die Leute sollen mich doch beneiden!« Und sie überlegt, was sich jetzt mal schnell Positives erzählen ließe, und überlegt, bis ich schnell auf das herrliche Haus hinweise, die gute Lage, das Grün, die schöne Stadt. »Genau, das Haus!«, sagt sie, und ihr Mann bestätigt es, und sie fügt an: »Genau, schreiben Sie, wie schön Gabriele Wohmann wohnt!«

Sie ist einfach kein bisschen sentimental. Oder wenn sie es ist, verbirgt sie es zumindest gut. Im Oktober letzten Jahres hatte sie noch einmal einen etwas größeren öffentlichen Auftritt. Es war in einem Film über die Gruppe 47, der irgendwann um Mitternacht in der ARD gesendet wurde. Und jeder, der den Film gesehen hatte, meinte danach: »Hast du die Wohmann gesehen? Die war doch toll!« Sie saß in diesem Film vor einer weißen Leinwand auf einem Sessel und wurde immer wieder um Kommentare gebeten, zu damals. Es wurden auch die großen Herren natürlich um Kommentare gebeten. Der Kontrast hätte nicht größer sein können: Hier Joachim Kaiser, Walser, Grass mit einer unvergleichlichen männlichen Dickbäuchigkeit, über die Leiber streichelnd, an die Erfolge erinnernd, an sich selbst, an ihren Glanz, ihre Intelligenz, ihren Humor. Und dazwischen immer wieder sie, lässt lässig und knapp alle Luft aus den Männern entweichen: »Das sind eben diese Verklärungen«, sagt sie einmal. Und schweigt dann wieder. Und über Grass: »Ja, der denkt überhaupt viel zurück.«

Als ich sie nach der Ausstrahlung um kurze Miniaturen über die Zeit damals bat, in genau jenem lakonischen Stil, sagte sie einfach: Nein, das könne sie nicht. Sie erinnere sich auch gar nicht genau. Und außerdem lägen bei mir doch noch einige Erzählungen, die könne ich ja drucken. Aber für eine Zeitung sind die nicht wirklich geschrieben. Sie sind sehr ruhig, die Erzählungen Gabriele Wohmanns. Auf der Suche nach der Sollbruchstelle in einem Zweier-, Dreier- oder Viererleben. Leise beschreibend, wie eine Schwester stirbt und wie sie vorher schon eine Bluse, die schöne karierte Bluse, an die Erzählerin verschenken will, weil sie sie ja ohnehin nicht mehr tragen wird. Gabriele Wohmann hat diesen Blick, den frühere Rezensenten den »bösen« nannten. Er ist aber einfach nur kühl, ironisch und genau. Nicht zu erklären, warum das immer weniger Menschen lesen wollen. Gedichte schreibt sie inzwischen gar nicht mehr, Erzählungen längst nicht mehr so viele wie früher. »Natürlich frage ich mich heute immer öfter: wofür?« Jetzt schreibt sie an einem Kinderbuch. Zum ersten Mal in ihrem Leben.

Dann gehen wir hinunter in ihr Arbeitszimmer, es ist riesiggroß und dunkel. In der Mitte steht ein altes Puppenhaus.

Am Rand ein beeindruckendes Regal mit allen ihren Büchern. Weit über hundert müssen das jetzt sein. Reiner Wohmann öffnet den Schrank mit ihren Manuskripten. Alles perfekt geordnet. Auf einem Brett sind rote Kladden, auf dem anderen gelbe und auf einem dritten grüne: Romane. Erzählungen. Drehbücher. Und dann will er unbedingt noch einen anderen Schrank öffnen. Den mit »den Akten und Zigaretten«. Also gut. Wir schauen hinein: Tatsächlich Akten und einige Stangen Gitanes. Und dann tritt Gabriele Wohmann zwischen uns und ruft: »Oh, da ist ja meine Reisetasche. Da werde ich ja ganz sentimental.« Und wir betrachten gemeinsam die alte schwarze Tasche. Dann schließt ihr Mann den Schrank.

(2008)

Wörter, die leuchten

Der Tag an dem Herta Müller Nobelpreisträgerin wurde

Als am Donnerstag der schwarze Volvo vor dem Wohnhaus Herta Müllers in Berlin-Friedenau zum Stehen kommt, wird er sofort von Journalisten, Kameraleuten und Fotografen umringt. Über eine Stunde ist seit der Bekanntgabe der Nobelpreisträgerin vergangen. Herta Müller ist nicht zu Hause oder macht die Tür nicht auf. Und jetzt also endlich: der Volvo. Sie kommt kaum heraus, vor lauter Gedränge, die Dame auf dem Beifahrersitz. Dann endlich ihr Auftritt: Glückwünsche, Blumen, Sprachengewirr. Eine Journalistin ruft ihrer Kollegin zu: »Na hoffentlich spricht sie nicht Rumänisch mit uns. Sonst versteh ich doch nichts.« Die Kollegin hätte ihr helfen können. Sie war von ihrem Auftraggeber, einer Berliner Boulevard-Zeitung, extra geschickt worden, weil sie Rumänisch spricht, und hatte Herta Müller schon als Erste eine Glückwunschkarte auf Rumänisch durch den Türschlitz geworfen.

Die Verwirrung nimmt zu, die Dame mit den langen dunklen Haaren hat jetzt eine Weile Glückwünsche entgegengenommen, doch als die ersten Radioreporter sie ins Mikrofon hinein fragen, wie sie sich fühle, ob sie damit gerechnet habe und ob sie den Preis für Deutschland oder für Rumänien gewonnen habe, da wird ihr langsam klar, dass eine Verwechslung vorliegen muss. Nein, sie sei nicht Herta Müller, sie sei gekommen, um zu gratulieren. Doch dringt sie mit der Richtigstellung nicht recht durch, die Leute wollen Herta Müller sehen und sind nicht so schnell bereit, die scheinbar glücklich aufgetauchte Nobelpreisträgerin wieder herzugeben. Außerdem kann es ja sein, dass sie es doch ist, dass sie einfach leugnet, Herta Müller zu sein, um in Ruhe feiern zu können, ohne Journalisten. Aber nicht mit ihnen! Sie wird dann noch auf Englisch und Französisch gefragt, wie sie sich fühle, mit diesem tollen Preis, und die Dame ist jedes Mal aufs Neue erstaunt, dass sie das Missverständnis nun offenbar in allen Weltsprachen nacheinander aufklären muss. Dass sie nicht sagt, wer sie – statt Herta Müller – wirklich ist, macht sie in allen Sprachen verdächtig. Nur ein Mann steht lächelnd daneben, der Korrespondent der schwedischen Tageszeitung »Dagens Nyheter«. Er kennt die Dame. Sie ist die Botschafterin von Schweden.

Herta Müller sitzt währenddessen in ihrer Wohnung. Vielleicht feiert sie schon ein bisschen so für sich oder mit ihrem Mann, vielleicht telefoniert sie mit Freunden, sicher sieht sie immer mal wieder kurz durchs Fenster hinunter auf die Straße. Leider hört sie nichts von dem herrlichen Verwechslungstheater um die schwedische Schein-Herta-Müller. Es hätte ihr gefallen. Es ist ein bisschen wie eine Szene aus ihrer eigenen Buchstabenwelt, aus der Welt ihrer ausgeschnittenen Wörter, die sie immer wieder aus Zeitschriften, Frauenzeitschriften meist, oder aus dem »Spiegel« heraustrennt und neu zusammensetzt, zu neuen Wörtern, neuen Sätzen, einer neuen Welt, und auf Postkarten klebt: »Das ist beim Ausschneiden schön«, hat sie einmal gesagt, »du hast zwei ganz gewöhnliche Wörter und nimmst einen Teil von dem einen und einen von dem anderen, und schon hast du ein unerhörtes neues Wort. Wenn es glückt, dann kann man diesen Schock produzieren, der durch das Zusammenkommen von Wörtern entstehen kann.« Und plötzlich ist Herta Müller eine Schwedin, die Rumänisch spricht für einen Moment. Jemand hat die Welt neu zusammengesetzt für einen Moment. Und jemand lacht.

Spätestens am nächsten Morgen wäre eine solche Szene ja nicht mehr möglich gewesen. Am nächsten Morgen war Herta Müller weltberühmt, ihr Bild war weltberühmt, und die meisten Zeitungen sahen auf ihren ersten Seiten beinahe so dunkel-feierlich-bedrückt aus, als wäre jemand gestorben. (Außer jener Berliner Boulevard-Zeitung mit der rumänischen Reporterin. Die titelte jubelnd: »Berlins neuer Herta-Star!«) Sonst überall eine ernste Dame in Schwarz, daneben in großen Buchstaben die Wörter »Securitate«, »Exil«, »Verfolgung«, »Lager«. Als wäre da wieder mal ein Preis für ein hartes Leben vergeben worden, ein Mitleidspreis für starke Trauer. Aber erstens ist das falsch, und zweitens ist das ganz falsch, und drittens ist es richtig. Wer Herta Müller einmal erlebt hat, als sie gerade mal keinen Nobelpreis bekam, der kennt eine blitzschnelle, blitzschlaue, streitfreudige kleine Dame mit ungeheurer Lachbereitschaft und Pointenfreude. Und auch ihr Werk ist vor allem und zuallererst ein Werk der Schönheit, der schönen Sprache, schönen Worte, der schönen Melodie; eine alte Welt aus Wörtern, in die Luft geworfen, klingt plötzlich neu und sonderbar.

Aber natürlich fußt das Werk auf einem Fundament des Schreckens, des Terrors und der Angst. Herta Müller, 1953 als Angehörige der deutschsprachigen Minderheit in Nitzkydorf, im rumänischen Banat geboren, war früh entschlossen, nicht mitzumachen. Ihre Mutter war von den siegreichen Sowjettruppen, die das faschistische Regime Rumäniens besiegt hatten, in ein Arbeitslager im Osten deportiert worden, in dem sie fünf Jahre am Rande des Todes, am Rande des Lebens arbeitete und hungerte. Über ihren Vater schrieb Herta Müller: »Er hasste die Feldarbeit und wurde, als er 1945 aus der SS nach Hause kam, Lkw-Fahrer und Alkoholiker.« Herta Müller arbeitete nur kurze Zeit als Lehrerin. Als sie sich weigerte, mit dem Geheimdienst der Securitate zusammenzuarbeiten, verlor sie ihren Beruf und alle Sicherheit. Sie wurde bedroht, bespitzelt und zermürbt. Früh fing sie das Schreiben an, immer heimlich. Abends trug sie die beschriebenen Blätter in den Kleidern oder in den Schuhen zu einer Freundin, die Ingenieurin für Schweißtechnologie war und an Literatur nicht interessiert. Die vergrub die Blätter bei sich im Garten.

Unendlich lange dauerte es, bis ihr erstes Buch »Niederungen« in Rumänien erscheinen konnte, verstümmelt, zensiert, nicht mehr ihr Buch. Das war 1982. Unzensiert und ganz erschien es in der Bundesrepublik zwei Jahre später und machte sie hier schon ein wenig bekannt. 1987 schließlich durfte sie ausreisen, und die große Zeit der Schriftstellerin Herta Müller begann.

Immer wieder stand sie in ihrer Wohnung zwischen Buchstaben und Wörtern. Als Stipendiatin in der Villa Massimo bat sie die Putzfrau, nicht zu kommen, sie mache lieber alles selber sauber. Denn »die Worte hatten sich dabei in unerlaubte Dimensionen ausgedehnt, zuletzt konnte man nur noch auf einem Katzenweg rauf- und runtergehen.« Sie klebte Gedichtbücher, die aussahen wie Erpresserbriefe und klangen wie unerwartetes Glück. Und sie schrieb Romane, in denen sie die Angst, den Verrat, das zitternde Leben an der Grenze zum Wahn in der rumänischen Diktatur umkreiste. Das Lernen des Widerstands aus den Büchern, den verbotenen oder kaum zu beschaffenden deutschen Büchern und Zeitungen. Die Angst überall, verfärbt die Welt: »Sie liegt frei herum, man sieht sie auf den Gegenständen, die in der Nähe sind«, schreibt sie in »Herztier«, ihrem bis vor Kurzem bekanntesten Roman, der 1994 erschien. Der beste war »Der Fuchs war damals schon der Jäger«, das Buch einer Freundschaft in den letzten Jahren der Ceausescu-Diktatur. Kann die Sprache ein Leben retten? Sicherheit geben? Können Wörter so lange einen Abgrund beschwören, bis er ausgepolstert ist? Oder wenigstens warnend leuchtet? Ja, das geht. Und die Schule der Knappheit, die im Ausschneiden und Aufkleben von Gedichten auf Postkarten gelernt wurde, findet Verwendung auch im Roman. So kurz und kalt und schön kann eine Liebesgeschichte enden, bevor sie beginnt: »Eines Tages vor zwei Sommern rief eine Stimme unten laut Adinas Namen. Adina ging ans Fenster. Ilije stand dicht an der Petunienseite des anderen Wohnblocks. Er hob den Kopf und schrie hinauf: für wen blühen die. Und Adina schrie hinunter: für sich.«

Trotz all der Schönheit und des Wörterwerfens in die Luft wäre der ewige Romankreisel um die Ceausescu-Zeit herum auf die Dauer doch sehr eng geworden und immer enger. Mit ihrem neuesten Buch, dem Roman »Atemschaukel«, hat sich Herta Müller aus diesem engen Kreisel befreit in die Vergangenheit hinein. Die Vergangenheit ihrer Mutter, die Vergangenheit vieler Rumäniendeutscher, die die Sowjets in ihre Lager sperrten, vor allem aber die Vergangenheit ihres großen, alten Dichterfreundes Oskar Pastior, der vor zwei Jahren starb. Es ist vor allem seine Geschichte, und Herta Müller hat mit diesem Buch ihre Kunst noch einmal in eine andere Dimension gehoben. Eine echte Nobel-Dimension. So spricht Erinnerung, wenn sie lebendig ist. Es schnürt einem die Kehle zu und macht Luftsprünge aus Wörtern. In Bildern, Namen, Eigenheiten, kurzen Blicken in diese dunkle Welt. Und es ist neben all dem Hunger, dem Elend, dem Sterben im Lager unglaublich viel vom Glück die Rede. Vom Lagerglück und Mundglück und Kopfglück und dem »Eintropfenzuvielglück«, das ist das Glück kurz vor dem Tod.

Vieles davon hatte er erlebt, Pastior, den sie immer »Oskarchen« nannte, liebevoll. Wenn man ihn in seinem Zimmer besuchte, kurz vor seinem Tod, dann bot er dem Besucher einen Thron aus dunklem Holz an, der etwas wackelte. Dazu sagte er: »Hier sitzt sonst immer Herta Müller.« Sie kam einmal pro Woche, und er erzählte ihr seine Geschichte, sie wollten das Buch gemeinsam schreiben, sie fuhren auch gemeinsam hin, zu den Trümmern des Lagers, Pastior war enttäuscht, dass alles kaputt war. »Ganz umsonst geschuftet«, hat er gesagt, und er hat unglaublich viel gegessen auf der Reise. Weil er »dem Essen die Ehre erweisen muss«, hat er gesagt. Und er holte dicke

Notizbücher hervor in seinem dunklen Zimmer, mit Zeichnungen darin, Grundrisse des Lagers, Entwürfe, ganze Seiten waren wieder durchgestrichen darin. Er freute sich unglaublich auf das fertige Buch, auf diese Geschichte.

Er hat es nicht mehr erlebt. Wie gut hätte es ihm gefallen.

Was für ein schöner, langer, unglaubwürdiger Weg von den frühen beschriebenen Blättern in den Schuhen Herta Müllers, von dem dunklen Zimmer Oskar Pastiors hinüber auf die Straße mit den Kameras, dem Volvo und der falschen Herta Müller. Es ist fast wie: Literatur.

(2009)

Was tun wir alle miteinander uns an?

Ein Besuch bei Fritz J. Raddatz. Der Anlass: seine jetzt erscheinenden Tagebücher. Die beschriebene Welt: der Schriftsteller- und Kritiker-Kosmos. Also: die Hölle der Lemuren, Monster und einsamen Sucher nach Liebe

Was ist das für eine Welt? Was ist das für eine Stille hier, in Hamburg-Harvestehude in dieser weißen Straße an der Alster? Mittwochnachmittag, kein Mensch unterwegs. Auf dem Wasser ein Ruderer, der von einem schweigenden Trainer begleitet wird. Überall kühle Pracht und Schweigen. Hier lebt Fritz J. Raddatz, Feuilleton-Legende, neunundsiebzig. Er wohnt in einer Wohnung im Erdgeschoss im einzigen gelben Haus der Straße, ein kleiner parkartiger Garten führt hinunter zur Alster. Die Feiern, die er hier in seiner Wohnung für seine Freunde ausrichtete, sind legendär, Susan Sontag war oft hier, Inge Feltrinelli, James Baldwin und wohl jeder namhafte deutsche Schriftsteller der ersten Nachkriegsgeneration. Den sechzigsten Geburtstag von Günter Grass hat er hier für seinen Freund ausgerichtet, und als eine Absage nach der anderen kam, damals, schrieb er in sein Tagebuch: »Sie können nicht mehr lieben.«

Heute werden hier keine Feste mehr gefeiert. Zu seinem siebzigsten Geburtstag hat sich Raddatz einen Grabstein gekauft, die Grabstätte auf Sylt hatte er sich vorher schon gesichert. »Zwischen Suhrkamp, Avenarius und Baedeker. Mehr kann man nicht verlangen«, schrieb er in sein Tagebuch. Raddatz liebt die gute Nachbarschaft, Raddatz liebt große Namen, und Raddatz will vorbereitet sein. Spätestens seit seinem fünfzigsten Lebensjahr macht er sich Sorgen, dass er »den richtigen Zeitpunkt« für seinen Tod verpassen könnte, und auch heute im Gespräch sagt er plötzlich und unvermittelt: »Ich denke, dass ich das selbst in die Hand nehmen werde.«

Sonderbar. Wie er hier so sitzt in seinem Sessel, leicht gebräunt, weißes Haar, Raddatz-Brille, grauer Anzug, rosa Hemd, himmelblaue Strümpfe, eine Zigarette nach der anderen seinem Schildpattetui entnimmt und raucht und raucht und lacht und erzählt, wirkt er wahnsinnig jung, lebenszugewandt, schnell, stolz und sehr begierig, mindestens dreißig weitere große Raddatz-Jahre zu erleben. Er schenkt schwarzen Tee in dünnwandige Tassen, nimmt für sich Ersatzzuckerpillen aus einem silbernen Döschen, für den Gast gibt es Kandis. Auf dem Tisch hat er Zeitungsausschnitte vorbereitet, Raddatz-Fotos, Notizen mit Dingen, die er gern sagen möchte, die Kopie eines Vortrags, den er mit siebzehn Jahren an der Humboldt-Universität in Ost-Berlin gegen die sowjetische Kulturpolitik gehalten hat, und Kopien einiger Seiten aus seinem Tagebuch.

Denn das ist der Anlass unseres Treffens: Fritz J. Raddatz hat seine Tagebücher aus den Jahren 1982–2001 veröffentlicht. Es sind die Jahre, in denen Raddatz, der zuvor als stellvertretender Leiter des Verlages Volk und Welt in der DDR und nach seiner Übersiedlung in die BRD 1958 als Vizechef bei Rowohlt gearbeitet hatte, das Feuilleton der »Zeit« leitete und zu legendärer Blüte führte, bis er 1985 wegen eines lächerlichen Fehlers seines Amtes enthoben wurde und fortan als Kulturkorrespondent für das »Hamburger Blatt« arbeitete. Raddatz kannte unglaublich viele Schriftsteller und Intellektuelle seiner Zeit. Er übertreibt vielleicht nur ein bisschen, wenn er jetzt im Gespräch ohne rot zu werden sagt: »Ich kannte ja die gesamte Moderne persönlich.« Ein guter Teil dieser »gesamten Moderne« tritt in seinen Tagebüchern auf. Und diese Tagebücher sind eine irrwitzige Reportage aus dem Fegefeuer der Eitelkeiten des kulturellen Lebens jener Jahre, sind der Bericht aus einer Welt der grenzenlosen Ich-Sucht, der verbalen Messerstechereien, des Rufmords, der Lügen und Verachtung. Bevorzugter Ort aller Beteiligten dieses Gesellschaftsromans aus der Welt der Schriftsteller, der Kritiker und Verleger ist: der Hinterhalt. Ihre Waffen: das verlogene Lob (dem Gegner ins Gesicht) und die giftige Häme (sobald der Gegner außer Hörweite ist). Das ist der Treibstoff dieser Welt. Nur so kommt sie voran, denn alle Beteiligten sind auf Zuspruch, Liebe und Bewunderung angewiesen, um weitermachen zu können, und keiner ist in der Lage, jemand anderen zu bewundern als sich selbst. Das ist der höllische Witz dieses neunhundertseitigen Gespensterbuches: wie jeder Einzelne krampfhaft versucht, diesen Herzensmangel zu verbergen, um nicht aus der großen Lobesmaschine zu fallen und ungelobt und einsam vor sich hin zu dämmern.

Ein winziges Dramolett mit den beiden Kritikern Joachim Kaiser und Hans Mayer geht zum Beispiel so: »Kaiser ruft mich an und macht sich über Mayers Buch lustig, aber der sitzt nächsten Tag bei mir und erzählt, Kaiser habe ihn voller Begeisterung angerufen. Da bietet sich nicht nur die Frage an: Wie werden Sie alle über mich reden, sondern: Was tun wir alle miteinander uns an?« Ein anderes Gespräch, Jahre später, sah so aus: »Typisch das Frühstück heute Morgen mit Joachim Kaiser, wo wir beide uns gegenseitig nach einem ›Robert Wilson zitiert nur noch sich selber‹ oder ›Der Hans Mayer ist wohl doch sehr überschätzt‹ erschöpft und nichts mehr zu sagen hatten. Die diskurslose Gesellschaft im Miniformat.«

Das alles lässt sich mühelos in die Gegenwart übertragen. Raddatz berichtet rauchend, dass er vor wenigen Tagen jenen Joachim Kaiser angerufen habe, um ihm von der Veröffentlichung seines Tagebuchs zu berichten. Was war Kaisers erste Frage? »Komm ich drin vor?« Raddatz bejahte. Zweite Frage: »Negativ?« Darauf Raddatz: »Ich lese dir was vor.« Er liest – daraufhin schallendes Gelächter am anderen Ende der Leitung: »Genau so war es, genau so!« Bei der Buchvorstellung Ende des Monats in einem Hamburger Theater wird Kaiser lobende Worte sprechen. Die Maschine läuft.

Natürlich ist der König der Eitelkeiten in diesem Tagebuch der Ich-Erzähler selbst. Über sich selbst sammelt Raddatz Superlative wie andere Leute Käfer, Facebookfreunde oder Briefmarken. Siegfried Unseld zu Raddatz, als er überlegte, ihn zu Suhrkamp zu holen: »Sie sind mir zu groß, ich habe Angst vor Ihnen.« Günter Grass warnte Siegfried Lenz vor einem Raddatz-Interview: Pass auf – »der denkt doppelt so schnell wie normale Menschen«. Werner Höfer teilte ihm mit: »Ich sei so irritierend begabt, so hochgezüchtet dandyhaft, dass sich neben mir jeder als Zwerg, als grob und laut und vulgär, als Mensch mit falschen Gläsern, aus denen er den falschen Wein trinkt, und in falschen Anzügen vorkäme; ›derlei macht nicht beliebt‹ war sein Fazit.« Nun muss Raddatz leider zugeben, dass jener Höfer »zwar dumm ist«, aber an dem Zitat ist vielleicht ja trotzdem was dran, denn Höfer habe »eine Art weiblichen Instinkt«. Kann man also ruhig mal so aufschreiben.

»Ich weiß, dass ich eitel bin«, sagt er jetzt hier an seinem hellen Tisch. Wir haben den Platz gewechselt, sitzen im Wintergarten mit Blick ins Grün. Er hat eine Flasche Champagner geholt und zwei Fadengläser. Er nehme das mit dem roten Faden, es sei das Einzige das er habe, sehr wertvoll, für mich habe er immerhin eines mit gelbem Faden, das sei auch schon ziemlich selten. Ich öffne auf seine Bitte hin die Flasche, die er in ein Silberfüßchen gestellt hat, wir stoßen an, trinken, als er das Glas zur Hälfte geleert hat, fragt er: »Krieg ich noch was?« Er sitzt unter einem bunten Glasfenster mit Schwänen darauf. Er erzählt, wie er das Fenster vor Jahren in Paris gefunden habe, wie erschüttert er gewesen sei und wie glücklich, dass es so etwas Schönes überhaupt gibt und dass man das sogar kaufen kann. Es war »wie ein Schock bis zum Pimmel«, sagt er. Und dass er hier abends oft sitze, draußen vor dem Wintergarten auf der Terrasse, von der Alster kämen die echten Schwäne herauf, und er sitze nur da und schaue, zwischen den echten Schwänen und seinen Schwänen aus Glas hin und her.

Und er sagt, dass nur, wer die Erschütterung vor einem Kunstwerk kenne, echte Erschütterung bis zu Tränen, wer das Staunen kenne und die Bewunderung, dass nur so jemand ein guter Autor, ein guter Kritiker sei. Ohne Liebe gehe es nicht.

Das ist das zweite Buch, das in diesem Tagebuch steckt. Neben der bösen, scharfsichtigen Kulturweltbeobachtung ist es ein Liebesbuch. Ein Buch der Liebe zu den Werken von James Baldwin, E. M. Cioran, Hubert Fichte, oft auch zu den Büchern von Günter Grass und Rolf Hochhuth. Und mit der Liebe zu den Büchern geht eine Menschenliebe einher. Bei aller Boshaftigkeit, bei aller Enttäuschung sind die Porträts von Johnson, Hochhuth und Grass Bilder der Liebe. Der enttäuschten Liebe immer wieder. Aber einer Liebe, die sich nicht abbringen lässt. Oder nur sehr widerstrebend. Doch am Ende sind alle merkwürdig fern. Sind tot oder beleidigt, nicht mehr erreichbar.

Die tiefste Verletzung hat er früh erlebt. Als er nach dem Tode Hubert Fichtes, den er gefördert und geliebt hatte wie wohl keinen zweiten Schriftsteller, mit dem er buchstäblich alles erlebt hatte, als er von ihm in seinem Tagebuch lesen musste, dass sie beide keine Freundschaft verbände. Das war ein Schlag, von dem er sich nur schwer erholte. Und es ist auch eine immer wiederkehrende Frage in diesem Sucherbuch: Woher dieser ständige Widerspruch zwischen Lobesdudelei im Gespräch und vernichtender Bösartigkeit im Schriftlichen? Woher der Hass? Woher dieser Hass gegen ihn, Fritz J. Raddatz?

Das Tagebuch verrät die Antwort implizit auf jeder Seite: Wer so offensiv sich selber liebt, der vermittelt anderen Menschen vielleicht den Eindruck, dass er ihrer Liebe nun nicht auch noch bedürfe. Und dass seine zur Schau gestellte schmetterlingshafte Eitelkeit, sein zur Schau gestellter Reichtum vor allem im kühl verschnürten Hamburg nicht überall gut ankäme. »Ich habe nun einmal nichts gegen Maßanzüge und schöne Autos«, sagt er jetzt. Und als ihn der Chefredakteur der »Zeit« einmal auf sein Spitzengehalt ansprach, meinte Raddatz nur: »Einer muss ja der Teuerste sein.« So war es nur eine Frage von Jahren, bis die Mächtigen der »Zeit« diesem selbstbewussten Herrn einmal zeigten, was echte Macht ist, und ihn abberiefen. Von diesem Sturz hat er sich nie so ganz erholt. Er kann es bis heute nicht glauben, dass ein falsches Goethe-Zitat ausreichte, um ihn aus diesem Himmel der Seligkeit hinabzustoßen. Und diese Selbsteinschätzung glaubt man ihm sofort: dass sich die Mächtigen der »Zeit« in den folgenden bleiernen Jahren des »Zeit«-Feuilletons einen Beweger, einen Enthusiasten, einen Themenspürer, Themensetzer wie Raddatz zurückgewünscht haben. Feixend schreibt er über die Stimmung in der Redaktion nach dem Dienstantritt der neuen Chefin Sigrid Löffler, der »feschen Feuilleton-Domina«: »Nun tobt das Entsetzen.«

Der Champagner geht zur Neige. Raddatz sammelt rauchend seine Notizen zusammen. Wir gehen durch seine Wohnung. Er zeigt mir eine gigantische Penis-Skulptur, die ihm Gabriel García Márquez einst zum Kauf empfahl. Eine Tiffany-Lampe, die er sich kaufte, nachdem ihm ein Interview mit Toni Morrison in New York so phänomenal gelungen war, dass er sich selbst beschenken musste. Für die Lampe buchte er dann einen zusätzlichen Erste-Klasse-Sitz neben sich, um sie sicher nach Hamburg zu bekommen. Sonderbare Welt. Vergangene Zeiten.

Über die Buchmesse 2001 hat Raddatz geschrieben: »So sehne ich mich in/aus diesem Schleiertanz der alten Lemuren an den einsamen Strand von Kampen; bin ich dort, werde ich nervös, fühle mich alt, einsam, abgeschafft und ausgeschaltet.«

Er kann und will ohne die Monster- und Gespensterwelt, die er beschreibt, nicht leben – und sie nicht ohne ihn.

(2010)

Wir Leute aus Hardrockhausen

Moritz von Uslar hat ein Buch über Zehdenick und seine Bewohner geschrieben. Wie sie das finden, hat er bei seiner Lesung erfahren

Die Straßen sind leer an diesem Abend in Hardrockhausen. Der kleine Backsteinbahnhof liegt einsam im gelben Licht der Laternen. Sechs Leute sind aus dem Regionalzug aus Oranienburg ausgestiegen. Zwei von ihnen gehören nicht hierher.

Sie haben sich schon im Zug erkannt, als sie jeder ein weißes Buch auspackten und darin lasen: »Deutschboden« von Moritz von Uslar. »Eine teilnehmende Beobachtung« wie es im Untertitel heißt. Das Buch spielt hier, in Zehdenick, eine Zugstunde von Berlin entfernt. Im Buch heißt es »Oberhavel« oder eben: »Hardrockhausen«.

Die ersten Hauptstadtjournalisten waren schon vor Erscheinen des Buches hierhergekommen, um die Einwohner der Kleinstadt mit ihrem Abbild im Buch zu konfrontieren. Womöglich im Glauben, die Beschriebenen würden empört auf die Beschreibungen reagieren. Würden sich verhöhnt und verachtet fühlen durch den Blick des Reporters Moritz von Uslar, der im letzten Sommer drei Monate hier bei ihnen verbracht und der sie nun zu Protagonisten seines Buches gemacht hat. Doch schon bei der ersten Konfrontation mit ihren Abbildern im Buch reagierten viele Zehdenicker erstaunlich souverän. So sieht er uns also? Na, soll er doch. Jeder schaut halt anders in die Welt.

Doch es hatte auch Feindseligkeiten gegeben. Das Ehepaar, das im Buch »Finster« heißt und die Pension »Haus Heimat« betreibt, ließ dem Autor mitteilen, er habe bei ihnen ab sofort Hausverbot. Uslar hatte in dieser Pension, die in Wirklichkeit natürlich anders, aber sehr ähnlich heißt, während seiner Zehdenick-Zeit gewohnt. »Ein grau-braun-beigelicher Gespensterkasten«, heißt es in »Deutschboden«. Die Vorbilder der Finsters sind bislang unversöhnlich.

Und heute Abend soll es zum Showdown kommen. Der Beobachter trifft auf die Beobachteten. Der Autor auf seinen Gegenstand. Moritz von Uslar aus Berlin-Mitte trifft auf Zehdenick, zum ersten Mal, seit er sich hier eingemietet hatte und alles mitschrieb, jeden Abend, das Leben hier, die Leute hier, ihre Gespräche, ihre Weisheiten, ihre Getränke, ihre Musik, ihre Kämpfe, ihre Fahrten mit dem Auto über Land ohne Licht durch die Nacht. Die Lesung musste wegen der großen Nachfrage ins Bowlingcenter verlegt werden, aber auch die hier zur Verfügung stehenden zweihundertachtzig Karten waren in anderthalb Tagen verkauft. Und jetzt, heute Abend, sind schon eine Dreiviertelstunde vor Lesungsbeginn fast alle Plätze belegt. Toller Ort, wie aus dem Buch: Plastikpalmen mit bunten Lichtern, dunkle Holztheke, schnelle Biere, Bowlingkugelwurflärm. Die Zehdenicker sitzen geduldig und erwartungsfroh. Alle Generationen sind da: so zwischen siebzehn und fünfundsiebzig. Nur die ersten zwei Reihen sind noch leer. Da sollen die Berichterstatter sitzen, die über den Berichterstatter und seine Opfer berichten werden. Die Reporterin der »taz« steht schon an einem Stehtischchen am Eingang und protokolliert in ihr Ringbuch hinein.

Der Reporter kommt pünktlich. Er kommt mit Hut, den er im Buch mit einer gewissen Penetranz trägt und erwähnt. Die Bühne ist grell erleuchtet. Über dem Lesetisch ist ein blau-weißes Segel gespannt, Uslar nimmt den Hut ab, wird mit freundlichem Applaus und bierschwenkendem Gegröle aus dem

hinteren Bereich des Saales begrüßt. Dann Auftritt: der Bürgermeister. Arno Dahlenburg, dunkle Haare, helles Jackett, stellt sich selbst als »Bürgermeister von Hardrockhausen« vor und hält eine Begrüßungsansprache von großer Lässigkeit. Dass er sich am Anfang beim Lesen schon gefragt habe, was er falsch gemacht habe in den sieben Jahren, in denen er dieser Stadt vorsteht. Und dass er dann aber beschlossen habe, Uslars Bericht, der die Hässlichkeiten des Ortes nicht verschweigt, bei nächster Gelegenheit Bundesminister Ramsauer vorzulegen, um »ein paar Tausend Euro mehr« aus dem Städteförderungsprogramm des Bundes herauszuschlagen. Nur eines, »lieber Herr Uslar«, müsse er dann aber doch hier mal richtigstellen: »Wir hatten immer schon und werden immer die schönsten Frauen weit und breit haben.« Johlen und Applaus, dann übergibt er dem Autor ein riesiges gelbes Ortsschild, auf dem steht »Oberhavel. Hardrockhausen«, darauf haben die wichtigsten Protagonisten des Buches unterschrieben. Nur die Finsters fehlen: »Wie Sie die dazubekommen, ist Ihre Sache.« Uslar, jetzt schon maximal gerührt: »Das ist ja ein dolles Geschenk«, fängt an zu lesen.

Er liest von der »Gaststätte Schröder«, die auch in Wirklichkeit so heißt, liest von den ersten Gesprächen mit Raoul, mit Blocky und all den anderen: »Es war Liebe auf den ersten Blick gewesen, als ich an diesem Freitag im Mai gegen halb acht abends die Tür der Gaststätte Schröder aufgeschwenkt hatte und durch den Windfang in den Gastraum eingetreten war. Ein bumsvolles Lokal.« Einzelne Protagonisten begrüßt Uslar zwischendurch in den Saal hinein. Wenn er von Raouls Vater Siggi liest, ruft er »Hallo, Charly!«, und auch Blocky wird sich später noch zu Wort melden: »Ich hab zu ihm jesacht: Schreib kein Scheiß.« Und fügt an: »Haste och nich jemacht.« Aus irgendwelchen Gründen steht er im Ort unter Verdacht, vom Autor bezahlt worden zu sein für die Rolle, die er spielt, im Buch. Schweigegeld oder so. Dazu Blocky: »Ich hab kein Geld bekommen. Iss so!«

Die Stimmung ist gut. Uslar malmt die brandenburgischen Dialoge mit großer Freude hart und langsam ins Mikrofon.

Raouls Mutter meldet sich, dankt dem Autor, dass Zehdenick endlich mal was zu streiten hat. Ein fünfzigjähriger Mann steht auf und sagt, dass er sich freue über den respektlosen Blick, den Uslar auf die Leute hier werfe, und dass er sich das nicht erlauben könne. Der Autor fragt zurück: Warum er sich das nicht erlauben könne? Und bekommt die etwas beunruhigende, zögernd vorgetragene Antwort: »Als Kirchenvertreter traue ich mich diesen Blick zeit meines Lebens nicht.« Uslar erwidert nur, dass es schade sei, dass er die respektvollen Stellen des Buches nicht gesehen habe.

Nur zwei Frauen melden sich mit leiser Kritik. Die erste bemerkt: »Zehdenick ist nicht nur das ›Gasthaus Schröder‹.« Die zweite deutet nur an, dass sie die Zehdenicker im Buch als »intellektuell reduziert« empfinde, und da wird sie aber auch schon ausgebuht, »nix buh«, sagt sie, und »ich bin ja gar nicht böse«, fügt sie hinzu, aber die Zehdenicker wollen sich an diesem Abend ihre schöne Gemeinschaft mit dem Autor nicht mit solchem Gegrummel verderben lassen. Sie ist ja auch schon still.

Ja, eine Literaturidylle. Wie hat der Autor das gemacht? Ein Kollege vom »Spiegel« hatte ihn gewarnt, wenn er die radikale Wahrheit über den Ort schreibe, dann könne er nie mehr hierherkommen. So sei das mit der Wahrheit. Jetzt sagt Uslar: »Ich danke diesem Ort, dass er mich erträgt.« Und das hat einerseits mit der tollen Fähigkeit der Zehdenicker zur Selbstironie zu tun, mit einer literarischen Herzensbildung, die weiß, wie Literatur entsteht und dass es das wahre Wirklichkeitsabbild nicht gibt. (Nebenbei: Würde das Berlin-Mitte-Journalisten-Milieu einmal so subjektiv-authentisch-schön geschildert, würde es aber Klagen hageln wie noch nie!) Und es hat mit Uslars Blick auf diese Stadt und ihre Menschen zu tun. Einem Blick ohne Verachtung, einem beinahe liebevollen Blick. »Es ist mir schon unheimlich, wie wohl ich mich hier fühle«, sagt er jetzt.

Dann geht's aber endlich schön ins »Schröder«. Es ist »bumsvoll«. Die Romanfigur Jana Seehausen trägt zahlreiche Mollen und Schnitzel durch den hell erleuchteten Schankraum. Eine weiß blondierte junge Frau steht vom Tisch auf und begrüßt die Journalisten stolz und höflich mit Handschlag. Sie sieht ein bisschen aus wie die Clawdia Chauchat von Zehdenick. Es herrscht eine kolossale Freundlichkeit. Hier bleibt keiner eine Minute ohne Text. Mein Nachbar sagt: »Im Buch heiß ich Siggi. Und wer bist du?«

(2010)

Ich will selbst etwas sagen

Jahrelang haben ihm die Menschen Dinge gesagt, die sie vorher nicht mal gedacht hatten. Aber André Müller, der Gesprächskünstler, will jetzt nur noch schreiben.

Am Ende sind seine Gesprächspartner immer verzweifelt, denken an Selbstmord, bekennen, sie hätten eigentlich schon immer an Selbstmord gedacht. Denn das Leben sei ja unmöglich im Grunde, eine Zumutung für den denkenden Menschen, und alles sei lächerlich, wenn man an den Tod denke. So reden die Menschen, wenn sie mit André Müller reden, dem großen Interviewkünstler, der jedes Gespräch als ein Theaterstück inszeniert, ein Drama über die letzten Dinge, über Verzweiflung, den Wahnsinn und den Tod.

Sie sagen Dinge, die Menschen, mit denen André Müller redet, die sie noch nie zuvor gesagt haben. Manche haben sie vorher noch nicht einmal gedacht. Das hatte dann oft zur Konsequenz, dass die Interviewten nach dem Gespräch verzweifelt versuchten, an die Bänder zu kommen und den Abdruck des Interviews zu verhindern. Bei Henry Maske war das so, bei Erika Pluhar und einigen anderen.

Das Pluhar-Interview hatte Müller für das »F. A. Z.-Magazin«

geführt, sie wandte sich empört an die Redaktionsleitung, forderte die Bänder zurück, Müller weigerte sich, die Zeitung kündigte daraufhin die Zusammenarbeit mit Müller. Das Interview erschien in der »Zeit«, für die er später die meisten Interviews führen sollte, und Pluhar war begeistert, ließ es auf Programmzetteln ihrer Tournee drucken und nannte es das Klügste und Beste, was je über sie und von ihr geschrieben wurde. Das ist die André-Müller-Kunst. Durch Reden, durch Zuhören, durch Fragen ein Gedankenkunstwerk errichten. Er ist das Medium, der Befragte ist der König, ein Genie des Augenblicks.

Heute führt André Müller keine Interviews mehr. Sein letztes ist vor einem halben Jahr in der »F.A.Z.« erschienen, mit Luc Bondy. Sie sprachen über den Tod, das Lachen und den Krebs, an dem Bondy erkrankt war. Müller hatte da schon die gleiche Krankheit, aber er wusste es noch nicht. Als wir dann per Mail über das Honorar verhandelten, teilte er die Diagnose wie nebenbei mit: Morgen werde er operiert, aber »auch Tote freuen sich über gute Honorare«. Das Müller-Lachen – im Angesicht des Todes und der Angst.

Wir treffen uns mittags in der Kantine des Prinzregententheaters in München. Müller ist groß und mager, ein Chemo-Zyklus liegt gerade hinter ihm, als später der Fotograf dazukommt, sagt er nur: »Wie Sie sehen: Ich bin todkrank, also nicht, dass mir das was ausmacht, aber man soll es auf dem Foto nicht zu deutlich sehen.« Er spricht ein schönes, weiches Wienerisch, obwohl er seit vielen Jahren in München lebt. Seine Nase sieht ein wenig aus wie die von Thomas Bernhard, überhaupt wirkt sein ganzes Wesen sehr bernhardhaft. Er lacht viel und am meisten, wenn wir über den Tod sprechen. Nein, er hänge nicht am Leben, aber »ich finde die Sterblichkeit eine Frechheit«, sagt er. »Ich finde die Frechheit nicht, dass wir sterben, sondern dass wir's wissen, dass wir klüger sind, als wir eigentlich sein dürften, das ist nicht zum Aushalten. Dass wir es trotzdem aushalten, ist mir ein Rätsel, also, dass wir uns nicht umbringen.«

Er spricht wie die Menschen in seinen Interviews. »Ich habe in den Interviews immer die Erfahrung gemacht, dass ich mehr zu sagen habe als diese Leute«, sagt er. Leider könne er sich ja nicht selbst interviewen, »es muss ja jemand dasitzen, und am liebsten ist es mir, er spricht meine Sätze.« Viele sind dann entsetzt, fast alle aber begeistert, sobald sie sich in der Zeitung so reden hören. Manche wissen gleich, dass sie soeben geniale Momente erlebten. Günter Wallraff war entsetzt, als Müller ihm gestehen musste, dass das Tonband ihr Gespräch nicht aufgezeichnet habe. »Waaas? Ich hab doch so tolle Sachen gesagt«, und er habe dann einen Freund vom Geheimdienst gebeten, mit irgendwelchen Tricks wenigstens ein paar geniale Wallraff-Momente zu rekonstruieren.

Warum er jetzt keine Interviews mehr führt? »Weil ich durch die Krankheit nicht mehr den Elan habe, die Leute von ihrer Bedeutung, die sie gar nicht haben, zu überzeugen.« Das brauche die meiste Kraft, sagt Müller. Das Eitelkeitsbedürfnis supermaximal zu befriedigen. Denn in Wahrheit »interessieren mich die Leute null, null«. Er spiele eine Rolle, als Interviewer, mit aller Kraft und Energie: »Wenn ich interviewe, habe ich eine suggestive Wirkung, weil ich die Leut' immer anschau. Ich schau nie auf den Zettel. Ich habe diese Wissbegier, dieses Ohr, dieses Verzweifelte, wenn das Interview zu scheitern droht. Und das ist natürlich alles nur Show.«

Natürlich Show. Was sonst? Seine Gespräche mit Wolfgang Koeppen, Reinhold Messner, Friedrich Dürrenmatt, Ernst Jünger, Elfriede Jelinek, dem Torhüter Toni Schumacher und vor allem den Österreichern Peter Handke und Thomas Bernhard, die er immer wieder interviewt hat, gehören zu den besten Shows, die es in deutschen Feuilletons in den letzten Jahrzehnten zu erleben gab. Sie waren auch nie eintönig in ihrer Verzweiflung. Denn verzweifelt ist jeder anders, das letzte Unglück ist individuell. Hat sich denn je einer der Gesprächspartner als glücklich dargestellt? Sich dem Verzweiflungsbekenntnis verweigert? »Nein, da gab es keinen. Denn wenn ich das nicht bekenne, dann bin ich ja ein Trottel zum Schluss.« Günter Grass war ganz beunruhigt am Anfang ihres Gesprächs: »Ich solle auf keinen Fall glauben, er sei ein nur glücklicher Mensch«, sagt André Müller und lacht sich schief.

Er selbst hält von seinen Interviews gar nicht so viel. Wenn man ihm sagt, dass das doch literarische Werke seien, winkt er nur ab. »Sie bedeuten mir zu wenig, weil ich darin zu wenig – auch wenn ich es nach Kräften versuche – zu wenig vorkomme. Ich will selbst etwas sagen.«

André Müller schreibt Prosatexte seit vielen Jahren. Die

Texte heißen »Gedankenvernichtung« und »Simering« und wurden von der Kritik bislang kaum wahrgenommen. Als er Anfang der Siebzigerjahre mit aller Macht einen Roman schreiben wollte, allein nach Griechenland fuhr für ein halbes Jahr und es ihm einfach nicht gelang, unternahm er, zurück in München, einen Selbstmordversuch. Das heißt, fast: »Bei mir geht da so ein Ofenrohr durch den Dachboden, und den Strick hatte ich schon dran, und dann dacht ich plötzlich: wenn jetzt dieses Schamott bricht – und der Gedanke reichte.« Selbstbeobachtung, Lächerlichkeit – das geht mit Selbstmord nicht zusammen. Und in Selbstbeobachtung ist André Müller Meister. Der Mann, der sich am liebsten selbst interviewen würde, ist ein manischer Selbstbeobachter. Früher hat er damit experimentiert. »Pflaster am Auge, Stöpsel im Ohr, bin ich durch die Wohnung gegangen und wollte alle Außeneinflüsse eliminieren. Das war mein Ehrgeiz auch beim Schreiben. Ich wollte sehen: Was kommt nur aus dir? Dann müsste er doch gelingen, der reine Gedanke.« Und Müller lacht wieder: »Und dann war da einfach nur: gar nichts, gar nichts, gar nichts.« Runter auf die Straße musste er laufen und irgendeinen Passanten nach der Uhrzeit fragen, nur um überhaupt wieder in einen Kontakt zu kommen mit der Welt. Denn ohne Menschen ist das alles nicht auszuhalten.

Einen seiner Texte hat er an den Hanser-Verleger Michael Krüger geschickt. Von dem kamen zwei Zeilen zurück: »Dieser Text bringt die Literatur nicht voran.« Müller sagt, dass er das als Kompliment aufgefasst habe, er habe Krüger zurückgeschrieben, das sei ja toll, und genau daran arbeite er ja: am allerletzten Buch, an dem Buch, das am Ende steht, das die Literatur nicht mehr voranbringe. »Sie werden sehen, es kommt noch was«, hat er ihm geschrieben. Und tatsächlich: seit fast zehn Jahren arbeitet Müller an einem großen Prosatext. Es ist eine Wörtersammlung, der Text einer Flucht, die Geschichte eines Mannes, der unsterblich ist. Aber nein, da fängt es schon an: »Keine Geschichten«, sagt Müller. Das sind keine Geschichten, gar nichts. »Ich hasse Geschichten, sobald ich eine sehe, zerstöre ich sie«, sagt er und klingt da wieder wie Thomas Bernhard, der im Gespräch mit Müller gesagt hatte, dass er jede Geschichte, sobald er eine in der Ferne sehe, sofort abschieße. »Das Leben ist doch niemals eine Geschichte! Es ist ein Horror und ein Glück und ein Unglück, aber doch niemals eine Geschichte!« »Abschied« hat Müller den Text genannt, der jetzt erstmals als Buch erscheint. Doch er schreibt währenddessen noch weiter daran. Am Ende steht: »Der Text ist als Fragment angelegt und endet mit dem Tod des krebskranken Autors. So lang wie möglich wird er fortgesetzt. Die Ergänzungen werden jeweils halbjährlich angefügt.«

Das Schreiben ist es jetzt vor allem, was ihn am Leben hält. Als er die Diagnose zuerst erfuhr, hat er gleich einen Freund in der Schweiz angerufen, damit der ihm Kontakt zu Sterbehelfern verschafft. Doch jetzt ist er in der Patientenroutine gefangen, macht mit, was der Arzt ihm rät, der sagt: »Zum Sterben gibt es gar keinen Grund.« »Man hängt jetzt mehr am Leben«, sagt André Müller, »es macht einem jetzt plötzlich alles mehr Spaß.« Und dass er sich gerne einkerben will, zu Lebzeiten, mit irgendwas. »Ich wollte schon irgendwie bleiben«, sagt er. Und da er nicht erkennt, dass schon die Interviews genügen werden, um zu bleiben, für lange Zeit, schreibt er eben. Vom »Abschied«, worin es heißt: »›Mein Hirn‹, rufe ich übermütig, ›ist wie ein Ameisenhaufen. Mein Herz schlägt jetzt unterirdisch. Ich will im Unsinn ertrinken.‹«

Es wäre Zeit, dass André Müller diesen Autor mal interviewt.

(2011)

Schön, gefragt zu werden

Hans Keilson ist hunderteins. 1936 floh er vor den Nazis, seither lebt er in Holland. Und im Alter kommt mit einem Mal der Ruhm, und seine Bücher werden auf der ganzen Welt gelesen

Hans Keilson lacht. Hans Keilson wundert sich. Ein alter Mann schaut auf sein Leben und staunt. Immer wieder wird er an diesem Nachmittag sagen: »Ist das nicht herrlich?«, und dabei fragend hinüberschauen, von seinem großen Sofa in seinem Haus in Bussum bei Amsterdam, in dem er seit mehr als fünfzig Jahren lebt. Er erzählt vom Tod und vom Leben und immer wieder lachend von diesem späten, großen, unglaublichen Ruhm. »Ja meinen Sie, dass das echter Ruhm ist? Oder ist das Mache?« Hmm, nicht schwer, darauf zu antworten: Wenn es so etwas gibt wie echten Ruhm, ja, dann erlebt ihn der Sportlehrer, Arzt, Psychoanalytiker und Schriftsteller Hans Keilson jetzt, im Alter von hunderteins Jahren.

Die »New York Times« schrieb: »Keilson ist ein Genie«; seine Bücher wurden in Amerika neu aufgelegt, wurden aus dem Stand, mehr als fünfzig Jahre nach ihrem ersten Erscheinen, zu Bestsellern; Übersetzungen erscheinen in der ganzen Welt, »mit Ausnahme von China und Japan«, wie er sagt; Journalisten von überallher kommen, um ihn zu besuchen, ihn auszufragen. »Ich treffe nur nette Leute«, sagt er jetzt, und wie schön es sei, gefragt zu werden.

Noch schöner ist es: fragen zu können. Den letzten jüdischen Debütanten im ruhmreichen S.-Fischer-Verlag vor dem Zweiten Weltkrieg, damals noch unter der Führung des alten Samuel Fischer. Wie das war, als er 1932 sein Manuskript abgab bei den Lektoren Oskar Loerke und Peter Suhrkamp? Den autobiografisch gefärbten Bericht über eine Jugend nach dem

Kriege, den Untergang des Geschäfts seines Vaters in Bad Freienwalde, die aufkommenden Unruhen, das Gespür eines nahen Untergangs. Für den er irgendeinen pseudoliterarischen Titel vorgeschlagen hatte, worauf Loerke und Suhrkamp sagten, das ginge gar nicht, ob er nicht einen anderen wüsste, »und ich sagte ›Das Leben geht weiter‹, und da sagten beide: ›Das ist gut, den nehmen wir.‹«

Und so ist das Buch 1933 noch erschienen. »Gerade noch rechtzeitig, um verboten zu werden«, und das Leben ging weiter, und das Buch lebte weiter, wird wieder und wieder neu aufgelegt, und jetzt ist Hans Keilson auch noch der älteste Autor, von dem bei S. Fischer je ein neues Buch erschienen ist. Es heißt »Da steht mein Haus«, liegt in allen Buchhandlungen und ist eine Autobiografie in kurzen Skizzen. Es beginnt mit der Geburt in Bad Freienwalde bei Berlin im Dezember 1909, und schon auf der zweiten Seite steht:»Mein Leben und meine Erinnerungen sind verätzt von den Schwaden der Zerstörung. Auch diese Aufzeichnungen, selbst dort, wo es sich um freundlichere, beglückende Erlebnisse handelt, deren man sich tröstlich erinnert, sind durchtränkt von bitteren Erfahrungen, unersetzlichen Verlusten und Abschieden, freiwilligen und ungewollten, zwei Weltkriegen.«

Ein Mann blickt zurück auf ein Jahrhundert. Sein Jahrhundert. Er erinnert sich an den Klang der Militärstiefel des Vaters im Flur des Elternhauses während des Ersten Weltkriegs, 1915 war das. Der strenge Vater, der als Frontkämpfer ausgezeichnet wurde und der dann, wie so viele andere deutsche Juden, später dachte, dass die Nazis ihn ja wohl nicht meinen, wenn sie von Volksfeinden sprechen, von Verrätern des Deutschtums. Der nicht fliehen wollte aus Deutschland, auch als die tödliche Gefahr ganz offenbar geworden war, den der Sohn dann doch zur Flucht überreden konnte, gemeinsam mit seiner Mutter. Zur Flucht nach Holland, wo Hans Keilson selbst seit 1936 lebt. Seine Flucht war gut vorbereitet. Jetzt, hier auf dem Sofa, erzählt er von ihr so: »Ich studierte in Berlin mit verschiedenen

Leutchen Medizin, unter anderem mit einem Herrn Katz. Er wohnte bei seinen Eltern in Neukölln. Dann lernte ich meine erste Frau kennen, und wir besuchten den Herrn Katz. Sagte seine Mutter: ›Wenn ihr nach Holland geht – in Bussum wohnt meine Schwester.‹ Da sind wir hingegangen, sie hat uns sehr geholfen, wir sind hiergeblieben.« Ein Leben, erzählt als Sekundenroman. – »Wir sind hiergeblieben.«

Die Eltern blieben nicht. Sie wurden von den deutschen Besatzern deportiert und in Auschwitz ermordet. »Sie wollten nicht in den Untergrund. Sie waren alt, sprachen kein Niederländisch. Ich konnte nichts mehr für sie tun.« Es ist der Schmerz seines Lebens. Er hat seine Eltern nicht beschützen, nicht vor dem Tod bewahren können. Seine Schwester, die nach Palästina geflohen war, hat ihm das später vorgeworfen. Wenn sie dagewesen wäre, in Holland, hätte sie ihre Eltern gerettet, hat sie zu ihrem Bruder gesagt.

In seinem neuen Buch ist das die bitterste Passage, wenn

er sich daran erinnert, an diese Worte seiner Schwester. Er kommt im Gespräch selbst darauf zu sprechen, sagt: »Meine Schwester habe ich ja nicht sehr vornehm behandelt« und gibt einem recht, wenn man sagt, dass ja weite Teile seines Werkes geschrieben wurden, um den Hass zu besiegen, um noch den ärgsten Feind zu verstehen, sich dem ärgsten Feind anzunähern, wie er es vor allem in seinem Roman »Tod des Widersachers« beschrieben hat. Und dass den Leser also diese Passagen der Unversöhnlichkeit mit der eigenen Schwester in der Heftigkeit überraschen. Er sagt: »Ich glaube, dass Sie recht haben. Aber ich hab's geschrieben, und ich hab's stehen lassen. Denn dass ich meine Eltern nicht retten konnte, ist für mich ein lebenslängliches Trauma. Selbst wenn ich hier mit Ihnen sitze, ist die Trauer nie verschwunden. Das wusste sie. Und das verzeih ich ihr nicht. Das ist irreparabel. Verzeihen – das wäre ein Stück Lyrik, die hab ich nicht mehr.«

Keilson hat nach dem Kriege vor allem als Psychoanalytiker gearbeitet, hatte seine Praxis hier im Haus. Das Schild steht noch vor der Tür im Garten, an der Klingel steht, dass Patienten zweimal läuten sollen. Bis vor vier Jahren hat er noch Patienten behandelt. Traumatisierte vor allem. Den größten Raum in seinem Arbeitsleben nahm die Beschäftigung mit traumatisierten jüdischen Waisenkindern ein. Seine Dissertation, die aus dieser Beschäftigung hervorging, ist ihm bis heute sein wichtigstes Buch. Patienten von einst kommen noch immer zu seinen Lesungen. »Für mich ist das eine Bestätigung, dass ich richtig gelebt habe«, sagt er.

Und natürlich hängt das für ihn zusammen, Psychoanalyse und Literatur. Im Gespräch mit Heinrich Detering, das sein neues Buch beschließt, hat Keilson gesagt: »Die Einsicht, dass man alles erzählen muss – dass dich das krank macht, was du verschweigst, was du auf deine Feinde projizierst –, diese Einsicht war Freuds große Leistung. Das ist meine Wahrheit. Sie hat auch etwas mit meinem literarischen Schreiben zu tun.«

Schreiben gegen das Schweigen, schreiben gegen den Hass, gegen den Vergeltungswillen. Das ist die Botschaft des Hans Keilson. Hass ist selbstvernichtend. »Meinen Sie, dass das in Deutschland verstanden wird?«, fragt er hoffnungsfroh und zweifelnd dort auf seinem Sofa, bei schwarzem Tee und Keksen. Und fügt hinzu: »Es wäre schön, wenn mir das gelungen wäre.« Und dann sagt er noch, was für ihn das Schreiben ist, das Geheimnis des Schreibens, das Glück dabei: »Schreiben, das ist für mich eine andere Möglichkeit, spazieren zu gehen, in der Welt.«

Draußen ist ein grauer Tag, gelbe Forsythienblüten leuchten durch das Fenster. Hans Keilson sieht nur noch sehr schlecht, bei Regenwetter geht es besser. Also ist heute ein guter Tag zum Sehen. Er habe einen Thrombus hinter dem rechten Auge, sagt er, mit dem sehe er gar nichts mehr. Wenn man darüber nun aber sein Bedauern ausdrückt, entgegnet er gleich: »Ach, lieber im Auge als im Herzen.« Das ist die Keilson'sche Sicht auf die Welt. Ich sehe fast nichts mehr? Ja, aber gut, dass mein Herz noch schlägt.

»Ich lebe gern«, sagt er und denkt doch viel und häufig an den Tod. Er sagt, dass er sich auf dem jüdischen Friedhof der Stadt, neben seiner ersten Frau, die vor vierzig Jahren starb, beerdigen lassen werde. Im neuen Buch steht, dass jeder Mensch den Tod in sich identifizieren müsse. »Ja«, sagt er, »der Tod spielt im Leben eine große, wenig beneidenswerte Rolle.« Und die Frage »Welcher Tod spielt in deinem Leben eine Rolle?«, die solle man sich früh stellen. Sehr früh.

Er selbst hat sie sich früh gestellt, sie hat ihn begleitet ein Leben lang. Jetzt schaut er allem, was kommt, beinahe interessiert entgegen. So scheint es.

Mehrmals, an diesem Nachmittag in Bussum, zitiert er eigene Gedichte, unendlich langsam, dunkel und genau. Eines, es heißt »Dawidy«, endet so: »Verwaist, was bleibt: als wäre er nie gewesen, mein Vater – / hieß Max, trug später den verordneten Namen Israel, / mit Würde. / Hat nicht viel erzählt, hab ihn zu wenig befragt. / Keine Spuren mehr im Rauchfang der Lüfte – / sprachloser Himmel …«

Hans Keilson hat wunderbare Gedichte geschrieben. Einige hat er immer wieder überarbeitet, hat sie um- und umgedichtet. Die Gedichte über seinen Vater vor allem – ein Leben lang. Keilsons Werk ist nicht sehr umfangreich. Die Werkausgabe umfasst tausend Seiten. Sein letzter Roman ist 1959 erschienen. Was hat ihn einst zum Schreiben gebracht? Es gibt einen wunderbaren Text von Hans Keilson über Klaus Mann, den Generationsgenossen, den er selbst ein paar Mal aus der Ferne sah. Er habe ihm die Welt der Literatur erschlossen. Zunächst als literarische Figur, wenig verhüllt als Bert, der Sohn des Professor Cornelius in Thomas Manns Erzählung »Unordnung und frühes Leid«, in der der Vater erkennt, »dass möglicherweise ein Dichter in ihm steckt«. Keilson war begeistert, »es klang, als wären alle Berts in der Welt gemeint«. Klaus wurde Dichter, und Keilson tat es ihm nach. Er schreibt: »Es bedurfte des zeitgenössischen Erlebens, um die Brücke zu schlagen zu uns selbst.«

Heute ist Hans Keilson diese Brücke. Ein Ermutiger, in seinem Leben, seinem Schreiben. Eine Brücke, hinüber in die große Zeit jüdischen Lebens und Schreibens in Deutschland. Natürlich ist das das große Geheimnis seines Erfolges in aller Welt. Sein Triumph. Wenn man es ihm sagt, lächelt er. »Ja, ich kann es selbst kaum fassen. Ein kleiner Junge aus Bad Freienwalde. Ja.«

(2011)

Im offenen Wahnsystem

Jörg Schröder und Barbara Kalender erzählen die Geschichte
des März-Verlages und ihr Leben

Am Tag nach unserem Treffen in der März-Zentrale, der Wohnung von Jörg Schröder und Barbara Kalender im Westen Berlins, telefonieren wir, und sie fragen, ob sie nicht vielleicht doch ein bisschen zu viel gequatscht hätten, vier Stunden lang, da seien sie sich jetzt beide nicht mehr so sicher, ob mir das nicht total auf die Nerven gegangen sei. Aber sie seien eben so mäandernde Leute, so entstünden eben ihre Gedanken und Geschichten – beim Erzählen; und sie hofften einfach mal, dass ich das mitgekriegt habe.

Ja. Habe ich mitgekriegt, und Schröder und Kalender hätten mir das jetzt eigentlich auch nicht groß erklären müssen, denn das steht natürlich am Anfang der Geschichte: das Quatschen. So hat es Jörg Schröder einmal in einem Interview gesagt: »Wir wollten näher an die Wahrheit ran. Die ganze Wahrheit kennt man ja nicht, aber wir wollten näher ran. Dazu gehörte natürlich dieses Über-sich-selber-Reden, aber eben auch über Leute, denen man begegnet.«

Jörg Schröder ist heute zweiundsiebzig Jahre alt und eine Legende. Als Verleger und als Erzähler. Eigentlich sonderbar, im Nachhinein betrachtet, dass er als Verleger begonnen hat. Denn das uferlose Reden, das gehörte, so sagt man, von Anfang an zu Jörg Schröder dazu, und dass er da zunächst einmal alle möglichen anderen Leute erzählen ließ, in seinen Verlagen, scheint merkwürdig. Hängt aber vielleicht damit zusammen, dass er unglaublich viel Redeenergie aufwenden musste, um seine Autoren zum Schreiben zu überreden – oder zum Textesammeln: wie etwa der ersten Veröffentlichung in seinem eigenen Verlag, dem März-Verlag: die legendäre, von Rolf Dieter Brinkmann und Ralf-Rainer Rygulla herausgegebene Sammlung »ACID« aus dem Jahr 1969, mit Texten von damals in Deutschland unbekannten Nordamerikanern: Freaks, Forschern, Wortbefreiern und großen Dichtern wie Marshall McLuhan, Leslie A. Fiedler, Charles Bukowski, William S. Burroughs, John Cage und vielen anderen.

Wie sie den Titel gefunden haben, für diese erste Anthologie, das beschreibt Schröder in der Geschichte des März-Verlages mit dem Titel »Immer radikal, niemals konsequent«: »Gefunden wurde der Titel ›ACID‹ während einer wenig szenemäßig und gänzlich acidfreien Begebenheit. Im Odenwald, in der Nähe von Darmstadt, gab es eine Dorfkneipe, die bekannt war für hausgemachte Wurst. So etwas aß man damals, das war ›doll‹, der grausige Apfelwein und diese fette hausgemachte Wurst. Rygulla fand das ›doll‹, es war für ihn der Ausdruck höchster Bewunderung, während ich das Schwammwort ›dumpf‹ inflationierte.«

»ACID« war der Anfang – damals noch mit schwarzem Umschlag, das kann man in der vollständigen März-Bibliografie am Ende der neuen Verlagsgeschichte sehen. Danach kam dann: das große Gelb. »Gelbe Bomben«, wie Dieter E. Zimmer in der »Zeit« einmal schrieb. Die gelben Umschläge der März-Bücher, alle von Jörg Schröder entworfen, sind die Sonnenembleme einer kämpferischen, sinnenfrohen, erotischen, drogeninteressierten, befreienden, erzählfreudigen, radikalen bundesrepublikanischen Buchepoche. Bernward Vespers »Die Reise« ist hier erschienen, Günter Amendts »Sexfront«, Ken Keseys »Einer flog übers Kuckucksnest«, Peter Kupers »Hamlet«, Frauenbefreiungsbücher, Männerbefreiungsbücher, jede Menge pornografische Literatur und natürlich der umwerfende Selbstherrlichkeitsroman »Siegfried«, den Jörg Schröder Ernst Herhaus erzählte, der ihn dann aufgeschrieben hat.

Jetzt steht er da, vor der gelben Bücherwand seines Lebens in seiner Altbauwohnung unterm Dach in Schöneberg im weißen Hemd mit weißem Bart. Neben ihm steht Barbara Kalender. Die beiden scheinen beinahe eins zu sein, seit über dreißig Jahren jetzt schon schreiben sie, leben sie, erzählen sie zusammen. Kalender, lustig, schnell, mit schulterlangem braunem Haar und Händen immer in Bewegung, zwanzig Jahre jünger als Schröder, sagt: »Wir sind ein Kugelmensch.« Pause. »Sie wissen schon: Platon.« – »Mensch, das weiß der doch, ist doch gebildet«, sagt Schröder. Und sie sagt: »Ist ja gut« und dass die Vorstellung eigentlich ein Horror für sie gewesen wäre, damals, dreißig Jahre lang, so eng zusammen, »aber jetzt find ich's superschön!«

Man könnte die Geschichte von Jörg Schröder als eine rasante Aufstiegs- und Abstiegsgeschichte erzählen. Wie er mit dreiundzwanzig Jahren als Werbeleiter bei Kiepenheuer und Witsch anfing, als Verlagsleiter zum Melzer-Verlag nach Darmstadt wechselte, wo er Klemperers »LTI«, die Beat-Anthologie »Fuck You« und Pauline Réages masochistischen Porno »Geschichte der O« mit ungeheurem kommerziellem Erfolg herausbrachte. Sich aber schnell mit dem Besitzer überwarf und 1969 den März-Verlag gründete. Schon 1971 war er der König der Verlagsbranche, Porno-König nannten sie ihn vor allem. Schröder hatte rasend schnell sehr viel Geld gemacht. Die ersten Seiten der Verlagsgeschichte lesen sich wie aus einem Wunderreich der Politik, der schönen, nackten Menschen, der sexuellen und politischen und literarischen Befreiung und des Irrsinns.

Er gründete eine Medien-Agentur, deren Beschäftigte alles erfinden durften, nur nichts Anschlussfähiges, nur nichts Verwertbares. Die »Bismarc Media«-Agentur war eine Agentur für Schaum und Blasen, für große Ideen fürs Glück, statt für Geld. Wie auch bei seinen Büchern, Amendts »Sexfront« vor allem, wozu er jetzt in seiner Verlagsgeschichte sagt: »Hier geht es aber nicht ums Geld, sondern um das Glück der Leser.« Und zu so einem kommt das Geld dann manchmal wie von selbst. Schröder kauft sich ein riesiges, altes Herrenhaus in Niederflorstadt, einen fetten Jaguar, lässt Journalisten vom »Stern« kommen, die ihn mit Zigarre, zwei nackten Frauen, Jaguar und Schloss fotografieren. Das war 1971, die Bilder sind legendär, und spätestens seitdem gilt Schröder endgültig als prahlsüchtiger, superreicher Übermacho. Dabei begann schon damals, 1971, mit dieser Geschichte im »Stern« sein Abstieg.

Warum genau, müssen Sie selbst in der Verlagsgeschichte nachlesen, es ist eine Geschichte voll mit falschen Anwälten, betrügerischen Notaren, Rechtedieben, Zusagenzurückziehern und anderen Verbrechern. Und Pech und blöden Umständen. Nicht jede Volte des Untergangs ist nachvollziehbar, manche kann man in der zweiten Hälfte des Buches genauer nachlesen, da hat der Wissenschaftler und Verlagsleiter Jan-Frederik Bandel die März-Geschichte noch einmal mit Fußnoten und aus der Außenperspektive geschrieben.

Schröder hat seinen Part natürlich wie immer erzählt. Hat ihn Barbara Kalender erzählt, und ab 1981 erzählt sie natürlich mit. Das ist übrigens das Lebens-Geschäftsmodell der beiden, seit sie keinen Verlag mehr haben. Seit 1990 erscheint regelmäßig viermal im Jahr ein Band der Folge »Schröder erzählt«. Verkauft wird nur an Subskribenten, gedruckt, gebunden, hergestellt wird hier unter dem Schöneberger Dach. Es sind Erzählungen aus dem Leben der beiden, aus dem Leben des Kulturbetriebs, des Politikbetriebs, Selbsterlebtes, garantiert nichts Ausgedachtes und alles unbedingt wahr.

Die Auflage liegt bei vierhundert Stück. Jedes Exemplar ist numeriert und signiert. Davon leben die beiden. Das ist ihr Geschäftsmodell. »Vom Mythos leben und nicht von der Stückzahl« ist das Motto der Reihe. Oder auch: Dem geschlossenen Wahnsystem der Welt ein anderes, ein eigenes, ein offenes Wahnsystem entgegenzusetzen, darum ist es Schröder und Kalender immer gegangen. Es wird auch ungeschützt und offen schlecht über gewisse Protagonisten des Politik- und Kulturbetriebs gesprochen. Auch davon lebt das Projekt. Von den Feinden. »Man liebt doch seine Feinde«, sagt Schröder jetzt. Und »das ist doch alles viel interessanter als dieses ganze Harmoniegesülze«. Er erzählt eben auch gegen »die zunehmende Verlangweiligung der Welt«.

Geklagt wurde noch gegen keine einzige Folge. Ein Wunder bei all den Wahrheiten und der gigantischen Prozess-Vorgeschichte Schröders. Das Geheimnis ist vor allem die kleine Auflage. Der zu erzielende »Verletztengewinn«, sagt Schröder, wäre zu klein: »Es macht eben keinen Spaß, gegen jemand zu klagen, dem dadurch kein Schaden entsteht.«

Sie erzählen und erzählen, einer fällt dem anderen ins Wort, »das ist doch jetzt Quatsch«, »das weißt du doch gar nicht«, »verwirr ihn jetzt nicht«, »das musst du erzählen«, »nein, lass mich mal«. Alles kolossal unverdruckst und unterhaltsam. Dazu gibt es Spaghetti mit einer köstlichen Aquavit-Soße und ökologischen Weißwein. So ein Wein wenigstens gehört auch zu ihren Erzählvoraussetzungen für neue »Schröder erzählt«-Folgen: »Erst sammeln wir ein paar Stichworte. Dann setzen wir uns auf unser Sofa; wir trinken immer Alkohol dabei, das ist dann wie bei Arno Schmidt und seinem Zuruf an seine Frau Alice: ›Schnaps her!‹, wenn es ans Schreiben ging.«

Drei Abende lang erzählen sie sich Geschichten. Dann werden die Bänder abgetippt, das ergibt so etwa zweihundert Seiten, die werden dann in vielen Arbeitsschritten auf fünfzig Seiten kondensiert. »Das ist die Kunst«, sage ich etwas blöd. »Na Kunst, weiß ich nicht«, sagt Schröder. »Es ist jedenfalls die Methode.«

Kunst ist ihm ein zu großes Wort. Im »Siegfried« hat er es mal so diktiert: »Ich sage es vorsichtig: Diese Winzigkeiten an Veränderungen, die alle Jahrzehnte vielleicht einmal ein Buch, eine Musik, ein Film bei Leuten bewirken, in denen eigentlich überhaupt nichts mehr veränderbar scheint, das ist es, was Kunst ausmacht.«

Nach vier Stunden, zwei Flaschen Wein und zahlreichen Tellern Aquavit-Nudeln und dem Gespräch über viele gelbe Bücher glaubt man sich einer solchen Winzigkeit an Veränderung sehr nah. Dabei war man nur zu Besuch: in einem anderen Wahnsystem.

(2011)

Von einem, der ausziehen sollte

Unser genialer Mikro-Romancier vom Planet Kreuzberg:
Jan Peter Bremer erzählt von Entmietung und globaler Obdachlosigkeit

Die Fahrt geht, vom Reichstag, vom Brandenburger Tor kommend, immer geradeaus. Zunächst an der britischen Botschaft vorbei, rechts sieht man das Holocaust-Mahnmal liegen, dann den grauen Block des Finanzministeriums, gegenüber das E-Werk, dann, nachdem man die letzten, beinahe ganz weggeklopften Mauerreste passiert hat, das Tommy-Weissbecker-

Haus, das vor fast vierzig Jahren besetzt wurde, gegenüber das Büro der Nicolas-Berggruen-Holding, die Partei-Zentrale der SPD, das riesige Finanzamt von Kreuzberg, das aussieht wie eine Ritterburg aus Pappe.

Etwas weiter, Ecke Yorckstraße, hatte Gottfried Benn seine Praxis für Geschlechtskrankheiten, in den Häusern davor sind jede Menge billige Hostels, der immer überfüllte Bratwurststand »Curry 36«, der noch überfülltere Imbisswagen »Mustafas Gemüsekebap«, eine Tittie-Bar, der legendäre koreanische Mitsingclub »Kims-Karaoke«, auf der anderen Straßenseite das Berliner Schwulenzentrum, tausend junge Menschen mit Rucksäcken, türkische Greise, wütende Fahrradfahrer, schnelle BMW, irre Wahlplakate, die dazu aufrufen, Berlin entweder zu verstehen oder aufzuräumen, kühle Sonne, Wind.

Das ist Kreuzberg hier. Das alte Kreuzberg 61, das Kreuzberg von heute. Wir sind auf dem Mehringdamm, dem der hier lebende Schriftsteller Jan Peter Bremer sein neues Buch gewidmet hat. »Meiner Straße« steht auf der ersten Seite. Und ab der nächsten Seite beginnt die Reise in ein Wahnsystem. Von der Straße, die Treppe hinauf, unters Dach, in die Wohnung, in den Kopf eines Schriftstellers hinein, in seine Welt. Oder ist es unsere?

Mit einem Brief fängt es an. Eine »Mitteilung an die Mieter«. Nichts Wichtiges vielleicht. Vielleicht doch. Ein amerikanischer Investor habe den Gebäudekomplex gekauft, heißt es da. Kurz darauf sieht man Handwerker im Treppenhaus auf und ab gehen. In der Wohnung unter dem Schriftsteller wird gehämmert, Wände werden weggeschlagen, Stroh hängt aus der Decke – irgendwann hämmert keiner mehr. Das Chaos bleibt so liegen. Als der Schriftsteller einen vorbeieilenden Handwerker fragt, wie und wann es da weitergehe, in der zertrümmerten Wohnung unter ihm, schaut der ihn verständnislos an und sagt, so lange ihm sein Genick lieb sei, setze er in diese Wohnung keinen Fuß mehr hinein. Die Deckenbalken seien total morsch. Irgendwann stürze da alles ein. »Es sei ein regelrechtes

Wunder, dass er sich morgens noch als gesunden Menschen im Spiegel betrachten dürfe.«

Bald schon zeigen sich erste Risse in der Wohnung des Schriftstellers, die Badewanne senkt sich, die Spielzeugautos der Kinder fahren, ohne angeschubst zu werden, von einer Wohnungswand zur anderen. »Wie plötzlich betrunken schien das Gebäude seinen Halt verloren zu haben.« Doch Rettung naht: Eine Dame der Hausverwaltung kommt vorbei, um mitzuteilen, man könne das natürlich richten lassen, dann müsse man allerdings auch hier in der Schriftstellerwohnung sanieren, was dann aber leider, leider auf eine Verdoppelung der Kaltmiete hinauslaufe.

Für den Fall, dass man sich das nicht leisten könne, habe sie hier schon mal eine schöne Ausweichwohnung im Angebot, da könnten sie sofort hinüberziehen, leider natürlich viel kleiner als die aktuelle Wohnung, leider natürlich ein bisschen teurer, leider seien Hunde und Kinder dort nicht willkommen. Der Schriftsteller, der mit Frau, Kindern und Hund lebt, schweigt erstaunt, während seine Frau der Hausverwaltungsdame eine glühende Empörungsrede entgegenschmettert, die jene kühl und ungerührt aufzunehmen scheint.

Der Kampf hat begonnen. Ein Häuserkampf in Berlin. Dramatisch, unglaubwürdig und sehr nah an der Wirklichkeit. Das ist ungewöhnlich für den Schriftsteller Jan Peter Bremer, der jetzt hier sitzt mit seiner Riesenfrisur und raucht, in seiner großen Kreuzberger Wohnung, vor sich auf dem Tisch eine kleine grüne Steingutvase mit lila Blümchen, hinter sich ein übervolles Bücherregal. »Ich bin ja nicht gerade bekannt dafür, dass ich aktuelle Themen aufnehme. Aber diesmal ging es nicht anders.«

Die Mikroromane, die Bremer seit über zwanzig Jahren schreibt – alle drei, vier Jahre einen – sind innere Abenteuerbücher aus einer zerfallenden Welt, die nur wenige Schritte neben der wirklichen Wirklichkeit zu liegen scheint. Der Leser schaut in Bremers Büchern auf das Geschehen wie durch ein Prisma, in merkwürdige Farben getaucht erscheinen die Bilder in vielen Brechungen immer wieder neu. Die Sprache ist ganz verknappt und trotzdem bilderreich. Meist wird von unten auf die Welt geschaut, verwundert, bedrängt, manchmal ängstlich, immer etwas fremd. Der Erzähler scheint ein Mann aus Glas. Ein bisschen wie Robert Walser in seinen späten Mikrogrammen oder den frühen verwundert-präzisen Wandertexten.

Heute so zu schreiben, birgt die Gefahr einer gewissen Manieriertheit, einer musealen Selbstgenügsamkeit in sich. Und manchmal lasen sich Bremers Bücher auch ein bisschen so – immer schön, selten dringlich. Was für ein Glück für ihn und uns ist da der neue Stoff: der plötzliche Brief, der Einbruch der Welt in das Leben eines weltfremden Schreibers. Die Wände schwanken, alle Sicherheiten hören auf.

Der Protagonist ist der alte Kreuzberger schlechthin. Ein subventionierter Träumer, weltfreundlich, etwas dörflich, revolutionär in Gedanken und Erinnerungen. Das Geld verdienen andere für ihn. In diesem Fall: seine Frau. Sie hat einen

vernünftigen Beruf, eine Aufgabe in der Welt. Er darf träumen, sich um den Haushalt kümmern, auch um die Kinder, wenn es nicht zu viel Mühe macht. Ansonsten denkt er an sein neues Buch und macht endlose Spaziergänge mit dem Hund. Seine Angst: als bürgerlich zu gelten.»Genügte nicht die hartnäckige und unabänderliche Verlässlichkeit, mit der er seit Jahren schon kein Geld verdiente, sondern, einem Vögelchen im Neste gleich, immerzu mit aufgesperrtem Schnabel darauf wartete, dass seine Frau endlich von der Arbeit kam, ihn von allzu großer Bürgerlichkeit loszusprechen?«

Doch, ja, das genügte. Aber die neue Gefahr ist noch etwas größer als die Möglichkeit, für einen Bürger gehalten zu werden. Die neue Gefahr ist: »der amerikanische Investor«. Das ist der Mann, der den großen Wohnkomplex, in dem der Schriftsteller wohnt, gekauft hat. Ein Mann, wie für einen Roman der Gegenwart erdacht: Er ist Milliardär, liebt Schokolade, tut angeblich sehr viel Gutes, kauft Immobilien in der ganzen Welt, am liebsten in Berlin, und lebt im Flugzeug oder im Hotel. Einen festen Wohnsitz hat er lange schon nicht mehr. Er sagt:»Zum Leben braucht man nur einen Anzug und ein Handy.«

Der Investor ist die Verkörperung des weltweit um den Globus rasenden Geldes; selbst wohnungslos, fehlt ihm der Sinn für Menschen, die in ihrem Leben nicht viel mehr Sicherheiten haben als die Wohnung, in der sie leben. Und natürlich ist diese Romanfigur viel zu romanhaft, um ausgedacht zu sein. Als Vorbild ist unschwer der Milliardär, Kunstsammler, Regierungsberater, Karstadt-Sanierer und Immobilienmogul Nicolas Berggruen zu erkennen, der allein in den letzten Jahren in Berlin 225 Millionen Euro in Immobilien investierte. Und der in einem Interview über sein Berliner Engagement sagte: »Ich interessiere mich vor allem für noch nicht ausgereifte Lagen wie Kreuzberg.« Und dass es ähnliche Gewerbehöfe wie heute in Kreuzberg zum selben Preis vor dreißig Jahren in New York gegeben habe und die seien »heute unbezahlbar«. Natürlich wisse auch er nicht, ob Berlin sich wie New York entwickele, aber das sei doch immerhin eine »schöne Vision«.

»Schön« ist schön gesagt. Selten kann man den schillernden Möglichkeitsraum, der in diesem Wörtchen steckt, so deutlich hervortreten sehen wie in diesem Satz. Ein Mieter jedenfalls wird eine Preisentwicklung in Richtung »unbezahlbar« wohl nur im Zustand trauriger Geisteseintrübung als eine »schöne Vision« bezeichnen. Berlin ist wahrlich nicht die einzige Stadt, in der Haus um Haus von Immobilienfonds und Investoren aufgekauft, saniert und entmietet wird. Hier passierte es nur besonders spät und schön ordentlich Bezirk nach Bezirk. Der Prenzlauer Berg ist längst durchgentrifiziert. Jetzt sind eben die letzten »noch nicht ausgereiften« Kreuzberger Lücken dran.

Als Nicolas Berggruen im selben Interview – wie ein Fußballbildchensammler – nach seiner Berliner »Lieblingsimmobilie« gefragt wurde, da nannte er die Sarotti-Höfe am Mehringdamm in Kreuzberg. Die Höfe, in denen Jan Peter Bremer mit Familie und Hund Helga wohnt.

Heute wirkt hier alles noch recht uneingestürzt und der Trakt, in dem Bremer wohnt, sogar beinahe unsaniert. »Alles ist überspitzt, wenig ist ausgedacht«, sagt Bremer jetzt und lacht. Ja, es gab die Bodenabsenkung, die Ersatzwohnung, Mieterhöhung und so weiter. Aber es ging ihm ja auch nicht darum, ein Anklagebuch gegen Herrn Berggruen zu schreiben. Überhaupt kein Anklagebuch. Jan Peter Bremer hat das Buch eines irrwitzigen Zweikampfs geschrieben: Oben in der Luft schwebt der Investor, unten im Bett liegt der Schriftsteller, der nicht mehr schreiben kann vor lauter Angst und dunklen Gedanken. Der Brief des Investors hat ihm alle Kraft und Lebenszuversicht genommen. Nur trinken hilft ihm – für Momente: »Wenn er sich, ohne etwas zu trinken, hinlegte, eröffnete das Wohnungsproblem die ganze Nacht eine regelrechte Jagd auf ihn.«

Seine Frau, seine Kinder, ja selbst sein Hund verachten ihn. Er ist ein Mann ohne Lebenskraft, ein Dichter ohne Worte.

Aber in Gedanken ist er noch der Größte. Er weiß: Ein Brief von ihm, mit aller Wucht geschrieben, wird den Investor umstimmen. Er sucht den Satz, er sucht und sucht, und wenn er ihn in der Ferne aufscheinen sieht, belohnt er sich mit einem kleinen Bier oder einem großen. Und schon ist der Satz weggetrunken.

Nicht die Romanfigur, der Autor Bremer hat an der Stelle des blassen Schläfers diesen Brief geschrieben. Mal sehen, ob er Investoren rührt. Die Leser unbedingt.

(2011)

Die Farbe der Erinnerung

Am Anfang ihres Werks waren die Hoffnungen groß und Zweifel verboten, am Ende stand der Zusammenbruch: Christa Wolf hat sich, ihr Leben und ihre Bücher immer exemplarisch gesehen. Jetzt ist sie gestorben. Und eine Epoche ist zu Ende gegangen

Das war dieser Amerika-Moment, 1992 in Los Angeles: Christa Wolf war auf Einladung des Getty Center für einige Monate an die amerikanische Westküste gekommen, um zu forschen, zu lesen, zu schreiben und um etwas Abstand zu finden, zu Deutschland und zur deutschen Politik. Was ihr natürlich nicht gelang. Irgendwann hat es ein anderer Stipendiat nicht mehr mit ihr ausgehalten, und er fuhr sie an, sie müsse jetzt sofort mit ihrer verdrucksten Herumschleicherei aufhören. Ihre demonstrative Art, von der Last der deutschen Geschichte gebeugt, die Gänge des Getty Center entlangzuschleichen, mache ihn verrückt.

So hat es Christa Wolf in ihrem letzten, stark autobiografisch gefärbten Roman »Stadt der Engel« selbst beschrieben. Und, nein, verwandelt hat sie sich daraufhin nicht. Aber vielleicht die Schultern kurz gehoben und ein wenig gelächelt, über sich selbst und den Eindruck, den sie auf den jungen Schriftsteller aus einer anderen Welt offenbar machte. Am Abend setzte sie sich mit einer Margarita und Erdnüssen vor den Fernseher und schaute sich ihre Lieblingsserie »Star Trek« an, deren Besatzung sie für die Verknüpfung von »unbedingter Disziplin mit reifer Menschlichkeit« verehrte.

Die Ideale mussten da längst schon jenseits der Wirklichkeit gesucht werden. Auch von Christa Wolf.

»Soll den Mund verziehen, wer will: Einmal im Leben, zur rechten Zeit, sollte man an Unmögliches geglaubt haben.« So heißt es in ihrem Roman »Nachdenken über Christa T.«, den sie 1966 geschrieben hat. Da glaubte Christa Wolf selbst schon nicht mehr an Unmögliches. Da war sie auf dem 11. Plenum des ZK der SED mit ihrer Forderung nach mehr »echter Erfahrung« und weniger »Typik« in der Literatur der DDR schon auf kalte Ablehnung gestoßen. Und hatte doch weitergeschrieben, um sich zu retten, aus einer existenziellen Krise, wie sie schrieb, ein Buch der Selbstverständigung: Christa T. – eine Rückschau auf ein Leben, das nicht gelingen konnte und das schon zu Ende ist, wenn das Buch beginnt: »Wir haben uns neben die unfertigen Fundamente eines kleinen Sommerhauses ins Gras gelegt, in den Schatten einer knorrigen, zerzausten Kiefer. Der Himmel, wenn man lange genug hinsieht, sinkt ja allmählich auf einen herunter, nur die Rufe der Kinder reißen ihn immer wieder hoch.«

Am Donnerstag, dem 1. Dezember 2011, ist Christa Wolf im Alter von zweiundachtzig Jahren gestorben. Bücher, wie sie sie schrieb, wird es nicht noch einmal geben. Und dass eine deutsche Schriftstellerin je noch einmal eine solche Bedeutung für ein Land, für ihre Leser haben wird, ist unwahrscheinlich. Mit dem Tod von Christa Wolf geht eine Epoche zu Ende, eine Epoche, in der die Literatur von existenzieller Bedeutung sein konnte. Man musste nur einmal in den letzten Jahren bei einer Christa-Wolf-Lesung dabei gewesen sein, um das zu erleben. Oft las sie in Kirchen, und die Leser, meist Frauen jenseits der siebzig, kamen zu ihr wie in einen Gottesdienst. Ihre Leserinnen glaubten an Christa Wolf und an ihre Bücher, das Leben ihrer Romanfiguren war zu einem wesentlichen Bestandteil des Lebens ihrer Leser geworden.

Das Geheimnis des Erfolges von Christa Wolf liegt in ihrer Authentizität. Das Leiden der Heldinnen ihrer Bücher ist immer unbedingt authentisch, und das Glück, die Hoffnung und die Resignation sind es auch. Diesem Eindruck kann sich kein Leser der Bücher von Christa Wolf entziehen. Die Autorin lebt das Leben ihrer Heldinnen mit jeder Faser mit. Sie sind leicht erschütterbar, diese Heldinnen, und sie stehen dazu. In keinem Werk der Weltliteratur wird so oft und hemmungslos geweint wie bei Christa Wolf. Oft schon auf der ersten Seite, bevor die tragische Handlung sich entfaltet hat. In dem Krankheitsroman »Leibhaftig« heißt es, nachdem die Protagonistin vom Schicksal einer jüdischen Familie in Nazideutschland erfahren hat: »Da kommen mir die Tränen. Ich fange an zu weinen, das hätte ich längst tun sollen, ich weine und weine und kann nicht mehr aufhören« – bis schließlich ihr Engel sie zu trösten versucht mit einem billigen »Alles wird gut«, und sie sagt: »Nein. Es kann nichts gut werden. Als mir das klar ist, kann ich aufhören zu weinen.«

Die Geschichte geht immer mitten hindurch durch das Leben der Wolf'schen Romanfiguren. Sie sind gelebte Geschichte, gelebte deutsche Geschichte, und da gibt es nun einmal nicht viel zu lachen. Auch in der Weltgeschichte nicht: In einem Tagebucheintrag aus dem September 2001 schreibt sie über den Angriff auf die Zwillingstürme von New York: »Während mein Gehirn noch ungläubig nach Erklärungen suchte, mein Körper schon begriffen hatte und jenes unangenehm ziehende Gefühl erzeugte, das mir immer anzeigt, dass etwas Unwiderrufliches, zumeist Schreckliches passiert: Kriegsbeginn 1939; Flucht aus der Heimatstadt 1945; Einmarsch der Warschauer-Pakt-Truppen in die Tschechoslowakei 1968. – Im Alter wäre ich gern von Geschichte verschont geblieben.«

Am Anfang dieses Werkes waren die Hoffnungen groß. Ihren allerersten literarischen Text, »Moskauer Novelle« aus dem Jahr 1960, hat sie später selbst für ihre Verherrlichung der Hauptstadt der Sowjetunion scharf kritisiert. Dann erschien 1963 »Der geteilte Himmel«, und die Zeit des Ruhms begann: Eine Liebe in einem gespaltenen Land. Manfred geht in den Westen, seine Geliebte heißt Rita, und Rita bleibt da. Sie hat sich für ihre Ideale entschieden, für ihr Land und gegen die Liebe. Manfreds Vater sagt, nachdem sie nach einem langen Besuch im Westen endgültig in die DDR zurückgekehrt ist:

»Ihre Rückkehr ist mir, offen gestanden, bis heute ein Rätsel. Sie mögen mich altmodisch nennen; aber zu meiner Zeit war die Liebe romantischer. Und unbedingter. Ja, das auch.«

Zu jener Zeit ist Christa Wolf noch Kandidatin des ZK der SED. Und verbietet sich Zweifel. Doch ein Wanken ist schon diesem Buch eingeschrieben. Manfred ist kein Idiot. Manfred hat gute Gründe für seine Entscheidung, die DDR zu verlassen. Dass sie bleibt, dass sie sich statt für die Liebe für ihren Staat entscheidet, nennt Rita einen Anschlag, den sie auf sich selbst verübt, auf sich und auf ihr Seelenheil, auf ihr Glück. Die Mauer geht durch ihr Leben. Der Himmel ist teilbar. Das muss sie ihrem Manfred erst mühsam beibringen, der meint, das bleibe ihnen, der ungeteilte Himmel: »Der Himmel? Dieses ganze Gewölbe von Hoffnung und Sehnsucht, von Liebe und Trauer? ›Doch‹, sagt sie leise. ›Der Himmel teilt sich zuallererst.‹«

Ja, das ist kitschig, exemplarisch, übersymbolisch, aber auch immer wieder schön und fremd und sonderbar, dieser Rita auf ihrem Pfad der stolzen Selbstkasteiung zu folgen. In eine Welt, in der Politik wichtiger ist als die Liebe und Patriotismus eine sozialistische Selbstverständlichkeit. Rita ist romantisch und kämpft um Nüchternheit: »Eine Sternschnuppe fiel, aber sie wünschte sich nichts.«

Einen Satz gibt es in dieser Erzählung, der steht einmal auf der ersten Seite und dann noch einmal kurz vor dem Schluss, er heißt: »Die zielen genau auf mich.« Die – das sind die anderen, die Handelnden, die »Tatmenschen«, wie sie in »Christa T.« später heißen. »Die zielen genau auf mich«, das heißt auch: Die Geschichte zielt auf mich, immer wieder bin genau ich gemeint und getroffen. Christa Wolf hat sich und ihr Leben immer auch exemplarisch gesehen. Geschichtliche Katastrophen machten sie im wörtlichen Sinne krank. Das zu beschreiben, dagegen anzuschreiben, war eine existenzielle Notwendigkeit.

Und das Hadern mit diesem Land. Das Hadern mit dem Sozialismus. Die Kompromisse, die sie einging, die Opposition, zu der sie sich in einigen, ausgesuchten Momenten durchrang. Die Unterzeichnung des Protestes gegen die Ausbürgerung von Wolf Biermann vor allem. SED-Mitglied war sie fast bis zuletzt. Sie hat selbst, sehr früh, sehr wenige und für die Beobachteten eher schmeichelhafte Berichte für die Stasi verfasst. Danach wurde sie fast ein ganzes Leben lang selbst bespitzelt. Nach der Biermann-Petition auch offensiv und offen.

Dass sie ihren Bericht darüber, »Was bleibt«, ein Buch, das sie 1986 geschrieben hatte, erst 1990, als es kein Risiko mehr bedeutete, veröffentlicht hat – darüber war nach Erscheinen eine der heftigsten Literaturfehden der deutschen Nachkriegsgeschichte entbrannt. Ja. Eine Heldin ist Christa Wolf nicht gewesen. Es war ein schmaler Grat, auf dem sie sich als Repräsentantin ihres Staates bewegte. Er war aber wohl nicht ganz so schmal, wie sie selber fürchtete. Und dass Menschen, die das Land verließen, weil sie es nicht mehr aushielten, sich von einer Christa Wolf, die jederzeit reisen konnte, wie es ihr gefiel, nicht auch noch tadeln lassen und sich ausgerechnet von ihr nicht zum Bleiben überreden lassen wollten, auch das kann man gut verstehen.

Und für andere war ihr Wort Gesetz, bis zum Schluss. Das liest sich heute schon wie aus einer anderen Zeitrechnung, wenn man zum Beispiel die Leserbriefe nimmt, die sie im Herbst 1989 bekam, als sie in der »Wochenpost« den Anklagetext »Das haben wir nicht gelernt« veröffentlichte. Für oder gegen sie – für die Leser war sie eine Mutterfigur, eine Matrone. Ein A. Richter aus Berlin berichtete: »Heute früh beim Frisör eine ›Wartegemeinschaft‹. Zwei Frauen neben mir, eine legt die ›Wochenpost‹ auf den Tisch, liest vor, was Christa Wolf geschrieben hat. Vom Nachbartisch drehen sich Frauen um und beginnen, aus der ›Wochenpost‹ abzuschreiben. Ich hatte plötzlich keine Lust mehr zum Haareschneiden, sondern suchte nach der ›Wochenpost‹. In der Frühstückskantine lag sie auf dem Tisch. Ihre Seite gibt es jetzt in vielen Abzügen, und jeder in unserer Gruppe hat sie schon gelesen.«

Ja. Jeder hatte sie gelesen. Eine Epoche geht zu Ende. Die Christa-Wolf-Epoche. Und mit ihr ein deutsches Autorenmodell: der Autor als Instanz. Und Literatur als Landesseelenkunde.

Vom Tod hat sie viel geschrieben und von der Erinnerung, die bleibt. Wie schwer es sein wird, Abschied zu nehmen, vom Leben, von ihrem Bruder, schreibt sie in »Störfall«, von der Hoffnung, »dass die Zweifel verstummen und man sie sieht«, in »Christa T.« und dass »Klagen, Tränen, Vorwürfe nutzlos zurückbleiben«, am Ende.

Am traurigsten und schönsten hat sie es in »Was bleibt« geschrieben, ausgerechnet: »Dass es kein Unglück gibt außer dem, nicht zu leben. Und am Ende keine Verzweiflung außer der, nicht gelebt zu haben.«

(2011)

Das Segeln in Gedanken

Ein anderes Leben, so was ist möglich:
zu Besuch bei Sten Nadolny, dem Dichter der Langsamkeit,
am Chiemsee in Bayern

Sonne in Übersee, keine Menschen auf der Straße, ein paar verlorene Holzstühle vor dem Bahnhof. Mal zieht eine kleine Familie auf Fahrrädern vorbei. Im Zug von München hierher saßen Ausflügler in Trachten, Mädchen in Flipflops mit dicken Büchern und Badetaschen. In Übersee stieg keiner aus. Ich bin zu früh, sitze auf der Bank vor dem hellen Bahnhofsgebäude, lese noch etwas in den Büchern von Sten Nadolny, »Ein Gott der Frechheit«, »Die Entdeckung der Langsamkeit« und in seinem neuen Roman »Weitlings Sommerfrische«. Irgendwann schlendert ein dunkel gekleideter Mann mit hellem Hut den

Bahnhofsvorplatz entlang. Er scheint nichts zu suchen. Er hat Zeit. Auch Sten Nadolny ist eine halbe Stunde zu früh zum Treffpunkt gekommen. Der Mann, den er da auf der Bank sitzen sieht, zwischen Büchern, kann unmöglich schon seine Verabredung sein.

Zwei Menschen in einer leeren Welt treffen sich am Treffpunkt und erkennen sich nicht. Nur weil die Zeit nicht stimmt. Na ja. Nach einer kleinen Weile erkennen wir uns dann natürlich doch. Sten Nadolny ist mit dem Auto da. In Chieming am Chiemsee, wo er die Hälfte des Jahres lebt, hält kein Zug. Wir wollten eigentlich segeln gehen. Vor einigen Jahren hatte er mir einmal von seinem Boot erzählt, einer alten Chiemsee-Plätte, einem speziellen Segelboot-Typ, der nur für hier, nur für den Chiemsee gebaut wird. Und eine solche Plätte ist auch das Unheilsvehikel, das in Nadolnys neuem Roman die Handlung in Gang bringt: Ein plötzlicher Sturm wirft den Protagonisten, den pensionierten Richter Wilhelm Weitling, aus dem Boot. Er verliert das Bewusstsein und stürzt aus der Zeit, zurück in seine Jugend.

Der Sache wollte ich nun also nachgehen, beziehungsweise: hinterhersegeln. Plätten sind offenbar vor allem für ihre starke Kenteranfälligkeit bekannt. Schon bei mittlerem Wellengang droht Wassereinbruch, und bei hohem Wellengang kann alles passieren. Hätte also interessant werden können. Aber der Dichter hat sich kurz vor meiner Ankunft Schulter und Arm beim Anlegen eines Kiesweges in seinem Garten so schwer beschädigt, dass an Segeln nicht zu denken ist. Schade. Bleibt also nur das Segeln in Gedanken.

Es ist ohnehin kein Wind. Milchiger Himmel, weiße Sonne. Einige wenige Boote liegen beinahe regungslos auf dem platten See. »Nichts macht so melancholisch wie Segeln ohne Wind«, sagt Sten Nadolny. Wir sind zum Wasser hinuntergegangen, an den Strand von Chieming. Hier sitzen Männer auf Bierbänken und haben ihre Angeln in den Boden gerammt. Jetzt warten sie und trinken Weißbier in der Sonne. Einer macht sich an seiner Angel zu schaffen, zupft einen winzigen Fisch vom Haken, großes Hallo auf der Bank, Fotos, Gratulationen, Prost auf den tollen Angler. Und weitertrinken, weiterschauen auf den See, vielleicht passiert heute noch etwas, vielleicht nicht.

Hier ist Sten-Nadolny-Land. Die Ruhe hier, die Wiesen, der weite Blick, die weißen Berge am Rand der Welt. Es ist nur auf den allerersten Blick unwahrscheinlich, dass hier ein Polarforscher-Roman entstanden ist, einer der erfolgreichsten und schönsten Romane der deutschen Nachkriegsliteratur, »Die Entdeckung der Langsamkeit«. Anderthalb Millionen Mal wurde er in der ganzen Welt verkauft, 1983 ist er erschienen. Die Geschichte von John Franklin, der durch Beharrlichkeit und Zärtlichkeit, Genauigkeit und Langsamkeit, durch Menschenkenntnis und Menschenfreundlichkeit neue Welten entdeckt. Eine andere Welt.

»Die Utopien seines Lebens waren: Kampf gegen unnötige

Beschleunigung, sanfte, allmähliche Entdeckung der Welt und der Menschen.« So heißt es im Roman. Später, im Haus, zeigt mir Sten Nadolny den Eintrag in »Meyers Konversationslexikon« aus dem Jahr 1904, den Eintrag über John Franklin, den er als Dreizehnjähriger schon auswendig konnte, weil ihn dieser Mann so beeindruckt hat, so sehr beeindruckt, dass seine Geschichte in ihm wuchs und wuchs, bis er sie aufschrieb und ein weltberühmter Schriftsteller wurde.

Wollte er eigentlich gar nicht. Also Schriftsteller werden. Das waren ja seine Eltern schon. Burkhard Nadolny, der 1986 im Alter von zweiundsechzig Jahren starb, der ziemlich erfolglos war und seine Familie mit den Einkünften aus seinen Büchern kaum ernähren konnte. Und Isabella Nadolny, die zunächst die Sekretärin seines Vaters war, irgendwann aber selbst das Schreiben begann und sehr erfolgreich wurde. Vor allem ihr Lebensroman »Ein Baum wächst übers Dach«, die Geschichte ihrer Familie, die Geschichte von Chieming und des Hauses hier. Noch heute, erzählt Sten Nadolny, kämen Leserinnen vorbei, stünden vor dem Zaun, klingelten, fragten: »Ist das das Haus aus dem Buch?«, »Wo steht die Linde?«

Der Sohn gibt dann meist geduldig Auskunft. Denn die eine Frage immerhin stellen die Leserinnen nicht: ob er jener »Dickie« sei, der Sohn aus dem Roman. Das hatte Sten Nadolny schon früh den Ärger über allzu unverhüllt autobiografische Literatur gelehrt. Denn alle Namen hatte sie in ihrem Buch geändert, alle Menschen verhüllt, nur ihn nicht, Sten, den Sohn, den alle »Dickie« nannten. Jetzt stand er da, im Buch, für immer, und warf seiner Mutter »Verlogenheit« vor. Warum schrieb sie dann nicht alles genau so auf, wie es gewesen war, mit echten Namen, echten Orten, echten Menschen? Warum nur ihn? Und auch mit den Büchern seines Vaters haderte er. Wenn er sie überhaupt las. Im Grunde haben sie ihn nicht sehr interessiert. Er jedenfalls wollte ein anderes Leben.

Und hat nun dieses bekommen. Ein Schriftstellerleben. Hier

in Chieming, im Haus seiner Eltern, das sein Großvater Alexander Peltzer 1932 als Sommerhaus erwarb, als noch etwas von dem Vermögen da war, das die Großvaterfamilie mütterlicherseits in Russland erworben hatte, mit einer Tuchfabrikation, die auch die russische Armee ausstattete. Damit war es nach der Revolution vorbei, mit der ganzen Firma war es da vorbei und mit dem großbürgerlichen Leben auch.

Der Großvater malte, er malte Wiesen, Berge, die Landschaft hier am Chiemsee, in die war er verliebt. »Papa hatte dieses Dörfchen einst auf einem Ausflug mit seiner Malklasse von München aus entdeckt und war seinen Reizen von Stund an verfallen«, heißt es in Isabella Nadolnys Roman. Um Gelddinge kümmerte er sich nicht, versuchte gar nicht erst, seine Bilder zu verkaufen. Sein Enkel hat ihn sehr geliebt, stand oft mit ihm im Gras und schaute, wie er malte. Heute hängen die Bilder des Großvaters an den Wänden des Hauses.

Es ist ein herrliches, kleines Haus, aus dunklem Holz gebaut, mit einer kleinen Terrasse, auf der zwei Seglerstühle stehen, von hohen Bäumen umstanden, nicht weit vom See entfernt. Am Rande des Gartens steht ein kleiner Schuppen, eine Bank davor, von einer weiß-blauen Markise beschirmt. Hier sitzt Nadolny oft und schreibt, auch bei Regen sitzt er hier, unter der Markise. Zuletzt also »Weitlings Sommerfrische« – die Geschichte eines anderen Lebens. Die Geschichte des Richters Weitling, der nach jenem Segelunglück noch einmal die Gelegenheit bekommt, in seine Jugendzeit zurückzukehren. Und dann ein anderes Leben führt. In seinem neuen Leben zum Schriftsteller wird. Im Grunde die Geschichte von Max Frischs Drama »Biographie – Ein Spiel«, aber als Erfolgsgeschichte umgeschrieben. Ein anderes Leben ist möglich.

Vieles hat Sten Nadolny in diesem Roman auch über sich selbst geschrieben, wesentliche Lebensstationen dieses Weitlings sind seine eigenen. Vor allem ist das Buch getragen von einer Liebe zu der Landschaft hier, zum See, den Menschen, einer Frau, die Astrid heißt. Ja, und von der Liebe zu einem

Beruf, den man Schriftsteller nennt und der die permanente Möglichkeit der Selbsterfindung bietet. Ein Traumleben zu leben, neben dem eigenen. »Traumleben«, so heißt auch der Großvater im Roman, dem der Enkel spät noch einmal begegnen darf und der ihn hört, als Einziger. Weil er etwas sieht, weil er etwas weiß, was andere nicht wissen: dass es ein anderes Leben gibt. Einen anderen Klang der Welt, neben diesem Rauschen der Gegenwart.

Ein Schriftsteller geht noch einmal durch sein Leben. Sten Nadolny hat mit diesem Roman einen unglaublich poetischen, traurigen, liebevollen Möglichkeitsbericht seines eigenen Lebens geschrieben. Eine Bilanz voller Dankbarkeit und Angst und Staunen.

Wir gehen am See entlang, einen Hügel hinauf, wo Weitlings Haus im Roman steht, wo hier jetzt aber gar nichts steht, wir gehen auf den Friedhof, zum Grab seiner Eltern, seiner Großeltern und seines kleinen Bruders, der mit drei Monaten schon starb und dessen Geburt die Mutter so geschwächt hatte, dass sie Sten in ein Kinderheim geben musste. Ein traumatisches Erlebnis für den damals dreijährigen Bruder. Auch die Romanfigur erlebt diese frühe Abschiebung, und Nadolny schreibt: »Sein Aufenthalt im Heim war lang genug gewesen, um ihn entdecken zu lassen, wie er – erfindend und erzählend – unter lauter ihm eher unheimlichen Menschenkindern überleben konnte. Nichts anderes tun Schriftsteller.«

Dann sind wir wieder im Haus. Es geht die Treppe hinauf, ins Arbeitszimmer, ein Schreibtisch voller Notizen und Zettel, ein Blick vom Fenster auf den See, ein Bett steht darin, Nadolny deutet darauf und sagt, dass hier sein Großvater gestorben sei, sein Vater und eines Tages, womöglich, auch er.

Wir setzen uns noch auf die Terrasse, auf die Segelstühle, trinken Wein und schauen einer Krähe zu, die ihre Jungen füttert. Sten Nadolny erzählt von seinem Vater, von seinen Romanen, von dessen Lebenssatz: »Wenn dir die Zuversicht ausgeht, erfinde sie«, hat er gesagt. Ein echter Nadolny-Satz.

Dann fahren wir zurück nach Übersee. Wir sind spät, Nadolny überholt mit seinem alten Volvo plötzlich entschlossen einen weißen Porsche auf der Landstraße. »Langsamkeit ist auch nicht alles«, sagt er und lacht. Wir kommen rechtzeitig.

(2012)

Bist du dumm? Das ist mein Stil

Doch da draußen ging das Leben weiter:
zum Tod von Jakob Arjouni

Es war ja erst mal dieses Heimat-Dings, was seine Bücher ausmachte. Was den Ton vorgab und die Temperatur und die Getränke, die hier getrunken wurden. Der Ton: südhessisch. Die Temperatur: warmherzig, scheincool. Die Getränke: Apfelwein, Pils, Jägermeister. Entschuldigung: Jeschermeisder. Die sogenannten Türken-Krimis, die Kayankaya-Romane von Jakob Arjouni, von denen der erste, »Happy Birthday, Türke«, 1985 erschien, sind ja vor allem Frankfurt-Romane. Die Stadt, ihre Häuser, ihre Bewohner, ihre Drogen, ihre Toten, ihre Gewalt sind das, was die Geschichten voranbringt. Jakob Arjouni hat Heimatromane geschrieben. Die ungemütlichsten und die besten seiner Zeit.

1964 kam er in Frankfurt auf die Welt, wuchs vor den Toren der Stadt, in Ober-Roden, auf, ging in Heppenheim auf die Odenwaldschule und lebte dann in Südfrankreich und Berlin. Er las schon als Kind Dashiell Hammett, später Faulkner und Irmgard Keun, spielte tagelang im Bahnhofsviertel Billard, studierte sekundenkurz Germanistik in Berlin, arbeitete als Badeanzugs- und Erdnussverkäufer an den Stränden der Côte d'Azur und schrieb mit zwanzig seinen ersten Roman, der spätestens mit der Verfilmung durch Doris Dörrie ein Riesenerfolg wurde.

Jetzt ist Jakob Arjouni tot. Er starb an Krebs, Achtundvierzig Jahre wurde er alt. So wenig. Wie kann man denn da schon einen Strich drunterziehen, unter dieses Werk und dieses Leben? »Zu früh«, schreiben die Leute jetzt. Was heißt denn da zu früh? Es ist halt mittendrin, aber vielleicht ist es das auch immer. Auf die Frage »Wie wollen Sie sterben?« im »F. A. Z.«-Fragebogen hatte Arjouni vor vielen Jahren die schöne Selbstverständlichkeit »Möchten? Gar nicht« geantwortet. Und was das größte Unglück sei: »Der Tod.«

Das ist so banal wie die Tatsache, dass er sehr gegenwartsfanatische, lebensverliebte Bücher geschrieben hat. Eine Verliebtheit, die umso größer war, weil der Erzähler offenbar von beinahe jedem Elend, jedem Unglück, jeder denkbaren persönlichen und politischen Schweinerei wusste und sie auch beschreiben konnte. Die besten Bücher Arjounis waren politische Bücher, die von Politik schwiegen. Der Kayankaya-Roman »Kismet« zum Beispiel, in dem die Schockwellen des Jugoslawien-Krieges die Frankfurter Unterwelt erfassen, oder der Deutschland-Roman »Magic Hoffmann«, in dem der superschlichte, weise Held Fred nach vier Jahren Knast staunend die Verwandlungen erlebt, die noch den kleinsten deutschen Zwerg nach der nationalen Wiedervereinigung erfasst hatten: »Ich bin ein politischer Mensch«, hat Jakob Arjouni einmal gesagt. »Aber die einzige politische Entscheidung, die man als Autor trifft, ist: Wer ist meine Hauptfigur, und wo spielt meine Geschichte? Ab dann sollte man nur noch versuchen, die Geschichte so gut wie möglich zu erzählen.«

Das ist ihm nicht immer gelungen. Es gibt gar nicht wenige Bücher Jakob Arjounis, die richtig missraten sind. Das sind die, in denen er seine Helden eben doch als Meinungstransporter missbrauchte. Dann klingen die Dialoge wie aus einem schlechten Fernsehspiel oder dem Meinungsreport des wohlmeinenden Menschen. Im 68er-Lehrer-Verhöhnungsbuch »Hausaufgaben« war das so oder in der leblosen Märchen-Sammlung »Idioten«. In diesen Büchern wusste der Autor einfach immer etwas zu gut Bescheid. Über die Welt und über seine Helden. Aber – wenn man jetzt also wirklich schon die Summe unter diesem Werk zusammenrechnen muss, dann ist sofort klar, dass Arjounis Scheitern im Vergleich zu all seinem Gelingen winzig klein gewesen ist. Und dass es ihn eher noch größer macht, jetzt zu sehen, dass er eben auch einer war, der etwas riskiert hat beim Schreiben. Und wenn er schon mal scheiterte, dann auch krachend und groß.

Wie seine Helden, diese komischen Typen. Die Am-Rand-Herumsteher, die selbstbewussten Außenseiter. Die sich das alles ansehen, die Welt, so wie sie ist, und die ganzen Leute, die meinen, wie es ist, so sei es gut, und es gebe da nichts groß zu wundern.

Mein größter Arjouni-Held ist Magic Hoffmann, der Apfelweinträumer aus Dieburg bei Darmstadt, der mit achtzehn Jahren zusammen mit seinen zwei besten Freunden eine Bank überfiel, erwischt wurde und vier Jahre ins Gefängnis kam, weil er seine Freunde nicht verriet. Es waren Freunde eben, Freunde fürs Leben. Und sie hatten einen großen Traum: eine große Apfelweinkelterei in Kanada; dafür war die Beute gedacht. Flüssige Heimat, Freiheit, Freundschaft, genügend Geld – das war ihr Traum, dafür saß er vier Jahre lang tapfer, schweigend, hoffnungsfroh im Knast. Doch da draußen ging das Leben weiter, die Freunde waren älter geworden, waren nach Berlin gezogen und hatten sehr viel Geld. Knasti Hoffmann war nur noch eine peinliche Erinnerung. Und dann war eben auch noch diese Wiedervereinigung passiert, und die Leute trugen plötzlich alle Baseballmützen und wollten über Identität reden und dass alles so anders geworden wäre. Hoffmann, dessen selbstbewusste Schlichtheit einst sein Erfolgsgeheimnis gewesen war, kann das alles nicht fassen. Er gehört einfach nicht mehr dazu. Nirgends mehr, er versteht kaum noch, was die Leute reden, und mit seiner vier Jahre alten Dieburger Frisur, seinen vier Jahre alten Turnschuhen wirkt er im neuen berauschten Berlin wie ein Außerirdischer. »Ich würde gern von dir als Außenstehendem mal hören, was du dir unter deutscher Kultur vorstellst«, fragt ihn so ein lächerliches Filmwürstchen, das sich offenbar selbst für die Verkörperung der neuesten deutschen Kultur hält.

Hä? Magic Hoffmann versteht nichts und redet darüber: »Nichtkapieren tat er nicht still und heimlich, sondern laut und anmaßend, mit fliegenden Fahnen.« Ob hier irgendein Baseball-Turnier in der Stadt sei, oder warum tragen die alle diese lächerlichen Mützchen? Seine verwandelte Bankräuberfreundin Annette fragt er: Warum ist dein Gesicht so weiß? »Bist du dumm? Das ist mein Stil.« Am Anfang denkt er noch, Lachen wird ihm vielleicht helfen, aber es lacht leider keiner mit, der Berliner lache wohl mehr so nach innen, denkt sich Magic, und sein »Eindruck verstärkt sich, dass in Berlin gute Laune schlechtes Benehmen war«.

Hoffmann versteht den ganzen Stolz auf dieses Städtchen nicht, das ihm architektonisch wie als eine Mischung aus Mannheim, Wiesbaden und Darmstadt erscheint. Ja, Magic Hoffmann hätte auch in Dieburg bleiben können. »Call me Hopeman«, sagt er zum Leiter der Edeka-Filiale, in der er als Hilfsarbeiter am Ende schließlich gelandet ist. Es wird nichts werden aus seinem Lebenstraum. Aber sein Name soll wenigstens so klingen, als wäre er am Ziel.

Auch Arjouni hat man wegen seines Nachnamens am Anfang seines Schreibens für einen Türken gehalten. Dabei hatte er nur den Namen seiner damaligen Frau angenommen, weil er als Schriftsteller nicht so heißen wollte wie sein Vater, der Dramatiker Hans Günter Michelsen. Es war ihm als Bürde erschienen. Und wenn ein Arjouni schon über einen türkischen Privatdetektiv schreibt, lag der Schluss wohl nahe, dass er selber Türke sei. Doch erstens ist Arjouni ein marokkanischer Name, zweitens war der Autor Totalhesse, und drittens ist ja selbst Kayankaya kein Türke, sondern hat einen deutschen Pass.

Aber natürlich ist genau dies, neben der Stadt Frankfurt, das zweite Geheimnis der Kriminalromane Arjounis: wie die Menschen auf einen reagieren, der so komisch anders ist, dunkelhaarig, schnauzbärtig, unheimlich. Kemal Kayankaya wird für alles Mögliche gehalten, für einen Polen, Jugoslawen, einen Türken mit sonderbar menschenfreundlichen Manieren, einen Sprachkünstler aus dem Orient oder sonst woher. Hessisches Staunen, das geht so: »›Babbelst en gudes Deutsch. Bisde net vom Balgan?‹ Seine Hand deutete hinter sich, wo der Balkan liegen sollte.« Kayankaya nimmt die Herausforderung an: »›Ei naa, Bubsche, isch war zwaa Woche uff Maijorga.‹ – ›Ah, soo.‹ Pause. ›Isses schee dort unne?‹ – ›Schee isses scho, blos aach gefällisch, wesche de Indianer.‹ – ›Ah, soo.‹ Er überlegte. ›Habbe Sie sisch da verschdändische könne?‹ – ›Klar, isch habb gedrommelt.‹«

Da ist Arjouni immer am lässigsten und besten: wenn er die Leute einfach reden lässt. Man kann ihn sich sehr gut vorstellen, wie er in einer Frankfurter Eckkneipe saß, zuhörte, mitschrieb und lachte und lachte und es nicht fassen konnte, was für große Dialoge ihm einfach so diktiert wurden.

Aus dem Kultur-, dem Literaturbetrieb hat sich Jakob Arjouni sein Leben lang rausgehalten. Er war mehr so mit sich und mit seiner Familie. Einmal schrieb er eine traurig-bittere Miniatur über einen Leander-Haußmann-artigen Theaterregisseur, der sich für seine eigene Geburtstagsparty einen Scheinfreund kaufen muss, einen zufälligen Tramper. Damit er den ganzen Karriereberechnern und üblen Nachrednern wenigstens einen echten Nichtberufsfreund aus frühen Kindheitstagen präsentieren kann. Der Regisseur ist glücklich für ein paar Stunden, bezahlt und verschwindet in der Einsamkeit seines Berufs.

Dass er scheinbar so für sich war, Jakob Arjouni, vielleicht machte ihn das frei: frei, jede Genregrenze locker zu überspringen, sich nicht zu scheren um Unterscheidungen zwischen Unterhaltungs- und ernsthafter Literatur. Frei für die Bücher, die er geschrieben hat.

Am Ende des letzten Kayankaya-Romans, »Bruder Kemal«, nennt ihn seine Freundin Deborah im Zorn einen »kleinen scheiß Türken«. »Klein stimmt nicht«, sagt er. »Das ist ein Klischee.« Es wird das letzte Klischee bleiben, das der große Jakob Arjouni für uns zertrümmert hat.

(2013)

Im Reich des weißen Mannes

Rassismus, Frauen, Vorurteile: zu Besuch bei Tom Wolfe, dessen fantastischer Angeberroman »Back to Blood« jetzt erscheint

»Wer trägt schon heute noch Krawatten?«, fragt der Mann mit dem dünnen grauen Haar auf dem vanillefarbenen Sofa im Salon seines Apartments in New York. Tom Wolfe trägt eine weiße Krawatte, ein marineblaues Hemd, weiße Schuhe mit schwarzen Gamaschen, Strümpfe in den amerikanischen Nationalfarben. Und seinen weißen Anzug. »Als ich vor einer Weile in einem Stripclub in Miami war, war ich, als es spät geworden war, der einzige Mann, der eine Krawatte trug«, erzählt er jetzt, fragt, ob ich mir das bitte schön vorstellen könne, und fügt hinzu: »Ich gehöre übrigens nicht zu den Leuten, die jetzt sagen, sie waren aus Recherchegründen in diesem Stripclub. Nein, ich war einfach so da und also der einzige Gast mit Krawatte, als mich ein Mitarbeiter fragte: ›Sagen Sie mal: Sind Sie nicht Tom Wolfe?‹« Und als ich lachen muss und vorsichtig anmerke, dass er aber womöglich nicht an seiner Krawatte, sondern an seinem weißen Anzug erkannt worden sei, winkt Tom Wolfe mit seinen mageren roten Händen ab. Nein, nein, das sei ganz bestimmt die Krawatte gewesen, und diese Geschichte sei ein weiterer Beleg dafür, dass Männer heute einfach nicht mehr wissen, was es heißt, anständig angezogen zu sein. Außer ihm, Tom Wolfe, dem Mann in Weiß.

Upper East Side, Manhattan. 14. Stock eines Apartmenthauses direkt am Central Park. Ein Interviewtermin bei Tom Wolfe zu Hause ist wie ein Theaterstück aus einer anderen Epoche. Schon der voluminöse, kahlköpfige Doorman unten in der Lobby hat viel Zeit. Meldet den Besucher telefonisch an, bittet, in einem der tiefen Sessel Platz zu nehmen. Zehn

Minuten später klingelt das Telefon, er redet kurz, sagt dann: Ja, jetzt könne man den Aufzug nehmen. Dunkles Holz, Messingknöpfe, oberstes Stockwerk, die Türen des Aufzugs öffnen sich direkt in der Wohnung, in einem kleinen Flur, in dem jede Menge Spazierstöcke in einem Ständer stehen. Eine Bedienstete wartet schon im Empfangszimmer, Herr Wolfe komme bald. Sie führt den Besucher in den Salon, bittet, Platz zu nehmen. Ein fantastischer Raum, durch die großen Fenster strahlt die Sonne herein, man schaut über ganz Manhattan, dicke blumengemusterte Teppiche auf dem Parkett, Bücher auf den Tischen und an den Wänden, gerahmte Titelbilder des »Simplicissimus«, ein riesiger violetter Blumenstrauß, ein schwarzer Flügel, darauf ein Porträt des jungen Tom Wolfe, flügelspielend, durch eine große Tür schaut man in sein Arbeitszimmer.

Nach fünfzehn Minuten tritt er auf. Leicht gebeugt, sehr mager, langsam nimmt er auf dem Vanille-Sofa zwischen blauen Kissen mit roter Borte Platz. Er wirkt beinahe zerbrechlich, spricht sehr leise. Vor seinem Platz hat er eine kleine schwarze Uhr aufgestellt. Fünfundvierzig Minuten, hatte er über seinen Verlag ausrichten lassen, habe er Zeit. Tom Wolfe hat einen neuen Roman veröffentlicht, »Back to Blood« heißt er. Den Titel hat man vorsichtshalber nicht übersetzt. Klingt auf Deutsch wohl einfach zu provokativ. Auf Englisch, so hofft man vielleicht, hat der Titel etwas indirekt Wolken- und Westernhaftes. Aber in diesem Roman geht es zunächst einmal genau darum: Rückbesinnung auf »das Blut«, auf die Herkunft, nachdem multikulturelle Experimente gescheitert sind. Schauplatz ist Miami, eine der am schnellsten durch Einwanderung wachsenden Städte der Welt. Ein multiethnisches Experiment mit einem großen Anteil an Exilkubanern, Haitianern, Afroamerikanern und neuerdings auch Russen. »Alle Menschen, überall, haben keine andere Wahl als – zurück zum Blut!«

So endet der Prolog des Romans. Und auf meine Frage, ob das auch seine Meinung sei und ob das für Miami gelte oder die ganze Welt, sagt er: »Es ist mein Eindruck von der ganzen Welt. Die Religionen werden immer unwichtiger. Die Menschen haben nichts mehr, woran sie sich festhalten können, und so wird ihre Herkunft immer wichtiger. Es ist ganz natürlich: Du setzt dein Vertrauen in deine eigenen Leute, dein eigenes Volk. Ich tue das auch.« Für ihn heiße das: Virginia. Die Leute dort, ihre Kleidung, ihre Meinungen. Dass er dann als Beispiel für solche Leute ausgerechnet den rassistischen christlichen Fundamentalisten Pat Robertson aus Virginia, mit dem er zusammen aufs College gegangen ist, nennt, der unter anderem die Anschläge vom 11. September als Gottes Strafe für ein sündiges Amerika begrüßt hatte, ist schon ziemlich verrückt. Wolfe fügt hinzu, ja, Robertson sei damals heftig angegriffen worden, und seine Ansichten seien in der Tat etwas abseitig, »aber – hej, der Mann ist aus Virginia. Ich kenne ihn und andere wie ihn, das sind einfach superanständige Leute mit lustigen Ideen. Und über solche Leute kann überhaupt nur der urteilen, der auch aus der Gegend kommt«.

Also: Es wird hier noch einiges mehr ein wenig durcheinandergehen an diesem sonnigen Nachmittag in Manhattan. Warum Wolfe ausgerechnet einen christlichen Fundamentalisten als Beleg für mangelnde religiöse Bindung und die daraus resultierende große Bedeutung von Blut und Herkunft in der heutigen Welt zitiert, bleibt etwas rätselhaft. Auch den Hinweis auf die wachsende Bedeutung des Islam, auf Religionskonflikte in aller Welt wischt Wolfe locker beiseite. »Bei all diesen Kriegen geht es auch um eine ›Rückkehr zum Blut‹.« In der Welt sei das so und in Amerika. »Im großen Schmelztiegel verschmilzt nichts mehr.« Und auf meine Frage, ob das nicht eine etwas komische Position sei, hier, mitten im Zentrum des herrlichsten, erfolgreichsten städtischen Schmelztiegels der Welt, sagt Wolfe, New York sei eben eine Ausnahme.

Herzlich willkommen in der Welt von Tom Wolfe! Damit ist er irgendwann einmal berühmt geworden. Rausgehen, hinschauen, mitschreiben, Überraschendes sehen. An den Or-

ten, an denen totaler Konsens herrscht. Geh hin, schreib es gut auf, und die Welt wird sehen, dass alles ganz anders ist. Tom Wolfe hat sich immer die ganz großen Gegner ausgesucht: die moderne Kunst, die moderne Architektur, den »New Yorker«, die Salon-Linke, die Linke überhaupt hat er immer wieder angegriffen, die Schriftsteller John Updike, Norman Mailer, John Irving sich mit seiner Spott- und Angriffslust zu Feinden gemacht. Tom Wolfe greift an, wo immer sich ein Gegner findet, der ihm groß genug erscheint. Er hat den sogenannten »New Journalism« miterfunden, war mit Ken Kesey und den Merry Pranksters auf Drogenfahrt durch die Vereinigten Staaten, hat so lange behauptet, dass die Zeit für Romane vorbei sei, bis er selbst mit »Fegefeuer der Eitelkeiten« einen der herrlichsten und erfolgreichsten Romane überhaupt geschrieben hat. Und seitdem seine Romane nicht mehr ganz so überraschend und gut sind, sind immerhin die Vorschüsse legendär. 7 Millionen Dollar hat er für »Back to Blood« bekommen, das weiß alle Welt und soll es wissen. Der Roman ist fantastisch. Er ist fantastisch schlecht und fantastisch gut zugleich. Er liest sich wie die Comic-Version eines Wolfe-Romans, er nimmt einfach alle Themen seiner frühen Bücher auf und übertreibt sie auf das Grellste und Unterhaltsamste. Und Miami ist der ideale Ort dafür. Wo kann man die Scharlatane der Kunstszene besser beschreiben als auf der »Miami Art Fair«? Die russischen Oligarchen, das Geld, die Armut, die Autos, die Frauen? Die Frauen!

Ob er nicht empörte Zuschriften bekomme, von Leserinnen, frage ich ihn. Die Frauen in seinem neuen Buch hätten doch alle entweder riesige Brüste und endlos lange Beine, oder sie sind blass, unschuldig und heilig? »Von Frauen? Nein, da müsste ich mal meine Post genauer durchsehen.« Aber eine Frau im Roman sei doch immerhin sehr vernünftig und klug. Und er legt den Kopf in den Nacken und lacht, und es ist schon ziemlich lustig, hier diesem sehr mageren weißhaarigen Herrn gegenüberzusitzen, der diesen unglaublich kraftstrotzenden Angeberroman geschrieben hat. Man glaubt ihm auch sofort, dem Reporter Tom Wolfe, dass er all das in Miami selbst erlebt hat. Dass er da, wie er jetzt erzählt, mit Chauffeur und einem befreundetem Anthropologen durch die Slums von Miami gefahren sei, mit Leuten gesprochen hätte, dass er dafür extra einen blauen Blazer angezogen habe, um nicht unpassend gekleidet zu sein. Dass er die Künstler kenne, die Scharlatane, die Ferrarifahrer und die mickrigen Männchen in ihren emissionsfreien grünen Moralautos, die Milliardäre, den pornosüchtigen Psychologen, der selbst eine Praxis gegen Pornosucht betreibt, dass er die Segelregatten besucht habe, bei denen Pornofilme auf die Segel projiziert werden, bevor die große Orgie beginnt.

Das Buch liest sich, als habe er, beim Beschreiben des Sündenpfuhls der Gegenwart, vor allem große Freude gehabt. Das weist er scharf zurück: »Wer sagt, das Schreiben mache Spaß, der lügt!« Endlos habe er sich auch für dieses Buch wieder am Schreibtisch gequält. Das erste Buch, das er mit Füller geschrieben hat. »Ich hab eigentlich Schreibmaschinenhände. Aber das Farbband für meine Maschine war nicht mehr zu bekommen.«

Tom Wolfe ist altmodisch, konservativ, ja reaktionär, aber auf unglaublich gut gelaunte Weise der Welt zugewandt. Er verurteilt nicht. Er schaut, beschreibt, malt aus und übertreibt. Auch seine berühmten Lautmalereien »unnngggghhhhmmmmm« hat er diesmal so sehr übertrieben, dass der Rezensent des »Times Literary Supplement« schon meinte, man habe als Leser den Eindruck, der Autor sei über der Tastatur eingeschlafen. Auch Auswege aus der weltweiten Zeitungskrise weiß der Reporter Wolfe: »Das Haus verlassen! Mit Leuten reden. Das ist niemals langweilig. Sie glauben gar nicht, wie viele Schreiber nie rausgehen! Dazu kommt, dass die Journalisten heute alle so spezialisiert sind, dass sie sich mit ihrer eigenen Aufgabe unendlich langweilen. Und sie langweilen auch die Leser. Unsere Aufgabe ist aber Unterhaltung! Ich kann gar nicht glauben, dass das immer noch so unterschätzt wird. Unterhaltung heißt, dem Leser ermöglichen, seine Zeit angenehm zu verbringen, ohne sich dafür anstrengen zu müssen. Das ist unsere Aufgabe. Das ist unsere Kunst.«

Nach anderthalb Stunden kommt schließlich die Hausangestellte, sagt, jetzt sei aber Schluss, und: »Herr Wolfe, Sie haben doch jetzt noch einen Termin.« Er schnellt aus dem Sofa empor, ich bitte ihn um eine Unterschrift im Buch. Wir gehen hinüber in sein Arbeitszimmer, die Schirme der Schreibtischlampen rechts und links sind weiße Virginia-Hüte, über dem Tisch hängt ein großes Plakat mit Mann im blauen Blazer. Darunter steht auf Deutsch: »PKZ tragen, ein Wohlbehagen.« Daneben Dandy-Plakate, Tom-Wolfe-Plakate. Wir sprechen über die Zeichnungen, die er selbst gemacht hat. Er blättert ein Buch durch, zeigt auf eine Feuertreppe, die ihm besonders gut gelungen sei. Und fügt hinzu: »Am schwierigsten sind Hände. Inzwischen kann ich es sehr gut. Picasso und Matisse zum Beispiel konnten überhaupt keine Hände malen. Achten Sie mal darauf.«

Er, Tom Wolfe, habe es sich selbst beigebracht. Sei immer wieder zwischen Spiegel und Zeichenblock hin- und hergelaufen, bis er es konnte. Perfekt. Und mit großem Schwung und schwarzem Filzstift schreibt er seinen Namen vorne in das Buch.

(2013)

Die Buchstabierte

Jetzt feiern sie alle und dichten dabei ihr Leben um: Aber das passt nur zu schön zu Katja Petrowskaja, Siegerin von Klagenfurt, Geschenk für eine Literatur, die versteht, wie viel Kraft in einer fremden Sprache steckt

Erst mal mit einer Gewissheit anfangen, so machen wir's. Es werden hier gleich noch genug Ungewissheiten eine Rolle spielen. Also, eine kleine Sicherheit, mal sehen, wie lange sie verlässlich bleibt und wahr: Katja Petrowskaja, die west-östliche Diva des »F.A.Z.«-Feuilletons, die gerade den Bachmannpreis gewann, wurde 1970 in Kiew geboren und zog 1986, in der Folge der Reaktorkatastrophe von Tschernobyl, nach Moskau, wo sie bei Freunden ihrer Eltern lebte. Sie ging in Moskau ab der zehnten Klasse zur Schule, war froh, dass sie endlich weg von zu Hause war, und fügt heute hinzu: »Tschernobyl hat mir geholfen.« Sie ging dann nach Tartu, damals eine der besten Universitäten der Sowjetunion, um dort russische Literatur zu studieren. 1997 machte sie ihren ersten Deutschkurs, 1999 kam sie nach Deutschland.

In all den vielen, vielen Texten, die seit dem letzten Sonntag plötzlich über Katja Petrowskaja erscheinen, wird ihr Leben auf den Kopf gestellt. »1986 wanderte ihre Familie nach Deutschland aus, und Petrowskaja erlernte die deutsche Sprache.« Danach sei sie zum Studieren nach Tartu gegangen, dann nach Moskau, um dort zu promovieren. So steht es bei »Wikipedia«, so wird es jetzt tausendfach reproduziert. Ein neues Leben. »Das ist Teil dieser Ignoranz«, sagt Katja Petrowskaja jetzt, als ich sie am Telefon spreche. »Das ist total irre, dass das niemand versteht.« Dass das keinem Journalisten auffalle: Niemand, der 1986 aus der Sowjetunion nach Westeuropa kam, wäre im Traum darauf gekommen, in Tartu zu studieren und in Moskau zu promovieren. Es sei ganz unmöglich. »Und ich kämpfe gegen diese Ignoranz«, sagt sie jetzt. Die Ahnungslosigkeit, die Interesselosigkeit an Biografien aus einer anderen Welt.

Das Interesse jetzt, an ihr, das oberflächliche Interesse an ihrem Lebenslauf, das kam vor einer Woche explosionsartig über sie. Ein Wettlesen, ein Text, ein Preis, ein Blumenstrauß, Glückwünsche, Glück – und überall steht jetzt ihr falsches Leben herum. Nachdem sie in Klagenfurt den Text »Vielleicht Esther« gelesen hatte, einen Ausschnitt aus dem gleichnamigen Roman. Die Geschichte des Einmarschs der deutschen Truppen in Kiew, die Vorgeschichte des Massakers von Babij Jar, die Geschichte der Ermordung der Urgroßmutter der Erzählerin und der Rettung ihrer Familie. Dieser Geschichte zuzuhören, so wie Katja Petrowskaja sie vorlas, das war einer dieser Momente, für die der Wettbewerb vor langer Zeit einmal erfunden wurde und die es viel zu selten gibt. Aber vielleicht ist das auch Unsinn, und es kann solche Momente gar nicht öfter geben.

Das Besondere an diesem »Vielleicht Esther«-Moment war zunächst einmal die Dramatik der Geschichte, es war aber vor allem ihre Art, sie zu erzählen: die feine Balance aus Komik, Staunen, Unglauben. Sich selbst ins Spiel zu bringen, sich zurückzunehmen, am wenigsten Worte zu machen, wenn das Geschehen am dramatischsten wird. Vor allem anderen aber ihre Sprache, ihr eigenwilliges, immer minimal verrutschtes Deutsch, eine Sprache, der man immer anmerkt, dass sie nicht ganz sicher ansitzt, die Dinge, die sie umschreibt, immer suchend umspielt. Der man anmerkt, dass sich die Autorin die Sprache immer wieder, mit jedem neuen Satz, neu aneignet, ihr die Form gibt, die die Melodie des Satzes erfordert, zu erfordern scheint. Und das Ganze niemals hart und unverrückbar, sondern weich und tastend. Den Leser, den Zuhörer sanft umarmend, ihn vorsichtig mit in die Geschichte hineinbuchstabierend. Wie es an der berührendsten Stelle ihrer Geschichte heißt, wenn die Urgroßmutter, die vielleicht Esther hieß, sich langsam den deutschen Besatzern nähert und jeder Leser weiß, dass sie zu ihren Mördern geht, freiwillig und langsam, »so langsam, dass niemand sie einholen kann«. Und dann heißt es im Text: »Hier folge jeder seinem Atem.«

Ja, dem eigenen Atem folgen und der Geschichte, die sich im Kopf des Lesers formt und so zu seiner Geschichte wird. Das ist der Kern des kurzen Roman-Ausschnitts, den wir jetzt kennen, es ist aber auch der Kern ihrer Prosa, die sie alle zwei Wochen in ihren Kolumnen in der »F.A.S.« schreibt. In »Vielleicht Esther« ist es ein Fikus, der auf der Ladefläche eines rettenden Transporters jenen Platz einnimmt, auf dem der kleine Junge, der später einmal der Vater der Erzählerin sein wird, gerettet werden kann. Aber: Gab es diesen Fikus überhaupt? Welcher minimale Zufall war es, der dem kleinen Jungen damals das Leben rettete? Vielleicht war der Fikus nur ausgedacht: »Es könnte sich herausstellen, dass wir unser Leben einer Fiktion verdanken.«

Als wir damals, vor zwei Jahren, ihre Kolumne planten und überlegten, um was es darin gehen könnte, schrieb Katja Petrowskaja: »Ich stelle mir eine Reihe von Alltagsgeschichten vor, die mehr oder weniger absurd sind. Sie können aus Perspektive einer Frau geschrieben werden, die nicht gut ›funktioniert‹ und schon deswegen viel erlebt.« Das ist die kurze Formel von Petrowskajas Poetologie: Etwas oder jemand funktioniert nicht richtig, und dadurch kommt eine ganze Welt ins Rutschen, kann angezweifelt werden, weil sie nicht so fest im All verankert ist, wie man immer dachte. Und so erlebt man etwas völlig Neues an einem Ort, über den doch alles schon erzählt worden ist. »Manchmal ist es gerade die Prise Dichtung, welche die Erinnerung wahrheitsgetreu macht«, heißt es in »Vielleicht Esther«.

Ihre erste Kolumne begann mit dem kurzen Satz: »Mich schläferte.« Falsche Grammatik, schöner Klang, und schon wacht man auf. In einer der nächsten Folgen schrieb sie, sie sei wohl die einzige Person auf der Welt, die im Wort »Ansichtsexemplar« das Wort »Sex« sehe. Wörter auseinandernehmen, neu zusammensetzen, wer das kann, der setzt auch den Alltag neu zusammen, die Welt, in der wir leben. Ein ganzes neues Leben kann aus einem verrutschten Buchstaben entstehen. Insofern ist es natürlich nicht nur ärgerlich, wenn jetzt überall ihr verdrehter Lebenslauf erscheint. Irgendjemand hat irgendwann ihr Leben falsch erzählt, und jetzt hat sie Mühe, ihre echt echten Lebensdaten in der Welt neu zu verankern. Ein bisschen ist es so, als hätte sie es sich so ausgedacht.

Die große Stärke der Prosa von Katja Petrowskaja ist ja zunächst einmal eine Schwäche: Ihr Deutsch klingt wunderschön, und dafür, dass sie es so spät erst lernte, beinahe perfekt. Aber eben nur beinahe. Sie schreibt ihre Texte auch immer noch nicht ganz alleine, hat immer jemanden, der sie bearbeitet, manchmal sogar mitschreibt. Das hat sie auch bei der Preisverleihung in Klagenfurt ganz freimütig zugegeben, anders als zahlreiche andere Autoren nicht deutscher Herkunft, die die Tatsache verschleiern, dass sie immer jemanden an ihrer Seite haben, der mitschreibt und stark redigiert. Sie steht dazu. Das Schreiben fällt ihr ungeheuer schwer, ihr ganzes Wesen ist aber sonst auf Heftigkeit und Tempo ausgelegt: »Ich reagiere auf alles schnell und impulsiv«, sagt sie. »Und dann brauche ich epische Zeiten, um es zu Wort zu bringen. Das ist eine schwere seelische Diskrepanz, unter der ich sehr leide.« Genau diese Spannung ist es aber, die ihren Texten die Schönheit und Energie verleiht: Langsamkeit, Genauigkeit und plötzlich überraschende Wendungen.

Wie sehr hat sie jetzt Klagenfurt genossen. Natürlich, als Gewinnerin ist es immer leicht. Sie sagt aber auch, dass es schön für sie gewesen sei, einfach, weil sie sonst nirgendwo dazugehöre, zu keinem Betrieb, zu keinem Land, zu keiner Sprache. Und Klagenfurt sei eine tolle Erfahrung gewesen: nicht als Literaturbetriebsereignis, sondern weil die Literatur hier für die Menschen so eine große Rolle spiele.

Als ich jetzt mit ihr spreche, macht sie gerade Urlaub irgendwo im Salzburger Land, und sie sagt, jeder Bauer hier habe den Wettbewerb gesehen. Literatur sei hier ungeheuer wichtig, und vor allem dieses Ereignis. Es sei wichtig, jenseits aller akademischen Besserwisserei. »Die Menschen hier wissen etwas über das Leben, was ich nicht weiß«, sagt sie, und dass der Postbote hier so lebensklug über Thomas Bernhard spreche wie wenige andere. »Wir sind alle sehr verkrampft in unserer Intellektualität und unserem städtischen Leben«, sagt sie, die seit 1999 in Berlin lebt. Und: »Man kann anders leben, und es bedeutet keinen Verlust.«

Als wir uns zum Telefonieren verabredeten, hatte sie gesagt, sie sei in Bergen und gehe jetzt erst mal spazieren. Am nächsten Tag rief ich wieder an und fragte, wie es so sei in Norwegen. Sie sagte, »Warum Norwegen, ich bin in den Bergen.« Ach so. Sie hatte den Artikel verschluckt, ich klärte das Missverständnis auf, und sie sagte: »Siehst du. Ich habe nur einen Artikel verschluckt und schon etwas Fiktives geschaffen.«

Das Schönste am Sieg Katja Petrowskajas in Klagenfurt war, dass sich alle mit ihr zu freuen schienen, darüber, dass man sie entdeckt hat, darüber, dass sie sich so freute. Die Mitarbeiter des ORF hatten sich am Tag der Siegerehrung alle in Gelb und Blau gekleidet, den ukrainischen Nationalfarben, um sie zu feiern. Sie hat das erst später erfahren. Auf der Bühne bekam sie das gar nicht mit.

Später ist dann der ORF-Direktor zu ihr an den Tisch gekommen. Sie wusste nichts von irgendwelchen Plänen, die auf sie als Siegerin jetzt warteten. Aber er sagte: »Wir sehen uns ja Montag in Wien.« Daraufhin sie: »Was soll ich denn montags in Wien? Da haben doch die Museen geschlossen.« Daraufhin der Direktor: »Dann öffnen wir sie eben für Sie.«

Und am Montag war sie dann in der Albertina, mit dem ORF-Direktor und ihrer Familie, ganz allein. Dann fuhr sie in die Berge.

(2013)

Die Welt ist bunt und rot und stimmt nicht mehr

Der Leipziger Schriftsteller Clemens Meyer hat einen Roman
über die dunkle Seite unserer Gegenwart geschrieben.
Brutal, direkt, anrührend und gemein. Ein Treffen in Kreuzberg

»Na ja, das hätte mich jetzt auch gewundert, wenn ich da nicht draufgestanden hätte«, sagt Clemens Meyer, als ich ihm zur Aufnahme seines neuen Romans »Im Stein« auf die Longlist des Deutschen Buchpreises gratuliere. Es ist Mittwoch, Sonne in Kreuzberg, eine blau gekachelte Bar, Clemens Meyer im himmelblauen Knitterhemd, Sakko und Durs-Grünbein-Brille. Die Longlist mit zwanzig Titeln ist gerade erst bekannt gegeben worden. Er scheint wirklich nicht sehr beeindruckt. Profi. Wie anders damals, 2008, als er mit dem Preis der Leipziger Buchmesse ausgezeichnet wurde, alle saßen so still in der Leipziger Messehalle in ihren Reihen, und dann hieß es plötzlich: »Meyer hat gewonnen«, und er sprang auf, riss eine offene Bierflasche in die Höhe, jubelte laut, und die Halle jubelte mit.

Heute wirkt er zufrieden und erschöpft. »Ausgehöhlt« von der Arbeit, sagt er. Von der Arbeit an diesem Klotz: Fünfhundertfünfzig Seiten dick ist sein neuer Roman, eine Reise in die Nacht, brutal, dunkel, traumwandlerisch, surreal und oft grauenhaft präzise. Ein Buch über unser Land, unsere Gegenwart. Aber über die unsichtbare Gegenwart, das Leben jenseits einer unsichtbaren Grenze. Es ist ein Buch über Prostitution in Deutschland, über Prostituierte, Luden, Wohnungsvermieter, Kunden, Kinder, die Hells Angels, Könige der Nacht. Ein Buch über die Schattenwelt, in der sich so viele Menschen in Deutschland bewegen, ohne darüber zu sprechen. 400 000 Prostituierte gibt es in Deutschland nach offiziellen Angaben, in Wahrheit sind es vermutlich sogar eine Million. 95 Prozent der Prostituierten sind Frauen, 95 Prozent der Kunden Männer. Ein gigantischer Wirtschaftszweig, eine andere Welt.

Es ist verrückt und unheimlich, wie gut sich der Schriftsteller Clemens Meyer in dieser Welt auszukennen scheint. »Ich habe da Erfahrungen. Mehr sage ich dazu nicht«, erklärt er. Und dass am Anfang des Schreibens ein Zeitungsbericht stand, den er 1998 las, in dem vom Sturz eines Mannes berichtet wurde, der in Leipzig Wohnungen an Prostituierte vermietete. »Das hatte irgendwie Größe. Wie dieser Mann von seinem Thron gestoßen wurde und sein Imperium zerfiel. Und ich dachte mir damals, wenn er wieder aufsteht, wird er noch mächtiger werden.« Ein solcher Mann, ein Wohnungsvermieter, ist auch einer der Menschen, die in diesem Buch immer wieder auftauchen. Niemand spricht so viel von Moral wie er. Und wie die Welt aussähe, wenn er sich nicht kümmern würde um die »Mädchen«. Er kümmert sich.

Wenn Meyer diese Männerwelt beschreibt, ist er in seinem Element. Er hatte sie schon in seinem ersten Roman »Als wir träumten« aus dem Jahr 2006 über eine fantastische Freundschaftsbande Leipziger Kleinkrimineller beschrieben. Und in Interviews dann gern bestätigt, dass er sich in dieser Welt so gut auskenne, weil er selbst in ihr gelebt habe und immer noch lebe. Zum ersten Semester im Leipziger Literaturinstitut konnte er zunächst nicht erscheinen, weil er wegen Autodiebstahls ins Gefängnis musste. »Shit happens«, soll sein Seminarleiter Burkhard Spinnen damals dazu gesagt haben.

Also Männer, Gewalt, Boxen, Alkohol und Verbrechen: Das sind inzwischen, einen Erzählungs- und einen Tagebuchband später, schon beinahe so etwas wie Meyer-Klischees geworden. Umso überraschender, dass in seinem neuen Buch die Frauen im Zentrum stehen, die Prostituierten sind die beeindruckendsten Figuren. Nicht nur, weil sie die Opfer sind. Es sind natürlich auch gar nicht alle Opfer, das Wort kommt im Roman kaum vor. Sondern weil sie so direkt reden und so klug und sich ihre Lage so verzweifelt schöndenken und Clemens Meyer das immer wieder in inneren Dialogen darstellt, die meisterhaft sind. »Wenn ich die ganze Zeit ich selbst bin, würde es nicht gehen«, denkt eine. Das ist die Strategie der meisten Frauen, so wie Meyer sie beschreibt: eine andere Welt im Kopf. Die Männer nicht ansehen. Erinnerungen so groß und stark machen, dass die Gegenwart keine Gewalt gewinnt, keine Übermacht. »Auf dem Bahnhof gibt's so einen Naturladen, da gehe ich jetzt oft hin. Ich vertrage das wirklich besser, wobei Parfüm und Deo würde ich mir da nicht kaufen. Da

gehe ich weiter zu Douglas. Obwohl die Embryos verarbeiten. Come in and find out.«

Über viele Seiten trägt uns dieser Bewusstseinsstrom. Immer wieder drängt die Gegenwart hinein: »Ich hab ja so 'ne Skala, dreckige Nägel und fauliger Atem ganz oben, nimmt sich alles nichts. Nicht viel. Und bei Atem gibt's auch noch 'ne Unterskala.« Dann taucht der Roman wieder für kurze Zeit auf, in unsere Tageswelt. Wie um zu zeigen: Nein, nein, wir sind in keinem dunklen Schreckensreich im Irgendwo, wir sind hier.

Viele Passagen sind zum Abwenden. Nicht voyeuristisch. Aber drastisch und einfach so genau und glaubwürdig, wie man es nicht wissen will. Das übelste Kapitel heißt »Kolumbusfalter«, der Titel des ersten Bandes der »Lustigen Taschenbücher« mit Donald Duck. Die Mädchen, deren Weltsicht und deren Alltag in ihrem sogenannten Beruf hier beschrieben werden, sind dreizehn. Oder ungefähr. Manchmal wissen sie es selbst nicht so genau, wollen es gar nicht so genau wissen. Sie müssen ihr Alter sowieso jeden Tag irgendwie weglügen. Die Gedanken fliegen dann zwischen Donald Duck und den sogenannten »Kunden« oder »Gästen« hin und her. Und die Comicfiguren verwandeln sich in die Peiniger und umgekehrt.

»Kunst muss wehtun«, sagt Meyer. »Literatur muss wehtun. Sonst ist es doch nichts wert. Ich weiß ja auch nicht, wieso alle diese leicht konsumierbare Kehlmann-Literatur lesen. Bücher zum Durchblättern und Vergessen.« Es sei ja fast so, als hätte es Genet und Céline und so nie gegeben. Natürlich sei es ihm nicht leichtgefallen, so ein Kapitel wie »Kolumbusfalter« zu schreiben oder über den skrupellosen Moderator einer Hurentestsendung im Radio. Aber aus Feinsinnigkeit oder Diskretion Dinge auszusparen, wäre ihm feige vorgekommen. Und feige – schreibt Meyer nicht. Für das Feuilleton der »F.A.S« zum Beispiel hat er in letzter Zeit über den neuen Roman von Dan Brown, über Schachboxen und den sterbenden Fußballclub FC Sachsen Leipzig geschrieben.

Jetzt sitzt er da, in dieser blauen Bar, im Gespräch schaut er mal rechts, mal links in die Luft, nur ungern in die Augen. An einem Hemdsärmel lugt ein blauer Eidechsenschwanz hervor: Meyer ist am ganzen Körper tätowiert. »Ich bin komplett zu«, hat er einmal gesagt. Und dass er es herrlich findet, zum Beispiel Anzug zu tragen, niemand sieht etwas, und dann den Ärmel hochzukrempeln, um seinen bebilderten Körper zu zeigen. Meyers zwei Körper. Der Anzug- und der Tintenkörper.

Das ist auch das Besondere an seinem Schreiben: diese extreme, authentische Körperlichkeit, das scheinbar Unbehauene, Direkte, kombiniert mit einem großen literarischen Traditionsbewusstsein, einer großen Bewunderung älterer Autoren. Meyer ist ein Spurengänger, in seinem neuen Buch sind es vor allem die Spuren des 2007 gestorbenen Wolfgang Hilbig, in denen er geht. Hilbigs gewaltiger Tunnel- und Selbstbeobachtungsroman »Ich« ist eine der Folien von »Im Stein«. In einem Nachwort zu »Ich« hatte Meyer vor einem Jahr beschrieben, wie er in Berlin die Tunnel aufsuchte, von denen Hilbig schrieb, jene Tunnel, in die sich seine Zuhälter jetzt hineinflüchten. Und jener andere Tunnel, der immer noch gebaut wird, der City-Tunnel in Leipzig.

Der Name der Stadt wird nicht genannt, aber die Tunnelarbeiten lassen immer wieder den Boden unter den Füßen der Nachtarbeiter zittern, so, als könne er sich jederzeit öffnen und sie verschlingen. »Dass er verschwand, denke ich, bevor sie diesen Irrsinn des City-Tunnels vollenden konnten, der irgendwo unter dem Bahnsteigtunnel sich tief, aber kurz unter die Stadt Leipzig wühlt und bricht. Und warum nicht gleich bis Berlin«, schrieb er da. Es ist der Traum auch der Zuhälterkönige in diesem Buch: ein Hurentunnel von Leipzig nach Berlin, um die Hauptstadt heimlich, schnell und direkt mit neuen Frauen aus dem Osten zu versorgen.

Vielleicht tritt er sogar selber auf in diesem Buch, Wolfgang Hilbig, in dem anrührendsten Kapitel, es heißt »Die Nacht des Reiters« und beginnt so: »Sie erzählen sich Geschichten über den kleinen Mann. Dass er nie schläft. Und dass er sucht. Seit vielen Jahren. Jede Nacht. Dass er mal ein berühmter Reiter gewesen ist. Ein Pferdemann. Bevor er anfing zu trinken. Manche erzählen, dass er auch schon getrunken hat in seinen großen Zeiten. Andere sagen, dass sie ihn selbst noch gesehen haben, auf dem Rücken der Pferde. Als sie Kinder waren. Der kleine Mann sucht sein Kind, sagen sie. Seine Tochter.« Ein Mann eilt durch die Tunnel unserer Welt, um ein Kind zu finden, das vom Rand der Welt gefallen ist, der Welt, wie wir sie sehen, in jene andere hinein, die Unterwelt.

Die kann man zum Beispiel so sehen: »Man ist irgendwie auf der anderen Seite. Auch wenn das komisch klingt jetzt. Was Besonderes. Nachtarbeiter. Wir sind mit der Stille verbündet. Ich denke manchmal, dass wir alle Schlafwandler sind.« Denkt eine, die ganz gerne auf jener anderen Hälfte wohnt und lebt und arbeitet und schlafwandelt.

Clemens Meyer verwandelt sich von Frau in Mann in Verbrecher, vom kleinen mickrigen Schwein in ein großes, gewaltiges Riesenschwein. Seine Moral hat er immer dabei. Oder besser: Jeder hat eben seine eigene Moral. Und wir Leser sehen diesen unbehausten Menschen bei ihren Moralvergleichen zu. Meyer schreibt mit kritischem Pathos, im Geheimen anklagend. Er geht durch diese Außenseitergesellschaft wie einst Hubert Fichte, ein anderes Vorbild von ihm. »Die Palette« ist eines von Meyers Lebensbüchern. »Jäcki geht über den Gänsemarkt: Die Palette ist neunundachtzig bis hundert Schritte vom Gänsemarkt entfernt.« So fängt das an. Bei Meyer heißt es: »Ecki geht über den Naschmarkt: Der ›Tote Eisenbahner‹ ist genau null Komma neun Kilometer vom Naschmarkt entfernt.«

Eigentlich wollte er auch noch Wolli Indienfahrer treffen, den gescheiterten alternativen Puffkönig von Sankt Pauli, aus Fichtes gleichnamigem Buch, erzählt Meyer. Der lebe noch, fünfundachtzig Jahre alt, in Hamburg, jedoch, nach lebenslangem exzessivem Drogengenuss, in anderen, unerreichbaren Geistessphären. Als Romanfigur schied er so aus.

Dabei ist jene andere Bewusstseinswelt, sei sie dank Drogen, Fantasie oder purer Autorenmacht entstanden, ein wesentlicher Handlungsort des Buches. Manches spielt in einer erträumten Zukunft, manches auch im Totenreich. Wenn einer stirbt, dann sieht er und denkt er zum Beispiel: »Die Welt ist bunt und rot und stimmt nicht mehr.«

Was stimmt denn überhaupt in dieser Welt? Das Gewöhnlichste ist fantastisch in diesem Buch und das Fantastische gewöhnlich, schmierig und gemein. Es geht um unsere Welt, den unsichtbaren Teil davon. »Die Front ist in unserer Mitte«, heißt es einmal. Und Meyer hat den Kriegsbericht geschrieben.

(2013)

Danke!

Wir hätten noch so viele Fragen gehabt. Marcel Reich-Ranicki ist gestorben. Uns bleibt, außer einer großen Traurigkeit, das Staunen über diesen wunderbaren Mann

Die Fragen im »F. A. Z.«-Feuilleton, die hat er gern gemacht. Spätestens dienstags rief er immer an, um sich zu erkundigen, ob neue Fragen gekommen seien. Es waren immer neue Fragen gekommen, und dann wollte er wissen, ob es auch gute Fragen seien. Ich fand sie meist ganz gut, er fand sie oft fürchterlich. Er sagte das zumindest häufig. Ich glaube, er war manchmal gerne unzufrieden und kritisch. Und er war natürlich anspruchsvoll. Die Fragen an ihn sollten immer die allerbesten Fragen sein, und er hatte eben nie im Leben Lust, etwas Mittelmäßiges zu loben, nur weil es andere vielleicht gern hören wollten oder nur um irgendwie nett zu sein. Aber er liebte die Fragen. Er wollte gefragt werden, und er wollte Antworten geben, bis zuletzt.

Ein kleiner Unglaube und Stolz schienen auch immer mit dabei zu sein. Dass er, der in Polen geborene Jude Marcel Reich-Ranicki, der keine deutsche Universität besuchen durfte und der nach dem Willen vieler Deutscher längst nicht mehr hätte am Leben sein sollen, dass er nun zu einer Art Ein-Mann-Sachverständigenrat geworden war, der Weise aus Frankfurt, ein Orakel, die höchste Autorität, das empfand er auch selbst wohl immer wieder als kurios. Wie sein ganzes Leben.

Und er war sich niemals wirklich sicher, dass das auch so bleiben würde, dass er auf sicherem Boden stand. Je älter er wurde, desto wichtiger wurden ihm die Fragen der Leser. Dieses Drängen und Hoffen auf neue Fragen jede Woche, das war, als wollte er sich immer aufs Neue vergewissern, dass es noch stimmt, dass er immer noch diese bewunderte Autorität ist, dass die Menschen wirklich all diese Dinge von ihm wissen wollen. Und dass er diese Fragen immer noch beantworten kann wie kein Zweiter. Aber er war müde, die Kräfte schwanden immer mehr. Seine Antworten wurden immer kürzer und knapper. Zuletzt war es wie ein langsames, öffentliches Verschwinden, Sonntag für Sonntag. Er wollte es so. Er tat, was er konnte.

Die letzten Fragen und seine letzten Antworten – ich weiß nicht, ich glaube, es musste so aufhören – gingen ja so: Wie es ihm gehe, hat ein Leser – Reich-Ranicki hatte zuvor einige Ausgaben pausieren müssen – ihn gefragt, »langsam wieder besser« hat er geantwortet. Ob er immer noch den »Spiegel« so gern lese, fragte ein anderer, sich wohl an Reich-Ranickis Satz erinnernd, er wolle schon allein deshalb nicht sterben, weil er dann nicht mehr erfahre, was im nächsten »Spiegel« stehe. Ja, den lese er immer noch, antwortete er. Und welche Figur im Werk von Thomas Mann ihm am nächsten stehe, fragte wieder ein anderer Leser, wie um noch einmal seinen liebsten Ton auf einer Klaviertastatur anzuschlagen: »Tonio Kröger«. Wer sonst. Das Buch seines Lebens.

In seiner Autobiografie hatte er es so erklärt: Dieser Tonio Kröger sei ein Mensch, »der an seiner Unzugehörigkeit leidet und wie ein Fremdling im eigenen Haus lebt – in ihm habe ich mich wiedererkannt. Seine Klage, er sei oft sterbensmüde, ›das Menschliche darzustellen, ohne am Menschlichen teilzuhaben‹, hat mich tief getroffen. Die Furcht, nur in der Literatur zu leben und vom Menschlichen ausgeschlossen zu sein, die Sehnsucht also nach jener schönen, grünen Weide, die rings umher liegt und doch unerreichbar bleibt, hat mich nie ganz verlassen. Diese Furcht und diese Sehnsucht gehören zu den Leitmotiven meines Lebens.«

Die Sehnsucht dazuzugehören. Gehörte er denn nicht dazu? Sein Aufstieg im deutschen Kulturleben nach seiner Rückkehr aus Polen 1958 war doch märchenhaft. Bewundert, gefürchtet, überall war er ja dabei, bei jedem Treffen der Gruppe 47, bald schon auf wichtigem Posten bei der »Zeit«, dann Literaturchef der »F.A.Z.«, dann im Fernsehen, und der Ruhm wuchs und wuchs. Aber wer »Mein Leben« gelesen hat, der weiß, wie einsam dieser Mann oft war. Dass man ihn bei der »Zeit« gern schreiben ließ, man ihn aber nicht in der Redaktion haben wollte, hat ihn tief getroffen. Ja, und als er bei der »F.A.Z.« seinen Vertrag unterschrieben hatte, aber noch nicht dort arbeitete, kam es zu jener Einladung, in die Villa des Verlegers Wolf Jobst Siedler in Berlin-Dahlem, aus Anlass des Erscheinens des Hitler-Buches des »F.A.Z.«-Herausgebers Joachim Fest. Nein, man hatte ihnen, Marcel und Tosia Reich-Ranicki, nicht gesagt, wen sie an jenem festlichen Abend in diesem Haus treffen würden. Es war für beide eine Überraschung. »Tosia wurde blass. Auch ich fühlte mich plötzlich nicht ganz wohl«, schreibt Reich-Ranicki später. Der Ehrengast begrüßt sie beide ganz besonders herzlich. Wer war es? »Dieser dezente Herr war ein Verbrecher, einer der schrecklichsten Kriegsverbrecher in der Geschichte Deutschlands. Er hatte den Tod unzähliger Menschen verschuldet. Noch unlängst hatte er zu den engsten Mitarbeitern und Vertrauten Adolf Hitlers gehört.« Albert Speer. So hat ihn Marcel Reich-Ranicki in seinem Lebensbuch beschrieben. Er selbst habe damals nur entsetzt geschwiegen.

Ihm war an einem Streit mit Fest nicht gelegen. Er hat nie mit ihm darüber gesprochen.

Die Rettung fand er immer in der Literatur. Immer. Das war schon vor dem Getto so. Wenn er dem Deutschlehrer gebannt zuhörte, wenn er, der Jude, der der beste Deutschschüler seiner Klasse war, als längst schon auf den Schandpfählen Berlins die Parole stand:

»Wenn der Jude deutsch schreibt, dann lügt er.« Im Schauspielhaus, das ihm das wichtigste Theater seines Lebens bleiben würde; dann bei den heimlichen Zusammentreffen mit seinem Schwager Gerhard Böhm und anderen jungen Lesern, als sie einander 1937, er innerlich vor Unruhe zitternd, den Brief Thomas Manns an den Dekan der Bonner Universität vorlasen, in dem sich der Dichter des »Tonio Kröger« erstmals öffentlich gegen die Machthaber des neuen Deutschlands stellte. Ja, zitternd. Denn was hätte es bedeutet, wenn der Autor des »Tonio Kröger« sich womöglich doch an die Seite

Nazi-Deutschlands gestellt hätte? Was hätte er dann noch gehabt?

»Ich fühlte mich verlassen«, wird er viele Jahre später schreiben, als er vom Tod Thomas Manns erfährt. Jetzt ist er noch bei ihm. Nach jenem Brief an den Dekan als größerer Schatz denn je.

Und danach, ja, dieses deutsche Märchen, es ist ja so oft erzählt worden und in den letzten Tagen immer wieder. Die Kästner-Gedichte im Getto, überhaupt Gedichte, weil man nicht anfängt einen Roman zu lesen, wenn man nicht erwartet, lange genug zu leben, um noch das Ende lesen zu können. Der Auftrag an ihn, das Todesurteil für alle Juden des Gettos zu übersetzen; das Musikstück, das er während dieser Arbeit hörte, und sein Gedanke, das sei doch eine gute Theater-Szene, dessen Teil er ist. Und schließlich das Ums-Überleben-Erzählen für jenen Bolek, der ihnen Unterschlupf gewährt hatte, der sie aber jederzeit dem Tode übergeben konnte, für den Fall, dass er sich eines Tages langweilen sollte, mit Marcels Geschichten. Er langweilte sich nicht.

Daran haben sicher viele denken müssen, die das Glück hatten, mit ihm arbeiten zu dürfen – wenn er anrief oder wenn er angerufen wurde, immer diese Frage: »Lieber, was gibt es Neues?« Es war ja eine Spiegelung jener Bolek-Neugier. Der unbedingte Wille, sich nicht zu langweilen. Sich selbst nicht und andere erst recht nicht. Es ist ja schon ein paar Jahre her, dass er lange Texte für die Zeitung schrieb.

Deshalb ist es auch wichtig, daran zu erinnern, wie unterhaltsam, klar und rasant noch der Text über das scheinbar langweiligste Thema war. Marcel Reich-Ranicki fühlte sich dem Leser verpflichtet. Er wusste, dass dieser vor allem unterhalten werden wollte, weil er selbst so rasend dringend Unterhaltung suchte und die Langeweile so fürchtete.

Ich habe ihn zum ersten Mal persönlich erlebt im Frühjahr 1994, als er in der Aula der Heidelberger Universität eine Rede auf Friedrich Schlegel hielt. Es waren mehr als tausend Studenten gekommen, sie saßen auf der Empore, in den Gängen, überall. Bevor er richtig anfing, erzählte er von seinen Zweifeln auf der Fahrt hierher. »Ich habe mir gedacht: Hast du doch einen Fehler gemacht. Es kommt doch sicher keiner. Hättest du mal eine Rede über Heine und die Lieder, Kafka und die Liebe oder Thomas Mann und die Knaben angekündigt. Dann wäre das Haus sicher voll gewesen. Aber Schlegel?« Und er lachte, und der ganze überfüllte Saal lachte mit. Es war egal, worüber er sprach. Wir vertrauten ihm voll und ganz. Es würde geistreich werden und interessant. Es war der beste Vortrag, den ich während meines Studiums hörte.

Natürlich hatte er, als er eine Stunde lang über Friedrich Schlegel sprach, vor allem auch über sich selbst gesprochen. »Rückblickend schrieb er, es sei sein vorzüglichster Wunsch gewesen, ›der großen Kluft, welche immer noch die literarische Welt und das intellektuelle Leben des Menschen von der praktischen Wirklichkeit trennt, entgegenzuwirken …‹« Das war ja sein eigenes Programm. Und auch wenn er über die Jüdin Dorothea, die später Schlegels Frau werden sollte, spricht, denkt er sicher auch an sich. Denn sie, so Reich-Ranicki, »zeichnete sich durch eine Eigenschaft aus, die oft bei Juden auffällt, sei es günstig, sei es ungünstig, und die zur Folge hat, dass sie, die Juden, für manche Menschen in ihrer Umgebung nicht so leicht erträglich sind, und ihnen vielleicht sogar auf die Nerven gehen, dass sie aber von anderen aus demselben Grund für äußerst attraktiv gehalten werden. Was ich meine, lässt sich mit Worten wie ›Intensität‹ oder ›Heftigkeit‹ andeuten.«

Oh ja. Immer intensiv. Immer heftig. Im »Literarischen Quartett« haben ihn Millionen so erlebt. Seine Widerreden, sein Zeigefinger, sein Klopfen auf die Sessellehne, »Das ist gut! Das ist sogar sehr gut!«, seine Empörung, seine Begeisterung. Wenn es um Literatur ging. Er gab der Literatur ja überhaupt erst diese Bedeutung, dadurch, dass jeder, der ihn las, jeder der ihn sah, sofort spürte, dass es jedes Mal um alles ging, um Überlebensfragen. Auch in der Ablehnung von Büchern. Natürlich war das immer wieder schmerzhaft für Autoren, ihre Werke so vehement kritisiert zu sehen, ihre Werke, an denen sie ja manchmal jahrelang gesessen hatten. Und dann kommt dieser Mann und zerreißt das Buch womöglich auf dem Titelbild des »Spiegels« oder in einer kleinen Notiz. Er kannte keine Kompromisse, keine Schmeicheleien.

Ich fand immer die Szene am beeindruckendsten, die er selbst in »Mein Leben« beschreibt, er war noch nicht lange in Deutschland, Heinrich Böll hatte ihm in seiner ersten Zeit viel und lebenspraktisch geholfen, und eines seiner nächsten Bücher verriss Reich-Ranicki in gebotener Deutlichkeit. Keine Reaktion von Böll. Bis sie sich wenig später auf einem Empfang wiedersahen. Sie sehen sich schon von Weitem. Reich-Ranicki befürchtet einen Skandal. Böll kommt auf ihn zu, scheint ihn zu umarmen, flüstert aber nur in Reich-Ranickis Ohr: »Arschloch!«

Klar. Heinrich Böll hat aus seiner Perspektive recht. Was soll das? Wenn es ihm nicht gefällt, kann er nicht wenigstens schweigen? Wenn ich doch so freundlich zu ihm war? Konnte er nicht. Wollte er nicht. Dafür war ihm Böll zu wichtig. Dafür war ihm die Literatur zu wichtig. Und es ist völlig klar, dass die gesamte deutsche Literatur der Epoche, die er begleitet hat, niemals die Bedeutung erlangt hätte ohne ihn. Die Werke der stets so lautstark Leidenden Martin Walser und Günter Grass wären ohne diesen oft lästigen kritischen Begleiter und Verreißer und Lobredner in der öffentlichen Wahrnehmung und damit auch in der Wirklichkeit viel unbedeutendere gewesen. Er gab ihnen oft erst die herausragende Bedeutung, die sie dann meinten, laut und weinerlich gegen ihn verteidigen zu müssen. Womit hier, nur weil dies ein Nachruf ist, natürlich keinen Moment behauptet werden soll, dass er sich nicht oft, sicher sogar sehr oft, irrte, lautstark irrte und nicht wenigen Büchern und Autoren unrecht getan hat. Lächerlich wäre es, das zu leugnen. Lächerlich, nicht zu erkennen, dass solche lautstarken Irrtümer unbedingt dazugehören.

Wenn es beim Lesen um alles geht: Es gibt diesen Film über eine Zugfahrt mit ihm durch Deutschland. Am Fenster rauscht die Loreley vorbei. Reich-Ranicki schaut und lacht: »Was wäre die Loreley ohne den Dichter Heinrich Heine? Nur irgend so ein Felsen in der Landschaft. Völlig belanglos und unbedeutend.« So hat Marcel Reich-Ranicki die Welt gesehen. Manchmal dabei ironisch lachend, meistens bitterernst. Und über diesen Heinrich Heine, der also die Loreley erfunden hat und dessen Verse er so liebte wie sonst nur noch die von Brecht, schrieb er einmal dies: Er dichte über »die Leiden eines Menschen, der, hineingeboren in die deutsche Welt, integriert werden möchte. Der Schmerz dessen, den man nicht zulässt, der allein und einsam bleibt – das ist Heines Leitmotiv: Die aussichtslose Liebe, die er in seinen Liedern und Gedichten besingt, symbolisiert die Situation des Verstoßenen und Ausgeschlossenen«. Ein Fremdling des Lebens, früher Bruder Tonio Krögers. Einer, der sehnsüchtig zuschaut und gern ganz dazugehören würde.

»Na irgendwo muss man doch dazugehören«, hatte Marcel Reich-Ranicki einmal gesagt, als ich ihn gefragt hatte, warum er unbedingt zu dieser Gruppe 47 gehören wollte. Und auf die Frage, ob es nicht merkwürdig gewesen sei, in so einer Männergruppe, die zum großen Teil aus ehemaligen Wehrmachtssoldaten bestand, über neue Bücher zu diskutieren, statt einmal über die persönlichen Erlebnisse aus der Vergangenheit, meinte er nur, nein, man sei eben zusammengekommen, um über Literatur zu reden. Da habe er nicht noch Zeit gehabt, über die Vergangenheiten der anwesenden Männer nachzudenken.

Er wollte es auch nicht. Weil er eben einmal dazugehören wollte. Es war schon schwer genug. Trotzdem wurde der einzige echte Freund jener Mann, der aufgrund seiner asthmatischen Erkrankung kein Soldat gewesen war. Walter Jens, der Schriftsteller und Kritiker und Rhetor. Er wurde Marcel Reich-Ranickis Lebensfreund. Lange vor der Erfindung des

Telefonsex hätten sie beide die Telefonfreundschaft erfunden, hat er geschrieben. Sie telefonierten jahrelang beinahe jeden Tag miteinander. Irgendwann ging auch diese Freundschaft auseinander.

Als ich Marcel Reich-Ranicki vor einigen Wochen zum letzten Mal in seiner Wohnung in Frankfurt besuchte, war auch sein Sohn Andrew bei ihm. Reich-Ranicki erholte sich gerade mühsam von den Folgen einer Lungenentzündung. Er war etwas schwach, etwas blass, aber heiter. Wissbegierig wie immer. Andrew zeigte mir an einer Wand im Arbeitszimmer ein Bild von Jens und seinem Vater. Eine Lithografie. Sie tanzen, sie reden, vielleicht streiten sie auch. Alles zugleich. Wenige Tage vorher war Walter Jens gestorben. Marcel Reich-Ranicki wollte unbedingt zu der Beerdigung fahren. Hatte das Jackett schon an, bereit zur Abfahrt. Aber er war schon zu schwach. Das ging nicht mehr.

Jetzt sitzt er in seinem großen schwarzen Sessel, blaues Hemd und Hosenträger, wartet auf Neuigkeiten, auf eine gute Geschichte. Ich bemühe mich sehr, manchmal lacht er, tonlos aus dem tiefen Inneren scheint das Lachen zu kommen, er klopft auf die Lehne. »Das ist gut.« Wir verabreden, mit neuen Antworten noch etwas zu warten. Wir wissen wohl beide, dass er keine mehr schreiben wird. Aber als ich ihm sage, dass sehr viele Fragen gekommen seien, scheint er sehr froh.

Dann sagt Andrew, es sei Zeit zu gehen. Sein Vater winkt und lacht ein wenig. Dann ist der Vorhang zu. Und es bleibt, neben der großen Traurigkeit, ein Staunen über diesen Mann, über sein Leben und eine große, tiefe Dankbarkeit.

(2013)

Diva in Strümpfen

In der »Möwe« fing es an – ein Besuch bei der
Schauspielerin und Sängerin Eva-Maria Hagen, die jetzt ihre
Liebesbriefe an Peter Hacks wiedergefunden hat

Es regnet, als sollte es immer so weiterregnen an diesem grauen Mittag im Norden von Berlin, Prenzlauer Berg. Altbau, Hinterhaus, »vierte Treppe, rechte Tür«, hatte sie am Telefon gesagt. Wo sind wir denn hier? Ein langer, kahler Flur, ein Berg von Turnschuhen an der Wand, studentische Kargheit. Sie breitet die Arme aus, tritt einen Schritt zurück, betrachtet den Besucher, ich betrachte zurück: lange weiße Haare, helle Augen, brauner Seidenschal, weite, weiße Hose, weiße Frotteesocken an den Füßen. Alles an ihr wirkt offen, einladend, freundlich und natürlich. Willkommen bei Eva-Maria Hagen, einer der erfolgreichsten Film- und Fernsehschauspielerinnen der DDR, Sängerin, Lebensgefährtin von Wolf Biermann zum Beispiel, Mutter von Nina, Großmutter von Cosma-Shiva und von Otis. Sie ist gerade neunundsiebzig Jahre alt geworden, sie wirkt fast mädchenhaft jung. Eine Diva in Strümpfen.

Eigentlich wohnt sie in Hamburg. Heute ist sie hier, in der Wohnung ihres Enkels, der ist gerade nicht da, »er legt in New York auf«, sagt sie und dass es, na ja, ein wenig unordentlich sei, und das gehe sie ja nichts an, natürlich, aber über die unordentlichsten Ecken habe sie kleine Deckchen gebreitet. Es wirkt jetzt eigentlich alles sehr ordentlich, es liegen nur recht viele Deckchen überall herum. Wir gehen ins Zimmer am Ende des Flurs, sie hat eine Staffelei aufgestellt mit einem halb fertigen Ölbild, das sie selbst gemalt hat, Sonne mit Frau. Auf der Rücklehne des Sofas stehen Familienporträts, Nina Hagen, Cosma-Shiva Hagen, Otis, alle mal allein, mal zu zweit, zu dritt. Familienaufstellung. Sie hat alles für den Besuch drapiert, für mich einen Besuchersessel, sie selbst setzt sich aufs Bett gegenüber, auf dem auch eine Decke liegt, Beine hoch, weiße Strümpfe voran. Bitte fragen Sie jetzt.

Anlass unseres Gesprächs ist ein Buch mit Liebesbriefen, das sie herausgegeben hat. Nein, nicht die an und von Wolf Biermann, die hat sie schon 1998 in ihrem Lebensroman »Eva und der Wolf« veröffentlicht, sondern der Liebesbriefwechsel mit dem sozialistischen Klassiker Peter Hacks, den sie vor Biermann liebte. Ein dünnes Buch, eine kurze Liebe, mehr als fünfzig Jahre ist es her, dass sie sich kennenlernten, auf einer Silvesterparty 1962/63 im Berliner Künstlerclub »Die Möwe«.

Sie tanzten sehr viel miteinander, er vor allem »auf zupackende Art«, hat sie jetzt geschrieben, und »er dampfte regelrecht vor Lebensfreude und Abenteuerlust«. Wenige Tage später hat sie ihn dann angerufen, mit verstellter Stimme, als

Fräulein vom Telegrafenamt, die eine Nachricht an ihn durchgeben müsse, berichtete etwas von Erinnerungen an eine außergewöhnliche Nacht, fügte »ein paar charmante Anzüglichkeiten« hinzu, scheinhüstelte leicht pikiert und erklärte, jenes Telegramm komme bald an. Es kam aber nicht, und Peter Hacks begann einen längeren Beschwerdebriefwechsel mit den Ämtern, die ein ihm sehr wichtiges Telegramm für ihn offenbar unterschlagen hatten.

Die Wirkung des Scheintelegramms war aber die erwünschte. Die beiden trafen sich wieder, liebten sich, verliebten sich und schrieben sich taumelnde Briefe, die man jetzt lesen kann. Kaum ist sie fort, fühlt er sich schon »wie ein Haus dessen Inneres von Termiten gefressen« wurde. »Weil, was in mir war, ist in Dir; ohne Dich bin ich eine Attrappe von mir.« Er dichtet für sie, auf sie: »Singst du mir ein Lied vor / Zur Gitarre, / Schreib ich dir ein Lied / Mit dem Tintenrohr.« Und er schreibt sein tolles Märchen »Der Schuhu und die fliegende Prinzessin« über die Unerreichbarkeit des Glücks, und wer diese Fliegende ist, das schreibt er ihr, die immer wieder fort ist, auf Tournee oder auf Kur, in einem Sehnsuchtsbrief im März: »Geliebtes, es war ein Fehler von mir, eine fliegende Prinzessin zu erfinden; denn wenn Du die bist, und es gibt Anzeichen, die dafür sprechen, missbrauchst Du Deine Gabe auf die schändlichste Weise.«

Jetzt sitzt sie hier, die fliegende Prinzessin von damals, und erzählt langsam, manchmal stockend, leise, vom großen Peter und der Zeit damals, als sein Stück »Die Sorgen um die Macht« am Deutschen Theater abgesetzt worden war und der Intendant und Regisseur Wolfgang Langhoff zurücktrat. Wie arglos sie auch war, damals. Im Brief schrieb sie ihm: »Was haben die bloß gegen Dein Stück? Es ist doch gut, ich bin begeistert. Das musst Du mir gelegentlich mal genauer erklären, wieso so viel Geschrei darum. Aber frech bist Du ja, mein Gott.«

Heute lacht sie darüber, über ihre Arglosigkeit, an die Liebe zu Peter denkt sie gern. Beim Durchstöbern alter Papiere hatte sie die alten Briefe von ihm gefunden. Sie forschte dann, ob auch ihre noch irgendwo erhalten sind. Der Nachlass von Peter Hacks, der 2003 gestorben ist, liegt im Literaturarchiv in Marbach. Da fand sich ein kleiner Stapel, zusammengeschnürt, Eva stand darauf. Alle ihre Briefe. Und auch eine Notiz von ihm, unter der Überschrift »Auskünfte zur Person«, unter Punkt 2 steht: »P. H. hat, sein Eheweib Anna Elisabeth Wieder ausgenommen und vorausgesetzt, drei Frauenpersonen geliebt: Eva-Maria Hagen, Sibylle Belicke und Karin Gregorek.«

Da sei sie schon etwas überrascht und erfreut gewesen, als sie das las, sagte Eva-Maria Hagen jetzt. Es war nur eine sehr kurze Liebesgeschichte zwischen ihnen beiden, ein halbes Jahr vielleicht. Er war damals schon mit Anna verheiratet. Seine Ehefrau wusste von der Geschichte mit Eva-Maria, sie wusste von allen seinen Liebesgeschichten. Und Eva-Maria war noch in den letzten Ausläufern ihres Ehekampfes mit Ninas Vater verstrickt. »Es gab keine Zukunft für unsere Geschichte«, sagt sie jetzt und wirkt so heiter und so im Reinen mit sich und den Lieben ihres Lebens.

Selbst wenn sie von jenem letzten Gespräch erzählt, das sie mit Hacks geführt hat. Das war 1976, und sie sammelte Unterschriften gegen die Ausbürgerung Wolf Biermanns. »Ich weiß noch, von welcher Telefonzelle ich ihn angerufen habe. Das war Schönhauser Allee, Ecke Dimitroff. Und er sagte nur: ›Bist du immer noch nicht fertig mit dem Kerl?‹ Ich konnte das nicht glauben und sagte, das sei doch eine Schweinerei, was die mit ihm gemacht haben, und Hacks sagte nur: ›Eine Schweinerei ist das, was Biermann sich geleistet hat.‹ Das war dann auch unser letztes Gespräch.«

Ein Jahr später ging auch sie in den Westen, zog in Wolf Biermanns Stadt, nach Hamburg. Von Hacks hat sie nichts mehr gehört, auch nach der Wende nicht. Trotzdem ist sie froh über ihre gemeinsame Geschichte. Die Gedichte, die er für sie schrieb, manche übersetzte er auch. Jetzt, so mitten im Gespräch, beginnt sie eins zu singen, ein amerikanisches

Volkslied, übersetzt von Hacks für sie: »Hab einen Liebsten auf dem Meere, / Sieben lange Jahre ist er fort. / Und blieb er fort noch sieben Jahre, / Kein anderer Mann erhält mein Wort.« Das kommt so schön und unvermittelt und so aus dem Herzen heraus, nach drei Strophen muss sie sich mal kurz die Augen wischen und die Stimme wieder sammeln. Es endet dann so: »Ich hab sechs Schiffe auf dem Meere, / Und voll beladen bis zum Rand. / Und ob sie sinken oder schwimmen, / Was schiert's mich, da ich treu dich fand.«

Im Brief, den er ihr dazu schrieb, hat er geschrieben: »In hundert Jahren reden wir nicht anders.« Die Hälfte dieser Zeit ist heute um. Die Geliebte von damals redet wirklich noch so wie zu jener Zeit. Und singt auch noch so. Vom großen Peter, der Treue und dem Leben danach.

(2013)

Die ganze Welt in Schwarz und Weiß

Barbara Klemm fotografierte für die »F. A. Z.« Geschichte, wenn sie geschah, und Schriftsteller in ihrem Universum. Im Martin-Gropius-Bau wird jetzt ihr Lebenswerk gezeigt

Jetzt steht sie hier, in ihrer Welt in Schwarz-Weiß, und erzählt von der Klischee-Maschine, mit der sie die Grautöne einstellte, dann die Größe der Bilder abmaß, auf ihrem Höckerchen stand in einem Technikraum der »F. A. Z.« vor mehr als fünfzig Jahren, dann eilig hinüberlief zu den Setzern und den Druckplatten, wo die vorher genau festgelegte Lücke für das Bild freigelassen worden war.

Wir sind hier in einem großen Saal im Berliner Martin-Gropius-Bau, umgeben von ihren Bildern, die sie fast alle für die »Frankfurter Allgemeine Zeitung« gemacht hat, in ihrer Zeit als Redaktionsfotografin von 1970 bis 2005. Sie erzählt mit einer Mischung aus Bescheidenheit und Stolz und Verwunderung über ihr Leben und ihre Bilder. Natürlich war das ganz und gar nicht vorgesehen damals, dass jemand aus der technischen Abteilung hinüberwechselt zum Fotografieren. Sie aber hatte genau das von Anfang an geplant, als sie einmal in der Tiefdruckbeilage »Bilder und Zeiten« eine Seite gesehen hatte, auf der nur ein Foto abgedruckt war. Es sah fantastisch aus, und vor allem sah jeder auf den ersten Blick, wie wichtig Fotografie hier genommen wurde. Klemm, die vorher in Karlsruhe eine Fotografenausbildung in einem Porträtatelier gemacht hatte, dachte sich: Das will ich auch machen. Und fing also 1959 in der Klischeeherstellung an, immer das eigentliche Ziel vor Augen. Fotografierte bald schon nebenbei und schickte die Bilder an andere Zeitungen, an die »Zeit«, den »Spiegel« und Tageszeitungen. »Ich wollte das zunächst unter anderem Namen machen«, sagt sie jetzt und lacht. »Aber mein Mann sagte gleich: ›Das lässt du schön bleiben. Deine Bilder, dein Name.‹« So hat sie es dann auch gemacht, und ihre Bilder wurden gedruckt, und irgendwann fiel das auch bei der »F. A. Z.« auf. Trotzdem war ein Stellenwechsel einfach nicht vorgesehen. Vor allem nicht für eine Frau. »Pressefotografen waren damals ausschließlich Männer«, sagt sie. Schließlich – elf Jahre, nachdem sie an der Klischee-Maschine angefangen hatte – erfüllte sich ihr Traum: Sie wurde Redaktionsfotografin für die Ressorts Politik und Feuilleton der »F. A. Z.« Es braucht schon eine ziemliche Zähigkeit, um einem Traum so lange zu folgen. Oder der Traum muss riesig sein. Am besten beides. So war es bei ihr und ist es noch.

Sie erzählt von vielen solchen Momenten, als ich jetzt mit ihr durch ihre Ausstellung gehe. Das Bild, das Gerhard Schröder zeigt, in der Nacht seines Wahltriumphes, in der SPD-Parteizentrale. Vier Stunden hatte sie draußen vor der verschlossenen Tür gewartet. Keine Journalisten durften rein, und drinnen passierte Geschichte. Sie erzählt, wie der Politik-Chef der »F. A. Z.«,

Günter Bannas, mit ihr wartete und immer wieder Informationen von herauskommenden Politikern abfragte und aufschrieb. Einer Fotografin hilft das nicht. Irgendwann war sie fast allein, als Heidemarie Wieczorek-Zeul, die Klemm schon lange kannte, rauskam und sie fragte: »Ja, warum kommst du denn nicht rein?« Klemm: »Die lassen mich nicht. Nimm du mich mit.« Und sie nahm sie mit, und Klemm gelang dort das emblematische Bild der Schröder'schen Kanzlerschaft überhaupt. Die sozialdemokratische Macht-Society in der Sekunde, in der sich ihr Lebenstraum erfüllt. Alle selig, im Rausch geschäftig, redend, trinkend, selbstgewiss, und keine der vielleicht fünfzig Personen auf dem Bild schaut in die Kamera.

Wer einmal das Glück hatte, mit Barbara Klemm zusammenzuarbeiten, der weiß auch, warum da keiner schaute und auch sonst auch kaum je einer in die Kamera blickt. Barbara Klemm arbeitet unglaublich unauffällig, leise, konzentriert. Ich war 2004, kurz vor ihrer Pensionierung, einmal mit ihr in Mailand, um Umberto Eco zum Interview zu treffen. Barbara Klemm war schon damals längst eine Legende. Wir saßen vorher noch etwas im Café und warteten, sie erzählte von ihren Reisen für die Zeitung nach Südamerika, in die Mongolei, nach China, und schließlich meinte sie, sie sei so schrecklich aufgeregt. Ich konnte das kaum glauben, entgegnete, das sei aber merkwürdig, ich sei es ja wohl, der hier aufgeregt sein müsse vor dem Gespräch mit dem italienischen Multiprofessor. Ich müsse doch das Gespräch eröffnen, führen, zu einem guten Ende bringen. Schon als ich es sagte, merkte ich, dass ich Unsinn geredet hatte. Die Fotografin Barbara Klemm hat sich auf Gespräche immer mindestens so gut vorbereitet wie die Kollegen, die die Gespräche führten. Am liebsten ging sie zu den Menschen auch allein. Sprach mit ihnen, über ihre Bücher, die Orte, die ihnen wichtig sind. Und zog sich dann zurück. Manche wurden dann schwierig, wie der junge Peter Handke, 1973 hat sie ihn in seiner Wohnung besucht. »Was soll ich machen? Wie wollen Sie mich fotografieren?« – »Machen Sie einfach, was Sie vorher gemacht haben.« – »Ja, aber ich hab nichts gemacht. Ich hab nur hier gesessen.« – »Gut, dann sitzen Sie eben einfach.« Und da sitzt er nun für immer, Handke in Strümpfen und macht nichts. Versuch über das Nichtstun. Gelungen für immer.

Auch bei Umberto Eco war es dann natürlich so, sie hatte gleich nach der Begrüßung ihren Platz gefunden und eingenommen, in einem Sofa weiter hinten im Raum, und während des ganzen Gesprächs hörte man absolut nichts von ihr, nicht mal ein Auslösergeräusch. Und das Bild, das sie einen Tag später aus ihrer Dunkelkammer zutage förderte, war ein Meisterwerk. Alles, was ich mühsam in meinem Text zu beschreiben versuchte, das hatte sie mit ihrem Blick, ihrer Ruhe, ihrer Konzentration und ihrer Kamera längst beschrieben. Jetzt hängt es hier im Gropius-Bau, Eco als Gipsfigur in seinem Gipsfigurenkabinett, wie er da saß, in Mailand vor neun Jahren.

Irgendwie war Barbara Klemm überall dabei, wo Weltgeschichte passierte. Die Lücken schmerzen nur sie selbst: »Dass ich bei Brandts Kniefall nicht dabei war«, bedauert sie. Dass sie Brandt im Alter nicht mehr porträtierte. Hier im Museum wirkt alles komplett. Am schönsten die überraschenden Momente: Angela Davis inmitten der SED-Nomenklatura – eine Frisur sprengt ein Politbüro. Helmut Kohl, wie er sich in einem Gemälde Friedrichs des Großen wie in einem Spiegel erkennt. Das sind irre Sekundenblicke für die Ewigkeit.

Und dann dieser Dürrenmatt an seinem Weltregententisch. Wir stehen lange vor diesem Bild. Sie erzählt, wie er sie mürrisch abwies: »Was wollen Sie? Wie lange brauchen Sie? Muss das sein?« Und wie er sie dann mürrisch ins Haus mitnahm, seiner Sekretärin diktierte, die Besucherin fragte: »Trinken Sie einen Schnaps mit?« Sie: »Nein danke, es ist ja gerade erst elf.« – »Von mir aus. Ich trinke.« Und er trank, er nahm sie nicht ernst, blieb mürrisch, nahm sie nicht wahr. Jetzt sitzt er da, am Tisch, kämpft mit einem Manuskript, links die Wälder und die Bücher, rechts seine Frau als Gemälde, in der Mitte er selbst als Berserker der Gedanken in seiner Welt. Für immer, als Meisterwerk. Wie sie ihn sah – und wir ihn alle kennen.

(2013)

Das Ich-Dunkel ist mein Jagdgebiet

Seit über fünfzig Jahren kämpft sich der Schriftsteller Paul Nizon zum Kern seines Wesens voran. Und hat dabei ein Riesenwerk geschaffen. Ein Besuch in Paris

Was macht die Literatur mit einem, der sich ihr ein Leben lang ganz und gar ausgeliefert hat? Alles, was er war und sah und liebte und verachtete, wen er zeugte, wen er hasste, die Orte, an denen er wohnte, alles wurde Sprache durch ihn. Seine

Welt auf tausend, tausend Zetteln. »Ich will auf die Welt«, hat er 1963 in seinem ersten Roman »Canto« geschrieben, dem Buch seiner Geburt als Schriftsteller.

Sein Lebensprogramm, hier steht es schon, komplett. Seine Antwort auf die Frage, was er zu sagen habe: »Nichts, meines Wissens. Keine Meinung, kein Programm, kein Engagement, keine Geschichte, keine Fabel, keinen Faden. Nur diese Schreibpassion in den Fingern. Schreiben, Worte formen, reihen, zeilen, diese Art von Schreibfanatismus ist mein Krückstock, ohne den ich glatt vertaumeln würde. Weder Lebens-, noch Schreibthema, bloß matière, die ich schreibend befestigen muss, damit etwas stehe, auf dem ich stehen kann.«

Ein Leben auf Buchstaben. Fünfzig Jahre ist das her. Siegfried Unseld hatte ihm Weltruhm vorausgesagt damals, als Max Frisch mit seinem Schützling, dem jungen Schweizer Paul Nizon, zu ihm, dem Verleger, in dessen Zürcher Hotelzimmer gekommen war, um die beiden miteinander bekannt zu machen. Der Lektor Walter Boehlich war auch dabei. Nizon las aus dem im Entstehen begriffenen »Canto«-Manuskript und spielte andere Passagen auf Kassette vor. Unseld und Boehlich lauschten, der Verleger sah zu seinem Lektor hinüber, der nickte, und Unseld war entschlossen. Welterfolg, Weltbestseller, alles, alles sagte er Nizon voraus. Er nahm ihn sofort unter Vertrag, versprach monatliche Gehaltszahlungen, Verträge über alle folgenden Bücher. Nizon sollte, nach Uwe Johnson, die nächste große Verlegerentdeckung des Jungverlegers Siegfried Unseld werden. Es wurde ein Desaster.

Paris, Montparnasse, Rue Campagne-Première, November 2013. Ein Eisentor, Namensschilder in einem Holzschränkchen hinter Glas, unter Aufgang D steht: »Nizon«. Durch einen Torbogen, an einem Gärtnerhäuschen vorbei, in einen Hof mit großem Baum und grünen Fensterläden. Stille. Aufgang D, gleich im Erdgeschoss die erste Tür. Nizon. Dahinter spielt ein Radio. Leise Klingel. »Moment«, ruft es hinter der Tür. Dann macht er auf, der Mann, der auf Buchstaben durchs Leben geht.

Dunkler Anzug, Nadelstreifen, helles Hemd, graue, zurückgegelte Haare, eine Strähne auf der Stirn, dunkle Tränensäcke, leicht gebeugt, etwas wackelig, freundlicher Blick. Paul Nizon ist dreiundachtzig Jahre alt, er lebt hier allein, auf 35 Quadratmetern, in zwei kleinen Zimmern. Im ersten eine kleine Küchenzeile, ein Schreibtisch, ein Bücherschrank mit seinen eigenen Werken und eine Chaiselongue.

Kurze Begrüßung, wir beschließen gleich, etwas essen zu gehen. Er macht sich fertig, schwarzer Hut, bunter Wollschal, große Sonnenbrille, schwarzer Ledermantel, auf in die Welt.

»Es war fürchterlich«, sagt er jetzt hier auf der roten Samtbank des Restaurants sitzend. »Das war ja eine totale Vernichtung damals. Horst Bienek in der ›F. A. Z.‹ – eine ganze Seite hat er gegen ›Canto‹ geschrieben. Und alle anderen auch.« Ja, das ist längst deutsche Literaturgeschichte. Das »Canto«-Desaster. Viele schlechte Kritiken (nicht alle waren schlecht, das hat sich in Nizons Kopf mit den Jahren stark dramatisiert) und vor allem ein totaler Misserfolg beim Publikum. 1500 Exemplare war Unseld von dem geplanten Weltbestseller losgeworden. Das war fast nichts.

Das liegt als Schatten auf seinem ganzen Werk und seinem Leben. Oder ist es ein Licht? Das Gefühl des Verkannt-Seins, der Missachtung, das hat ihn all die Schreibjahre begleitet. Es hat sein Verhältnis zu seinen Großförderern Max Frisch und Siegfried Unseld bestimmt und sein Verhältnis zu seinen eigenen Werken. Es ist, mit den Jahren, vielleicht auch zu einem Schreibantrieb geworden, der Wille, dieser Welt der Missachtung mit aller Gewalt sein Ich einzuschreiben, die Geschichte seines totalen Ichs. Die Boshaftigkeit, die sein Schreiben oft auch kennzeichnet, ist eine starke Kraft in seiner Prosa, in seinen Romanen, den fantastischen Romanen »Im Bauch des Wals«, »Das Jahr der Liebe« und »Das Fell der Forelle«, vor allem aber in seinen Journalen, die er seit Anfang der Sechzigerjahre führt, sein Ich- und Weltroman, der jetzt gerade, in einer stark kondensierten Form, als eine Art Volks-Nizon, als sein Lebensroman auf dreihundertfünfzig Seiten unter dem Titel »Die Belagerung der Welt« erschienen ist.

Ja, also zum Beispiel Max Frisch. »Ich hab ja nicht sehr nett über ihn geschrieben«, sagt er jetzt und lächelt leicht. Oh, nicht sehr nett, das kann man sagen. Hass, Verachtung, Neid für den Mann mit der Pfeife, den verklemmten Frauenbesitzer, der ihn, den Erfolglosen, als eine Art Poetenclown gerne mitnahm, der allen seine Fragebogenfragen als Gesellschaftsspiel aufdrängte, der mit den Menschen spielte wie mit Romanfigürchen. Ein Machtmensch. Ein Gewaltmensch. Max Frisch, der Mann, der ihn zu Suhrkamp brachte, der ihn ermutigte, der ihm ein monatliches Stipendium bezahlte nach dem ausbleibenden Erfolg, über den hat er so böse geschrieben wie über kaum einen anderen in seinem Werk. »Vielleicht war das eine Art Vatermord. Kann sein«, sagt er jetzt und erzählt, dass er vor einer Weile neben Frischs Witwe Marianne bei einer Preisverleihung gesessen und sie zu ihm gesagt habe: »Ach, mit dir red ich eigentlich nicht mehr, so böse wie du über Max geschrieben hast.« Warum er das gemacht habe, wollte sie wissen. »Und wissen Sie, was ich ihr gesagt habe?«, sagt er jetzt zu mir. »Das kann ich dir in einem Satz sagen: weil ich ein Schwein bin.«

Ein Schwein, ein Rücksichtsloser, ein Mann, der seinem Schreiben immer alles untergeordnet hat, der niemals Rücksichten nahm, nicht auf sich, auf niemanden. Der sich nur immer tiefer in sein Ich hineinbohren wollte: »Das Ich-Dunkel ist mein Jagdgebiet«, hat er einmal geschrieben. Und im Gespräch mit seinem Freund Dieter Bachmann hat er gesagt: »So sehr alles in Sprache aufgehen muss, so sehr muss alles beglaubigt sein von der Lebensfront her, denke ich. Mit dem Leben bezahlt.«

Vor einigen Jahren hat er auch die räumliche Trennung von seiner letzten Frau Odile vollzogen. Sie ist eine der Heldinnen seiner Literatur, die Liebe zu ihr, das totale Verschmelzen in irrsinniger Körpereinigkeit. Sie war eine gute Freundin seiner Tochter, so alt wie seine Tochter. Er konnte es nicht stoppen, gab sich Odile hin und sie sich ihm. Nizons Tochter hasste ihren Vater dafür.

Alles in den Büchern, alles in den Büchern. Ich sitze hier im Restaurant »A Bout de Souffle ...« einem Roman gegenüber. Nicht einer Romanfigur, sondern dem Roman selbst. Nizons Journale sind ein Gewaltwerk, Ich-Erkundung als Weltliteratur. Das Ich muss nur groß genug sein und die Sprache stark genug. Früher nahm er sich immer selber auf, wie damals den »Canto«, den er Unseld vorspielte. »Ich schrieb, dann las ich und nahm auf, dann hörte ich mir das an und dann verbesserte ich. Ich habe mir immer gewünscht, den ganzen ›Canto‹ aufzunehmen und in den Fabrikhallen den Arbeitern aus großen Lautsprechern vorzuspielen. ›Canto‹ als Manna für die Massen, verstehen Sie?«

Verstehe ich, auch wenn ich nicht sicher bin, ob es die Arbeitsleistung gesteigert hätte. Aber der Klang von »Canto«, die Melodie, die Sprache, das alles ist noch heute phänomenal: »Ich will ja nicht im Firmament sein bei Tag, nur glitzern im Glitzern, ich lebe ja, will raus, will runter, was tun. Was tun?«

Heute schreibt er immer noch an seinen Journalen. Doch er, der in seinen Büchern und in Interviews sonst immer mit berstendem Selbstbewusstsein sprach, klingt heute leise und zögerlich. »Ich weiß nicht, ob ich das noch weiter machen soll.« Ist das kokett? Ein Witz? Eine Aufforderung zur Ermutigung? Hat Nizon das nötig? »Meinen Sie, ich sollte weiter daran schreiben?« Er scheint es ernst zu meinen. Ja, ja, ja, sage ich. Nicht pflichtschuldig, sondern mit vollem Ernst natürlich. Er hatte immer betont, am Schreibtisch sterben zu wollen, im Schreiben an seinem Leben, wo sonst wäre der letzte Ort? Was mit dem Roman sei, frage ich, an dem er lange schon schreibt? »Der Nagel im Kopf« soll er heißen. Schulterzucken. Ob er schon wisse, wie es weitergehe, wie sie enden werde, die Geschichte. »Ja, wenn ich das wüsste«, sagt er.

Gegen Ende der »Belagerung der Welt«, dem Kurzjournal, heißt es, nach der endgültigen Trennung von Odile: »Ich sah mich an allen Fronten kaltgestellt, an der Liebes-, der Produktions-, der Einkommens- und der Anerkennungs- bzw. Erfolgsfront, Panik. Aus der Zeit, aus der Welt, aus dem Leben gefallen.«

Verrückt. So ist es wohl. Ein weiter Weg, etwa 1500 gedruckte Seiten liegen zwischen dem »Canto«-Euphorie-Satz »Ich will auf die Welt« und der Furcht, endgültig aus der Welt herausgefallen zu sein. Wohin?

In einer Welt, in der es gerecht zuginge, wäre Nizon heute wirklich weltberühmt. Na ja, oder er hätte wenigstens den

Büchner-Preis zum Beispiel bekommen. Oder wäre etwas reich. Wenn er darüber spricht, das Geld, die Preise, die winzige Wohnung, dann klingt er gar nicht bitter. »Ach, Wohnen zum Beispiel ist mir gar nicht wichtig. Verstehen Sie mich nicht falsch, ich bin gern bei reichen Freunden zu Gast und wohne gerne für eine Weile dort. Aber für mich, für mein Leben, ist es nicht wichtig. Gut, schöne, teure Autos, die habe ich immer geliebt. Als Wohnungsersatz mit Mahagoni und viel PS. Mit denen durch die Stadt zu fahren, fand ich herrlich.«

Wir trinken Rotwein, Nizon erzählt, von seinen vier Kindern, die alle von Literatur und von seinen Büchern nichts wissen wollen. »Die Literatur hat ihnen den Vater weggenommen. Ich kann es ihnen nicht übel nehmen, dass sie keine Bücher mögen.« Von seiner Armut hätten sie gelernt, wie gut es ist, reich zu sein. Und so seien heute alle reich geworden, der Sohn Boris fahre Rolls-Royce und lebe in Kalifornien als Chef einer Paparazzi-Agentur, erzählt der Mann, für den nur die Buchstaben zählen, stolz. Er weiß, dass sein Schreiben ein Familienleben unmöglich gemacht hat. Es gehört zu ihm. Er bedauert es nicht. Er selbst sei zum Schreiben gekommen, so sagt er jetzt, weil er selbst keine Familie gehabt habe: Die Mutter liebte ihn nicht, der Vater, ein emigrierter Chemiker aus Russland, war früh gestorben.

Oder bedauert er es doch? Im Journal steht: »Was ich beim Anblick erleuchteter Fenster fremder Wohnungen beträume, ist wohl Wunschdenken: von einem anderen besseren schöneren Leben in gegenseitiger Achtung und Liebe. Es ist immer das andere Leben.«

Er hat sein eigenes entschlossen aufgeschrieben, »ich war mein eigenes, blutiges Versuchskaninchen«, sagt er und dass er sich immer auf die Spur kommen wollte, um damit allen anderen, ja, der Menschheit auf die Spur zu kommen.

Wie geht es weiter? »Ich soll einen Vortrag halten zum Thema ›Ruhm und Erfolg‹«, sagt er. Es klingt wie ein schlechter Witz, aber Nizon lacht nicht. »Es wird mir etwas Geld einbringen. Was meinen Sie, was ich sagen könnte?« Ich sage, dass das doch genau sein Thema sei, der vorhergesagte Weltruhm, das Leben ohne ihn. Enttäuschung, Ehrgeiz, ein anderer Ruhm als der angekündigte. Ein großes Werk, das er geschaffen habe. »Ja, ja, vielleicht. Mal sehen.«

Wir gehen. Beim Abschied erfährt er, dass es der letzte Tag heute war, im Restaurant »A Bout de Souffle …«. Der Besitzer ist vor einigen Monaten auf der Straße gestorben, Herzattacke. Er war neunundzwanzig Jahre alt. Sein Vater hat das Restaurant weitergeführt und hört jetzt damit auf.

Wir gehen wieder durch das Eisentor, am Gärtnerhaus vorbei, im Hof, hinter einem Fenster sitzt eine Frau im warmen Licht am Tisch und schreibt. »Oh, wie ich sie beneide«, sagt Paul Nizon. Worum? »Oh, um ihr Schreiben, ihre Wohnung. Um alles, ich weiß nicht.« Dann sind wir wieder bei ihm, er verspricht, dass er weiterschreibt, am Journal, dass er Auszüge daraus regelmäßig per Post in die »F. A. S.«-Redaktion schickt. Sein Journal. Sein Leben.

(2013)

Küsse, Nasenküsse, Ringkämpfe

Der Bundespräsident feiert eine Party im Schloss Bellevue und verabschiedet den Hanser-Verleger Michael Krüger in den Ruhestand

Am Ende trat der Bundespräsident noch einmal ans Pult, wedelte so mit ausgestrecktem Arm über die zweihundert Gäste im Saal dahin und sagte, er spüre genau, dass hier eigentlich jeder gerne noch etwas sagen würde über den Mann, der an diesem Abend gefeiert worden sei. Aber leider, er könne das

Mikrofon jetzt nicht jedem öffnen, aber jetzt trinke man ja gemeinsam, und alle könnten ihm noch sagen, was sie ihm verdanken, dem Gefeierten: Michael Krüger.

Es war ein prächtiger, schöner, würdevoller Abend am Freitag im Berliner Schloss Bellevue. Bundespräsident Gauck hatte zu einem Literarischen Abend geladen zu Ehren Michael Krügers, der nach vielen Jahren als Chef des Hanser-Verlags Ende des letzten Jahres in den Ruhestand verabschiedet wurde. Und alle kamen. Schriftsteller, Buchhändler, Filmemacher, Politiker, Kritiker, Verleger, Leser. Die Hanser-Welt. Krügers Welt. »Er steht für eine ganze Epoche«, hatte Gauck in seiner klugen, herzenswarmen Rede gesagt; und dass es wirklich schwer sei, sich vorzustellen, dass diese nun zu Ende gehe.

Der Abend hatte mit einem kurzen Film begonnen, neben der Fahne des Präsidenten, auf großer Leinwand: Michael Krüger in seinem Verlegerbüro spricht über den Baum, auf den er schaute, sein ganzes Arbeitsleben lang. Er spricht bewundernd über ihn, dass er ein Kraftwerk sei, über die Kapillaren, die Unmengen Wasser, die er im Inneren transportiere, die Tiere, die in ihm wohnten; dass er Biologen gefragt habe, ob es ein Buch darüber gebe, über den Baum als Kraftwerk, ein Buch, in dem alle Baumfragen beschrieben und beantwortet seien, und dass die Biologen gesagt hätten, das gebe es nicht, und man stehe da noch am Anfang, den Baum ganz und gar zu verstehen. Und die Kamera immer in das Krüger-Gesicht, nicht auf den Baum, den sieht man nicht. »Er beobachtet mich«, sagt Krüger. »Er hat mich die ganze Zeit, die ich hier in dem Büro verbracht habe, beobachtet.« Er sei eigentlich die einzige Konstante in seinem Leben gewesen, der Baum. Und am Ende: »Ich hoffe, dass er mich überleben wird. Und meinen Nachfolger auch.«

An dieser Stelle gibt es etwas überraschtes, etwas verlegenes Lachen im Saal. Jeder hier weiß, dass Michael Krüger gerne noch weitergemacht hätte, dass ihn die Eigentümer des Verlages nicht an der Nachfolgersuche beteiligt haben, in keiner

Weise. Dass er vor gut einem Jahr auf der Buchmesse in Frankfurt viele Menschen halb scherzend fragte: »Willst du mein Nachfolger werden?«, bis ihm ein Wohlmeinender sagte: »Lass es, Michel. Es ist ein Headhunter unterwegs. Sie suchen einen Nachfolger. Und zwar im Ernst.«

Im Dezember 2012 bekam Krüger dann eines Morgens ein Fax von den Eigentümern: »Bevor Sie es aus der Zeitung erfahren...«, und den Namen seines Nachfolgers Jo Lendle. Seitdem versuchen alle Beteiligten, diese Verletzungen, den harten Bruch, diplomatisch zu beschweigen. Das fällt sicher nicht immer leicht. Fällt gar nicht leicht, wie auch die Idee »Ruhestand« ernst zu nehmen, für einen Mann, dessen Leben komplett eins war mit seinem Beruf, mit seiner Rolle als Verleger. Vielleicht kann ein Verlag nur so zu einem epochemachenden Haus werden, wenn an der Spitze eine Person steht, die ganz und gar, mit allem, was sie hat, für diese Rolle einsteht. Diese Person dann zu pensionieren ist schwer. Und schmerzt.

Umso überraschender, was für ein optimistischer, gut gelaunter, zukunftsfroher Abend das wurde im Schloss Bellevue. Sodass der Präsident ganz am Ende staunend fragte: »Wo bleibt nur die geliebte Kultur des Verdrusses?«

Sie war nicht da, fort, einen Abend lang waren sich alle einig, dass Deutschland ein glückliches Kultur-, Literatur- und Bücherland ist, dass man hier jemanden feiert, der ein gutes Stück dazu beigetragen hat, dass das so ist. Gauck selbst hatte den Ton vorgegeben, in seiner ersten Rede, die sich gleich an den Baum-Film anschloss. Ein Kraftwerk, so Gauck, das sei natürlich nicht nur dieser Baum, »sondern auch der Verleger, den wir ehren«. Es sei eine Ehrenpflicht, Krüger zu loben, zu ehren und zu preisen. »Ich möchte Ihnen ein Fest schenken«, sagte er. Und schließlich: »Wir wollen ›danke‹ sagen. Als Leser. Als Bürger der unsichtbaren Welt des Geistes.«

Dann zauberte er noch das Bundesverdienstkreuz erster Klasse hervor, dessen Verleihung niemandem vorher angekündigt worden war – Präsidentenüberraschung –, und so musste also schon Krüger selbst zum ersten Mal auf die Bühne, strich sich beim Auftritt verlegen über den Hinterkopf, verbarg sich scherzhaft schüchtern hinter dem Präsidenten, der sagte: »So was haben wir uns schon gedacht. Deshalb haben wir das vorher nicht angekündigt.« Verlas die Verleihungsurkunde und heftete dem Geehrten das Verdienstkreuz ans Revers.

Dann standen Dichter auf, in den Reihen des Publikums, und trugen Gedichte vor, Gedichte von Michael Krüger und eigene Gedichte, Jürgen Becker und Nora Bossong, Albert Ostermaier und Marion Poschmann, Tzveta Sofronieva und Jan Wagner. Jede und jeder sein Krüger-Lieblingsgedicht, Ostermaier über Fellini, Jürgen Becker das Gedicht »Wie es so geht«, aus Krügers erstem Gedichtband von 1976, mit der Zeile »Den Fehler, die Welt zu entdecken, haben wir längst schon bereut«, Wagner und Bossong lasen beide das Gedicht »Flohkraut«, in dem es heißt: »Als ich kürzlich versuchte, mein Leben zu ändern, sah ich sie blühen.« Danach dann jeder ein eigenes Gedicht – Traditionsverknüpfung, Wortübergabe, Kunstfortschreibung – schön!

Was ist das? Schläft Volker Schlöndorff, der bei Hanser seine Memoiren veröffentlicht hatte, da in der letzten Reihe? Nein, das ist wohl eher ein stilles Genießen und konzentriertes Hören mit geschlossenen Augen. Vorne sitzt Otto Schily, spät war Tankred Dorst hereingekommen, am Stock, mit seiner Schreib-, Kunst-, Lebenspartnerin Ursula Ehler, gleich neben Jürgen Safranski in Reihe eins finden sie noch Platz. Auf der anderen Seite des Saales Joschka Fischer und Otto Schily, Richard von Weizsäcker, hintere Mitte Péter Esterházy, Norbert Miller, Terézia Mora, Monika Maron, die frische Kulturstaatsministerin Monika Grütters, Hanns Zischler, Ulla Unseld-Berkéwicz.

Dann tritt Denis Scheck ans Pult. Er erzählt, wie er auf einer der letzten Buchmessen Krüger am Hanser-Stand beobachtete, seine Gesten, Zuwendungen, Küsse, Umarmungen, Ringkämpfe, »angedeuteter Schwitzkasten«, Ekstase, Gleichmut, Bedauern, Krüger sei der einzige Mensch außerhalb Neuseelands, der sich auf die Kunst des Nasenkusses verstehe. Kurz: Der Mann habe ein ausgesprochenes Kuschelbedürfnis. Scheck findet tausend Synonyme für den Körper-Krüger, den Verleger mit ganzem Leib, mit Seele sowieso, der Dichter, Essayist, Kritiker, Laudator, Preisträger, Herausgeber, Verleger in einer Person sei. Der ganze deutsche Literaturbetrieb in einer Person. Nein: »Er ist das Betriebssystem.« Und er endet so: »Ist eigentlich schon einmal jemand auf die Idee gekommen, ein Lob des Systems auszusprechen? Michael Krüger ist ein guter Anlass dafür.«

Freude, Glückwunsch, gute Laune. Es folgt Hanns Zischler: »Ich bin ein Autodidakt«, sagt er, wie Krüger einer sei. Zischler lobt die Zeitschrift »Akzente«, die Hefte, die Krüger viele Jahre lang herausgegeben hat. Er redet ernst, klar, jedes Wort ist ihm wichtig. Dichtung bewirke Bildungszuwachs. »Für mich eine elementare Lebens- und Überlebenshilfe: das Heft.«

Dann ist noch Hubert Burda dran. Er soll über Freundschaft sprechen. Er redet so ein bisschen wie zu sich selbst oder wie nur zu sich selbst und ihm, Michel, dem Freund. Über den Sommer '74, als sie sich kennenlernten, zusammen mit Nicolas Born und Peter Handke, spricht über das erste Gedicht, das vorhin Jürgen Becker vorgetragen hatte, »die ganze Ungewissheit dessen, der beginnt«, stecke darin. Er redet von Gedichten, die sie unter Bäumen gelesen hätten. Von Krügers Entschlossenheit, wenn er wieder einmal fand, dass die Lyrik zu wenig Raum einnehme – »Wir müssen was ändern«, habe er dann immer gesagt. Er redet von ihren gemeinsamen Petrarca-Reisen, ganz verloren in Erinnerungen. Erzählt auch von der Gastronomie unterwegs, die »heftigst in Tätigkeit kam«, weil das Trinken einfach dazugehöre, zum Dichten und zum Gedichtehören. Dass ihm Hermann Lenz den guten Tipp gegeben habe, wenn er einmal ein Gedicht nicht verstehe, solle er einfach sagen: »Ah net schlecht«, er, Lenz, mache das auch immer so, und das genüge völlig. Ein wertvoller Hinweis, sagt Burda, er wende den auch heute noch oft an. Und er wechselt langsam hinüber von der Freundschaft zu Amt und Größe, er sagt, an die Suhrkamp-Verlegerin gewandt: »Ich seh die Ulla, aber ich darf sagen: Er war der gewaltigste Verleger Deutschlands, nach Siegfried.« Und fügt den Satz hinzu, der Ulla Unseld-Berkéwicz an diesem festlichen Abend sicher etwas schlucken lässt: »Er hat Hanser zum führenden Literaturverlag Deutschlands gemacht.«

Am Ende erzählt er noch kurz von einem letzten Telefonat, das er mit Krüger führte, als der sein Büro verließ. Das mit dem Baum. Es war um Weihnachten herum. Er hatte alles ausgeräumt, alles in Kisten gepackt und rief Burda an: »Ich habe alle Lichter ausgemacht, hab mir noch die letzten Zahlen geben lassen. Ich bin hier fertig.« Bereit für ein neues Leben. Zeit zum Dichten, Zeit für sein neues Amt als Präsident der Bayerischen Akademie der Künste. Bei Facebook ist er jetzt auch.

Jetzt tritt der Geehrte auf. Dunkler Anzug, dunkle Krawatte, er sagt, als er all die Hymnen auf ihn in den Zeitungen gelesen habe, habe er sich gedacht: »Jetzt kannst du eigentlich sterben.« Was soll jetzt noch kommen? »Besser, du gibst auf.« Aber er gebe natürlich nicht auf, er freue sich, dass der Präsident ihm die Möglichkeit gegeben habe, viele seiner Freunde noch einmal zu sehen. Er erzählt kurz sein Leben, dass die Bibliothek Suhrkamp seine Universität gewesen sei, dass er eine Idee Joseph Brodskys befürworte, wonach vor jeder Sitzung eines Landes ein Gedicht vorzutragen sei. Monika Grütters solle diese Idee mal ins Kabinett einbringen. »Stellen Sie sich vor: Pofalla liest zu Beginn ein kurzes Gedicht von Celan. Ich sage Ihnen: Die ganze Sprachform der Sitzung würde sich ändern.« Frau Grütters nickt. Bringt das gern ein. Dann ist er am Ende. Er ruft den Gästen zu: »Hoffentlich werdet ihr auch bald siebzig. Dann gibt der Präsident wieder ein Fest, und wir sehen uns schnell wieder.« Dann sagt er noch: »Ich freue mich sehr, dass ihr alle …«, den Satz kann er dann doch, gerührt, nicht mehr ganz zu Ende sprechen. Er bleibt so in der Luft hängen, Krüger springt vom Podium.

Dann geht es in die Säle, die Hanser-Kultur zu feiern. Und ihn, der sie viele Jahre lang geprägt und großgemacht hat, in dieser unsichtbaren Welt des Geistes.

(2014)

Bestseller, Auflage: 1

Wolf Wondratscheks neuer Roman heißt »Selbstbild mit Ratte«.
Wie er ist? Keine Ahnung. Er hat das Manuskript statt an einen Verlag
an einen privaten Mäzen verkauft. Nur der darf ihn lesen

Am Ende dann sitzen wir vor der »Paris-Bar« im alten Westen von Berlin, kalter, grauer Frühling, er raucht, wir trinken Kaffee, er rezitiert mit seiner tiefen, rauen Wondratschek-Stimme ein Gedicht von Joseph Brodsky. »Große Elegie an John Donne«: »John Donne ist eingeschlafen. Alles schläft.« Er sagt, wie gut es sei, alt zu werden, über siebzig zu sein, »Sie wissen das nicht, deshalb sage ich es Ihnen«, endlich »Luft unter den Flügeln« zu haben, keine Angst mehr, zurückzuschauen auf das Leben, das Mäandern des Lebens, und er zieht mit der Hand Schlangenlinien in die Luft.

Wolf Wondratschek, einundsiebzig, ist nach Berlin gekommen, um mir seinen neuen Roman zu erzählen. Schon vor Wochen hatte er am Telefon davon berichtet, dass er das Manuskript nicht an einen Verlag, sondern an einen Privatmann verkauft habe. Ich wollte zu ihm nach Wien fliegen, aber er bat darum, ob wir die Reise nicht umkehren könnten, er käme gern nach Berlin, und ob die Zeitung mir eine Reise nach Wien oder ihm eine nach Berlin bezahle, sei doch vielleicht egal.

Und so sitzt er jetzt auf einer beigefarbenen Couch unter dem Bild einer roten Blume im einzigen Raum des Berliner »Savoy Hotels«, in dem man rauchen darf, und raucht und erzählt sein Buch.

Wolf Wondratschek, einer unserer besten Dichter, der vor fast fünfzig Jahren mit selbst gedruckten Heftchen seiner Gedichte auf der Buchmesse rumlief, um auf sich und sein Schreiben aufmerksam zu machen, dessen erstes Buch »Früher begann der Tag mit einer Schusswunde«, das 1969 erschien, längst Legende ist, der in den Siebziger- und Achtzigerjahren mit seinen phänomenalen Gedichtbänden »Chuck's Zimmer«, »Männer und Frauen«, »Die Einsamkeit der Männer« und »Carmen oder Bin ich das Arschloch der achtziger Jahre« einer der erfolgreichsten deutschen Dichter geworden war, der in Helmut Dietls »Rossini« von Jan Josef Liefers als romantischer, schlagkräftiger Lederjackendichter einem Millionenpublikum bekannt wurde und dessen Gedichtband »For a Life without a Dentist« 2014 nur noch in einer Mini-Auflage von 444 Stück im quartus-Verlag in Jena erschienen ist.

Wondratschek also. Der mal geschrieben hat: »Poesie ist die Erinnerung / an all die Liebenden, die sich / nach dem Tode sehnten und weiterlebten / Und wenn sie endlich sterben, / wird es zu spät sein / für jeden von uns.« Er sitzt jetzt da, auf der Couch, Beine übereinandergeschlagen, Jeans, dunkler Pulli, roter Hemdkragen, schlank, sehr gut aussehend. Ein Mann, mit sich im Reinen, denkt man sofort, sein phänomenales Selbstbewusstsein, für das er fast so berühmt ist wie für seine Gedichte, hat mit den Jahren und mit dem schmelzenden Erfolg kein bisschen gelitten. Ein Mann, der weiß, was er kann, der weiß, was Kunst bedeutet, was der Wert von Kunst ist, der Wert seiner Werke.

Er hat so viele Verleger gehabt. So viele haben ihn irgendwann rausgeworfen, oder Wondratschek ist gegangen. »Auch bei denen, die mich lieben, bin ich nicht beliebt«, hat er mal gesagt. Als er vom Diogenes-Verleger Daniel Keel für sein Carmen-Gedicht einen Koffer voll Gold verlangte, hat der ihn aus seinem Büro geworfen. Daraufhin las Wondratschek das verlagslose Langgedicht im Münchner Marstall vor, Bernd Eichinger saß im Publikum und hat es dem Dichter für eine fantastische Summe sofort abgekauft. Die Frau, die hier besungen wird, haben sie beide geliebt. Eichinger wollte diese Hymne auf sie unbedingt besitzen, wie um sie in Sicherheit zu bringen, vor dem anderen. »Sie war, als sie ihn sah, bereit zu handeln / und ließ, was nie geschah, geschehen. / Sich in der Liebe einmal in sich selbst verwandeln. / Das war die Freiheit, die er ihr befahl.«

Wondratschek-Legenden. Sein Leben ist voll davon. Sein vorletzter Verlag war Hanser, sein vorletzter Roman »Das Geschenk« war 2011 dort erschienen. 10 000-mal hat sich das Buch verkauft. »Weniger als 50 000 Euro Vorschuss« habe er dafür bekommen, sagt Wondratschek. »Das kann ich gegenüber der Geschäftsführung nicht verantworten«, habe Krüger

damals gesagt und für den nächsten Roman weniger zahlen wollen. Wondratschek spiele den Vorschuss nicht ein.

Aber so rechnet ja Wondratschek nicht. Wondratschek rechnet mit der Nachwelt, und er sagt, wenn das Honorar nicht eingespielt werde, läge das eben auch am Vertrieb. An fehlenden Marketing-Ideen des Verlegers. »Ich will keine Verleger, die selbst Bücher schreiben«, sagt er. »Hat etwa Ernst Rowohlt Romane geschrieben? Feltrinelli? Gallimard? Ist mir nicht bekannt«, sagt er. »Krüger hat viel mehr Literaturpreise bekommen als ich. Da ist doch etwas nicht in Ordnung. Ich will einen Verleger, den ich vierundzwanzig Stunden am Tag anrufen kann, der sich rund um die Uhr um den Erfolg meiner Bücher kümmert.«

Also ist er von Hanser weggegangen und zu Jochen Jung, Verleger des Verlages Jung und Jung in Österreich. Der ließ sich auf Wondratscheks Bedingungen ein, zahlte den verlangten Vorschuss, veröffentlichte 2013 den Roman »Mittwoch« und verkaufte nur 5000 Exemplare. Der Dichter ging dem Verleger mit Forderungen und Ideen zum besseren Vertrieb des Buches auf die Nerven. »Zum Beispiel wird ungeheuer viel geraucht in dem Buch«, sagt Wondratschek. »Ich habe ihm gesagt, er soll bei der Tabakindustrie anrufen, ob die nicht eine Auflage aufkaufen oder damit werben wollen. Machte der alles nicht. Schließlich habe ich selbst angerufen, bei einem Tabak-Manager in der Schweiz. Der hat sofort 1000 Bücher geordert, vorne einen Gruß des Hauses reingedruckt und an seine Geschäftspartner verschenkt. Ja, aber das kann doch nicht sein, dass ich das selber machen muss!« Also lag er schon bald auch mit diesem Verleger im Streit. Und auch das wollte Wondratschek für sich nutzen: »Dreh doch ein Video, in dem du mich eine halbe Stunde lang beschimpfst. Was für ein Arschloch ich bin. Wie niederträchtig. Und sag am Ende: ›Aber schreiben kann er.‹ Das stellst du dann bei YouTube rein. Da reden die Leute wenigstens drüber. Ich schreib dir notfalls sogar den Text.« Aber Jochen Jung wollte nichts bei YouTube reinstellen, Wondratschek nicht öffentlich beschimpfen. Und den neuen Roman wollte er auch nicht mehr verlegen.

Jetzt kommt Helmut Meier ins Spiel. Senior Consultant einer weltweit operierenden Unternehmensberatung. Er hat Wondratschek vor einigen Jahren im Flugzeug kennengelernt. Der Dichter durfte auf Kosten der »Vogue« Businessclass nach Paris fliegen, um dort Veruschka von Lehndorff zu treffen. Unrasiert, krawattenlos, zwischen den schwarzen Anzugherren ein unpassender Gast. Seinen Sitznachbarn, mit dem er um die Armlehne stritt, forderte er auf, ihm das Feuilleton der »F. A. Z.« zu geben, weil den das doch ohnehin nicht interessiere. Der reiche Mann und der Dichter – sie verstanden sich sofort. Meier bat ihn, ihre Begegnung festzuhalten, Wondratschek schrieb ihm eine »Kleine Rede an die Herren in den Flugzeugen«, Meier ließ sie drucken, übersetzen, verschickte sie an die Geschäftspartner in aller Welt. Die waren empört. »Frauenfeindlich«, »unverschämt«, solche Sachen schrieben sie ihm zurück. Meier teilte den Empörten ruhig mit, dass es sich bei dem Text nicht um Werbung oder eine Firmenverlautbarung handele – sondern um ein Kunstwerk. Dann war Ruhe.

Sie haben sich dann oft in Wien im Kaffeehaus getroffen und über das Leben gesprochen, Meier organisierte Lesungen an prachtvollen Orten, einmal, als Wondratscheks Lebensfreundin Kelly während der Biennale eine Ausstellung in Venedig hatte, mietete Meier für die Vernissage eine Bar am Markusplatz. Davon erzählt Wondratschek heute immer noch staunend und froh.

Vor ein paar Monaten nun hat der Dichter seinem Freund von seiner Situation erzählt, dass es keine angemessenen Angebote für seinen neuen Roman gebe. »Ich habe sofort gesagt, das interessiert mich«, erzählt Meier. Und er schwärmt von diesem Dichter, den er kennenlernen durfte. »Überlegen Sie mal, wie viele langweilige Menschen rumlaufen«, sagt er. Und dass Wondratschek natürlich ständig Leute vor den

Kopf stoße, keine Kompromisse mache, nie schweige, wenn er glaube, dass etwas gesagt werden müsse, sich vor keinem Großkopferten verbeuge, nur um einen Literaturpreis zu kriegen. »Ich nenne ihn einen Solitär«, sagt Meier. »Ein Juwel.« Mit Freude habe er die Gelegenheit ergriffen, das Manuskript zu kaufen. Ohne zu feilschen, hat er den von Wondratschek geforderten Preis gezahlt, den kein Verlag mehr zahlen wollte. »Ich kaufe einen Wondratschek«, hat er sich gedacht. Und ist jetzt stolz, das Manuskript allein zu besitzen. Ob er den Text vor dem Kauf gelesen habe? »Ich habe nicht Inhalte gekauft, sondern die Überraschung.« Er erwarte keine Dankbarkeit. Im Gegenteil, er sei es, der dankbar sei: »Als Payback bekomme ich nicht Geld, sondern den Umgang mit einem sehr interessanten Menschen.«

Im Moment genießt er die Situation, den neuen Wondratschek für sich allein zu haben. Langfristig würde er den Roman aber gern veröffentlichen, er bezahlt ein paar junge Leute dafür, dass sie für ihn die Möglichkeiten des elektronischen Veröffentlichens eruieren. Dann, irgendwann, soll das Buch erscheinen.

In der Raucher-Suite des »Savoy« erzählt Wondratschek mir seinen Roman. Was für ein herrlicher Moment für einen Kritiker: Ein Buch, das er nicht lesen kann, wird ihm vom Dichter selbst erzählt. »Das Bild, das am Anfang stand, war eine sterbende Ratte«, sagt Wondratschek. Er hatte sie sterben sehen, auf einem Bahnsteig der Wiener U-Bahn. Damit beginnt der Roman, der Erzähler ist ein junger Mann, der in Ohnmacht fiel, als ihm einmal sein Biologielehrer mit einem Haufen Erde in der Hand erzählte, darin, in diesem Haufen, lebten mehr Lebewesen als Menschen auf der Erde. Ein Übermaß an Vorstellungskraft raubte ihm die Sinne. Die anderen Schüler lachten bloß.

Es ist die Geschichte dieses Jungen, dem diese Vorstellungskraft die Möglichkeiten zum freien, sicheren, angstlosen Leben nimmt. Und es ist die Geschichte seiner Eltern, ein ideales Paar, zwei vollkommen unterschiedliche Menschen, die einander in ihrer Verschiedenheit gelten lassen. Der Vater ist so angstvoll wie der Sohn, die Mutter frei, mutig, stürzt sich ins Meer, ohne über die Tiere dort, die Gefahren nachzudenken. Der Vater wünscht so sehr, dass der Sohn wird wie seine Mutter. Doch je mehr er es wünscht, desto ähnlicher wird der Sohn dem Vater, desto größer seine Angst. Am Ende des Romans werden alle Ängste wahr. Die tote Ratte wird gerächt, eine Flut von Ratten bricht aus dem U-Bahn-Schacht hervor und überschwemmt den Schacht und bald die ganze Welt. Und der Erzähler sieht einen Mann, der einer Dame die Hand küsst.

Dann ist es aus. Weltuntergang in Wien. Wo sonst. Es hat ihn mitgerissen, das Schreiben, erzählt Wolf Wondratschek. »So ist das eben mit dem Erzählen. Manchmal ist man als Autor machtlos, und eigentlich sind genau das die Sternstunden des Schreibens.«

Manchmal wirkt er wie ein großes Kind. »Sobald ich das Kind spüre, das ich war, bin ich mit mir zufrieden. Es weiß viel mehr von mir als ich«, hat er in der Rede an die Herren im Flugzeug geschrieben.

In dem fantastischen Band, der 2014 in der Mini-Auflage erschien, steht ein Gedicht für seinen Sohn Raoulito: »Geld? Ach, Geld! / Es ist nichts, es ist Papier, / Millionen, Milliarden, Billionen, es ist wie Geschwätz. / Lass es, wenn du kannst, in Ruhe. / Lass das Geld, das lügt, liegen. / Lass es nicht unter deine Haut. / Geld ist gut gegen Angst, macht aber / mit den Ängstlichen, was es will.«

(2015)

Der Zwerg, der Riese Deutschland

Er hat immer mit sich selbst geredet, wenn er schrieb. Aber uns damit gemeint. Und so alles verändert. Zum Tod von Günter Grass

Glauben in Zweifel zu verwandeln. Das große Dafür in ein großes Dagegen. Schuld in Unschuld. Schwerelosigkeit in Bleigewichte. Einen Riesen in einen Zwerg. Schweigen und Verdrängen verwandeln in einen Fluss der Worte, der nie zu enden schien.

Günter Grass war ein Verwandlungskünstler, einer, der die Welt auf den Kopf stellte mit seiner Kunst, mit seinem Schreiben. Einer, der an die Kraft der Literatur, die Kraft der Fiktion, die Kraft der Worte glaubte wie kein anderer. Jetzt, da es so still ist, jetzt, da man langsam beginnt zurückzublicken auf sein Werk, sein Schreiben, seine Taten, da wirkt das alles, das Leben des Günter Grass, wie ein unglaubliches, ein verrücktes deutsches Märchen. Wir alle haben es gelesen, auch die, die keines seiner Bücher kennen, sind Leser seines Lebens. Seine Zuhörer.

Denn er war ja nie still. Er fürchte nicht den Tod, er fürchte das Vergessenwerden, hat er gesagt. Sein Gedicht mit den Nüssen im Grab, das in den letzten Tagen so oft zitiert wurde und das endet mit »Wenn es kracht, / wo ich liege, / kann vermutet werden: / Er ist das, immer noch er« – das ist ja von bemerkenswerter Selbstironie. Aber auch die traurige Pointe der Biografie eines Mannes, der, seit er in das Licht der Öffentlichkeit trat, wie um sein Leben redete. Es war, als wolle er die Welt mit Worten heilen, als wäre er getrieben von einem Zwang, mit seinen entschiedenen Meinungen zu jedem erdenklichen Weltproblem, etwas gutzumachen. »GERMANY'S GÜNTER GRASS«, hat ihn Max Frisch in seinem Tagebuch schon früh

genannt und hinzugefügt: »Als könne er Aktualität ohne Günter Grass nicht ertragen. Wie heilt man ihn?«

Diese Angst vor dem Schweigen, vor der Stille, vor einer Welt ohne die Meinung von Günter Grass, eine Welt ohne ihn: Hatte Frisch recht? War das eine Krankheit, die man hätte heilen können? »Vielleicht«, hat Günter Grass später einmal gesagt, »haben mich die Schuldprobleme daran gehindert, so eindringlich wie Max Frisch über Identitätsprobleme nachzudenken.« Seine Krankheit war die Schuld. Lange schon vor dem späten Bekenntnis seiner SS-Mitgliedschaft hatte er über diese Schuld als Antrieb seines Schreibens geredet. Seine frühe Gläubigkeit, sein Glaube an Deutschland, an das gute Deutschland unter Hitler, ein Glaube, der auch dann noch nicht wankte, als erste Bilder aus den befreiten Konzentrationslagern gezeigt wurden. Ein amerikanischer Trick, so dachte er. Denn seine Überzeugung, dass Deutsche zu so etwas niemals in der Lage wären, war unerschütterlich. So glaubte er weiter, bis sein persönlicher Führer, bis Baldur von Schirach vor dem Nürnberger Kriegsverbrechertribunal aussagte und das nicht für möglich Gehaltene bestätigte. Da stürzte Günter Grass aus seiner Welt. So hat er es beschrieben.

Und er schuf einen Zwerg, ein ewiges Kind, einen Burschen, der nicht einschreitet, sondern mit seiner kleinen Krachmacherkunst sein Dagegen in die Welt trommelt. Oskar Matzerath aus der »Blechtrommel«, ein deutscher Held. Mit dem sich ein ganzes Land identifizierte. Ein Kind, für immer zu klein, um strafmündig zu sein.

Und er schuf sich selbst. Einen deutschen Helden, der seine Schuld in Unschuld verwandeln wollte. Der von seiner frühen Verführbarkeit die ewige Verführbarkeit eines ganzen Landes ableitete. Das hatte eindringliche, fast religiöse Kraft. Ich werde nie vergessen, wie ich im Februar 1990, da war ich zwanzig Jahre alt, im überfüllten Hörsaal der Frankfurter Universität saß und seinem Vortrag »Schreiben nach Auschwitz« zuhörte. Seine Stimme, dieser tiefe Singsang, wie Pfeifenrauchwolken in der Luft. Es war wie ein Gottesdienst, die jungen Gläubigen hörten gebannt, im Saal, auf dem Boden, draußen auf den Gängen. Er rezitierte ein frühes Gedicht, das er selbst programmatisch nannte, »Askese«: »Die Katze spricht. / Was spricht die Katze denn? / Du sollst mit einem spitzen Blei / die Bräute und den Schnee schattieren, / du sollst die graue Farbe lieben, / unter bewölktem Himmel sein. / Die Katze spricht. / Was spricht die Katze denn? / Du sollst dich mit dem Abendblatt, / in Sacktuch wie Kartoffeln kleiden / und diesen Anzug immer wieder wenden / und nie in neuem Anzug sein.« Und endet: »... sollst du mit deinem spitzen Blei / Askese schreiben, schreib: Askese. / So spricht die Katze: Schreib Askese.«

Ein lyrischer Morgenthau-Plan, geschrieben irgendwann Mitte der Fünfzigerjahre. Ein frühes Zucht- und Mahngedicht des Dichters an sich selbst. Wir alle hören gläubig und gebannt. Es geht natürlich nicht wirklich um ihn, den Mann im kartoffelsackfarbenen Cordanzug dort oben. Es geht um

Deutschland, immer geht es um Deutschland und darum, dass sich aus der deutschen Schuld ein Verbot zur Wiedervereinigung ergibt. »Allen Grund haben wir, uns vor uns als handlungsfähiger Einheit zu fürchten«, sagt er.

War das falsch? Der Hohn, der Spott, den er damals in weiten Teilen der Öffentlichkeit erntete, war enorm. Was konnten denn die jungen Menschen in der DDR für Auschwitz, was hatten die in der ganzen Welt bewunderten friedlichen deutschen Revolutionäre, von denen viele nun die Einheit wollten, mit der deutschen Schuld zu tun? Wer will sie immer und immer wieder bestrafen? Wer ihnen befehlen, Säcke zu tragen und Askese zu schreiben und zu leben?

Er will das, er wollte das.

Und dass, obwohl er selbst so ausschweifend barock lebte und schrieb.

Günter Grass, so heißt es jetzt in allen Nachrufen, sei der repräsentative Autor Deutschlands nach dem Krieg gewesen. Ja, das war er, und er wollte von Beginn seiner Karriere an genau das sein, ein neuer, ein anderer Thomas Mann. Aber Günter Grass hat Deutschland nicht nur repräsentiert, er hat es verkörpert. Er hatte Angst vor sich selbst, so sollte ganz Deutschland Angst vor sich haben. Er hatte seine Verführbarkeit erlebt, die Gläubigkeit seiner Jugend. »Wir haben allen Grund, uns vor uns zu fürchten.« Aber vor allem – und das blieb auch damals, in Frankfurt, noch unausgesprochen – hatte er auch Angst vor dem Verschwiegenen. Vor dem, was immer noch nicht gesagt worden war, bei all dem Reden, all dem Ermahnen, Besserwissen. Kurz vor Ende der Rede rief er, wie ein Fanal: »Jetzt endlich kennen wir uns.« Um dann aber, ganz zum Schluss, die kleine Einschränkung hinzuzufügen: »Eher bleibt Ungenügen nach fünfunddreißig Jahren Bilanz. Etwas, das noch nicht zu Wort kam, muss gesagt werden. Eine alte Geschichte will ganz anders erzählt werden.«

Was meinte er damals? Für uns Zuhörer musste das im Ungefähren bleiben. Man hielt sich damit nicht auf, da kurz darauf das pathetische, fantastische Schlusswort folgte, das die religiöse Kraft des Gesagten, den Glauben an das Wort, an die Macht der Literatur in einem furiosen Finale erklingen ließ: »Dem Schreiben nach Auschwitz kann kein Ende versprochen werden, es sei denn, das Menschengeschlecht gäbe sich auf.« Riesenapplaus. Erlösung. So ist es. Wow.

Das andere, das zuvor Gesagte, war da schon wieder vergessen. Etwas muss noch gesagt werden? Ja was denn noch?

Vielleicht ist Günter Grass erst mit seinem langen Schweigen zur wahren Verkörperung Deutschlands geworden, wurde erst dadurch die Hybris des Künstlers, sich selbst mit seinem Vaterland gleichzusetzen, beglaubigt. Denn ist das nicht der Kern der ritualisierten Erinnerungskultur in diesem Land? Mahnen, Knie beugen, Taten abspalten vom Ich, die anderen sind schuldig, das Land ist schuldig – und ich? Diese winzige Detailfrage blieb und bleibt meist unbeantwortet.

Wollte Günter Grass sie eigentlich schließlich wirklich in der Klarheit, in der sie dann in der Zeitung stand, gedruckt wissen? Es ist ja bemerkenswert, wie raunend und undeutlich er in dem angeblichen Bekenntnisroman »Beim Häuten der Zwiebel« von seiner Mitgliedschaft spricht. »Die doppelte Rune am Uniformkragen war mir nicht anstößig.« Er selbst nennt sich »der Rekrut meines Namens«, das entscheidende Kapitel heißt »Wie ich das Fürchten lernte«. Ich. Der SS-Mann.

Er traf damals, vor Erscheinen dieses Buches, Frank Schirrmacher und Hubert Spiegel zum Gespräch. Die Bilder dieser Begegnung zeigen eine vollkommene Idylle in Grün unter Bäumen. Das Gespräch liest sich offen und interessant. Doch der Kern, die Neuigkeit, die Nachricht dieser Unterhaltung war kurz ganz einfach dies: »Günter Grass: Ich war Mitglied der Waffen-SS.« Das war die Schlagzeile der »F. A. Z.« am 12. August 2006, die in Windeseile als Weltsensation um den Planeten raste. Grass hat diese Schlagzeile und die Überschrift über dem Leitartikel, den Frank Schirrmacher damals schrieb und die »Das Geständnis« lautete, dieser Zeitung nie verziehen. Eine Zeitung sei keine Institution, der gegenüber man ein Geständnis ablege, meinte er. Aber es ging wohl doch eher um den Wirklichkeitsschock der Schlagzeile. Es stand da vielleicht einfach zu plötzlich, zu groß, zu klar und unzweideutig, was so lange verschwiegen worden war.

»Es ist sicher so, dass ich glaubte, mit dem, was ich schreibend tat, genug getan zu haben«, hat er in dem Interview damals erklärt. »Aber es blieb dieser restliche Makel.«

Er dachte, er hätte genug getan.

Ein dunkles, deutsches Märchen. Der Mann, der in aller Welt das gute Deutschland repräsentierte, war in seiner Jugend Teil jener Garde gewesen, die wie keine andere das brutale Deutschland, das Deutschland des Völkermordes an den Juden repräsentierte. Und er hatte es verschwiegen.

Dafür hatte er sich immer wieder dazu verstiegen, seine Mitmenschen zum Bekenntnis ihrer Taten aufzurufen, öffentlich aufzurufen. Diese Tatsache rief jetzt, nach seinem Bekenntnis, beinahe die größte Empörung hervor. Verständlicherweise.

Aber auch dies lässt sich heute, mit einigem Abstand, ja so deuten: Auch da ging es in Wahrheit immer um ihn. Die Forderungen an die anderen waren immer auch Forderungen an sich selbst. Natürlich liest sich das absurd und wahnsinnig heute, zum Beispiel der Brief, den Grass 1969 an den Wirtschaftsminister Karl Schiller schrieb, in dem er ihn aufforderte, endlich über seine SA- und NSDAP-Mitgliedschaft zu sprechen: »Ich hielte es für gut, wenn Sie sich offen zu Ihrem Irrtum bekennen wollten. Es wäre für Sie eine Erleichterung und gleichfalls für die Öffentlichkeit so etwas wie ein reinigendes Gewitter.«

Er wusste, wovon er sprach. Es war wie eine Erlösung, die er auch für sich erhoffte, den entscheidenden Schritt dazu er aber nicht wagte. Natürlich war das auch der Grund, aus dem er sich so sehr für jenen Herrn interessierte, der sich 1969, nach einer Rede von Günter Grass auf dem evangelischen Kirchentag, mit dem Ausruf »Ich grüße meine Kameraden der SS« das Leben genommen hatte. Grass besuchte die Familie, die nichts von seiner SS-Mitgliedschaft geahnt hatte. Wussten sie überhaupt etwas von ihm? Seine eigene Frau? Wenn er zeitlebens von diesem wesentlichen Detail geschwiegen hatte? »Man war sich einig, dass man ihn nicht gekannt habe, dass er fremd (und befremdlich) dazwischengestanden sei, dass man erst jetzt, da der Druck nachlasse, über ihn nachzudenken beginne.«

Man hat ihn nicht gekannt. Seine Familie nicht. Aber er, Grass, er kannte ihn. »Ich kannte ihn schon lange«, schreibt er in seinem Wahlkampfbericht »Aus dem Tagebuch einer Schnecke«. Er war Grass nachgereist, nach Delmenhorst, nach Mainz, nach Ulm. Er ist für Grass wie ein alter Bekannter, fast ein Bruder, obwohl er nie mit ihm gesprochen hat. Wenn er nicht da ist, fehlt ihm was. Dass er sich umbringt, vor den Augen des Redners, überrascht Grass nicht: »Die Einlösung vieler Ankündigungen. Ich kannte die Aufgeregtheit fünfzigjähriger Männer, die alles, aber auch alles in einem einzigen, randvollen Bekenntnis loswerden, quitt machen wollen.«

Eine Gespensterszene. Grass hat den Selbstmord des früheren SS-Mannes geahnt. »Ich grüße meine Kameraden von der SS«: Dieser Augst, so heißt er im Tagebuch, habe damit in seiner Todessekunde auch Günter Grass gegrüßt. Und niemand habe das gewusst. Nur Grass selbst. Augsts Familie erzählt ihm später, wie er sich engagiert habe in der Friedensbewegung, auf Ostermärschen, in der Bewegung »Kampf dem Atomtod«. Grass versteht alles. Wie einer, der früh ein »Anhänger soldatischer Kameradschaft war«, nun, »ohne die Brille zu wechseln, ein überzeugter und in seinem Drang, bekehren zu wollen, unermüdlicher Pazifist« geworden ist. Die Ostermarschierer drücken »ein gemeinsames Wollen« aus. Marschieren für den Frieden: »Endlich wieder ein Ziel. Von den Straßenrändern her Spott und Ablehnung. (Vielleicht war Augst als verregneter Pazifist glücklich, weil sich Kriegskameradschaft mitten im Frieden häutete und wie neu war.)«

Die Geschichte des Günter Grass. Glauben in Zweifel verwandeln, den SS-Mann in einen Versöhner. Das Schweigen über seine SS-Zugehörigkeit habe so einen Druck aufgebaut, ohne den er seine ersten Romane nie geschrieben hätte, hat Grass nach seinem Bekenntnis gesagt. Und, so muss man hinzufügen, wohl auch all das andere nicht: das politische Engagement, das Ringen um eine Aussöhnung mit Polen, das Kämpfen für die Rechte von Minderheiten, für ein Einwanderungsgesetz, gegen die Aushöhlung des Asylrechts, für Dissidenten in Osteuropa und überall in der Welt, für Salman Rushdie, sein unmissverständliches, lautes Eintreten für jede Sache, die er als gut und richtig erkannt hatte.

Dabei hat er sich auch immer mal geirrt. Und es machte es seinen Freunden nicht leichter, dass er oft in Proklamationen sprach, herrschsüchtig war, Fehler ungern zugab. Aber Günter Grass war einer der wenigen Menschen, einer von ganz wenigen Schriftstellern, von denen man sagen muss: Ohne ihn wäre Deutschland heute ein anderes Land. Durch sein permanentes, nervtötendes Dreinreden, seine Warnungen und Mahnungen ist dieses Land ein besseres geworden.

Sein Briefwechsel mit Willy Brandt, der 2013 als Buch erschienen ist, liest sich wie ein Wunderbuch aus einem politischen Märchenreich. Wie da ein entschlossener Schriftsteller, der in seiner Jugend glühender Anhänger des Hitler-Regimes gewesen ist, sich den guten Deutschen, den Emigranten Willy Brandt geradezu kapert, um sein Versöhnungswerk in die Tat umzusetzen, das ist kurios und großartig. Bis hin zu Brandts Reise nach Warschau, dem Kniefall und der nachträglichen Staatserklärung der spontanen Geste zur symbolischen Tat – alles ist in diesen Briefen nachzulesen. Der Kanzler, der viel lieber schlafen möchte, sich ausruhen, reden – und der Dichter der Tat, der ihn immer wieder zur Stärke ermahnt und zum Widerstand gegen seine Gegner. Zwei Männer, die sich gesucht und gefunden hatten, die unlösbar zusammengehören.

Genauso wie jenes andere deutsche Paar, das Grass mit jenem anderen bildet, mit Marcel Reich-Ranicki, dem Überlebenden des Warschauer Gettos. Der ihn, den Dichter, von seinem ersten Roman an, nun, begleitete. Mit einem Verriss der »Blechtrommel« fängt es an – »Zigeunermusik«, wenn man betrunken sei, würde man von so was vielleicht überwältigt, aber nüchtern: niemals –, mit dem Verriss des Israel-Gedichtes endet es. »Das Werk von Grass ist geprägt von Attacken. Er war immer zum Angriff bereit.« Das war auch Reich-Ranicki, sein ganzes Kritikerleben lang.

Und der Zweikampf dieser beiden, des Juden, der dem Morden so knapp entkommen war, und des SS-Mannes, der schwieg, das war ein Zweikampf, der bis zum Schluss unter maximaler Anteilnahme des Publikums und letztlich zum Nutzen beider immer aufs Neue inszeniert wurde. Am spektakulärsten die »Spiegel«-Titelgeschichte mit dem zerrissenen »Weiten Feld« und einem rasenden Reich-Ranicki.

Zu der SS-Enthüllung wollte sich der Kritiker nie äußern. Das sollten andere tun. Damals, als jenes Israel-Gedicht erschienen war, in welchem Grass den Judenstaat als Gefahr für den Weltfrieden bezeichnet hatte, habe ich ihn besucht. Um mit ihm, Reich-Ranicki, darüber zu reden. Da sagte er am Schluss, dass er auf diese eine Nachricht noch warte: die Nachricht vom Tod von Günter Grass. Und das meinte er, der damals selbst schon vom nahen Tode gezeichnet war, keineswegs so, dass er ihm, dem geliebten Gegner, den Tod wünschte. Ich glaube, er wollte einfach übrig bleiben, als Letzter. Und einen Nachruf schreiben, auf ihn. Als Überlebender.

Jetzt sind sie beide tot. Ist da irgendwo ein Knacken zu hören? Das Knacken von Nüssen? Oder ist das Streit? Sind das die Nachgeborenen? Die von heute? Wie gern hat sich Günter Grass über die Bürschchen der Nachfolgegeneration lustig gemacht. Am Ende des »Schnecken«-Buchs zum Beispiel, der Parteidichter will noch schnell was trinken, im »Bundeseck« in Berlin-Friedenau, dabei eine kleine Proklamation verfassen, vielleicht noch ein Gedicht: Da kommen junge Schriftsteller dazu und machen sich Sorgen, ob nicht sein Schreiben unter dem politischen Engagement leiden werde. Und ob er nicht überhaupt etwas vorsichtiger sein solle. »Sie sprachen von ihren Talenten ängstlich, als müsse man sie vor Zugluft schützen.«

Gutmütiger Spott. Aber auch das ist ja wahr, jetzt und in der Zukunft: Was für ein Platz ist da frei geworden mit seinem Tod. Wie viele Jahre ging das Klagen der jüngeren Generation über den übergroßen Schatten, den die Alten warfen und den er vor allem warf. Jetzt wirft er keinen Schatten mehr. Ein freies Feld.

Dabei wird wohl niemand in Versuchung sein, seine Rolle nachzuspielen. Das Berufsbild des für alles zuständigen, unbeirrbaren Intellektuellen hat er doch selbst in seinen letzten Jahren stark in Misskredit gebracht. Aber der engagierte, informierte, politische, das Notwendige erkennende und furchtlos dafür streitende Schriftsteller, das ist so etwas wie der Kern seiner Lehre. Der Kern dessen, was von diesem Mann, seinem Leben, seinen Büchern bleiben soll und bleiben wird.

Wie sehr er uns, den Nachgeborenen, am Ende auf die Nerven ging, auch das hat er ja selbst geschrieben, in seinem späten, autobiografischen Familienroman »Die Box«, in dem alle seine Kinder ihr Leben erzählen wollen – aber dann redet doch immer wieder nur er, redet »die ganze Nazischeiße rauf und runter«, statt sich für seine Nachkommen zu interessieren. Die Kinder können sich am Ende nur dadurch helfen, dass sie das Aufnahmegerät einfach abstellen. »… weil unsrem Vater immer noch 'ne Geschichte … denn nur er, nie wir …«

Der Vater schrumpft, will sich verflüchtigen. Er hat nur Vorwürfe gehört, und er weiß: alle zu Recht. »Jetzt hofft der unzulängliche Vater, dass die Kinder ein Einsehen haben. Denn weder können sie sein Leben noch er ihres wegstreichen, wie ungelebt, einfach wegstreichen …«

Niemand kann das. Und nur wenige werden es überhaupt wollen. Aber man kann von seinen Irrtümern lernen, seinem Schweigen, seinem Schreiben, seinem Misstrauen, von seinem Zwerg. Er hat die Nüsse dagelassen.

(2015)

Planet Deutschland

Sie kommen aus der Welt und prägen die deutsche
Literatur von heute: Nino Haratischwili, Maxim Biller, Ilija Trojanow,
Abbas Khider zum Beispiel

Was ist denn das für ein komischer Vogel? Krächzend fliegt ein Papagei über den Mikrodschungel im Blumencafé in Berlin-Prenzlauer Berg. Abbas Khider lässt sich nicht stören, reißt die Arme in die Luft, legt die Haare hinter die Ohren, deutet nach hier, nach da. Er erzählt in Windeseile die Geschichte seiner Flucht aus dem Irak, der plötzlichen Freiheit des Denkens und des Schreibens im Exil in Jordanien, in Ägypten, in Libyen, wie er irgendwann begann auf Deutsch zu schreiben, und wie er jetzt in Kursen jungen Ägyptern in Kairo literarisches Schreiben beibringt, obwohl er es selbst nie gelernt hat und sich darüber zuvor eigentlich auch nie Gedanken gemacht hat.

Khider, zweiundvierzig, in Bagdad geboren, ist einer jener Schriftsteller nicht deutscher Herkunft, die die deutsche Gegenwartsliteratur seit einigen Jahren bestimmen. Einer jener eingewanderten Autoren, die die überraschendsten und kraftvollsten deutschsprachigen Werke unserer Zeit geschrieben haben. Sie kommen aus Bosnien, Bulgarien, Georgien, aus der Ukraine und der Türkei, aus dem Irak oder aus Prag, ihre Muttersprache ist nicht Deutsch. Es ist die Sprache ihrer Literatur. Sie sind in die deutsche Literatur eingewandert. Und sie könnten heute so eine Kraft in der deutschen Literatur sein, wie es die Juden in Deutschland vor 1933 waren. Sie könnten so streitsüchtig und machtbewusst sein, wie die Autoren der Gruppe 47 es waren. Sind sie aber nicht. Sie sind anders, sie leben heute, in der Epoche der literarischen

Vereinzelung, der Einzelkämpfer, Abschotter, Interessenvertreter des Ichs.

Ist das wirklich so? Kann man es ändern? Will das jemand? Könnte man nicht heute wieder eine Gruppe bilden, in der radikal und rücksichtslos die literarischen, die politischen Fragen unserer Zeit besprochen werden? Hilft das nicht allen? Uns, den Lesern? Ihnen, den Schriftstellern? Im Kampf um Aufmerksamkeit? Um bessere Bücher, bessere Laune, mehr Gemeinschaftlichkeit? Ist es nicht verrückt, dass im heutigen Europa, in dem sich die Staaten wieder auf ihre nationalen Interessen besinnen und kein Politiker die europäische Idee als lohnende Utopie formuliert, die Schriftsteller mit ihren europäischen, ihren universellen Biografien diese Lücke nicht füllen? Oder füllen sie sie schon längst? Was sagen die Autoren selbst dazu? Eine kurze Reise durch die kleine deutsche Weltliteratur.

»Wir brauchen eine universelle Utopie und keine europäische«, sagt Ilija Trojanow, neunundvierzig, geboren in Sofia, geflohen über Jugoslawien und Italien, fand seine Familie 1971 in Deutschland Asyl, übersiedelte aber schon 1972 nach Kenia. Er hat die weltumspannendste Lebensgeschichte der deutschen Gegenwartsliteratur geschrieben, der Roman »Der Weltensammler« machte ihn 2006 in der ganzen Welt bekannt. Trojanow hat gemeinsam mit Kolleginnen vor einiger Zeit den internationalen Schriftstelleraufruf gegen Massenüberwachung organisiert. »Ich weiß nicht, ob die Gruppe 47 je einen so internationalen und politisch präzisen Aufruf lanciert hat«, sagt er. Trojanow hat den »Weltempfänger« gegründet, eine Initiative, die Weltliteratur in Deutschland bekannter machen soll, er lädt regelmäßig afrikanische Autoren nach Deutschland oder nach Wien ein, wo er lebt, um mit ihnen zu diskutieren. Zusammen mit den Autoren Navid Kermani und Carolin Emcke will er eine Flüchtlingsinitiative gründen. »Es ist Zeit für praktische und radikale Utopien«, sagt er. »Und die Migrantenautoren sind natürlich aufgefordert, gerade beim Thema der Überwindung nationaler Grenzen und kultureller Ressentiments alternative, gelebte Visionen zu vermitteln.«

Klingklangklong, Handy in der Sonne, Nino Haratischwili, gerade im Smart vorgefahren, Sonnenbrille, raucht im Wind vor dem Hamburger Café »Westwind«. »Ja, wer ist dran? – Oh, wirklich? Danke! Doch, das freut mich sehr. – Ja, mal sehen, ob ich da kann.« Sie strahlt. Den Literaturpreis des Kulturkreises der deutschen Wirtschaft bekommt sie, hat sie eben erfahren. Mit dem Geld fährt sie in Urlaub oder so. Haratischwili, geboren 1983 in Tiflis, kam mit zwölf nach Deutschland. Im Herbst 2014 erschien ihr über 1000 Seiten dickes europäisches Epos »Das achte Leben (Für Brilka)«, ein Familienroman über das vorige Jahrhundert, vom Balkon Europas, von Georgien, aus beobachtet und erzählt.

Jetzt sitzt sie hier im Wind, sagt trotzig, sie müsse gar nichts, als Autorin fremder Herkunft. Sie fühle sich auch gar nicht fremd. »Ich bin wie ihr«, habe sie immer allen entgegnet, die ihr eine Außenseiterbiografie andichten wollten. Der Betrieb, die Erwartungshaltungen seien schrecklich, sagt sie. Die Erregung, mit der zum Beispiel gerade jeder von ihr »irgendwas zum Thema Flüchtlinge« fordere, sei grauenvoll. Da mitzumachen sei dekadenter und schlimmer, als die Klappe zu halten. »Die Maschine fordert Betroffenheit«, Haratischwili verweigert sie.

Dabei habe sie durchaus eine »romantische Sehnsucht« nach einer Figur wie Günter Grass, und auch eine Gemeinschaft von Autoren fände sie schön. »Aber wir brauchen ein gemeinsames Vorhaben, eine Idee, eine Utopie.« Die sehe sie gerade nicht. Oder: nur im Kleinen, wenn sie zum Beispiel die Lage in ihrem Herkunftsland beschreibt, den Backlash der Gesellschaft, die Schwulenfeindlichkeit, die alles dominierende Rolle der Kirchen im Land. Selbst mit Freunden in Georgien, mit denen sie glaubte, alle Werte und Ideale zu teilen, komme es nun zu unlösbaren Konflikten, da über die Vorschriften der Religion nicht zu diskutieren sei. Sie überlege, ein Festival zu organisieren, in Tiflis, vielleicht schon im nächsten Jahr.

Vor allem will sie es selbst machen, aus eigener Initiative. Als im vergangenen Jahr der Schriftsteller Feridun Zaimoglu auf der Website der »Zeit« gegen »Anekdotentäntchen« und ihre »Hasenfibeln« polemisiert hatte, schrieb Haratischwili zusammen mit Olga Grjasnowa und Lena Gorelik einen Gegenangriff: »Mit Brüsten heißt nicht ohne Hirn«. »Das hat großen Spaß gemacht«, sagt sie hinter ihrer Sonnenbrille und lacht. »Ein gemeinsames Projekt. Gemeinsames Schreiben. Vielleicht ein Anfang.«

Schön. Gleich mal gegeneinander.

Feridun Zaimoglu, fünfzig, im türkischen Bolu geboren, debütierte vor zwanzig Jahren mit seinen nachgedichteten Mitschriften von Einwandererbiografien »Kanak Sprak« und ist seitdem so etwas wie der Urvater der deutschen Immigrantenliteratur. Er kommt am Telefon sofort in Fahrt: »Die neuen Spießer sind die Interkulturellen«, ruft er. Ihnen gehöre seine »ganze Abneigung«. Zaimoglu sitzt in der Jury des Adelbert-von-Chamisso-Preises, eines deutschen Literaturpreises für Autoren nicht deutscher Herkunft. »Ich sitze da sozusagen als exotische Cocktailkirsche«, sagt er. Was er da lesen müsse, sei grauenvoll: »Es ist eine Gefühligkeit, die nicht Gefühl ist. Ein Furor, der nicht ungestüm ist. Man dichtet die eigene kleine Welt von den rüden Geistern der Realität ab«, sagt er. »Mir geht es um die schöne, herrliche deutsche Sprache.« Die »Ausländerprosa« könne ihm gestohlen bleiben. »Jeder dieser kosmopolitisch angehauchten Autoren schreibt von schönen Orten, als ob er die gegoogelt hätte. Also ich spür da nix.«

Zaimoglu schimpft über »wohlmeinende Kritiker«, die diese versammelte Harmlosigkeit verhübschten. Er sagt, Herkunft spiele überhaupt keine Rolle und dass er froh sei, zu keiner Schriftstellergruppe zu gehören. »Ich liebe diese schöne Dekadenz, diese wunderbare Art des Eskapismus. Das heißt ja nicht, dass man asozial ist«, aber »mir fehlt da nichts«. Ja, er gehe gern zu Schriftstellertreffen, rede mit denen, »Honorar cash auf die Kralle, und man sitzt und trinkt, das finde ich lustig«.

Dann kommt Zaimoglu auf den Text zu sprechen, den er »Trotteltext des Jahres« nennt. Maxim Biller hatte im Februar 2014 unter der Überschrift »Letzte Ausfahrt Uckermark« den Schriftstellern nicht deutscher Herkunft übereifrige Integration und Anpassung vorgeworfen. Zaimoglu unterstellte er, sich wie ein Kollaborateur fühlen zu müssen. »Ich habe beim Lesen gedacht: Hat das ein Nazi geschrieben?«, sagt Zaimoglu. Er kenne diese Argumentation sonst nur von Leuten der extremen Rechten: »Jeder bleibe in seinem Pferch! Warum? Ich bin jetzt fünfzig Jahre alt, davon habe ich sechsundvierzig in Deutschland gelebt, ja, wie sollte ich mich denn da nicht angepasst haben? Ich lebe ja hier, und gerne! Das ist der Ton von Berlin-Mitte, von diesen Yuppie-Wilden. Das hat keine Substanz«, erklärt Feridun Zaimoglu aus Kiel.

Und Maxim Biller? Der Text, den er da in der »Zeit« geschrieben hatte, enthält das ganze Biller-Missverständnis, das ihn immer begleitet. Es war eigentlich ein Sehnsuchtstext, der die Autoren nicht deutscher Herkunft aufrütteln wollte und zusammenführen zu einer streitlustigen, literaturbesessenen Gruppe. Ja, einer Art jüdischen Gruppe, die auch jene Nichtjuden mit hinzunimmt, die durch ihr Nicht-ganz-Dazugehören eben zu dieser Gruppe gehören. Aber Biller, Autor von Büchern wie »Bernsteintage«, »Esra« und »Im Kopf von Bruno Schulz«, gelang es auch in diesem Text sofort, ungefähr alle vor den Kopf zu stoßen, anzugreifen, zu maßregeln, bis hin zu den Literaturkritikern der dritten Nach-Nazi-Generation, deren »repressive Toleranz« das Entstehen großer, widerständiger Literatur erschwere.

»Wie soll man mit Menschen diskutieren, die sofort beleidigt sind?«, fragt er heute. Biller, der 1960 in Prag geboren wurde, mit den Sprachen Russisch und Tschechisch aufwuchs und erst nach der Flucht der Eltern nach Deutschland 1970 die neue Sprache lernte, beharrt immer noch auf seinem Außenseitertum, aber den Traum von der Schriftstellergruppe hat er aufgegeben: »Ich will mit all den Leuten nichts zu tun haben«, sagt er. Und: »Kein Schriftsteller ist mein Freund.«

Das Problem sei, so Biller, »wir haben niemanden, der uns versteht und missversteht«. Und mit diesem »Wir« meint er »wir, die wir nicht von deutschen Eltern abstammen«. »Wir brauchen Kritiker, die ihre eigene Welt so beschreiben, ohne sich anzupassen an deutsche Leser.« Ein Kritiker wie Ijoma Mangold, Sohn eines Nigerianers, Literaturchef der »Zeit«, habe »mehr Sinn für die eiskalte, technoide, ungestalte Weltsicht eines Ernst Jünger oder die Welt von Martin Mosebach als für die Wärme und Weltsicht von Abbas Khider. Wieso kämpft der nicht für uns?«, fragt Biller. Das seien eben Streber und Überangepasste. Wie auch Zaimoglu: »Unvergessen, wie er für einen Fotografen mit Strickjacke vor den Gartenzwergen seiner Kieler Wohnung posierte. Wieso macht der das?«

Vielleicht, weil er möchte?

»Ein Autor ist kein Hofnarr seiner Biografie«, schreibt Saša Stanišić, der 1978 im jugoslawischen Višegrad geboren wurde und mit vierzehn Jahren nach Heidelberg floh, als Antwort auf einige Fragen per Mail. »Von einem Komponisten, der in der Nähe einer Brücke geboren wurde, darf man nicht immer Symphonien über Karpfen erwarten«, schreibt er. »Denn das Schöne an unserem Beruf ist, dass wir mit Recherchen und Sprache jede Welt betreten, beschreiben und erschaffen können und dürfen, egal aus welcher Welt wir selbst zufällig stammen.« Stanišić debütierte 2006 mit dem in seiner Herkunftswelt spielenden Roman »Wie der Soldat das Grammofon reparierte«, der sofort ein Welterfolg wurde, und veröffentlichte dann als nächsten Roman »Vor dem Fest«, der in der Uckermark spielt, urdeutsches Gebiet. »Ist es ihm wichtiger, als Neudeutscher über Urdeutsche zu schreiben als über Leute wie sich selbst?«, fragte Biller vor einem Jahr in seinem Text.

Man kann Stanišić' fröhliches Selbstbewusstsein am besten auf Twitter verfolgen. Dadaistisch und poetisch, sportlich und reisefreudig bedichtet er die Welt, wie er sie sieht und erleidet. »Ich würde voll gern Fußball weniger mögen«, schrieb er nach der Niederlage des HSV am vorigen Samstag. Oder, offenbar den Rhein streifend: »Der ›deutschsprachigen Literatur‹ mangelt es an Ludwigshafen.« Dann, ein paar Kilometer weiter, »Heidelberg!«, gefolgt von einem Tweet mit Bild des Schlosses im Grün der Frühlingshügel und noch einmal: »Heidelberg!«.

Er will sich von seiner Abstammung nichts vorschreiben lassen, kein Thema, keinen Ton, kein Personal, kein Temperament. »Aus dem Fremdsein allein entsteht kein guter Text.« Und dass im Zeitalter der totalen Vernetzung, der subventionierten Autorentreffs in aller Welt weniger denn je ein gemeinschaftlicher, öffentlich hörbarer Dialog entsteht? »Die totale Vernetzung führt, so scheint mir, eher zu einer Fragmentierung unserer Wahrnehmung als zu ihrer Komplettierung. Man schließt sich zusammen zu themenspezifischen Communitys, sucht seinesgleichen in Fan- und Interessenforen. Der Versuch, die Welt zu begreifen, läuft über ihre Kompartimentierung.« Und Literatur sei auch ein Teil davon. Er meine das gar nicht kulturpessimistisch oder netzfeindlich. Nur realistisch.

Frühstückssaal in einem Turiner Hotel, in dem früher die Fiat-Werke untergebracht waren, gleich neben dem Messegelände. Es ist Buchmesse, Schwerpunkt deutsche Literatur. Katja Petrowskaja, geboren in Kiew, lebt in Berlin, ist einer der Stars des Wochenendes. Ihr Debütroman »Vielleicht Esther«, der 2014 auf Deutsch erschien, ist gerade auf Italienisch herausgekommen. Sie erzählt von zwei Herren, die bei der Buchpremiere so klug über ihr Buch geredet hatten, dass sie staunend und schweigend danebensaß. Eine Veranstaltung für Kinder am selben Tag mit Petrowskaja hatte die Begleiterin, die sie in die Halle brachte, mit den Worten beschrieben: »die

Welt, wie Katja Petrowskaja sie sieht«. Die Dichterin lacht. Es fällt ihr noch schwer, sich an diesen plötzlichen Größenwahn zu gewöhnen, der ihr, seit sie Schriftstellerin ist, zugeschrieben wird.

Aber jetzt im Gespräch wird sie ernst. Ob sie die Solidarität unter Schriftstellern angesichts der Lage in der Ukraine vermisst habe? »Vermisst ist ein eher mildes Wort dafür«, sagt sie. »Es ist mir überhaupt nicht klar, warum die Menschen, die vermutlich Macht haben, und manche Literaten haben die Macht über die Menschen, überhaupt nichts tun dafür, dass die Vorgänge in der Ukraine aufgeklärt werden. Hat man nichts verstanden?«

Es war ein Bruch für sie. »Ich habe mich plötzlich nicht mehr europäisch gefühlt.«

Aber die europäische, die literarische Utopie gibt es für sie nach wie vor: »Natürlich. Das ist die einzige Heimat, die uns nicht verrät. Wir bestehen aus den Büchern, die wir gelesen haben, viel mehr als aus unseren Biografien. Die konkrete Biografie ist eine Begrenzung, das Lesen eine endlose Öffnung.«

Es ist wunderbar, mit Katja Petrowskaja über die Möglichkeiten der Literatur zu reden, über den Größenwahn der Aufklärung und über Literatur als »radikales Mittel gegen die Gefangenschaft durch die Ideologien«. Es ist, als träte man in eine literarische Welt von heute ein. Wenn sie berichtet, wie sie das erste Mal nach Turin kam. Als Kind hatte sie immer und immer wieder ein Kinderbuch über das Grabtuch von Turin gelesen. Es war ein Märchen, natürlich aus Irgendwo. Irgendwann, Jahre später, sah sie einen Film über Nietzsche, »Das Turiner Pferd«, darin kam auch das Grabtuch vor. Sie konnte es nicht glauben: Jesus, das Märchen, Nietzsche und die plötzliche Wirklichkeit. Sie versuchte, das alles zur Deckung zu bringen, um festzustellen, dass es sich natürlich niemals zur Deckung bringen lässt. Es bleibt immer dieser Rest. Religion. Glaube. Literatur.

Von der Erlangung der deutschen Sprache als Sprache ihrer Literatur spricht sie wie von einer Befreiung. »Es war ein Schritt ins Freie. Die Gründe sind nicht unbedingt fröhlich. Vielleicht ist es eine Methode, sich durch das andere zu finden oder das eigene und oft extreme Ich loszuwerden, weil du in dieser anderen Sprache nicht mehr du bist.«

Katja Petrowskaja ist eine der wenigen eingewanderten Autoren, die zugeben, dass sie nicht ganz allein schreiben; die Journalistin Sieglinde Geisel hilft ihr, greift korrigierend ein. Ihr Tagebuch schreibt Petrowskaja dreisprachig. Deutsch, Englisch, Russisch. Es wäre toll, einen Roman über Osteuropa in den Neunzigerjahren auf »broken English«, also in schlechtem Englisch, mit osteuropäischem Akzent zu schreiben, sagt sie. Die Sprache des Postkommunismus mit all seinen slawischen Elementen. »Das wäre schön, ich befürchte aber, es ist nicht meine Aufgabe. Und ich habe nicht die Kraft«, sagt sie. Sie beneidet die Autoren, denen das Schreiben leichtzufallen scheint. Sie ringt buchstäblich mit jedem Wort. »Es wäre nun mutig, auf Russisch zu schreiben«, sagt sie am Ende. »Sehr mutig. Ich weiß nicht, ob ich das wagen werde.«

Zurück im Berliner »Blumencafé« unter tropischen Pflanzen. Der Ara fliegt und kräht. »Ich bin neidisch auf Heinrich Böll«, sagt Abbas Khider. »Er war einer der Autoren, die die Welt verändert haben.« Er erzählt von seinen Reisen zurück in die alte Heimat, seiner Flüchtlingsroute in umgekehrter Richtung. Erzählt vom arabischen Frühling, von den Demonstrationen in Athen, in Spanien. »Das ist unsere Zeit«, sagt er. »Ich muss da dabei sein. Die Welt wird sich ändern. Ich muss das miterleben.« Er sieht aus dem Fenster auf die Straße, sagt, dass es immer zwei Geschichten gebe. Die der Machthaber und die der Literatur. »Wir haben eine Aufgabe. Und die wird nie enden.«

Ist es das, was die Literatur der Immigranten in Deutschland prägt und was sie besonders macht? Die doppelte Optik der Zugewanderten, das Erlebnis des Auswanderns aus einer Sprachwelt in eine andere? Dieses Grundbewusstsein, dass es immer auch eine andere Geschichte gibt?

Eine Gruppe werden diese Autoren aber wohl niemals bilden. Obwohl, nach diesem Ausflug in ihre Welt: Es wäre schon großartig, die hier beschriebenen einmal in einem Saal zu versammeln. Das direkte Gespräch zu beginnen. Den Streit. Das Ringen um eine neue deutsche Literatur.

(2015)

Wir werden siegen

Serhij Zhadan ist ein Star der ukrainischen Demokratiebewegung. Sein Roman »Mesopotamien« ist eine Liebeserklärung an seine Heimatstadt Charkiw

Stille in Lwiw und Sommerregen. Bunte Schirme, helle Häuser. So weit weg von irgendeiner Front, von irgendeinem Krieg. Serhij Zhadan sitzt vor einer gelb-braunen Mustertapete, an der Wand hängen kleine Porträts in Holzrahmen. Hotel Irena, ein gelbes Haus am Bahnhof, gleich neben einer alten Fernsehfabrik.

Es ist Mittag, Serhij Zhadan ist über Nacht aus Polen gekommen, wo er am Vortag eine Lesung hatte, am Tag davor war er in Leukerbad in der Schweiz, an diesem Abend wird er in Lwiw lesen, der Stadt, die einmal Lemberg hieß, in der Nacht geht es weiter Richtung Osten. Er trägt ein schwarzes Hemd, Undercut-Frisur, leicht graue Schläfen, jungenhaftes Lachen. Er bestellt Bier und Pelmeni.

Serhij Zhadan, vierzig, ist der Sänger der ukrainischen Demokratie, Frontmann der Ska-Punkrock-Band Sobaky w kosmossi, auf Deutsch Hunde im Weltall, Maidan-Aktivist, Lyriker, Reporter, Romanautor. Sein neues Buch »Mesopotamien« ist ein herzzerreißend herrliches Loblied auf seine Vielvölkerheimatstadt Charkiw, auf sein Land, die Ukraine, seine Freunde. Auf den Alkohol, Cognac vor allem, auf die Liebe, auf das Wegziehen und Fliehen durch die Welt und auf das Wiederkommen.

Er möchte jetzt nicht über sein Buch reden, was ihn beschäftigt, ist der Krieg im Osten der Ukraine. »Literatur hat jetzt gerade eigentlich keine so große Bedeutung«, sagt er. Korrigiert sich allerdings gleich: »Aber im Osten, an der Front, den Leuten dort ist es sehr, sehr wichtig. Ich bin in den vergangenen Monaten immer wieder da gewesen, habe gelesen, mit meiner Band dort gespielt. Die Leute dort sind so dankbar. Es ist für sie eine Art Therapie.«

Zhadan spricht ein vorsichtiges, leicht holperndes, schönes Deutsch. 2001 war er als Stipendiat in Deutschland, seitdem ist er oft dort gewesen. Er kennt die Stimmung in Deutschland, weiß, dass die Menschen dort gern vergessen, dass tief im Osten Europas Krieg herrscht. »Ich verstehe, dass die Leute das Programm wechseln«, sagt er. Auch hier in Lwiw, weit im gesicherten Westen des Landes, sei es nicht viel anders. Man hat genug davon. Man hat gern seine Ruhe. Genug andere Probleme. Aber der Krieg geht weiter. »Ich will jetzt über den Krieg schreiben«, sagt er. »Ich habe so viele Fragen. Das ist die beste Voraussetzung fürs Schreiben.«

In »Mesopotamien«, das 2014 in seiner Heimat erschienen ist, kommt der Krieg noch nicht vor, es gab ihn noch nicht, als Zhadan daran schrieb. Aber stimmt das überhaupt? Im Buch ist von einer Frau die Rede, die berichtete, »dass auf der Straße wieder geschossen werde, dass der Krieg weitergehe und niemand die Absicht habe, sich zu ergeben. All das wird weitergehen, solange wir lieben …« Es herrscht eine Art Vorkrieg – oder Nachkrieg? Nennen wir es Zwischenkriegszeit. Zwischen der Erinnerung an frühere Kriege und alltäglichen Gewaltexzessen und der Vorahnung eines kommenden Krieges.

»Mesopotamien« ist Charkiw, die Stadt im Osten der Ukraine, wo Zhadan seit über zwanzig Jahren lebt. Es ist seine mystische Urstadt zwischen den Flüssen, in der Menschen verschiedener Herkunft und Religion miteinander leben. Und in der Geschichten aus christlicher, jüdischer, babylonischer Mythologie zusammenfließen.

Zhadan hat es in seine eigene Mythologie der Gegenwart transformiert. Er stellt neun Bewohner der Stadt in neun Geschichten vor. Am Ende des Buchs nimmt er die Motive dieser Biografien in Gedichten noch einmal auf. Die Bewohner Charkiws, die er vorstellt, spielen zum Teil das Leben von Heiligen nach, von Heiligen, die hier im Buch ein massiv unheiliges Leben führen. Sie feiern, betrügen, lieben, vögeln, verlassen ihr Land und ihre Geliebten und kehren reumütig und reich an Geschichten zurück: »Wir alle leben in dieser seltsamen Stadt, wir alle sind hier geblieben, wir alle kehren früher oder später hierher zurück. Wir leben und tragen die Liebe in uns wie eine

Schuld, wie eine Erinnerung, sie vereint all unsere Erfahrungen und all unser Wissen.«

Der erste Held heißt Marat, er lebt die Stationen des Lebens Jesu nach und ist ein Boxer, den alle verehren. Seine Geschichte wird erzählt, als er schon tot ist, an Ostern gestorben, was eigentlich unmöglich ist, denn »zu Ostern stirbt man nicht. Im Gegenteil, normale Menschen erwachen zu dieser Zeit von den Toten«. Marat ist eine dieser eigenwilligen Heiligenfiguren, eine Art Guru: »Marat ging nicht in die Kirche, weil er sich für einen Moslem hielt, noch dazu für einen ungläubigen; stattdessen latschte er mitten in der Nacht zum Kiosk, Zigaretten kaufen. In Gummischlappen und mit einem Geldschein in der Hand. Da wurde er abgeknallt. Niemand hat etwas gesehen, alle waren in der Kirche.«

Seine Freunde erinern sich an ihn, jeder auf seine Weise. Sie erzählen sich sein Leben, seine Boxkämpfe, seine Niederlagen, sie erfinden Geschichten über seine Liebesaffären. Warum genau hat ihm die Friseurin die Schere in den Leib gerammt? Eine Frage der falschen Frisur? Woher kamen all die Bissspuren nach jenen Liebestagen mit der mageren, kleinen Frau?

Serhij Zhadan hat auch ein Buch darüber geschrieben, was Literatur vermag, wie Erinnerung entsteht. Vor allem hat er ein so wehmütiges, gut gelauntes und kämpferisches Buch geschrieben, wie es lange keins mehr gab. Ein lebendiges Denkmal für die ideale Stadt Charkiw, die bedrohte Stadt, das bedrohte Land. Dabei ist er nicht einen Moment kitschig oder folkloristisch, dafür sind seine Figuren viel zu besoffen, naiv, selbstverliebt und mitunter auch brutal. Gerade aus den Spannungen, die sich zwischen den Volksgruppen ergeben, aus den Unterschieden entstehen die neuen Geschichten, neue Biografien.

Die Welt, aus der Zhadan schreibt, es ist auch die Welt der alten österreichischen Tradition, als Teile der heutigen Ukraine noch die östlichen Außenposten der alten Donaumonarchie bildeten. Lemberg zum Beispiel, in dem heute dieser ukrainische Punkrocker mit Undercut am Holztisch sitzt und Bier trinkt und vom Krieg erzählt.

Mehr als neunzig Jahre ist es her, dass ein junger jüdischer Reporter hier war, der in dieser Gegend zur Schule gegangen war und nun – damals gehörte die Stadt zu Polen – für die »Frankfurter Zeitung« eine Reportage schrieb. »Eine kleine Filiale der großen Welt« sei Lemberg, schrieb der Reporter. Und von der »Freundlichkeit der Luft« und von den Menschen, die hier Jiddisch reden und »wahrscheinlich niemals anders reden« werden. Der Reporter schwärmt von der Vielfalt der Welt in diesem kleinen Ort, Vielfalt der Religionen, der Nationalitäten, und er formuliert das Gesetz: »Nationale und sprachliche Einheitlichkeit kann eine Stärke sein, nationale und sprachliche Vielfältigkeit ist es immer. In diesem Sinn ist Lemberg eine Bereicherung des polnischen Staates.«

Der Reporter von damals war Joseph Roth. Die Menschen, die dort Jiddisch sprachen, gab es wenige Jahre später nicht mehr, sie waren geflohen oder von den Nazis umgebracht worden. Solche Texte wie der von damals zeugen auch von der Zerbrechlichkeit der Welt und dem wackligen Grund, auf dem jede Zuversicht steht.

Aber Zhadan ist heute für seine Welt, für sein Land, sein Charkiw optimistisch. »Wir werden siegen«, sagt er. »Und dazu brauchen wir keinen Obama und keine Angela Merkel. Wir müssen das selber schaffen.« Ja, bestätigt er, die Euphorie des Maidan sei verflogen, aber ein neues Zusammengehörigkeitsgefühl habe sich entwickelt, auch durch die Bedrohung von außen und dadurch, dass die Demokratiebewegung die alte Regierung gestürzt habe. Natürlich sei die neue auch nicht viel besser. Natürlich seien es immer die gleichen Kader, aus denen sich die Regierungen rekrutierten. Man habe eben noch nicht die Mechanismen entwickelt, habe nicht die Institutionen wie in Deutschland. Aber das ändere sich.

Ein kämpferischer Optimist, es ist großartig, mit ihm zu sprechen. So viel Energie und Witz und Entschlossenheit. Auf die Lesung am Abend freut er sich sehr: »Bei uns hier sind Lesungen eher wie Hip-Hop-Konzerte. Da sitzen die Leute nicht brav rum und ziehen sich gut an. In Deutschland geht man ja in eine Lesung wie in eine Oper. Das gefällt mir auch, aber es ist doch etwas sehr anderes hier.«

Später im Monat fährt er wieder an die Front. Er wird Spenden überbringen, Kleider, Essen, Geld, in Kinderkrankenhäusern helfen, zwischendurch immer wieder schreiben und Fragen stellen und weiterschreiben. »Ich schreibe eigentlich immer. Und bin immer unterwegs. Ich bin ja kein Mann am Katheder«, sagt Zhadan. Und warum er schreibt, das hat er im lyrischen Teil von »Mesopotamien« auch geschrieben: »Welchen Sinn hat die Dichtung? Schreiben über das, was längst alle wissen. Reden über Sachen, die uns genommen wurden, unsere Enttäuschungen zum Klingen bringen. So reden, dass wir Wut und Liebe, Neid, Hass und Mitleid erregen.«

All das ist Serhij Zhadan mit seinem neuen Buch meisterhaft gelungen.

(2015)

Und am Ende nur Gewalt

Unterwegs mit Feridun Zaimoglu in Istanbuls Siebentürmeviertel, Schauplatz seines neuen Romans, Geburtsort seines Vaters, Gegenwelt zu Erdoğans großtürkischen Fantasien

Da steht er, ganz in Schwarz, Ray-Ban-Brille, Menthol-Marlboro im Mundwinkel, schwarzes, leicht grau schimmerndes Haar, vor dem alten, baufälligen Haus aus Holz. Weiße Vorhänge vor allen Fenstern. Ja, hier wohnt noch jemand. Das Haus ist hundert Jahre alt, viele Nachbarhäuser sind in sich zusammengebrochen. Irgendwann gibt das Holz nach. »Hier ist es«, sagt Feridun Zaimoglu. »Hier beginnt die Geschichte. Die Geschichte meines Vaters, die Geschichte von Wolf. Ich habe mich in ihn verwandelt, in die Hauptfigur meines Romans. Wolf ist mein Vater, Wolf bin ich. Es ist meine Geschichte.«

Feridun Zaimoglu, der Schriftsteller, der seit vielen Jahren in Kiel lebt, kam 1964 im anatolischen Bolu auf die Welt, sein Vater ging kurz nach seiner Geburt nach Deutschland, wo er in Berlin in einer Metallfabrik Gitterstäbe zusammenlötete, die Mutter zog mit dem Säugling Feridun ins Siebentürmeviertel in Istanbul, lebte mit zweien ihrer Brüder und ihrem Schwiegervater wenige Meter von jenem alten Holzhaus entfernt in einem geduckten Haus aus meterdickem Stein. Anderthalb Jahre später folgten Mutter und Sohn dem Vater nach Deutschland.

Jetzt hat Zaimoglu, Erfinder der Kanak-Sprak, Chronist der Außenseiter, Maler, deutscher Dichter, einer der großartigsten, die wir haben, der im Jahr 2006 mit dem großen Roman »Leyla«, der in Teilen das Aufwachsen seiner Mutter in der archaischen Lebenswelt der anatolischen Provinz beschreibt, sein bislang bestes Buch geschrieben hatte, eine Art Geschwisterbuch zu »Leyla« geschrieben. »Siebentürmeviertel« heißt es, es ist der Roman dieses Viertels, es ist der Roman der Kindheit und Jugend seines Vaters und seines eigenen Erwachsenwerdens auch.

Und ein Istanbul-Roman. Als wir vor wenigen Wochen durch die Straßen der Stadt gingen, war die Lage noch ruhig, keine Anschläge, Ruhe vor dem Sturm. Heute sagt Zaimoglu: »Erdoğan führt Krieg gegen seine eigenen Bürger. Er kriminalisiert die Kurden, um sich an der Macht zu halten. Das ist ein durchsichtiges Spiel. Er betäubt die Masse mit der üblichen Parole von der Einheit des Vaterlandes.« Die Welt, die er in seinem neuen Roman beschreibt, dieses Siebentürmeviertel, ist auch eine Gegenwelt zu der des großtürkischen Nationalismus. Das Siebentürmeviertel ist ein Kleineleuteviertel, es hat wenig von dem Trubel, Basar-, Märchen- und Touristencharme des leuchtenden Weltstadt-Istanbuls. Es ist ein Viertel, in dem traditionell viele Armenier leben, Griechen, Roma, Serben, Kurden,

Türken, ein wildes Vielvölkerviertel, von einer Mischung aus Aberglauben und religiösem Glauben beherrscht. Die buchstabengetreue Glaubensauslegung der Prediger und Erdoğans Traum der Einheitstürkei werden hier mit Misstrauen betrachtet. Das Viertel funktioniert nach eigenen Gesetzen.

»Die Leute hier sehen sich als wahre Enkel der Osmanen«, sagt Zaimoglu. »Gegen die Phrasen der Nationalisten sind sie immun. Erdoğans Feldzug stößt sie ab. Sie sind ihre eigene Einheit, ihr eigener kleiner Stadtstaat.« Zaimoglu schildert ihn in den neunundneunzig Kapiteln seines Romans.

Es war vor drei Jahren, sein Vater war lange schon etwas eifersüchtig auf seine Frau, darauf, dass ihr Leben Roman geworden war, da zeichnete er für seinen Sohn eine Karte jenes Viertels, die Straßen zeichnete er ein, die Lianengasse, in der er aufgewachsen war, die Straße des beglänzten Pilgers, er zeichnete die Wohnorte der seltsamen Bewohner des Viertels ein, die Wohnorte des Einäugigen, des Mannes ohne Nase, des Tschetschenen, er zeichnete den Bahnhof, auf dem er als Gleisarbeiter gearbeitet hatte, das Café, in dem sich die Männer trafen, den alten Friedhof, den Ort, an dem man die zwei verliebten jungen Männer gefunden hatte, mit durchtrennten Kehlen, die Barbierstube, wo er am Tag vor seiner Einschulung auf dem Stuhl gesessen hatte, ein Brett zur Sitzerhöhung auf die Lehnen gelegt, und ihm der Kopf rasiert worden war. Diese Karte stand am Anfang. Die Geschichten standen am Anfang. Dann hat Zaimoglu das Viertel selbst besucht, ging von Haus zu Haus, ging ins Café, zum Barbier. Viele erinnerten sich, wenn er frühere Bewohner des Viertels beschrieb: den Mann ohne Nase, kaum einer der Alten, der sich nicht an ihn erinnerte. Zaimoglu selbst hat ein gutes Jahr seiner Jugend hier in Istanbul verbracht, seine Eltern wollten zurück in die Türkei, Heimweh, Sehnsucht, der Sohn musste mit, besuchte das österreichische Gymnasium der Stadt. Aber besuchte es nicht allzu eifrig. Schon damals trieb es ihn oft weg von der streng geführten Schule, in die Viertel der armen Leute, der Sonderlinge. »Mehr als zwei Tage in der Woche war ich nicht in der Schule«, sagt er.

Jetzt ist er wieder hier. Er ist nicht oft in der Türkei, obwohl seine Eltern längst wieder hier leben. Aber seit einem aufs denkbar Knappste überlebten Busunglück vor neun Jahren leidet er unter unüberwindlicher Flugangst. Ein verschobenes Trauma, sagen die Therapeuten. Kein Flugangst-Training, nichts hilft. Er kann nicht fliegen. So ist er jetzt mit dem Bus (absurd: Hier fühlt er sich sicher) hierhergekommen. Jetzt, nachdem der Roman fertig ist. Achthundert Seiten stark. Ein Buch aus dem

Herzen Istanbuls, aus einer Welt, die kaum weniger archaisch anmutet als die Herkunftswelt Leylas, die einige Jahrhunderte jenseits unserer Gegenwart zu liegen schien.

Wir gehen also durch diesen Roman. Ein junger Mann in blauem Trainingsanzug schlurft vorbei und murmelt, »jetzt hat er wieder die Deutschen mitgebracht, die wollen hier doch nur unsere Häuser kaufen«. Wir laufen von dem alten Holzhaus zu dem Haus mit den dicken Mauern, in dem er selbst als Kleinkind lebte. Es ist unten rosa gestrichen, oben weiß, die unteren Fenster sind vergittert, Wäsche hängt davor, es wirkt eher wie eine Ruine. Zwei Frauen sitzen auf dem Gehsteig gegenüber. Roma-Frauen, sie selbst nennen sich Zigeuner. Sie sind vielleicht Ende zwanzig, Zaimoglu erzählt, dass er als Baby hier gelebt hat, sie sagen, jetzt leben sie dort, im Untergeschoss, zu neunt. Ob er verheiratet sei, wollen sie gleich wissen. »Ach nein«, sagt Zaimoglu, »es gibt so viele schöne Frauen auf der Welt.« Er könne sich einfach nicht entscheiden. Schweigen bei den Roma-Frauen. Die Antwort kommt nicht gut an. Unten in den dunklen Fenstern sieht man die Männer sitzen. Der fremde Mann sollte eher nicht zu frei flirten mit den beiden Frauen.

Als er vor ein paar Tagen schon einmal hier entlanggegangen war, war kurz hinter ihm eine Holztür aus einiger Höhe aus einem Abbruchhaus auf die Straße gekracht. Fremde fallen hier auf. Fremde sind nicht unbedingt willkommen. »Hat dich Erdoğan geschickt?«, hat ihn einer gefragt. Die Menschen hier sind misstrauisch. Sie sind gern unter sich. Sie leben nach ihren eigenen Regeln.

Der Held, Wolf, ist sechs Jahre alt, als er im Viertel ankommt. Es ist das Jahr 1939, er kommt zusammen mit seinem Vater Franz aus Deutschland. Sie sind Flüchtlinge, um die tausend kamen damals, zur Nazizeit, in die Türkei. Auch einige Juden waren dabei, von denen die meisten die Türkei als Zwischenstation auf dem Weg nach Palästina nutzten. Franz und Wolf sind keine Juden, der Vater ist Monarchist, er hatte sich mehrfach spöttisch über Hitler geäußert, seine Freiheit, sein Leben waren in Gefahr, und er ist seit dem Tod der Mutter allein für den Sohn verantwortlich. Die deutsche Herkunft hat der Romanheld mit dem Zaimoglu-Vater der Wirklichkeit nicht gemein. Zaimoglu nutzt diese Verschiebung, um das zentrale Motiv der Fremdheit, das den Roman beherrscht, noch stärker betonen zu können. Der deutsche Junge in einer vollkommen anderen, alten, neuen Welt. Er landet hier wie auf einem fremden Planeten. Vater und Sohn werden aufgenommen in einer türkischen Familie, der Vater muss das Haus schon bald verlassen. Das Viertel redet über die angebliche Beziehung, die ihn, den Witwer, mit der unverheirateten Tochter des Hauses verbindet. Aufklärung oder Ignorieren zwecklos. Der Ruf des Hauses wäre für immer ruiniert. Franz muss das Haus verlassen. Wolf bleibt zurück.

Es ist ein Horror, in dem er da allein gelassen wird. Die Initiationsriten der Jungs im Viertel fordern starke Nerven. Wer einer Krähe den Kopf abbeißt, hat gute Chancen, ein kleiner König des Viertels zu sein. Wer ein Hänfling ist, der lässt sich den Kopf jener Krähe in die Tasche stopfen. Sie nennen Wolf den Hitler-Sohn, den Arier, halb ist das spöttisch gemeint, halb ehrerbietig. Viele hier bewundern den deutschen Führer, der sich anschicke, ein Weltreich zu errichten. Wolf kommt immerhin aus diesem wachsenden Reich. Aber er und sein Vater sind ja geflohen vor dem starken Mann. Sind sie zu schwach? Was wollen sie wirklich hier?

Viele Jahre lang wird Wolf auf seine Fremdheit festgelegt. Sein Türkisch ist schlecht, sein Aussehen fremd, die Gründe seines Hierseins sind geheimnisvoll.

Doch Wolf will dazugehören. Will ein Siebentürmler werden. Will zu dieser Welt mit den abschreckenden Riten, der Selbstjustiz bei Diebstahl, Ehebruch, Vergewaltigung, dieser ganzen archaischen Welt der festen Regeln dazugehören. Ein Leben zwischen den Zeiten. Ein Leben auf zwei verschiedenen Planeten.

»Ich bin ein Christ«, sagt Wolf im Roman über sich, »der den Aberglauben der kleinen Leute im Viertel angenommen hat: Vor dem Schlafengehen stecke ich Nadeln ins Schloss der Zimmertür, dass kein Geist mit dem Lufthauch eindringen kann. Ich bin ein Christ, der den Ahnensäbel als Leihgabe bekommt, Vater bittet mich, ihn an die Wand im Zimmer des neuen Hauses zu hängen. Der Säbel wird mich daran erinnern, wer ich bin und wohin ich gehöre.« Doch wohin gehört er wirklich? Die immer selteneren Besuche des Vaters werden zu peinlichen Exerzitien des vergehenden Deutschtums. Der Vater begreift lange nicht, wie groß der Abstand zwischen ihm und dem Söhnchen, zwischen Deutschland und der Türkei, neuer und alter Welt geworden ist und wie tief sein Sohn hineingeraten ist in diese ihm unverständliche und im Grunde verachtete Welt.

Was Zaimoglu in seinem neuen Werk großartig gelingt, ist es, diese Welt staunend, präzise, anziehend, diese Welt in all ihrem Schrecken und ihrer Grausamkeit als eine archaische Ordnung zu beschreiben, in die sich ein erwachender Jüngling hineinsehnen kann. Bei aller Wachheit für die Ungerechtigkeiten, bei all der Angst vor den Männern und ihren Strafen. Die Bewunderung dafür, für eine Weltordnung der eigenen Gesetze. Für die, die die Regeln des Viertels brechen, ist es nur ein kleiner Schritt hinaus aus diesem begrenzten Viertel und hinein in den Terrorkampf der Welt da draußen, in dem den eigenen Gesetzen mit Gewalt Geltung verschafft wird. Am Ende des Buchs liest man diesen Dialog: »Was hältst du von uns Türken? Ihr seid gut, sage ich, und ihr seid krank. Und woran leiden wir, Deutscher? Große Worte, große Gefühle. Und am Ende doch nur Gewalt.«

Der Ausbruch aus dieser Welt ist nicht leicht. Zaimoglu schildert auch die Gegenturmwelt mit großer Überzeugungskraft. Die Tochter Derya, derentwegen Franz das Haus verlassen musste, ist die selbstbewusste, neue Frau, die die hinterwäldlerische Zauberwelt des Viertels verachtet und fliehen muss, weil für einen Menschen wie sie hier kein Platz ist und, wie sie ahnt, auch niemals sein wird: »Hör zu«, sagt sie zu dem kleinen Deutschen warnend, »Schmerz und Schande, das ist das Siebentürmeviertel. Die Menschen: Kopf in der uralten Welt, Leib in Ketten. Ich halte es nicht mehr lange aus.«

Wir gehen weiter durch das Viertel. Wir kommen beim Barbier vorbei. Ein winziger Laden. Seit vierundfünfzig Jahren, sagt der alte Barbier im rot gestreiften Hemd, arbeite er nun hier. Davor sein Vater. Die Wände sind übersät mit Fotos von türkischen Filmstars. Sechs Käfige mit Kanarienvögeln, man kann sich kaum umdrehen. Hier saß Wolf als Junge auf dem Brett und ließ sich die Haare scheren. Auf der Glatze konnte man dann all die Narben sehen, die ihm in den frühen Kämpfen beigebracht worden waren.

Dann gehen wir weiter zum Café, wir würden unser Gespräch dort gern filmen, fragen den Besitzer, der freut sich, will aber 100 Euro dafür haben. Wir nennen das einen unmöglichen Preis, er sagt: »Schön, dann nicht«, wir setzen uns vor das Café auf die Straße, und er bringt uns süßen, starken Mokka.

Dann kommt ein älterer Herr aus dem Café, setzt sich zu uns. Er sieht aus wie ein Michelin-Männchen, kleiner Kopf auf starkem Körper, in ein megaenges Poloshirt gepresst. Er hat Zaimoglu in den Tagen zuvor schon getroffen. Er erzählt vom Viertel, erzählt, er sei Armenier, dass hier früher sehr viele Armenier lebten, heute nur noch wenige Familien, dass sich die Menschen seiner Herkunft in den vergangenen Jahren sehr zurückgezogen hätten, leise, vorsichtig, seit die Religion und das stolze Türkentum an der Spitze des Staats wieder so stark geworden seien.

Das Café ist direkt an dem alten Bahnhof, auf dem Wolfs Ziehvater damals arbeitete. Hier fährt lange schon kein Zug mehr ab. Hinter Stacheldraht verfällt er zu einer Ruine. Oben auf einem Balkon im ersten Stock des Holzhauses, in dem das Café ist, sitzen zwei Frauen hinter einer Balustrade, über die dicke Teppiche geschlagen liegen. Sie lachen herunter und schnattern. »Meine Frau mit einer Freundin«, sagt der Armenier. Immer wieder kommen Händler vorbei, der Knoblauchverkäufer in seinem Auto, der Milchverkäufer, der zwei Kühe draußen vor dem Viertel hält, ein Mann geht vorbei, sieht Zaimoglu und ruft: »Ich besorge dir den Nobelpreis!« Aus dem Café ruft ein anderer dem unaufhörlich redenden Armenier zu: »Sagst du ihnen auch, dass du ein schlechter Mensch bist?«, und lacht.

Zaimoglu übersetzt die ganze Zeit hin und her. Sein Türkisch klingt flüssig, ist aber wohl doch etwas holprig. Als er vor einigen Tagen auf der Galatabrücke neben einigen syrischen Kurden saß, die angelten und Schnaps tranken, sagten sie zu ihm: »Was sprichst du für ein komisches Türkisch? Wir sind erst seit einem Jahr hier, aber sprechen besser Türkisch als du.« Zaimoglu nahm es gelassen und erzählt die Geschichte jetzt lachend selbst.

Zaimoglu berichtet von seinem Vater, den, seit er seinem Sohn all die Geschichten von früher erzählt hat, Albträume quälen. All die lang vergessenen Geschichten, all die Menschen, von denen die meisten längst schon nicht mehr leben. »Mein Vater ist ein Melancholiker, wie ich«, sagt Zaimoglu. Zu seinen Lieblingsautoren gehört Stefan Zweig, dessen Buch »Die Welt von gestern« er besonders mag.

Der Vater, den Zaimoglu bis heute siezt, den er mit »Herr Vater« anspricht und dem er eine, wie er es nennt, strenge »preußisch-osmanische Erziehung« verdankt, hat die Geschichte von Wolf noch nicht gelesen. Er wartet, bis er es als gebundenes Buch lesen kann. Er kann nur wenig Deutsch, wird es mit dem Wörterbuch Satz für Satz lesen. Seine Geschichte, die Geschichte von Wolf, einem totalen Außenseiter in einer Welt von gestern.

(2015)

Sein Kampf

Beim norwegischen Schriftsteller Karl Ove Knausgård, der sich anschickt, mit der Geschichte seines Lebens die Welt zu erobern

Seine fast weißen Haare in der Sonne. Man sieht ihn schon von Weitem am Bahnhof von Ystad in Südschweden stehen, er ist über eins neunzig groß, um ihn herum und an ihm vorbei wuseln Ferienkinder mit bunten Rucksäcken und guter Laune, die soeben aus dem ankommenden Zug gequollen sind. Er schaut, Hände in den Taschen, über die Kinder hinweg, wir sind hier am Bahnhof verabredet, ich winke, er zieht die Hand aus der Tasche, winkt zurück. Karl Ove Knausgård, sechsundvierzig, lebt seit einigen Jahren mit seiner Familie hier, zurückgezogen, in einem kleinen Ort, nicht weit von Ystad entfernt.

Nachdem in Norwegen vor ein paar Jahren die ersten Bände seines Erinnerungswerks unter dem Gesamttitel »Min kamp« (»Mein Kampf«) erschienen waren, war der Druck auf die Familie immer heftiger geworden. Denn erstens war es einer der größten Bucherfolge in der jüngeren Geschichte Norwegens – 500 000 verkaufte Bücher in einem Fünf-Millionen-Einwohner-Land –, und zweitens zeichnet sich das sechsbändige Werk dadurch aus, dass Knausgård darin unverhüllt und schonungslos alles über sich, sein Leben und das Leben seiner Angehörigen preisgibt, alles beschreibt, den Alkoholismus seines Vaters, seiner Großmutter, die bipolare Störung seiner Frau, Geburt der Kinder, Streit, Sex, Tod, Hass, Liebe, alles, alles. Reporterscharen strömten aus, jede Figur der Bücher wurde aufgesucht, nach ihrer Meinung zum Werk befragt und auf den literarischen Wahrheitsgehalt hin überprüft. »Es war die Hölle«, wird Knausgård später sagen, als wir bei ihm im Garten sitzen.

»Wir wollten uns verstecken.« Jetzt lebt er ganz und gar hier, zusammen mit seiner Frau und vier Kindern.

Vom Bahnhof aus geht es in seinem weißen VW-Bus über Land, im Auto überall Kekskrümel, Fanta-Klebrigkeit, Kinderkrimskrams. Er erzählt von Peter Handke, dessen Werk er bewundert, von dem er auch ein Buch in seinem kleinen norwegischen Verlag publiziert hat. Er verlegt dort überwiegend ausländische Autoren, aus dem deutschsprachigen Raum etwa die Werke von Judith Hermann und Christian Kracht. Knausgård sagt, er liebe Schriftsteller, die keine Rücksichten nehmen, innerlich frei sind. Als Handke vor einem Jahr in Norwegen der Ibsen-Preis verliehen werden sollte, wurde er von Demonstranten als Faschist beschimpft. Knausgård verteidigte ihn und hielt die Laudatio. Kurz habe er den bewunderten Dichter danach auch sprechen können, sagt er, und Handke habe ihm dabei gleich gesagt, dass er Knausgårds Bücher leider nicht lesen könne, nein, mehrfach habe er es versucht, das sei nicht seine Literatur. Es ist typisch für Knausgård, dass er das gleich erzählt. Er lacht ein wenig dabei, sagt aber auch gleich dazu, wie sehr ihn das geschmerzt habe, klar, und dass er aber gerade das wiederum an Handke besonders möge: seine unverstellte Ehrlichkeit.

Genau darum geht es Karl Ove Knausgård bei seinem Schreiben. Das ist das Grundmotiv dieses überwältigenden Riesenwerks, das insgesamt mehr als 3500 Seiten umfasst. In Deutschland heißen die Bücher nicht »Mein Kampf, Band eins bis sechs«, sondern zum Beispiel »Sterben«, »Lieben«, und der neue wird »Träumen« heißen. Darin schreibt Knausgård gegen Ende: »Ich durfte nicht mehr feige sein, ich durfte nicht mehr ausweichend und vage sein, ich musste ehrlich, geradlinig, direkt, aufrichtig sein. Ich musste den Menschen in die Augen sehen, ich musste dazu stehen, wer ich war, was ich dachte und was ich tat.« In diesem fünften Band geht es darum, wie Knausgård Schriftsteller wird. Wie er scheitert an der Dichter-Akademie in Bergen. Oder zumindest glaubt, dass er scheitert. Weil er so brutal kritisch mit sich selbst ist,

so empfindlich und empfindsam, so ein feines Gehör hat, feines Gespür für Kritik, für Widerspruch. Weil es bei ihm immer ums Ganze geht. Weil er an der Akademie natürlich der beste unter den kommenden Dichtern sein muss. Der radikalste, der ehrlichste, der freieste. Er ist es nicht, er sieht alles nüchtern und klar, »der einzige Unterschied bestand darin, dass ich mich damals, als ich (an der Akademie) angenommen wurde, für einen Schriftsteller gehalten hatte, wohingegen ich nun, da ich sie verließ, wusste, dass ich keiner war«.

Dieser fünfte Band provoziert, ebenso wie all die anderen Knausgård-Bände zuvor, bei denjenigen, die noch nicht in Knausgård-Abhängigkeit geraten sind, die Frage: Alles schön, aber wieso bitte sollte mich das interessieren? Dass ein junger Norweger nicht Schriftsteller werden kann und sich stattdessen betrinkt, mit der Welt hadert, seinem Bruder aus nächster Nähe ein Glas ins Gesicht schleudert, viel liest, sich selbst das Gesicht mit einer Scherbe zerschneidet, den Tagesrausch als größtes Glück erkennt, sich Gedanken macht über jeden Schritt, jeden Atemzug, jede Beobachtung. Was davon geht uns denn an? Die Antwort von 500 000 Norwegern und den Lesern in mittlerweile mehr als dreißig Ländern der Welt lautet: alles. Das autobiografische Bekenntniswerk dieses Norwegers hat inzwischen einen Triumphzug um die ganze Welt angetreten. Schriftsteller wie Jeffrey Eugenides, Jonathan Lethem und Zadie Smith erklären, sie seien geradezu abhängig von Knausgårds Büchern, in den skandinavischen Ländern kennt praktisch jeder seinen Namen, gerade auch Leute, die ansonsten gar nicht lesen, lesen plötzlich seine Bücher, heißt es, 200 000 Knausgårds wurden bisher in Deutschland verkauft, Tendenz stark steigend, die »New York Times« schickte den von ihren Lesern bewunderten Autor zur vergangenen Jahreswende auf Reportagereise auf den Spuren der Wikinger durch Amerika. Knausgård fuhr, meldete sich danach bei der Redaktion, bedauerte, er habe leider gar nichts erlebt, aber trotzdem siebzig Seiten geschrieben. Die wurden dann in zwei Folgen im Magazin der Zeitung gedruckt.

Wir sind bei Knausgård zu Hause angekommen, drei kleine einstöckige Häuser umschließen in Hufeisenformation den großen Garten. In der Mitte steht ein großes Trampolin, bunte Bälle überall auf dem Rasen, alte Bäume, alles etwas wild. Unter einem Apfelbaum ein weißer Tisch, ein Korbstuhl, ein Holzstuhl. Knausgård geht ins Haus, kocht Kaffee, kommt zurück, setzt sich in den Korbstuhl, raucht, schenkt sich den heißen Kaffee in ein Wasserglas ein. Er spricht konzentriert, leise, mit weicher Stimme, die er am Ende jedes Satzes immer leicht anhebt. Es ist eigentlich ein lächerliches Unterfangen, Karl Ove Knausgård zu interviewen. Er hat alles, wirklich alles in seine Bücher hineingeschrieben. »Komm! ins Offene, Freund!«, zitiert er in seinem Werk den deutschen Dichter Hölderlin.

Sich selbst radikal zu entblößen, die Wand zwischen Innenwelt und Außenwelt einzureißen, das ist Knausgårds schriftstellerisches Programm, seine große Kunst und sein großes Problem. »Ich kriege Unmengen von Briefen«, sagt er. »Aus allen Teilen der Welt, von alten Frauen, jungen Männern, Menschen, die mir sagen, wie wichtig meine Bücher für sie waren, dass sie sich mit mir identifizieren. Das ist doch der größte Traum eines jeden Schriftstellers«, sagt er. »Ich kenne das Gefühl, von meinem eigenen Lesen. Ich habe das immer, wenn das Buch eine Verbindung zum richtigen Leben hat, wenn Bücher eine Verbindung zur Wirklichkeit haben, dann spüre ich das, dann erlebe ich das.«

Aber die Identifikation ist natürlich auch ein Problem. Als ihm ein deutscher Kritiker nach dem zweiten Band »Lieben«, in dem es um Eheprobleme, ausbleibenden Sex nach der Geburt eines Kindes, Triebunterdrückung des modernen Mannes geht, in einem Interview in der »Welt« offenbarte, das Buch sei ja genau für ihn und seine Freundin geschrieben, erklärte Knausgård konsterniert: »Genau diese Konfrontation mit begeisterten identifikatorischen Lesern ist ein echtes Problem für mich.« Leser in der ganzen Welt glauben Karl Ove Knausgård zu kennen – und viele wollen nun unbedingt, dass er auch sie kennenlernt. Klar, eine Frage der Höflichkeit. Ein Mann hat sich ihnen nackt gezeigt. Sie wollen sich revanchieren. Tausende entkleidete Leser unter Bekenntniszwang. Darum ist Knausgård nicht zu beneiden.

Er raucht die ganze Zeit, da unter dem Apfelbaum. Es gibt keinen Aschenbecher, er drückt eine nach der anderen neben sich im Rasen aus. Es entsteht langsam ein kleiner Kippenkranz. Er streicht sich mit der rechten Hand immer wieder die Haare zurück. Beckett-Furchen im Gesicht, grauer Bart. Er zögert oft eine ganze Weile, bevor er antwortet. So als müsste er die Antwort erst irgendwo tief in sich suchen. Woran das liege? Warum sich Menschen in aller Welt mit ihm identifizierten? Knausgård schweigt, schaut in die Luft, dann sagt er: »Ich habe keine Ahnung. Ich habe wirklich keine Ahnung.«

Dabei ist die Antwort vielleicht leicht. Also erstens sind die

Bücher einfach sehr, sehr gut geschrieben, auch in den deutschen Übersetzungen von Paul Berf und Ulrich Sonnenberg, unglaublich klar und weich und in langen, schweifenden, aber nicht ausschweifenden Sätzen. Man vertraut sich dieser Prosa fast augenblicklich an. Aber vor allem ist es diese Schonungslosigkeit mit sich selbst und den Geheimnissen unserer Zeit, die die Menschen in ihren Bann zieht. Gerade heute und jetzt, da jedes Hühnchen auf allen Internetseiten der Welt, auf Facebook, Twitter, Instagram und überall permanent sich selbst darstellt und über sich berichtet und dabei aber grundsätzlich und immer natürlich vor allem darauf achtet, gut dazustehen, cool dazustehen, weit vorn, nackt, aber top und immer inszeniert und verlogen – da ist dieser Mann, der die Rücksichtslosigkeit mit sich selbst, die radikale Ehrlichkeit, zum Programm erhoben hat, eine Ungeheuerlichkeit. Es ist wirklich wie eine Droge. »Ich brauche den nächsten Band wie Crack«, hat Zadie Smith ihre Abhängigkeit von Knausgård beschrieben.

Da ist dieser Satz im ersten Band. Knausgårds Großmutter sagt ihn und lacht dabei: »Er hat die Schnapsflasche ins Fenster gestellt!«, sagt sie. Karl Ove ist bei ihr zu Hause, sein Vater, ihr Sohn, ist kurz zuvor gestorben. Er hat sich zu Tode getrunken, langsam und beharrlich. Er war ein grausamer Vater, er führte ein Terrorregime gegen seine Söhne Karl Ove und Yngve, Knausgårds vier Jahre älteren Bruder. Die Angst vor dem Vater, vor seinen Augen, die alles sehen, der aus dem kleinsten Vergehen den größten Ärger entstehen lassen kann, hat das Leben der Söhne verschattet. Erst nach seinem Tod wird Karl Ove frei zum Schreiben sein. Also, der Vater ist tot, die Großmutter saß die ganze Zeit apathisch da, die Söhne denken, sie sei dement. Doch da beginnen sie zu trinken, und die Großmutter erwacht. Auch sie ist Alkoholikerin, konnte oder wollte ihre Sucht aus Scham vor den Enkeln aber nicht bekennen. Nun trinkt sie frei mit ihnen und lacht und redet. Karl Ove hat die Flasche ins Fenster gestellt. Jeder kann sie sehen. Jeder der Nachbarn kann sehen, dass hier am helllichten Tage getrunken wird. Das erleichterte Lachen der Großmutter ist das Lachen Karl Oves, das Lachen des Lesers über die Befreiung von den Lügen des Alltags.

»Jeder hat einen Alkoholiker in der Familie«, sagt Knausgård. »Es gibt so unendlich viele Dinge, die jeder weiß, jeder sieht, aber man sollte sie nicht aussprechen. Und diesen Bereich betrittst du mit dem Schreiben.« Er hat sie alle abgeschritten, die verbotenen Bereiche unserer Zeit, in seinen Büchern. Die psychische Erkrankung seiner Frau Linda, die unterdrückte Männlichkeit des modernen, femininen Mannes und Familienvaters. »Schreiben heißt, das Existierende aus den Schatten dessen zu ziehen, was wir wissen«, heißt es in »Sterben«. Und dass es darum geht, nicht darüber zu schreiben, sondern die Schrift sozusagen zu verwandeln, das ist die Sehnsucht des Schriftstellers Karl Ove Knausgård, ein fast mystischer Prozess. Im neuen Buch beschreibt er es so: »Oh, wenn ich doch nur fähig wäre, darüber zu schreiben, nein, nicht darüber zu schreiben, sondern die Schrift dazu zu bringen, dies zu sein, dann würde ich glücklich sein. Dann würde ich Ruhe finden können.«

Sein utopisches Projekt. Viel ist in den Büchern von seiner Einsamkeit die Rede, die seine Festung ist, der eine Ort, an dem er sicher ist vor allem und allen, vor der Welt. Dass der einzige Ort, an den er sich sehnt, sein Schreibzimmer ist, sein Schreibtisch, an dem er allein und für sich schreiben kann. Und seine Welt öffnen, im Schreiben öffnen und verdoppeln. Es ist ein größenwahnsinniges Projekt, war es von Anfang an. Auch darum hat er es auf Norwegisch »Mein Kampf« genannt. Sein größenwahnsinniges Verlangen nach Größe und nach großer Kunst steckt darin, der politische Bezug ist natürlich Ironie. Im sechsten Band schreibt er ausführlich über Hitler und dessen Kampfbuch. Heute, hier in seinem Garten erzählt er nur, wie wahnsinnig schlecht geschrieben es sei, wie wenig der Größenwahn dieses Mannes mit seinem eigenen Größenwahn gemein habe, und »Bruder Hitler«, wie Thomas Mann ihn in seinem berühmten Essay genannt hatte, würde er ihn sicher nicht nennen.

Es sind zwei Mädchen aus dem Haus gekommen und gleich aufs Trampolin geklettert. Ich kenne sie aus den Büchern. Es ist etwas peinlich, hier so in diesem Roman zu sitzen. Immer wieder hat Knausgård geschrieben, wie sehr er es hasse, interviewt zu werden. Wie sehr er die Zerrbilder hasse, die danach in den Zeitungen über ihn erscheinen. Wie groß seine Sehnsucht sei, mit diesen Kompromissen und Zugeständnissen Schluss zu machen, nur noch zu schreiben und sonst nichts, und wie sehr er sich dafür verachte, doch immer wieder mitzumachen. »Ich will gemocht werden«, auch das ist eines der zentralen Motive seiner Bücher.

Was seine Frau eigentlich zu den Büchern gesagt habe, das wurde er wohl am häufigsten gefragt. Die manisch-depressive Linda, die mit ihren Launen, ihrer Verzweiflung, mit allem hier in diesen Büchern vor der ganzen Welt dargestellt wurde. Als er ihr zum ersten Mal davon berichtete, was er da schreibe, habe sie sich einverstanden erklärt, sie ist selbst Schriftstellerin. Ihre einzige Bedingung: »Mach mich bloß nicht langweilig.« Dann schrieb er, gab ihr das Manuskript und ging fort. Dreimal rief sie ihn an. Beim ersten Mal sagte sie, es sei alles okay. Dann rief sie wieder an und sagte, ihr gemeinsames Leben könne nie wieder romantisch sein. Beim dritten Anruf hat sie nur noch geweint.

Er sei wie Dracula, hat er geschrieben. Er lebt vom Leben der anderen, der Menschen, mit denen er zusammen ist. Er saugt sie aus, benutzt sie, sie haben keinen Einfluss darauf, und den Ruhm bekommt er allein. Es ist ein riesiges Problem. Die einzige Entschuldigung, die er hat, ist die, dass er mit keinem anderen so rücksichtslos umgeht wie mit sich selbst. Auch jetzt, hier im Gespräch. Karl Ove Knausgård ist immer bereit, schlecht über sich und sein Schreiben zu reden. Dass er ein Künstler zweiter Ordnung sei. Ja, das Magazin »Time« habe ihn den norwegischen Proust genannt, aber er mache eben Proust nur nach. Er habe bislang nichts wirklich Neues geschaffen. Er vergleicht sich mit Serenus Zeitblom aus Thomas Manns

»Doktor Faustus«, dem Mitschreiber und Bewunderer des Genies Adrian Leverkühn. Er selbst sei kein Leverkühn, o nein, Handke, ja, der sei ein Genie, der sei Leverkühn. Er sei Handkes Zeitblom.

Aber Knausgård hat diese Sehnsucht in sich. »Wenn mich das Leben eins gelehrt hat, dann, es zu ertragen, es nie infrage zu stellen, und die Sehnsucht, die dadurch entsteht, in meinem Schreiben zu verbrennen«, schrieb er im ersten Band. Und in »Träumen« heißt es: »Sie konnten mich erniedrigen, sie konnten mich demütigen, das hatten sie schon immer getan, aber ich würde niemals aufgeben, das lag mir nicht, während all die anderen Idioten, die sich selbst so verdammt toll fanden, nichts in sich hatten, innerlich völlig hohl waren.«

Der Kranz aus Kippen im Gras ist groß geworden. Knausgård geht mit dem Fotografen ins Haus, an seinen Schreibtisch. Seine tiefen Falten, die großen Augen, die große Statur, das weiße lange Haar, ein ruhiger, verschlossener Mensch, der in seinen Büchern alles offenbart hat. Er will nur schreiben, so etwas wie Glück, sagt er, sei ihm egal. Eine der vielen Provokationen des Karl Ove Knausgård. In »Lieben« hat er geschrieben: »Kein glückliches Leben anzustreben ist das Provozierendste, was man überhaupt tun kann.«

(2015)

Mann mit Aussicht

Bei Orhan Pamuk, der von seinem Balkon aus über Istanbul blickt – und in seinem Roman »Diese Fremdheit in mir« eine altbekannte Welt mit anderen Augen sieht

Hier habe ich gesessen«, sagt Orhan Pamuk und legt die Hände auf den kleinen runden Holztisch am Fenster. »Es war ein friedlicher Tag, ich hatte gerade meinen neuen Roman fertig, schrieb einen Artikel – und plötzlich: bum! Ich wusste sofort, das war ein Bombenanschlag. Wissen Sie, früher, in den Siebzigerjahren, passierte das jeden Tag. Ich weiß, wie sich das anhört, wenn eine Bombe explodiert.«

Es ist Donnerstag, der 14. Januar. Zwei Tage zuvor sind bei dem Anschlag nahe der Blauen Moschee mindestens elf Menschen ums Leben gekommen. Die Wohnung des türkischen Literaturnobelpreisträgers Orhan Pamuk liegt wenige Kilometer vom Anschlagsort entfernt, im Stadtteil Cihangir. Der Blick aus Pamuks Fenster ist fast so berühmt wie der Dichter selbst. Eines seiner Bücher trägt sogar diesen Titel: »Der Blick aus meinem Fenster«. Trotzdem trifft es den Besucher unvorbereitet, weil man sich auf diesen Blick gar nicht vorbereiten kann. Es ist ein Schock aus Weite und Welt und großem blauem Winterhimmel. Es ist, als stünde sein Schreibtisch in der Luft, Regierungsschreibtisch eines Weltautors. Der Blick geht auf den Bosporus, links Asien, rechts Europa, in der Mitte Schiffe, direkt vor dem Balkon eine Moschee, Katzenschreie, Möwen, kalte Luft. Es ist der Klischeeblick aus dem Fenster eines Mannes, den sie immer wieder Brückenbauer zwischen Orient und Okzident, zwischen Asien und Europa, genannt haben und der es hasst, dass sie ihn diesen Brückenbauer nennen, weil er keine Brücken baut, sondern gute Romane schreiben will, die

natürlich tief in der türkischen, der osmanischen Kultur wurzeln, aber auch von Pamuks Liebe zur westlichen Literatur und Lebensart geprägt sind.

Noch bevor wir unser Gespräch begonnen haben, schlägt er die Reihenfolge der Themen vor: »Bitte erst die Politik«, sagt er. »Dann haben wir es hinter uns. Und sind danach frei für unser Gespräch über Literatur.« Er holt ein Notizbuch hervor, einige Sätze liest er später vor wie Proklamationen. Aber jetzt, zu Beginn, spricht er von der Bombe. Und dass er, nachdem er die Explosion gehört und geahnt habe, was passiert war, zehn Minuten gewartet habe, dann an seinen Computer gegangen sei und seine Befürchtungen bestätigt sah. Dann, weitere zwanzig Minuten später, erreichten ihn Mails aus den Zeitungsredaktionen der Welt. Aus Italien, Deutschland, den Vereinigten Staaten, mit der Bitte um Stellungnahme. Aus der Türkei keine Mail. »Für uns sind Bomben eine normale Sache«, sagt er. Aber selbst wenn es für ihn nicht normal ist, was soll er da kommentieren, hier von seinem Weltschreibtisch aus? Dass er Terror ablehnt? Dass der IS eine grauenvolle Organisation ist? »Sie wollen etwas über den IS?«, fragt er. »Gut, es ist eine grausame, primitive, unmenschliche Organisation. Aber wissen Sie was: Es wird viel zu viel über sie berichtet. Es wird Hysterie geschürt, Panik, das ist Teil des Problems. Die sind so glücklich über die Panik, die sie verbreiten. Mir fehlt es in der Berichterstattung an Analyse, an klugen Gedanken. Das alles hilft dem IS.« Und er fügt hinzu: »Das ist eine Botschaft, die ich überbringen möchte.«

Wir sitzen uns zu Beginn des Gesprächs fast wie Staatsmänner gegenüber, die zunächst einmal die Fragen der Menschenrechte ansprechen, damit sie später den Wählern zu Hause sagen können, sie hätten auch die Menschenrechte angesprochen. Bevor sie dann endlich über die wesentlichen, also die wirtschaftlichen Fragen reden können.

Pamuk spricht von der »verkrüppelten türkischen Demokratie«, davon, dass hier keine Meinungsfreiheit herrsche, er erzählt von einem befreundeten Journalisten, der im Gefängnis sitze, vom Druck der Regierung auf die Zeitungsredaktionen, auf alle kritischen Journalisten. Er beklagt, dass es keine Gewaltenteilung gebe in der heutigen Türkei, er sagt: »Die Lehren Montesquieus sind nicht sehr populär hier« und lacht. Und fügt dann ernst hinzu: »Ich habe den Nobelpreis, ich kann sagen, was ich will.« Aber dieses Land sei in einem so schlechten Zustand, und »ich will nicht jeden Tag alles kommentieren«.

Orhan Pamuk ist ein mutiger Mann und ein großer Schriftsteller. Es ist etwas mehr als zehn Jahre her, dass gegen ihn, nachdem er in einem Interview auf den Völkermord an den Armeniern hingewiesen hatte, ein Prozess wegen »Verleumdung des Türkentums« eingeleitet wurde. Er stand auf derselben Todesliste extremer Nationalisten wie sein armenisch-türkischer Freund Hrant Dink, der 2007 in Istanbul erschossen wurde. Pamuk wurde zeitweise von drei Leibwächtern bewacht, die ihm die türkische Regierung stellte. In diesen Tagen ist es nur noch einer, den er rufen kann, wenn er ausgeht. »Es gibt zurzeit nicht so viel Hass gegen mich«, sagt er, »nicht so viel politischen Druck wie noch vor zehn Jahren.« Sein letztes veröffentlichtes Buch »Diese Fremdheit in mir« war sein bislang erfolgreichstes in seiner Heimat.

Es ist die Geschichte von Mevlut, einem jungen Mann, der Ende der Sechzigerjahre aus seinem Heimatdorf in Anatolien nach Istanbul kommt und dort als Straßenverkäufer arbeitet, sein ganzes Leben lang. Er verkauft Boza, ein Hirsegetränk, das so wenig Alkohol enthält, dass es auch zu Zeiten des Alkoholverbots erlaubt war. Ein Trickgetränk, um strenge Religionsregeln zu umgehen, ein Alkoholgetränk für Leute, die keinen Alkohol trinken. Mevlut ist ein armer Junge, als er in Istanbul ankommt, und er wird, anders als die meisten, die mit ihm kamen, auch arm bleiben. Eine Art Hans im Glück, der aber schon zu Beginn seiner Reise mit leeren Händen dasteht, und am Ende sind sie nicht voller geworden. Ein naiver, optimistischer Held, der die Gabe hat, das Glück zu erkennen und festzuhalten, wenn es da ist. Er verliebt sich auf der Hochzeit seines Cousins in die Augen eines jungen Mädchens, schreibt ihr Briefe, jahrelang, er schreibt und schreibt, und schließlich entführt er sie, um mit ihr sein Leben zu verbringen. Doch man hat ihn betrogen. Er hat die Falsche entführt, die ältere Schwester der Geliebten. Sein hinterhältiger Cousin hatte ihm von Anfang an den falschen Namen genannt und die Briefe an die Falsche weitergegeben. Doch entführt ist entführt, Rückgabe ausgeschlossen. Mevlut ist ein Pragmatiker des Glücks. Er zeigt ihr sein ärmliches Haus, sie schläft gleich ein. »Leise trat Mevlut ans Bett. Er sah die liegende Rayiha lange an und wusste genau, dass er diesen Augenblick nie vergessen würde.« Denn: »Er war nicht mehr allein auf der Welt.« Und: »Noch dazu hatten seine Briefe ihr gefallen.«

Pamuk erzählt, am großen Fenster seiner Wohnung stehend, von dieser Liebesgeschichte. Ich sage, es sei ja klar, warum die beiden glücklich werden, es sei ja die Liebesgeschichte eines Dichters: Dieser Mevlut hat diese Frau und diese Liebe mit seinen Briefen, seinen Worten erst erschaffen. Die falsche Frau wird zur richtigen Frau durch die Kraft seiner Worte. »Ach, ich weiß nicht«, sagt Pamuk und lacht. »Ich glaube, es geht da mehr um Sex. Sie tun es zum ersten Mal miteinander. Sie sind glücklich. Er ist ein dankbarer, bescheidener Mensch. Das ist schon alles.«

Vierundvierzig Jahre und fünfhundertfünfundsiebzig Seiten lang begleiten wir diesen Mevlut auf seinen Wegen als Straßenverkäufer. Istanbul wächst in dieser Zeit um zehn Millionen Menschen. Die alte Stadt stirbt, eine neue entsteht, neue Viertel entstehen, es gibt so viele Möglichkeiten, ein gemachter Mann zu werden. Für Mevlut auch, aber er ergreift sie nicht. Es ist das erste Mal, dass Orhan Pamuk, der aus reichem Hause stammt, über einen Mann aus der Unterschicht schreibt, »einen Jedermann«, sagt er. Und dass dies vielleicht Teil seines Erfolgs sei bei seinen heimischen Lesern. Mevlut ist einer von ihnen. Und Pamuk schaut nicht auf ihn herab, er beschreibt ihn voller Liebe und Menschlichkeit: ein unpolitischer Held, der bei seinen Verkaufstouren ständig in politische Gespräche hineingezogen wird und der sich aber nirgendwo hinziehen lässt, ein türkischer Hans Castorp, der alles hörenswert findet, linkes Ohr, rechtes Ohr, der Kopf bleibt in der Mitte. »Als Boza-Verkäufer darfst du keine politischen Meinungen haben«, sagt Pamuk. Das vergraule nur potenzielle Käufer.

Trotzdem ist natürlich auch »Diese Fremdheit in mir« ein politischer Roman, in dem er die Korruption beschreibt, die politischen Kämpfe, den Krieg gegen die Kurden, Gentrifizierung, die Opfer der Zerstörung und des Neuaufbaus.

Sechs Jahre lang hat er an diesem Buch gearbeitet. So lange wie an keinem Buch zuvor. Er hat viel recherchiert, und er hat auch viel recherchieren lassen. Assistenten, Freunde und befreundete Studenten halfen ihm dabei, führten Gespräche und Interviews für ihn. Eine kleine Gruppe von sechs Studenten traf sich einmal im Monat in seiner Wohnung, sie tranken Wein und aßen, besprachen Themen wie Stadtentwicklung, Städteplanung, Gentrifizierung. »Junge Leute, die mir neue Horizonte eröffnet, neue Themen erschlossen haben. Die meisten Interviews habe ich aber selber geführt, mit ganz unterschiedlichen Leuten. Viele waren zurückhaltend, misstrauisch, andere begeistert, dass sie mir ihre Geschichte erzählen konnten. Die riefen dann: ›Mensch, ich habe noch einen Cousin, den musst du unbedingt auch treffen! Das glaubst du nicht, was der zu erzählen hat.‹ Jetzt habe ich so viel Material, das reicht noch für ein paar Bücher mehr. Eigentlich sollte dieses nur eine kurze Novelle werden, aber es gab einfach zu viel zu erzählen. Wie der ›Ulysses‹, den hatte Joyce ja auch nur als kurze Erzählung geplant.«

Es ist schön, wie Orhan Pamuk in Fahrt kommt, wenn er über das Schreiben erzählt, wenn er über den Titel spricht und dass schon zu seiner Schulzeit die Klassenkameraden über sein merkwürdiges, befremdendes Reden und Denken gesprochen hätten. »A Strangeness in My Mind« ist der englische Titel des Buchs. Und auf Englisch erinnert sich Pamuk im Gespräch an das Reden der Kameraden: »You have a strange mind, Orhan.« Und als er vor einigen Jahren in dem Werk »Präludium« von William Wordsworth die Zeile »a strangeness in the mind« gefunden hatte, da war ihm klar gewesen, dass er eines Tages ein Buch mit einem solchen Titel schreiben würde: »Diese Fremdheit in mir«.

Darum geht es: um den fremden Blick auf eine bekannte Welt. Mevlut geht in dieses sich permanent rasant verändernde Istanbul hinein. Niemals geht er als derselbe in dieselbe Stadt. Ganz am Ende des Romans heißt es: »Nun begriff er so recht, was er all die Jahre über schon irgendwie geahnt hatte, nämlich dass er auf seinen Streifzügen durch die Stadt das Gefühl hatte, sich im eigenen Kopf zu bewegen. Wenn er mit den Mauern, den Reklamen, den Schatten, den im Dunkel kaum auszumachenden, geheimnisvollen Dingen sprach, war ihm deshalb auch so, als redete er mit sich selbst.«

Später, noch im Reden, gehen wir auf Pamuks Balkon, drüben auf der asiatischen Seite leuchten die Hochhäuser im Rot der untergehenden Sonne. »Sie glauben gar nicht, wie viele Gedichte es über dieses Licht, über diesen Blick gibt, so viele Gedichte«, sagt er. Und dass es die Kunst sei, die Dinge neu zu sehen, fremdartig, anders. Auch seine Stadt, über die er so oft und in den meisten seiner Bücher geschrieben hat, über die neuen Häuser, das Wachstum, die Zerstörung. Pamuk hat Architektur studiert, er sagt, das habe ihm sehr geholfen, vor Beginn jedes Buchs habe er einen Plan, »nur das letzte Kapitel«, sagt er und macht so ein surrendes Geräusch und schwenkt den Arm in die Luft, entstehe »in einem Kreativitätsschwung, da ist dann nichts mehr geplant«.

Wir gehen wieder hinein, er holt die alte Glocke eines Boza-Verkäufers, mit dem dieser seine Kunden anlockte. Im Roman ist das am Ende der Klang der Melancholie. Schließlich hat Mevlut überhaupt nur noch solche Kunden, die sich beim Klang seiner Glocke an das alte Istanbul erinnern.

Pamuk zeigt seinen Schreibtisch, ich frage, ob das Telefon hier das Nobelpreistelefon sei, wo er 2006 den denkwürdigen Anruf bekam. »Oh nein, das war in Amerika«, sagt er. Dann fahren wir mit dem engen Aufzug zwei Stockwerke nach oben, wo er eine weitere Wohnung mit ebenso atemberaubendem Ausblick besitzt. Dort leben aber zurzeit nur Bücher. Sie liegen in zahllose Kisten eingepackt, leere Regalschränke warten auf die kommenden Bewohner. Er sucht die deutsche Abteilung, findet gleich eine ganze Kiste Thomas Mann, »Königliche Hoheit«, die »Buddenbrooks« in einer vierzig Jahre alten Ausgabe. Er hat oft gesagt, dass er aus einer Buddenbrook-Familie stamme, der Großvater lebenstüchtiger Fabrikant, der Vater sehnsüchtiger Dichter ohne Erfolg und dann er, Hanno-Orhan, der sich im Leben in einen Thomas Mann, in einen Nobelpreisträger verwandelt hat. Ob er damals, beim ersten Lesen, schon an die Parallelen zu seinem eigenen Leben gedacht habe? »Oh, sicher habe ich das«, sagt er und zieht einen Band Max Frisch aus der nächsten Kiste, dann einen Enzensberger.

Auf der vorletzten Seite von Pamuks Roman schreibt er über seinen blauäugigen Helden: »Mevlut erfreute sich am Glück dieser Menschen. Dafür waren die Menschen doch geschaffen worden, dass sie glücklich wurden und offen und ehrlich durchs Leben gingen.« Und Pamuk sagt, so inmitten all der Bücherkisten: »Ich bin kein froher Mensch, das ist nicht meine Natur. Ich glaube auch nicht, dass wir auf der Welt sind, um glücklich zu sein. Oh, ich bin ein glücklicher Schriftsteller, aber ich bin sicher, dass ich niemals ein glücklicher Mensch sein werde.«

(2016)

Bücherliste

Jakob Arjouni (1964–2013)
    Happy Birthday, Türke! Kayankayas erster Fall, 1985 | *Mehr Bier. Kayankayas zweiter Fall*, 1987 | *Ein Mann, ein Mord. Kayankayas dritter Fall*, 1991 | *Magic Hoffmann*, 1996 | *Hausaufgaben*, 2004

Klaus Barski (*1943)
    Der Frankfurter Spekulant, 1999 | *Lebenslänglich Cote d'Azur*, 2005 | *Exil Ibiza*, 2009

Maxim Biller (*1960)
    Die Tempojahre, 1991 | *Wenn ich einmal reich und tot bin* 1990 | *Esra*, 2003 | *Bernsteintage*, 2004 | *Im Kopf von Bruno Schulz*, 2013 | *Biografie*, 2016

Jan Peter Bremer (*1965)
    Einer, der einzog, das Leben zu ordnen, 1991 | *Feuersalamander*, 2000 | *Still Leben*, 2006 | *Der amerikanische Investor*, 2011

Karen Duve (*1961)
    Keine Ahnung, 1999 | *Regenroman*, 1999 | *Taxi*, 2008 | *Anständig essen. Ein Selbstversuch*, 2011 | *Macht*, 2016

Umberto Eco (1932–2016)
    Der Name der Rose, 1982 | *Das Foucaultsche Pendel*, 1989 | *Die Insel des vorigen Tages*, 1995 | *Die Geschichte der Schönheit*, 2004 | *Nullnummer*, 2015

Jonathan Franzen (*1959)
    Die 27ste Stadt, 2003 | *Die Korrekturen*, 2002 | *Die Unruhezone. Eine Geschichte von mir*, 2007 | *Freiheit*, 2010 | *Unschuld*, 2015

Günter Grass (1927–2015)
    Die Vorzüge der Windhühner, 1956 | *Die Blechtrommel*, 1959 | *Katz und Maus*, 1961 | *Hundejahre*, 1963 | *Aus dem Tagebuch einer Schnecke*, 1972 | *Der Butt*, 1977 | *Das Treffen in Telgte*, 1979 | *Ein weites Feld*, 1995 | *Beim Häuten der Zwiebel. Erinnerungen*, 2006 | *Vonne Endlichkait*, 2015

Eva Maria Hagen (*1934)
    Eva und der Wolf, 1998 | *Eva jenseits vom Paradies*, 2006 | (mit Peter Hacks) *Liaison amoureuse*, 2013

Peter Handke (*1942)

Publikumsbeschimpfung und andere Sprechstücke, 1966 | *Die Angst des Tormanns beim Elfmeter*, 1970 | *Ich bin ein Bewohner des Elfenbeinturms*, 1972 | *Wunschloses Unglück*, 1972 | *Das Gewicht der Welt. Ein Journal*, 1977 | *Die Lehre der Sainte-Victoire*, 1980 | *Versuch über die Müdigkeit*, 1989 | *Versuch über die Jukebox*, 1990 | *Abschied des Träumers vom Neunten Land*, 1991 | *Versuch über den geglückten Tag. Ein Wintertagtraum*, 1991 | *Mein Jahr in der Niemandsbucht. Ein Märchen aus den neuen Zeiten*, 1994 | *Gestern unterwegs. Aufzeichnungen, November 1987 bis Juli 1990*. 2005 | *Vor der Baumschattenwand nachts*, 2016

Ernst Wilhelm Händler (*1953)

Kongreß, 1996 | *Fall*, 1997 | *Sturm*, 1999 | *Wenn wir sterben*. 2002 | *Der Überlebende*, 2013

Nino Haratischwili (*1983)

Juja, 2010 | *Das achte Leben (für Brilka)*, 2014

Felicitas Hoppe (*1960)

Picknick der Friseure, 1996 | *Pigafetta*, 1999 | *Paradiese, Übersee*, 2003 | *Hoppe*, 2012

Michel Houellebecq (*1958)

Elementarteilchen, 1999 | *Ausweitung der Kampfzone*, 2000 | *Plattform*, 2001 | *Die Möglichkeit einer Insel*, 2005 | *Unterwerfung*, 2015

Thomas Kapielski (*1951)

Der bestwerliner Tunkfurm, 1984 | *Einfaltspinsel = Ausfallspinsel*, 1987 | *Davor kommt noch. Gottesbeweise IX-XIII*, 1998 | *Danach war schon. Gottesbeweise I-VIII*, 1999 | *Je dickens, destojewski!*, 2014

Thomas Karlauf (*1955)

Kleine Philosophie der Passionen: Wein, 1999 | *Stefan George. Die Entdeckung des Charisma*, 2007

Daniel Kehlmann (*1975)

Beerholms Vorstellung, 1997 | *Ich und Kaminski*, 2003 | *Die Vermessung der Welt*, 2005 | *Ruhm*, 2009 | *F*, 2013

Hans Keilson (1909−2011)

Das Leben geht weiter, 1933 | *Komödie in Moll. Querido*, 1947 | *Der Tod des Widersachers*, 1959 | *Tagebuch 1944*, 2014

Walter Kempowski (1929−2007)

Im Block, ein Haftbericht, 1969 | *Deutsche Chronik III. Haben Sie Hitler gesehen?*, 1973 | *Deutsche Chronik IV. Tadellöser & Wolff*, 1971 | *Deutsche Chronik V. Uns geht's ja noch gold*, 1972 | *Das Echolot. Ein kollektives Tagebuch Januar und Februar 1943*, 1993 | *Das Echolot. Fuga furiosa. Ein* kollektives Tagebuch Winter 1945, 1999 | Das Echolot. Barbarossa '41. Ein kollektives Tagebuch, 2002 | Das Echolot. Abgesang '45. Ein kollektives Tagebuch, 2005 | Alles umsonst, 2006

Ken Kesey (1935–2001)
Einer flog über das Kuckucksnest, 1972 | Sometimes a Great Notion, 1964 | Sailor Song, 1992

Abbas Khider (*1973)
Die Orangen des Präsidenten, 2011 | Ohrfeige, 2016

Barbara Klemm (*1939)
Künstlerportraits, 2004 | Fotografien 1968–2013, 2013

Karl Ove Knausgard (*1968)
Sterben, 2011 | Lieben, 2012 | Spielen, 2013 | Leben, 2014 | Träumen, 2015

Franz Xaver Kroetz (*1946)
Bauern sterben. Dramatisches Fragment, 1985 | Nicaragua Tagebuch, 1991 | Heimat Welt. Gedichte eines Lebendigen, 1996 | Blut und Bier, 2006

Michael Krüger (*1943)
Diderots Katze, 1978 | Der Mann im Turm, 1991 | Aus dem Leben eines Erfolgsschriftstellers, 1998 | Keiner weiß es besser als der Mond, 2001 | Umstellung der Zeit, 2013

Stieg Larsson (1954–2004)
Verblendung, 2006 | Verdammnis, 2007 | Vergebung, 2008

Siegfried Lenz (1926–2014)
Es waren Habichte in der Luft, 1951 | Der Überläufer, 1951 | So zärtlich war Suleyken, 1955 | Das Feuerschiff, 1960 | Deutschstunde, 1968 | Heimatmuseum, 1978 | Schweigeminute, 2008

Eva Menasse (*1970)
Vienna, 2005 | Lässliche Todsünden, 2009 | Quasikristalle, 2013

Clemens Meyer (*1977)
Als wir träumten, 2006 | Die Nacht, die Lichter, 2008 | Gewalten. Ein Tagebuch, 2010 | Im Stein, 2013

Terezia Mora (*1971)
Seltsame Materie, 1999 | Alle Tage, 2004 | Der einzige Mann auf dem Kontinent, 2009 | Das Ungeheuer, 2013 | Die Liebe unter Aliens, 2016

Herta Müller (*1953)
Niederungen, 1984 | Der Fuchs war damals schon der Jäger, 1992 | Herztier, 1994 | Atemschaukel, 2009 | Elf Jahre später gegen Abend, 2008. | Vater telefoniert mit den Fliegen, 2012

André Müller (1946–2011)

Entblößungen, 1979 | Im Gespräch mit Thomas Bernhard, 1992 | Im Gespräch mit Peter Handke, 1992 | Ich riskiere den Wahnsinn, 1997 | Abschied, 2011 | Ernst Jünger – André Müller: Gespräche über Schmerz, Tod und Verzweiflung, 2015

Sten Nadolny (*1942)

Netzkarte, 1981 | Die Entdeckung der Langsamkeit, 1983 | Selim oder Die Gabe der Rede, 1990 | Ein Gott der Frechheit, 1994 | Er oder ich, 1999 | Weitlings Sommerfrische, 2012

Paul Nizon (*1929)

Canto, 1963 | Untertauchen. Protokoll einer Reise ,1972 | Das Jahr der Liebe, 1981 | Die Innenseite des Mantels. Journal 1980–1989, 1995 | Taubenfraß, 1999 | Die Erstausgaben der Gefühle. Journal 1961–1972, 2002 | Die Zettel des Kuriers. Journal 1990–1999, 2008 | Urkundenfälschung. Journal 2000–2010, 2012

Michael Ondaatje (*1943)

Die gesammelten Werke von Billy the Kid, 1970 | Es liegt in der Familie, 1992 | Der englische Patient , 1993 | Anils Geist, 2000 | Divisadero, 2007

Orhan Pamuk (*1952)

Rot ist mein Name, 2001 | Schnee, 2005 | Istanbul – Erinnerung an eine Stadt, 2006 | Das Museum der Unschuld, 2008 | Diese Fremdheit in mir, 2016

Oskar Pastior (1927–2006)

Jetzt kann man schreiben was man will!, 2003 | Minze Minze flaumiran Schpektrum, 2004 | … sage, du habest es rauschen gehört, 2006 | … was in der Mitte zu wachsen anfängt, 2008

Katja Petrowskaja (*1970)

Die Auserwählten. Ein Sommer im Ferienlager von Orlionok, 2012 | Vielleicht Esther, 2014

Fritz J. Raddatz (1931–2015)

Karl Marx. Eine politische Biographie, 1975 | Heinrich Heine. Ein deutsches Märchen, 1977 | Revolte und Melancholie. Essays zur Literaturtheorie, 1979 | Gottfried Benn. Leben – niederer Wahn. Eine Biographie, 2001 | Unruhestifter. Erinnerungen, 2003 | Eine Erziehung in Deutschland, 2006 | Tagebücher 1982–2001, 2010 | Tucholsky: Eine biografische Momentaufnahme, 2010 | Jahre mit Ledig. Eine Erinnerung, 2015

Christoph Ransmayr (*1954)
> *Die Schrecken des Eises und der Finsternis*, 1984 | *Die letzte Welt*, 1988 | *Morbus Kitahara*, 1995 | *Der fliegende Berg*, 2006 | *Atlas eines ängstlichen Mannes*, 2012 | *Gerede. Elf Ansprachen*, 2014

Marcel Reich-Ranicki (1920–2013)
> *Deutsche Literatur in West und Ost*, 1963 | *Wer schreibt provoziert*, 1966 | *Über Ruhestörer. Juden in der deutschen Literatur*, 1973 | *Nachprüfung. Aufsätze über deutsche Schriftsteller von gestern*, 1977 | *Thomas Mann und die Seinen*, 1987 | *Die Anwälte der Literatur*, 1994 | *Meine Bilder. Porträts und Aufsätze*, 2003 | *Mein Leben*, 1999

Peter Rühmkorf (1929–2008)
> *Wolfgang Borchert. Biographie*, 1961 | *Die Jahre die ihr kennt. Anfälle und Erinnerungen*, 1972 | *Die Handwerker kommen*, 1974 | *Walther von der Vogelweide, Klopstock und ich*, 1975 | *Haltbar bis Ende 1999*, 1979 | *Außer der Liebe nichts*, 1986 | *Lass leuchten!*, 1993 | *Tabu I. Tagebücher 1989–1991*, 1995 | *Tabu II. Tagebücher 1971–1972*, 2004

Jörg Schröder (*1938)
> (mit Ernst Herhaus) *Siegfried*, 1972 | (mit Barbara Kalender) *Schröder erzählt*, 1990–2009 | (mit Jan-Frederik Bandel und Barbara Kalender) *Immer radikal, niemals konsequent*, 2011

Johannes Mario Simmel (1924–2009)
> *Mich wundert, daß ich so fröhlich bin*, 1949 | *Es muß nicht immer Kaviar sein*, 1960 | *Und Jimmy ging zum Regenbogen*, 1970 | *Doch mit den Clowns kamen die Tränen*, 1987

Nicolaus Sombart (1923–2008)
> *Jugend in Berlin. 1933–1943. Ein Bericht*, 1984 | *Die deutschen Männer und ihre Feinde. Carl Schmitt, ein deutsches Schicksal zwischen Männerbund und Matriarchatsmythos*, 1991 | *Wilhelm II. Sündenbock und Herr der Mitte*, 1996 | *Rendezvous mit dem Weltgeist. Heidelberger Reminiszenzen. 1945–1951*, 2000 | *Journal intime 1982/83. Rückkehr nach Berlin*, 2003 | *Rumänische Reise. Ins Land meiner Mutter*, 2006

Neal Stephenson (*1959)
> *Snow Crash*, 1991 | *Diamond Age. Die Grenzwelt*, 1996 | *Cryptonomicon*, 1999 | *Quicksilver*, 2003

Ilija Trojanow (*1965)
> *Der Weltenbummler*, 2006 | *Die Versuchung der Fremde*, 2011 | *Meine Olympiade*, 2016

Moritz von Uslar (*1970)

(mit Rebecca Casati) *Wie sehen Sie denn aus? Über Geschmack lässt sich nicht streiten. Warum eigentlich nicht? Eine Stilkritik*, 1999 | *100 Fragen an …*, 2004 | *Deutschboden. Eine teilnehmende Beobachtung*, 2010

Klaus Wagenbach (*1930)

Franz Kafka. Eine Biographie seiner Jugend 1883–1912, 1958 | *Franz Kafka. Bilder aus seinem Leben*, 1983 | *Die Freiheit des Verlegers. Erinnerungen, Festreden, Seitenhiebe*, 2010

Gabriele Wohmann (1932–2015)

Trinken ist das Herrlichste, 1963 | *Paulinchen war allein zu Haus*, 1974 | *Frühherbst in Badenweiler*, 1978 | *Gesammelte Erzählungen aus dreißig Jahren*, 1986 | *Scherben hätten Glück gebracht*, 2006 | *Eine souveräne Frau*, 2012

Christa Wolf (1929–2011)

Der geteilte Himmel, 1963 | *Nachdenken über Christa T.*, 1968 | *Kindheitsmuster*, 1976 | *Kein Ort. Nirgends*, 1979 | *Kassandra*, 1983 | *Was bleibt*, 1990 | *Stadt der Engel oder The Overcoat of Dr. Freud*, 2010

Tom Wolfe (*1931)

Fegefeuer der Eitelkeiten, 1988 | *Ein ganzer Kerl*, 1999 | *Ich bin Charlotte Simmons*, 2007 | *Back to Blood*, 2013

Wolf Wondratschek (*1943)

Früher begann der Tag mit einer Schußwunde, 1969 | *Chuck's Zimmer*, 1974 | *Die Einsamkeit der Männer. Mexikanische Sonette*, 1983 | *Carmen oder Bin ich das Arschloch der achtziger Jahre*, 1986 | *Kelly-Briefe*, 1998 | *Das Geschenk*, 2011 | *Selbstbildnis mit Ratte*, 2014

Feridun Zaimoglu (*1964)

Kanak Sprak, 1995 | *Koppstoff*, 1999 | *Zwölf Gramm Glück*, 2004 | *Leyla*, 2006 | *Isabel*, 2014 | *Siebentürmeviertel*, 2015

Serhiy Zhadan (*1974)

Depeche Mode, 2007 | *Hymne der demokratischen Jugend*, 2009 | *Die Erfindung des Jazz im Donbass*, 2012 | *Mesopotamien*, 2015

Peter Zilahy (*1970)

Die letzte Fenstergiraffe. Ein Revolutions-Alphabet, 2004

Bildnachweis

Ken Kesey; S. 16, © Harry Herd / Kontributor
Neal Stephenson; S. 22, © Geraint Lewis / Alamy Stock Foto
Thomas Kapielski; S. 27, © Daniel Thalheim
Michel Houellebecq; S. 32, © P. Matsas/Opale/Leemage/laif
Ernst Wilhelm Händler; S. 37, © Thomas Dashuber / Agentur Focus
Felicitas Hoppe; S. 43, © P. Matsas/Opale/Leemage/laif
Nikolaus Sombart; S. 47, © Isolde Ohlbaum/laif
Walter Kempowski; S. 53, © picture alliance / AP Foto
Terézia Mora; S. 56, © ullstein bild – Schleyer
Umberto Eco; S. 63, © Foto Barbara Klemm
Peter Rühmkorf; S. 69, © ullstein bild – P. Piel
Klaus Barski; S. 74, © ullsteinbild – Galuschka
Péter Zilahy; S. 81, © Renate von Mangoldt
Eva Menasse; S. 86, © Peter Rigaud c/o Shotview Syndication
Daniel Kehlmann; S. 93, © picture alliance/APA/picturedesk.com/Beck Lukas
Franz Xaver Kroetz; S. 96, © ullstein bild – ddp
Oskar Pastior; S. 103, © Isolde Ohlbaum/laif
Christoph Ransmayr; S. 107, © dpa Bilderdienste/Helfried Weyer
Peter Handke; S. 112, © Wolf Heider-Sawall/laif
Jonathan Franzen; S. 121, © Karsten Moran
Johannes Mario Simmel; S. 126, © dpa – Bildarchiv/Ossinger
Thomas Karlauf; S. 135, © Christian Thiel/OSTKREUZ
Michael Ondaatje; S. 140, © Charla Jones
Klaus Wagenbach; S. 147, © Christian Thiel/OSTKREUZ
Karen Duve; S. 152, © Maurice Weiss/OSTKREUZ
Siegfried Lenz; S. 159, © Ingrid von Kruse / Agentur Focus
Stieg Larsson; S. 164, © dpa/Scanpix Per Jarl / Expo
Gabriele Wohmann; S. 173, © dpa – Report/Frank Rumpenhorst
Herta Müller; S. 178, © Marco Priske/laif
Fritz J. Raddatz; S. 185, © Julia Zimmermann/laif
Moritz von Uslar; S. 190, © Christian Thiel/OSTKREUZ

André Müller; S. 194, © Anna-Lena Zintel
Hans Keilson; S. 201, © Herman Wouters
Jörg Schröder und Barbara Kalender; S. 206, © Jürgen Bugler, Frankfurt a. M.
Jan Peter Bremer; S. 213, © Julia Zimmermann/laif
Christa Wolf; S. 219, © INTERTOPICS/Alastair Thain
Sten Nadolny; S. 224, © Katharina Kreye
Jakob Arjouni; S. 230, © Gunnar Knechtel/laif
Tom Wolfe; S. 237, © Jonathan Becker / Kontributor
Katja Petrowskaja; S. 243, © Marc Beckmann/OSTKREUZ
Clemens Meyer; S. 248, © Maurice Weiss/OSTKREUZ
Marcel Reich-Ranicki; S. 255, © Biskup/laif
Eva-Maria Hagen; S. 262, © ullstein bild – Andree
Barbara Klemm; S. 267, © dpa/Maurizio Gambarini
Paul Nizon; S. 271, © Isolde Ohlbaum/laif
Michael Krüger; S. 278, © Andreas Pein/laif
Wolf Wondratschek; S. 285, © Thomas Dashuber / Agentur Focus
Günter Grass; S. 291, © Daniel Pilar/laif
Serhij Zhadan; S. 311, © ddp images/Tetiana Davidenko
Feridun Zaimoglu; S. 316, © Charlotte Schmitz
Karl Ove Knausgård; S. 325, © CLM/Juergen Teller
Orhan Pamuk; S. 333, © dpa – Report

Zum Autor

Volker Weidermann, 1969 in Darmstadt geboren, studierte Politikwissenschaft und Germanistik in Heidelberg und Berlin. Er ist als Autor im Kulturressort des Spiegel tätig, Gastgeber des Literarischen Quartetts im ZDF und lebt in Berlin. Von ihm erschienen bei Kiepenheuer & Witsch: »Max Frisch. Sein Leben, seine Bücher« (2010), »Das Buch der verbrannten Bücher« (2008) und »Lichtjahre« (2006). Sein im Jahr 2014 erschienenes Buch »Ostende. 1936, Sommer der Freundschaft« erzählt von der Freundschaft zwischen Joseph Roth und Stefan Zweig im Exil, stand monatelang auf der Spiegel-Bestsellerliste und wurde in zahlreiche Sprachen übersetzt.

Zum Buch

Volker Weidermann kennt sehr viele Autoren, trifft aber nur diejenigen, die ihm wirklich gefallen. Während er in »Lichtjahre« die Geschichte der deutschsprachigen Literatur von 1945 bis heute erzählte, stellt er nun die Schriftsteller vor, die ihm am wichtigsten sind – in intensiven und anschaulichen Porträts.

In seiner Arbeit als Kulturjournalist und Literaturkritiker hat Volker Weidermann für die *taz*, die *Frankfurter Allgemeine Zeitung* sowie die *Frankfurter Allgemeine Sonntagszeitung* geschrieben und ist seit 2015 Literaturredakteur beim *Spiegel*. In über fünfzehn Jahren porträtierte er mehr als fünfzig Schriftsteller, einige in Nachrufen, die allermeisten bei Begegnungen an für sie bedeutsamen Orten. Dabei fand er Vögel am Tegeler Fließ, Weißbier am Chiemsee, den Erdgeist von Oregon, die Büsten von Mailand, den Teppichhändler von Monte Carlo und den Fliehenden von Madrid.

Volker Weidermann spricht mit internationalen Schriftstellern über das Schreiben und das Leben, ihre Themen und ihre Herkunft, ihre Hoffnungen und ihre Ängste, die Vergangenheit und die Gegenwart, das Eigene und das Fremde. Er stellt konkrete Fragen und bekommt originelle und überraschende Antworten, und der Leser erhält tiefe Einblicke in das Leben und Werk der Porträtierten.

Ein ganz eigener und origineller Leitfaden durch die Literatur der letzten zwei Jahrzehnte!

Weitere Titel von Volker Weidermann bei Kiepenheuer & Witsch

Lichtjahre. Eine kurze Geschichte der deutschen Literatur von 1945 bis heute. Gebunden. Verfügbar auch als E-Book

Das Buch der verbrannten Bücher. Gebunden. Verfügbar auch als E-Book

Ostende. 1936, Sommer der Freundschaft. Gebunden. Verfügbar auch als E-Book

Max Frisch. Sein Leben, seine Bücher. Gebunden. Verfügbar auch als E-Book

Leseproben und mehr unter www.kiwi-verlag.de

Kiepenheuer & Witsch